John David Morley
Grammatik des Lächelns

Zu diesem Buch

John David Morley, der sich in diesem romanhaften Bericht hinter dem Namen Boon verbirgt, beherrscht zur Verblüffung seiner japanischen Freunde die Landessprache. So findet er auf einem ungewöhnlichen Weg Zugang zur japanischen Lebensweise: Er taucht ein in den Alltag der Japaner, aber auch in die Halbwelt von Tokio, in das »Wassergewerbe« mit seinen Geishas, Bars und Cabarets. Mit wachen Sinnen, scharfem Geist und Humor dringt John David Morley zur »geschlossenen Gesellschaft« Japans vor und verdichtet seine Beobachtungen zu einer bezaubernden autobiographischen Prosa, die dem europäischen Leser japanische Kultur und Mentalität verständlich macht.

John David Morley wurde 1948 als Sohn eines Kolonialbeamten in Singapur geboren. Seine Kindheit verbrachte er in den britischen Kolonien, dann in England. Nach vielen rastlosen Jahren, die ihn unter anderem nach Japan führten, lebt er heute als Journalist und Autor in München. Zuletzt erschien von ihm »Die Tage des Leguans. Meine Zeit bei Elizabeth Taylor«.

John David Morley
Grammatik des Lächelns

Japanische Innenansichten

Aus dem Englischen von
Peter Weber-Schäfer

Piper München Zürich

Von Daniel Morley liegen in der Serie Piper vor:
Nach dem Monsun (3606)
Grammatik des Lächelns (3697)

Ungekürzte Taschenbuchausgabe
Januar 2003
© der englischen Originalausgabe:
1985 John David Morley
© der deutschsprachigen Ausgabe:
2003 Piper Verlag GmbH, München
Deutsche Erstausgabe:
1987 Rowohlt Verlag GmbH, Reinbek
Umschlag/Bildredaktion: Büro Hamburg
Isabel Bünermann, Julia Martinez/
Charlotte Wippermann, Katharina Oesten
Foto Umschlagvorderseite: Grames/Bilderberg
Foto Umschlagrückseite: Peter von Felbert
Gesamtherstellung: Clausen & Bosse, Leck
Printed in Germany   ISBN 3-492-23697-9

www.piper.de

Inhalt

Herr Eins-Tor-Tempel 7

Häusliche Szenen 45

Die Stäbchen der alten Dame 68

Echo und Schatten 95

Im Drachenland 113

Neujahrskost 134

Aufzeichnungen eines
Kirschbaums 161

Mariko 180

Ethik und Bambusbesen 238

Im Wassergewerbe 255

Die Familie des Kaktusessers 291

Zurück zur Erde 319

Großvaters letzte Reise 335

Glossar 343

Ich bin mir bewußt, wieviel ich zum Gelingen dieses Buches der Mithilfe meiner Freunde verdanke:

Diana Athill, Myrna Blumberg, Upton Brady, André Deutsch, Harold Evans, T. Hagiwara, Anthony Holden, Alfred Luyken, H. Mizuma, J. A. E. Morley, Hilary Rubinstein, Shoichiro Sasaki, Hiroko Shimizu, Armgard & Wedigo de Vivanco, K. Yasue

Herr Eins-Tor-Tempel

GEGEN FÜNF UHR an einem Dezembernachmittag verließ Boon den kleinen Laden, in dem er einen Packen Reispapier gekauft hatte, und machte sich in der winterlichen Dämmerung auf den Weg zum Shimbashi-Bahnhof. Die Luft war klar und beißend kalt. Die Kälte vertrieb alle anderen Gedanken aus seinem Kopf, so daß er, ohne auch nur einen Moment darüber nachzudenken, das erste halbwegs geeignet erscheinende Lokal aufsuchte, an dem er vorbeikam. Ein flüchtiger Blick auf das Schild über der Tür zeigte, daß von Bier und Pizza die Rede war. Das ist genau richtig, dachte er und stieg die Eingangstreppe hinab.

Gedankenverloren ging er an einer kleinen Tür auf halber Höhe vorbei, ohne sie wirklich wahrzunehmen, und war schon am unteren Ende der Treppe angelangt, bevor ihm auffiel, in welche Tiefen sein Weg ihn geführt hatte. Eine erste Ahnung, daß es sich um einen kostspieligen Fehler gehandelt haben könne, überfiel Boon, als er eine mit rosa Leder bezogene Tür öffnete und das Restaurant betrat. Zwei kräftig gebaute, stumpfnäsige Männer mit blumenkohlförmig gebundenen Krawatten kamen ihm lächelnd entgegen und nahmen ihm den Mantel ab, bevor er etwas sagen konnte. Sie taten es in geübter und zugleich etwas erschreckender Weise, so wie man ein frisch geschlachtetes Tier häutet. Der Anblick seines Mantels, der in ihren Händen hinter einem Vorhang am Ende eines langen Ganges verschwand, war wenig beruhigend. Das Reispapier fest in der Hand, nahm er am nächsten Tisch Platz, stellte die Speisekarte vor sich auf und überprüfte unauffällig den Inhalt seiner Brieftasche. Es war mit Sicherheit nicht genug. Gerade als er zu dem Schluß gekommen war, noch sei nichts Endgültiges geschehen, noch könne er einfach aufstehen und wieder gehen, tauchte einer der Männer, die ihm den Mantel abgenommen hatten, hinter dem Vorhang wieder auf, trat an den Tisch, überreichte ihm ein Stück Papier und kehrte an seinen Posten an der Tür zurück.

Es war der Garderobenschein für seinen Mantel. Müßig drehte Boon ihn um und erstarrte in ungläubigem Staunen. Auf der Rückseite war die exorbitante Gebühr von zweitausend Yen aufgedruckt: genau dreihundert mehr als er gerade in seiner Brieftasche gefunden hatte. Er war entsetzt: Das war mehr, als der ganze Mantel wert war.

Aber wer würde den Mantel schon kaufen wollen? Boon war es einmal gelungen, einen Mann auf der Straße anzuhalten und ihn zu überreden, ihm die Schuhe, die dieser trug, zu verkaufen. Aber ein Blick auf die eleganten Türhüter mit ihren Blumenkohlkrawatten und dunklen Anzügen genügte, Verkaufsverhandlungen über den Mantel aussichtslos erscheinen zu lassen. Verärgert und peinlich berührt stand er auf und ging auf die beiden zu, um seinen Fall zu erläutern. Er war Ausländer, es handelte sich um einen Irrtum.

Die Türhüter waren durchaus imstande, seine im stockendem Japanisch vorgetragene Erklärung zu verstehen. Aber da ihnen das, was er zu sagen hatte, nicht sonderlich behagte, sahen sie ihn mit nichtssagend freundlichen Gesichtern an und taten, als verstünden sie kein Wort. Freundliche Anteilnahme, ja, sagten die Gesichter, als könne das den behinderten Kommunikationsfluß erleichtern, aber Zahlungsverweigerung: nein! Boon steckte tief im Sumpf dieser beabsichtigten Mißverständnisse, ja er stand im Begriff, unter den noch immer bemüht hilflosen Blicken der Türhüter im Morast zu versinken, als die Band plötzlich zu spielen begann und eine feurige Sopranistin mit einer Bravourarie einsetzte, woraufhin die Verhandlungen ruckartig zusammenbrachen.

In der Flutwelle der unerwarteten akustischen Überschwemmung erschien selbst Boons verzweifelte Lage plötzlich unwichtig. Zugleich löste der Schwall von Tönen eine Anzahl weiterer Bewegungen aus, hauptsächlich eine Flucht der Kellner, die ihre Kunden in der Nähe der Bühne verließen und Zuflucht an den Wänden suchten. Einer der Kellner nahm ernsthafte Verhandlungen mit den Türhütern auf. Boon bemerkte, daß er das Diskussionsthema war. Zunächst war nicht klar, warum und wie es geschah, aber er gewann den Eindruck, als werde die Vollstreckung des Urteils ausgesetzt. Der Kellner fragte ihn, ob er japanisch spreche. «Ja», sagte Boon. «Dann kommen Sie bitte mit», sagte der Kellner, «und erlauben Sie mir, mich aufrichtig für dieses unglückliche Mißverständnis zu entschuldigen: Ich wußte nicht, daß Sie ein Gast von Ichimonji-*sensei* sind.» – «Ich auch nicht», sagte Boon und folgte dem Kellner gehorsam zu einem Tisch in der Ecke des Raums.

Dort saß ein großer Mann von etwa vierzig Jahren in Hemdsärmeln und betrachtete, das Kinn in die Hand gestützt, nachdenklich die Schale eines Hummers, den er soeben verspeist hatte. Auf einem Teller in der Tischmitte lag neben den Überresten anderer weniger kostbarer Meeresfrüchte in unberührtem Glanz eine Reihe von weichen geschälten Krabben säuberlich neben ihren Panzern aufgereiht. Anscheinend waren sie entweder seiner Aufmerksamkeit oder seinem Appetit entgangen. Offensichtlich hatte er die Angewohnheit, besonders viel zu essen, und Boon entschuldigte sich vorsichtshalber für die Störung, bevor er sich vorstellte.

«Wie bitte», sagte der Mann überrascht, «Mr. Bun heißen Sie also? Es freut mich, Sie kennenzulernen. Mein Name ist Ichimonji. Machen Sie es sich doch bequem.»

Er hob sich ein wenig von seinem Stuhl, zeigte mit lässiger Gebärde auf den Sitz ihm gegenüber und verfiel wieder in

Schweigen. Boon setzte sich ans andere Tischende, zündete eine Zigarette an und wartete, ob sein geheimnisvoller Gastgeber noch etwas zu sagen habe. Der aber sagte nichts und betrachtete weiter mit sorgenvoller Miene den zerteilten Hummer. Das unerwartete Schweigen irritierte Boon immer mehr.

Plötzlich endete die Arie ebenso unvermittelt, wie sie begonnen hatte, die Sopranistin verbeugte sich lächelnd, und Ichimonji spendete ihr begeisterten Beifall. Dann wandte er sich Boon zu und sagte: «Mozart – ist es nicht wundervoll? Wissen Sie, es ist über ein Jahr her, daß ich sie das letzte Mal singen hörte, und... nun ja, es ist für mich ein recht sentimentales Ereignis. Ich fürchte, ich war sehr unaufmerksam. Erst belästige ich Sie damit, daß ich Sie an meinen Tisch bitte, und dann... also ich habe mich völlig unmöglich benommen. Aber jemand wie Sie», und er zwinkerte Boon verschmitzt zu, «wenn ich das so sagen darf, wird mir das nicht allzu übel nehmen, jung und lebenslustig, wie Sie es offensichtlich sind. Als ich Sie zur Tür hereinkommen sah, sagte ich mir gleich: Das ist ein junger Mann, dessen Meinung man ernst nehmen sollte. Vielleicht drücke ich mich sehr direkt aus, aber wie Sie sicher wissen, da Sie ja so fließend japanisch sprechen und infolgedessen mit unseren Sitten vertraut sind, ist das eine der schlimmsten japanischen Gewohnheiten – vages zielloses Reden, weder Fisch noch Fleisch, voll von tönenden Phrasen ohne irgendwelche Bedeutung. Aber lassen Sie mich Ihnen eines versichern, die echten Söhne Tokios, die wahren *edokko*, sind nicht so. Kein müßiges Herumgerede, klar und eindeutig und ohne Furcht deutlich zu sagen, was gesagt werden muß...»

Dieser erstaunliche Wortschwall wurde von einem neuen Beifallssturm unterbrochen, zu dem Ichimonji ebenso enthusiastisch wie das erste Mal beitrug. Nach ihrer zweiten Arie bat die Sängerin ihre ehrenwerten Kunden sehr charmant, auf die Bühne zu kommen und ein Lied zu singen, gab das Mikrophon an einen Mann weiter, den seine Freunde mit Gewalt nach vorne geschoben hatten, und verließ die Bühne. Ichimonji winkte sie zu sich.

«Alte Freunde», sagte er zu Boon und lehnte sich mit Verschwörermiene über den Tisch, «seit mehr als zwanzig Jahren. Eine wunderbare Sängerin und auch sonst eine großartige Frau, das kann ich Ihnen sagen.» Er lachte herzhaft.

Die Sängerin, eine auffallend attraktive Frau, wirkte etwa vierunddreißig- oder fünfunddreißigjährig, war aber wohl in Wirklichkeit eher vierzig. Im Laufe des Abends fragte sie Boon, wie es Ichimonji vorausgesagt hatte, wie alt er sie schätze, und Boon, auch hier den Instruktionen Ichimonjis folgend, sagte: etwa dreißig. (Jünger als sie aussieht, hatte Ichimonji empfohlen, aber nicht zu jung, damit sie es nicht für Schmeichelei hält.) Sie arbeitete nicht nur als Sängerin, sondern war zugleich Geschäftsführerin. So mußte sie sich ständig unauffällig zwischen den Kunden bewegen oder – sehr viel weniger zurückhaltend – singen; denn ihre Lautstärke, wenn sie einmal auf der Bühne stand, war beachtlich.

«Ganz hervorragend», sagte Ichimonji und drückte ihre Hand, als sie sich neben ihn setzte.

«Bemerkenswert», sagte Boon, und die Sängerin wandte sich zu ihm um, als bemerke sie seine Anwesenheit zum erstenmal.

Sie hatte einen wohlgeformten Kopf, eine exquisite Frisur und ein einprägsames Gesicht. Die Schräge ihrer großen ovalen Augen war kaum merklich, und es war nicht nur Boon, der sich nie sicher wurde, ob er in ein europäisches oder ein japanisches Gesicht schaute. Auch für andere war schwer auszumachen, was man von ihr zu halten habe. Die auffälligste Eigenschaft des Gesichts war seine Undurchschaubarkeit; und Boon fiel es zunehmend schwerer, sie nicht ständig anzustarren.

Die Frau wandte sich Ichimonji zu und sagte mit kokettem Tonfall: «*Sensei*, wollen Sie uns einander nicht vorstellen?»

Ichimonji hatte Boons Namen vergessen. Außerdem fiel es ihm schwer, den langen englischen Vokal von dem ähnlichen, aber kürzeren japanischen zu unterscheiden. Seine Schwierigkeiten wurden dadurch verstärkt, daß das Wort *bun* im Japanischen häufig vorkommt. Man kann es mit wenigstens fünf verschiedenen Schriftzeichen schreiben, und dann kann es immer noch über ein Dutzend unterschiedlicher Bedeutungen haben. Wie den meisten Japanern gelang es schließlich auch Ichimonji, die Aussprache zu meistern, aber im Laufe des Abends wurde der Vokal allmählich immer kürzer. Gegen Ende des Abends sprach er unverkennbar von Bun-*san*: eigentlich ganz korrekt dem «ehrenwerten Mr. Boon», aber dennoch mit einem unüberhörbaren und leider nur allzu passenden Anklang an gleichlautende Begriffe wie Katastrophe und Bankrott.

«Der Name ist also *Bun*, nicht wahr?» sagte Ichimonji schließlich, nachdem er diesen unwichtigen Punkt zum Gegenstand einer ausführlichen Erörterung gemacht und das Problem im wahrsten Sinne zu Tode geredet hatte. Offensichtlich hielt Ichimonji wenig von der üblichen Art, Leute einander vorzustellen, indem man ihnen jeweils gerade den Namen des anderen beibringt, und so steigerte er sich, ohne auch nur Atem zu schöpfen, in eine lange und gelegentlich maßlos übertriebene Preisrede auf die Frau an seiner Seite, wobei er nur eines verschwieg: ihren Namen.

«Wußten Sie schon, daß ich früher einmal ein Kabarett geleitet habe, Bun-*san*? Im ganzen Wassergewerbe gibt es keinen Trick, den ich nicht kenne.» (Es war das erste Mal, daß Boon den Ausdruck *mizu-shōbai** hörte, und als er sich von Ichi-

---

* *mizu-shōbai*, wörtl.: ‹Wassergewerbe›, umgangssprachlicher Ausdruck für alle unsicheren Berufe, in denen das Einkommen vollständig vom monji verabschiedete, glaubte er noch immer, sein Gastgeber habe früher einmal als Ingenieur für die städtischen Wasserwerke gearbeitet.) «Ich habe Hunderte von Mädchen kennengelernt, wirklich hunderte. Ein paar davon taugten einfach gar nichts, und alle hatten Fehler. Das ist ja schließlich nur menschlich. Ich habe meine Fehler, und sie haben die ihren. Aber diese Frau ist die einzige – die einzige unter Hunderten –, die vollkommen aufrichtig ist. Wenn ich sage, daß alle anderen ihre Fehler hatten, meine ich nicht die üblichen menschlichen Schwächen oder nicht nur sie. Ich meine ihren beruflichen Charakter. Die Angewohnheiten, die sie im Berufsleben erwerben, und das sind natürlich keine guten Angewohnheiten, wirken sich auf das Privatleben aus. Geschäft und Vergnügen, Beruf und Privatleben, es wird auf die Dauer alles das gleiche. Aber sie hier ist anders. Ist sie schön? Sie sagen ja, und ich kann nur zustimmen: Sie ist schön. Sie ist eine sehr schöne Frau. Und nicht nur das. Sie singt wunderbar; sie ist eine erfolgreiche Geschäftsfrau. Und das erstaunlichste ist: Trotz alldem ist sie vollkommen aufrichtig. Das können Sie mir glauben!»

Dies jedenfalls war der wesentliche Inhalt von Ichimonjis Ansprache. In Wirklichkeit war sie viel länger und voll von faszinierenden Formulierungen, an die sich Boon später nicht erinnern konnte und deren Sinn er nur erraten konnte, aber der Reichtum der Sprache ließ ihn erschauern. Er war auch ein klein wenig schuldbewußt, daß er sich nicht auf Ichimonjis Aussagen verließ, weil er noch immer nicht wußte, was er von der Sängerin und Geschäftsführerin mit dem undurchschaubaren Gesicht halten sollte.

Natürlich lächelte sie über die überschwengliche Begeisterung ihres Kunden, aber ihr Lächeln war ermutigend, und sie lief keine Gefahr zu erröten.

Wohlwollen der Kunden abhängig ist, z. B. Geisha-Häuser, Kabaretts, Gaststätten etc.

«Sehr erfreut. Mein Name ist Shimizu», sagte sie zu Boon und verbeugte sich graziös. Jetzt kannte er ihren Namen, und er fühlte sich durch ihre graziöse Verbeugung geehrt, aber er bedauerte, daß man aus einem japanischen Namen nicht ersehen kann, ob seine Trägerin verheiratet oder ledig ist.

An diesem Punkt entschuldigte sich Ichimonji und verschwand auf geheimnisvolle Weise für fast eine Stunde. Frau oder Fräulein Shimizu drehte sich um und blickte ihm nach, so daß Boon Gelegenheit hatte, einen ihrer schönsten Körperteile in Ruhe zu bewundern: ihren Nacken. Bevor er nach Japan gekommen war, hatte er diesem Teil eines weiblichen Körpers kaum Aufmerksamkeit gewidmet. Das war nicht seine Schuld, denn die Kleidung der modernen Europäerin bedeckt ihren Nacken. Erst in Japan erfuhr Boon, was ein Nacken alles sein kann. Er entdeckte eine neue Dimension ästhetischer Erfahrung und sinnlichen Wohlgefallens. Am besten drückt sich diese Dimension im gewagten *kimono* einer Geisha aus, der seinen enthüllenden Ausschnitt nicht vorne, sondern im Rücken zeigt.

Frau oder Fräulein Shimizu trug westliche Kleidung. Ihr üppiges schwarzes Haar war nach oben gekämmt und am Scheitel mit einem weiten Kamm zusammengesteckt. Ihr unverhüllter weißer Nacken, dessen Farbe von weißem Puder betont wurde, ließ sie irgendwie verwundbar erscheinen. Der Anblick ließ in Boon einen tiefliegenden animalischen Instinkt wach werden, und er fragte sich, ob es der Sog dieses Urgefühls war, der sie so unwiderstehlich machte.

Dann wandte sich Shimizu wieder Boon zu und begann, ihm all die üblichen Fragen zu stellen: wo er herkam, was er in Japan tue, wie lange er schon im Lande sei und wie lange er noch bleiben wolle, Themen, bei denen seine japanischen Sprachkenntnisse eine trügerische Perfektion zeigten, weil er das alles schon oft erzählt hatte. Schließlich arbeitete sie sich zu der zentralen Frage vor, wie alt er sei, und Boon spielte ihr den Ball, auf den sie wartete, getreulich zu. Mit strahlenden Augen schlug sie die Hände zusammen.

«Wie alt sehe ich aus?»

Er betrachtete sie sorgfältig und sagte: «Ich würde sagen, etwa dreißig.»

«Sie schmeicheln.»

Aber das Lächeln aufrichtiger Freude, von dem ihr koketter Einwand begleitet wurde, war völlig ungekünstelt, nahezu naiv. Boon wußte, daß sie ihm glaubte. Boon, der meinte, daß es nun an ihm sei, die Initiative zu ergreifen, stellte strategisch geplante Fragen, um herauszufinden, ob Shimizu verheiratet war. Aber bald überlegte er es sich anders. Das Rededuell gestaltete sich um so pikanter, je unklarer gewisse Fragen blieben.

Wenig später mußte sie ohnehin aufstehen, um ein weiteres Lied zu singen. Versehentlich oder absichtlich ließ sie das kleine rosa Taschentuch auf dem Tisch liegen, mit dem ihre Finger den ganzen Abend mit unübersehbarer Intensität gespielt hatten, als sei es eine der großen Aufgaben in ihrem Leben, Falten glattzustreichen. Boon hatte das Taschentuch gerade zusammengefaltet und eingesteckt, als Ichimonji zusammen mit einem anderen Mann wieder auftauchte.

Der zweite Mann war gute zehn Jahre älter als Ichimonji, aber auch wenn ihm der Respekt erwiesen wurde, auf den ihm sein Alter ein Anrecht gab, war es klar, daß Ichimonji den Ton angab. Er bewirtete seinen Gast so erfolgreich mit einer Kombination von gewässertem Whisky und seiner speziellen Art überschwenglicher Rede, daß der stille Mann, der zunächst alles außer Orangensaft zurückgewiesen hatte, bald in munterer Stimmung war und mit lauter Stimme eine Flasche Whisky und eine Schüssel Muscheln bestellte.

In kaum einer Stunde waren dreiviertel der Flasche geleert, und Ichimonjis Gefährte, der am meisten getrunken hatte, war freiwillig bereit, auf einen geschäftlichen Vorschlag zurückzukommen, den Ichimonji wohl früher am Abend erfolglos zur Diskussion gestellt haben mußte. Aber jetzt war Ichimonji nicht mehr daran interessiert. Die Positionen hatten sich in ihr Gegenteil verkehrt. Je beredter sein Gefährte wurde, desto nüchterner und zurückhaltender zeigte sich Ichimonji. Schließlich ließ er sich zu einem Abkommen überreden, dem er mit dem Anschein größter Zurückhaltung und nur wegen seiner «Verpflichtungen als ein alter Freund» zuzustimmen bereit war. Boon war von dieser untypischen Fügsamkeit überrascht, aber die Angelegenheit wurde in ein neues Licht gerückt, als es Zeit wurde, die Rechnungen zu bezahlen. Ohne auf Widerspruch zu warten, drückte Ichimonji dem Kellner zwei Zehntausend-Yen-Scheine in die Hand und bestand darauf, die Zeche übernehmen zu dürfen. Es schloß sich eine jener lächerlichen Szenen an, mit denen eine Trinktour in Japan so häufig endet: Zwei Rivalen brüllen einen unglücklichen Kellner an, der mit erhobenen Armen zwischen ihnen steht, und das Geld, das man ihm gegeben hat, je nach dem Punktestand einer Auseinandersetzung, bei der er die Rolle des Schiedsrichters spielt, von einer Hand in die andere schiebt. Schließlich gab Ichimonji nach und gönnte seinem Freund die Befriedigung, ebenso für Erfrischungen zu zahlen, die er selbst nicht zu sich genommen, ja zum größten Teil nicht einmal gesehen hatte, wie für den Mantel eines Ausländers, dem er nie wieder begegnen würde.

Die freundliche Frau Shimizu begleitete ihre Kunden zur Tür und verbeugte sich. Irgendwie ist sie gar nicht da, dachte Boon, als er ihre warme trockene Hand schüttelte. Er war schon die halbe Treppe hochgegangen, als sie ihn plötzlich zurückrief.

«Hier, Sie haben das da vergessen...»

Sie überreichte ihm die Mappe mit dem Reispapier und fügte auf englisch hinzu: «Hoffentlich kommen Sie bald wieder.»

«Das hoffe ich auch», sagte Boon, der an das Taschentuch dachte, das sicher in seiner Tasche ruhte.

Bis er sich auf die Straße hochgearbeitet hatte, war Ichimonjis Gefährte bereits verschwunden. Ichimonji selbst, der ihn, die Hände in den Hosentaschen, erwartete, machte einen weitaus fröhlicheren Eindruck als noch vor fünf Minuten. Boon meinte, es sei nun an der Zeit, nach Hause zu gehen; aber auf diese abwegige Idee war Ichimonji nicht einen Augenblick gekommen.

«Aber es ist doch erst acht Uhr», sagte er vorwurfsvoll, *«mada yoi no kuchi da zo!»*

«Was heißt das?»

Ichimonji war von der Frage überrascht. Er hatte selten mit Ausländern zu tun, und seine Sprache erklären zu sollen war ein völlig neues Erlebnis. Er machte halbherzige Versuche und gab schließlich auf. Boon notierte den Satz auf seiner Mappe, um ihn später nachschlagen zu können. (Er bedeutete: «Der Mund des Abends», also: Die Nacht hat gerade erst angefangen.)

Wohin wollte Bun-*san* jetzt? Gefiel ihm japanische Musik (obwohl sie natürlich nicht im entferntesten an Mozart heranreichte)? Wollte er etwas «Buntes» zu seinem Drink? Noch bevor Boon eine dieser Fragen beantworten konnte, hatte Ichimonji für ihn entschieden und schob ihn in ein Taxi.

«Ikebukuro», rief er dem Fahrer zu und wandte sich dann an Boon: «Wo wohnen Sie eigentlich?»

«In Ōji.»

«Ach, wirklich? Das ist ganz in der Nähe von Higashijūjō, wo ich wohne, und überhaupt keine Entfernung von da, wo wir jetzt hingehen. Sie kennen sich natürlich in Ikebukuro aus?»

«Ich fürchte, nein.»

«Aber wohin, um Gottes willen, gehen Sie denn, um etwas zu trinken? Doch wohl nicht nach Ōji? Die einzige gute

Kneipe in der Gegend ist die Pinte neben dem Abwasserkanal an der Brücke. Die machen nicht vor drei Uhr früh auf, was natürlich in unserem Teil der Stadt günstig ist. Aber eigentlich ist es eine ziemliche Bruchbude, und man braucht eine gesunde Leber, um irgend etwas von dem zu vertragen, was diese schmutzige alte Hexe ausschenkt, es sei denn, es kommt direkt aus der Flasche.»

«Also in Wirklichkeit bin ich bis heute abend überhaupt nicht alleine ausgegangen...»

«Und dann die Gläser, es ist eine Schande. Ich zweifle, ob sie sie einmal im Monat spült. Was haben Sie gerade gesagt?»

Ichimonji verstummte abrupt und sah Boon verwundert an. Er sprach normalerweise so schnell, daß er ein paar Sätze weiter war, bevor er aufnahm, was jemand anders gesagt hatte.

«Es ist das erste Mal, daß ich allein ausgehe», wiederholte Boon. «Ich bin kaum drei Monate im Lande.»

«Gut», sagte Ichimonji, der wieder in seinem Fahrwasser war, «also haben Sie eine Menge nachzuholen, und wir haben einen Grund zum Feiern. Natürlich hatten wir schon vorher Anlaß zu feiern, möchte ich hinzufügen. Ein so glückverheißendes Zusammentreffen wie dieses...»

Hier verschwand Ichimonji hinter einem so dichten Sprachgestrüpp, daß Boon ihm nicht mehr folgen konnte, und tauchte, von gelegentlichen Hinweisen an den Fahrer abgesehen, erst wieder daraus auf, als sie bereits in Sichtweite des Bahnhofs von Ikebukuro waren. Boon bemerkte, daß Ichimonji viel betrunkener war, als es schien, und daß ihn nur noch seine rein animalische Lebenskraft und die zwanghafte Geschwätzigkeit aufrecht hielten, die er brauchte, um wach und mehr oder weniger Herr seiner Sinne zu bleiben.

«Dieses Lokal hier – *hai, kore de ii* – ist auf traditionelle japanische Musik und Tanz spezialisiert. Nicht gerade das beste in seiner Art – die besten sind natürlich in Asakusa –, aber es ist nicht schlecht, vielleicht eines der zehn besten in Tokio. Ich wollte Sie hierher mitnehmen, weil ich sie gerne meinem Neffen vorstellen möchte, der seit sechs Monaten dort arbeitet. Ich habe die Angelegenheit selbst arrangiert, denn ich bin seit fünfzehn Jahren Stammkunde und konnte bei dem Besitzer ein gutes Wort für ihn einlegen. Sie haben nicht zufällig tausend Yen dabei? Der Fahrer sagt, er kann nicht wechseln.»

Bis Boon den Fahrer bezahlt hatte und aus dem Taxi gestiegen war, war Ichimonji verschwunden. Boon stand an der Ecke der Hauptstraße vor dem Bahnhof von Ikebukuro und dachte darüber nach, wohin auf Erden er gegangen sein könnte. Es war nicht unvorstellbar, daß Ichimonji ihn hatte sitzenlassen, aber Boon hielt ihn nicht für die Art von Mann, der so etwas tut; und richtig, als er durch eine Nebenstraße schlenderte, traf er Ichimonji, der gegen eine Wand pinkelte und dabei immer noch unaufhörlich redete. Anscheinend sprach er nicht mit sich selbst, sondern mit Boon, von dem er immer noch annahm, daß er die ganze Zeit hinter ihm gestanden habe. Boon knöpfte seine Hose auf und folgte dem Beispiel seines Gefährten. Dabei überlegte er, was Ichimonji ihm wohl erzählt hatte, seit sie aus dem Taxi gestiegen waren, denn das Gespräch hatte, wie nicht anders zu erwarten, inzwischen eine sehr viel persönlichere Wendung genommen.

«Sie sind kein schlechter Kerl, Bun-*san*. Ich habe natürlich nicht viel Erfahrung mit Ausländern, weil ich nie die Gelegenheit dazu hatte, aber ...»

Er hielt inne und schüttelte sich mit der übertriebenen Gründlichkeit eines Mannes, der genug getrunken hat, um zu wissen, daß er jetzt besonders vorsichtig sein muß, suchte nach seinem Reißverschluß, seufzte wohlig auf und schloß seine Hose in dem Moment, in dem er zum Schluß seines Satzes kam:

«Schließlich sind wir alle nur Menschen.»

Boon stimmte dieser Überzeugung aus vollem Herzen zu,

und merkte an, es sei doch seltsam, daß die offensichtlichsten Wahrheiten im praktischen Leben so oft vernachlässigt würden. Er selbst, Boon, war erst letzte Woche in einer Bar in Shinjuku das Opfer fremdenfeindlicher Gefühle geworden. Als er und sein Freund Sugama die Bar verließen, war ein Unbekannter auf Sugama zugetreten, hatte ihn beim Jackenaufschlag gepackt und ihm körperliche Gewalt angedroht, falls er jemals wieder mit einem Ausländer hier auftauchen sollte. Er erinnerte Ichimonji daran, wie häufig Japaner herabsetzende Bemerkungen über Ausländer mit der Phrase einleiteten, *onaji ningen na no ni* (zwar sind alle Menschen gleich, aber...). Er fragte ihn, ob es nicht wahr sei, daß seine Landsleute gerne unangreifbare Bemerkungen über die Gemeinschaft aller Menschen als Fassade benutzten, hinter der sich Vorurteile gegen denjenigen Teil dieser Gemeinschaft verbargen, der das Pech hatte, nicht in Japan geboren zu sein. Diskriminierung war etwas Schlimmes, aber gewiß war Scheinheiligkeit noch schlimmer. Was ihn an Ichimonjis Einladung am meisten gefreut hatte, war die Tatsache, daß sie spontan und aufrichtig war, und diese Aufrichtigkeit war für ihn ein Teil von Ichimonjis aufrechtem Charakter. Boon arbeitete sich zu diesen ernsthaften Freundschaftsbeteuerungen auf einem Weg vor, der aussah, als müßte er ihn in die genau entgegengesetzte Richtung führen, aber vielleicht ließ gerade das die Beteuerung für Ichimonji so glaubhaft erscheinen, denn plötzlich ergriff er Boons Hand und schüttelte sie energisch. Mit dieser Geste wurde ein dauerhafter Bund besiegelt.

Sie gingen die Straße etwa fünfzig Meter entlang und stiegen dann eine unbeleuchtete Treppe hinab, die sie in einen Keller mit Regalen für die Schuhe der Kunden führte. Auf der kleinen *tatami*-Schwelle vor der Schiebetür, die den Keller vom Innenraum trennte, stand eine lange Reihe von Pantoffeln, aus denen sich der Kunde, wenn er Glück hatte, ein Paar aussuchen konnte, das ihm paßte. Für Boon gab es keine passenden, aber das machte nichts, denn sie waren nur zum Überqueren weniger Meter Holzboden beim Kommen oder Gehen gedacht oder auf dem Weg zur Toilette, wo noch ein weiteres Paar Hausschuhe bereitlag. Schuhe aus und Pantoffeln an: Ichimonji öffnete die Schiebetür und schob Boon in einen hell beleuchteten Raum, in dem es turbulent zuging.

Auf einem leicht erhöhten *tatami*-Podest, das sich durch den ganzen Raum von der Bühne bis zum Eingang erstreckte, saßen etwa hundert Menschen im Schneidersitz an zwei langen Tischen und klatschten den Takt zu dem Lied, das eine Frau soeben mit seltsam rauher Stimme angestimmt hatte. Die Musiker hinter ihr trugen den traditionellen Hosenrock japanischer Festkleidung: ein aufrecht stehender *shakuhachi*-Spieler (Bambusblockflöte) und zwei Musiker mit ihren *shamisen* (dreisaitigen Gitarren), die auf niedrigen Hockern saßen und regungslos wartend ihre Instrumente im Schoß hielten. Zwei junge Männer, anscheinend Sänger, in grellfarbig gemusterten *yukata* standen im Hintergrund und wiegten sich zum Takt der Musik, während vier Tänzerinnen in weißen Socken und hellem *kimono* mit roter Schärpe sich zu beiden Seiten der Bühne in vollkommener Harmonie wendeten und drehten, den Körper beugten und sich wieder aufrichteten.

> *Ōbaka nambo ni na-a-ru*
> *jū na-a-a-na-tsu*
> *yūri-i o...*

Plötzlich wurde die durchdringende Stimme der Frau leiser und versank in den aufbrandenden Wogen des Beifalls, und das Publikum fiel in die ersten Silben eines unharmonischen Refrains ein.

«Ha! Sensei!»

Ein paar Männer an einem der Tische bei der Tür hatten Ichimonji erkannt, als er hereinkam, und fingen sofort an, ihm zuzuwinken und lauthals nach ihm zu rufen. Er streifte die Pantoffeln ab und schlurfte zu ihnen hinüber, wobei er sich auf seltsame Art duckte, als versuche er, irgend jemandem den Blick nicht zu verstellen. Boon hatte diese Geste schon oft bei Japanern beobachtet, die irgendwo Platz nahmen, auch wenn es gar keinen Blick zu verstellen gab. Jetzt fiel ihm zum erstenmal auf, daß Ichimonji inzwischen eine Krawatte trug. Er mußte sie angezogen haben, während Boon damit beschäftigt war, das Taxi zu bezahlen. Er sann darüber nach, ob nicht manche anscheinend absichtslosen Details in Ichimonjis Kleidung und in seinem Benehmen in Wirklichkeit sorgfältig im Hinblick auf ihre Wirkung geplant waren. Vielleicht war es ja nur ein Zufall, aber in der eleganten Bar in Shimbashi war Ichimonji unter den sorgsam gekleideten Kunden durch seine aufgerollten Hemdsärmel und den offenen Kragen aufgefallen. In der weniger formellen Atmosphäre des Lokals in Ikebukuro erweckte er einen betont konservativen Eindruck, der ihm wieder eine eigene Auffälligkeit verlieh.

Seltsamer und seltsamer: alles in allem ein unwahrscheinlicher Mann. Er war im «Mund des Abends» erschienen, und sein Name bedeutete «Eins-Tor-Tempel».

Einmal mißtrauisch geworden, schien es Boon, als habe sich mit dem neuen Erscheinungsbild auch Ichimonjis Verhalten geändert. Die Freunde des *sensei* machten Platz für ihn, und während er ihre Fragen beantwortete, wo er herkomme, wie lange er schon in Japan sei und was er hier vorhabe, folgten seine Augen Ichimonjis Triumphzug durch den Raum. Hier ein Lächeln, dort ein Zuwinken, eine Hand, die sich kurz auf eine Schulter legte: insgesamt wohl das Bild eines Lokalpolitikers, der sich am Feierabend kurz blicken läßt.

Der Gesang verstummte, und zur mißtönend wimmernden Begleitung der *shamisen* begann die Tanzvorführung. Boon wußte, daß die Saiten aus Katzendärmen hergestellt waren, und die Klänge, die man ihnen entlockte, erinnerten ihn an die

Schmerzensschreie eines geschundenen Tiers. Der Katzendarm summte und surrte, stockte, verklang und verfiel schließlich in eine ständig wiederholte Folge von fünf tiefen Tönen. Die Tonfolge erklang zunächst kaum hörbar, dann merklich lauter werdend wie das Surren einer Hornisse, die immer engere Kreise zieht. Beharrlich und fordernd erweckte die Melodie schließlich eine Gestalt zum Leben, die reglos in der Bühnenmitte verharrte. Die Frau, die dort mit gesenktem Haupt kniete, das Gesicht unter einem kegelförmigen, maisfarbenen Hut verborgen, die Formen ihres Körpers unter dem weißen *kimono* kaum zu erahnen, begann sich zu entfalten, zu erheben; korngelb auf weiß, weiße und goldene Blüte, erblühende Knospe.

Boon sah hingerissen zu. Kratzend verharrte die *shamisen* auf der letzten ihrer fünf Noten, wiederholte sie klagend, bis die Kornblüte ihren Kopf hob, ihre untere Gesichtshälfte entblößte, die leuchtend roten Lippen, die weißen Wangen. Die letzte Note verklang, die Tänzerin erstarrte in fügsamer Stille. Die *shamisen* setzte in hoher Tonlage wieder ein; der Körper zuckte krampfhaft zusammen, als sei sie von der Hornisse gestochen worden, und mit harten, steifen Bewegungen der Hände und Arme, als wehre sie die chromatischen Klänge ab, begab sich die Tänzerin auf den Rückzug. Das Gesicht, im Schatten des weitkrempigen Huts geborgen, bewegte sie sich nach links zur Hinterbühne. Der Körper, im Profil dem Publikum zugewandt, zeigte die klassische Figur der *kimono*-Trägerin: eine gerade Linie vom Kopf bis zum Rückenende; die durchgebogenen Knie spannten den Stoff über den Schwung des Gesäßes schmiegsam und zugleich erotisch. Die weißen Socken blieben ständig am Boden. Die Tänzerin hob abwechselnd die eine, dann die andere Ferse, ließ den Fuß mit gespannter Sohle geräuschlos über den glatten, polierten Boden gleiten und senkte die Ferse wieder. Der Rhythmus der *shamisen* wurde schneller, aggressiver, durchbrach die kontrollierte

Bewegung, stürzte die Tänzerin gewaltsam in Verwirrung. Der gerade Hals bäumte sich plötzlich auf, fiel wieder in sich zurück. Boon sah, wie geringfügig die Bewegung war, doch das Schwingen des geneigten Huts verzerrte den Anblick und betonte die Geste. Die Tänzerin erstarrte, zuckte zusammen, warf den Kopf zurück, schleuderte die Hüften nach außen, richtete sich wieder auf, machte mit schleifendem Gang ein paar Schritte nach vorne, blieb erneut stehen und wandte sich von einer Seite zur anderen, als suche sie einen Fluchtweg. Dann fiel sie wieder unterwürfig in die kniende Haltung zurück. Der schrille durchdringende Klang der *shamisen* zwang sie noch tiefer zu Boden. Die Arme zogen sich in die weiten Ärmel zurück, und die Tänzerin sank beruhigt, nur noch weiße und goldene Farbe, in erschöpfte Stille.

Die Vorstellung wurde mit frenetischem Beifall aufgenommen. Boon war bezaubert; es war der hinreißendste, sinnlichste Tanz, den er je gesehen hatte. Musiker und Tänzer versammelten sich zur Verbeugung auf der Bühne, eine Pause wurde angesagt, und sie mischten sich unter das Publikum, unter ihre Gäste und Freunde.

«Wunderbar! Großartig!» rief er Ichimonji begeistert zu, der eben eine Gruppe am anderen Ende des Raums verlassen hatte und wieder an den Tisch zurückgekehrt war.

«*Hai, hai*», erwiderte er zustimmend, «ich will nur einmal sehen, ob...»

Boon sah, wie er die Darsteller auf dem Weg von der Bühne abfing: den *shamisen*-Meister, den jungen Mann im bunten *yukata*, den Ichimonji bereits als seinen Neffen vorgestellt hatte, einige Tänzerinnen, darunter Boons zarte Kornblüte. Im schwirrenden Rauschen roter Schärpen und weißer Seide ließen sie sich wie eine Schar Tauben um ihn nieder und zeigten so viele wohlgeformte Nacken auf einmal, daß es Boon die Sprache verschlug. Stumm ließ er den Frühlingsregen der Fragen von allen Seiten über sich ergehen.

Der Lokalpolitiker (Ichimonji) überspielte die Situation geschickt, indem er den Anwesenden seinen ausländischen Berater (Boon) vorstellte, einen jungen Mann, wie er sagte, der für sein Alter tiefe Einsicht besaß und dennoch einen bemerkenswert moralischen Charakter zeigte («und dennoch»?), den er noch nicht allzulange kannte (drei Stunden!) und von dem er sehr hoffte, ihn in der Zukunft besser kennenzulernen, da er einen unverkennbaren Geruch von Menschlichkeit ausströmte («Geruch von Menschlichkeit?» Was soll das heißen?), sicher die beste Empfehlung, die man ihm mitgeben konnte. Boon war nicht sicher, daß er alle Anspielungen und Nebentöne dieser seltsamen Vorstellung richtig erfaßt hatte, doch durch das betörende Bild lächelnder Lippen und Augen ermutigt, beschloß er, daß er jetzt sprechen oder untergehen müsse, und beantwortete Ichimonjis Rede mit einer Reihe geschickter Komplimente, die alle begeisterten und ihn selbst überraschten.

«War der Name Bun?»

«Boon.»

«Ah, Mr. *Boon*?»

Kornblüte zu seiner Linken faltete den langen Ärmel des *kimono* mit zarter Geste über den Arm, reichte über den Tisch und ergriff die kleine Porzellanflasche mit Daumen und Zeigefinger. Sie hielt sie leicht geneigt, so daß der Boden auf den ausgestreckten Fingerspitzen der anderen Hand ruhte.

«Möchten Sie ein wenige *sake*?»

«Sehr gerne», murmelte Boon und hob die kleine, kaum fingerhutgroße Schale ein paar Zentimeter. Kornblüte füllte sie bis zum Rande und ließ sich dann die Flasche aus der Hand nehmen.

«Und Sie?»

«Danke, nur ein kleines bißchen...»

«Mehr als ein bißchen gibt es nicht», sagte Boon. «Das sind die winzigsten Schalen, die ich je gesehen habe.»

Kornblüte streckte ihm ihre Schale mit der gleichen höflichen Bescheidenheit entgegen, mit der sie ihm die Flasche gereicht hatte. Boon, weniger formgewandt, füllte Kornblütes Schale bis zum Rand.

«Zum Wohl!»

Sie lachte, trank, stellte die heilige Schale wieder an ihren Platz und tupfte mit der Fingerspitze die Lippen ab.

Der *shamisen*-Spieler rief ihr etwas, anscheinend eher Unhöfliches zu. Kornblüte fand es überhaupt nicht komisch. «Die Angelegenheit geht dich nichts an», antwortete sie ärgerlich und erntete ein mißtönendes Lachen, das dem Klang seines Instruments ähnelte. Ein gut eingespieltes Team, dachte Boon, und: was für eine Angelegenheit? *Ihre* Angelegenheit, vielleicht ihre *gemeinsame* Angelegenheit? Er wandte sich um und betrachtete den Musiker neugierig.

Er war etwa vierzig Jahre alt. Im formellen Kostüm, die Brille auf der Nase, mit seinem scharfgeschnittenen skeptischen Gesicht sah er eher wie ein Professor aus als wie ein Virtuose auf der dreisaitigen Gitarre.

«Wußten Sie schon», sagte Ichimonji, dessen Aufmerksamkeit nichts entging, «daß der *sensei* einer der besten Musiker im Lande ist?»

«Nein, das habe ich nicht gewußt...»

«Er nimmt den vierzehnten Rang ein, und das auf Landesebene.»

Boon fand die Bemerkung faszinierend. Vierzehnter: besser als der fünfzehnte, nicht ganz so gut wie der dreizehnte. Und er trat im zehntbesten Lokal seiner Art auf. War das eine Empfehlung? Er fragte sich, was wohl die Kriterien seien, nach denen die Bewerber in dieser musikalischen Bundesliga so genau beurteilt werden konnten: die Gesamtzahl der gespielten Noten pro Saison vielleicht oder dergleichen. Er kam zu dem Schluß, Ichimonji nehme ihn auf den Arm.

«Ich war sehr beeindruckt», sagte Boon, «obwohl ich zugeben muß, daß ich mich noch nicht ganz an den Klang, an die Tonart gewöhnt habe.»

«Wie finden Sie den Klang denn?» fragte Nummer Vierzehn gut gelaunt.

«Für meine Ohren ist es ein schmerzlicher Klang. Er tut mir weh: der Geist der toten Katze, der in den Saiten heult.»

Glücklicherweise schien der *sensei* die Bemerkung nicht als beleidigend zu empfinden. Er wiederholte den Ausdruck leise, griff sich an die Nase und lachte in sich hinein. Kornblüte versteckte sich hinter ihrer Hand und kicherte. Der Atem blähte ihre Nüstern im spöttischen Rhythmus des Lachens: Rat-a-tat-tat.

«Dann werde ich noch einmal für Sie spielen», verkündete der *sensei* würdevoll, «extra für Sie, Bun-*san*. Vielleicht kann ich Sie bekehren. Üblicherweise wird die *shamisen* als Begleitinstrument gespielt, aber nicht ausschließlich. Es gibt auch ein beachtliches Repertoire an Solo-Stücken, das Sie vermutlich noch nie gehört haben.»

«Bun-*san* würde sich sehr geehrt fühlen», sagte Ichimonji. «Wenn ich einen Vorschlag machen darf, *sensei*...» Und er verschwand wieder in einem jener Sprachdickichte, in die ihm Boon nicht folgen konnte.

Zum erstenmal wurde er sich eines Duftes bewußt, einer zarten weiblichen Ausstrahlung zu seiner Rechten, die er bisher vernachlässigt hatte. Er wandte sich um und fragte:

«Und wie heißen Sie?»

«Ayako», flüsterte die Duftende. Sie war so zerbrechlich, daß sich Boon fragte, wie sie es überhaupt zu einem Körper gebracht hatte. Er kam sich neben ihr schwerfällig und plump vor. Ayako und Boon: schon die Kombination der Namen war absurd.

Kornblüte sagte: «Ayako und ich sind Freundinnen. Wir stammen beide aus Tōhoku. Wir sind zusammen zur Schule gegangen.»

«Und wie lange sind Sie schon in Tokio?»

«Seit zwei Jahren.»

«Gefällt es Ihnen hier?»

Sie zuckte die Achseln: «Hier gibt es wenigstens Arbeit.»

«Mir hat Ihr Tanz sehr gefallen. Und wären Sie in Tōhoku geblieben, hätte ich ihn nie gesehen», sagte Boon und versuchte, sich eine Tänzerin mit Kornblütes Körper und Ayakos Blütenduft vorzustellen.

«Aya-*chan*, Aya-*chan*...»

«Bun-*san*!»

«...warum schauen wir nicht morgen früh bei Mitsukoshi vorbei? Vielleicht finden wir es da...»

«Ja?»

«Ich möchte Ihnen meinen Neffen vorstellen... Shinichirō!»

«*Hai!*»

Was finden? Kornblüte legte die Hand auf Boons Schulter und lehnte sich über ihn, um hinter seinem Rücken mit Ayako zu sprechen. Ihr Körper berührte ihn leicht – berührte sie ihn mit dem Körper?

«Sehr erfreut», sagte er mit Nachdruck und verbeugte sich vor dem jungen Mann in der karierten Robe. Hinter seinem Rücken hörte er das zwitschernde Gespräch der beiden Mädchen.

«Ich hoffe, Sie später spielen zu hören.»

«Äh... ich spiele eigentlich kein Instrument, aber...»

«Ich meinte natürlich singen», verbesserte sich Boon eilig, «Sie sind doch Sänger?»

«Ja, das stimmt», sagte der junge Mann und sein Gesicht leuchtete vor Freude, weil er richtig erkannt worden war, «aber Ihr Japanisch... woher um Gottes willen?...»

Er starrte Boon völlig verblüfft an. Die Augen fielen ihm fast aus dem Kopf, als wäre er einem sprechenden Hund begegnet. Boon fühlte die Wärme auf seiner Schulter. Er führte noch ein sprachliches Kunststück vor, und die Augen des Neffen wurden so groß wie Untertassen.

Ichimonji zwinkerte ihm zu und sagte, laut genug, daß es alle hören konnten, auch wenn die Bemerkung für den *shamisen*-Spieler bestimmt war:

«*Marude uguisu no tani-watari no yō desu na...*» Dabei wies er mit dem Kinn auf Boon und die beiden Mädchen.

«Ichimonji-*sensei*!!!»

Empörte Aufschreie aus Kornblütes Mund, die emporschoß und über den Tisch starrte.

Was war jetzt los? Boon griff nach der Mappe unter dem Tisch und zog ein Blatt Reispapier hervor.

«Wie war das? *Uguisu*...», er griff nach dem Federhalter, «was heißt das?»

«*Iya-a!*» klagte Kornblüte, die noch immer nicht still sitzen konnte.

«Es heißt», sagte der *shamisen*-Spieler in unerwartet flüssigem Englisch, «eine Nachtigall, die von Tal zu Tal fliegt.»

«Wie bitte? Nachtigall? Aber was genau...?»

«Das können Sie sich doch denken. Wenn Sie mich jetzt entschuldigen wollen...»

Er erhob sich elegant und schlenderte auf die Bühne. Ichimonji legte die Arme um seine Knie und brüllte vor Lachen. Dann hockte er sich auf die Fersen und führte eine lächerliche Pantomime auf. Er flatterte mit den Armen, pumpte den Brustkorb auf und streckte den Hals vor, um zu zeigen, wie die singende Nachtigall (Boon) sich erst in einem Tal niederließ (Ichimonji faltete die Flügel, legte den Hals auf die Schulter und sah Kornblüte kokett lächelnd an) und dann ins nächste Tal flog (wobei er Ayako anblickte). Seine Pantomime machte ihm so viel Spaß, daß er sie zum zweitenmal vorführte und sich vor Begeisterung auf die Schenkel schlug.

«Widerlich», sagte Kornblüte.

Ichimonji wischte sich mit einem Taschentuch die Augen.

«Und dennoch scheint es, als sei dir der Ausdruck nicht unbekannt.»

Kornblüte öffnete den Mund und schloß ihn wieder.

Inzwischen hatte sich der *shamisen*-Spieler auf einem Hocker am Bühnenrand niedergelassen und stimmte sein Instrument. Langsam legte sich der Lärm im Saal. Der Musiker saß in sich versunken und zog sein Publikum mit in seine konzentrierte Spannung. Er ließ sich viel Zeit, wartete, bis alles ruhig war. Dann fing er an zu spielen.

Die Musik strömte direkt aus der Natur und entfaltete vor Boons Augen eine Berglandschaft: dürres, trockenes Gebirge, Felsen, Steine, Kiesel im Fluß, versunkene Hügel, abschüssige Geröllfelder, die langsam in die Täler strömen, Klippe, Sprosse, Baumrinde und klares Wasser. Einer nach dem anderen stiegen die Klänge der wilden Landschaft aus den knarrenden Saiten auf und erwachten zum Leben. Der *shamisen*-Spieler schuf seine Welt mit geschlossenen Augen und ausdruckslosem Gesicht. Die Hände bewegten sich mechanisch, vom Körper getrennt, als folgten sie ihrem eigenen Gesetz. Schweiß brach unter den Haarwurzeln aus und strömte über die Stirn, über ein Gesicht wie aus porösem Stein gehauen. Nach zwanzig Minuten sprang er erschöpft auf. Der Saal wurde von enthusiastischem Beifall überschwemmt.

Wieder war Boon überwältigt. Es war weniger die Musik selbst, von der er sich ergriffen fühlte, als die rein physische Gewalt, mit der sie gespielt wurde. Er begegnete dem *shamisen*-Spieler mit der gleichen Bewunderung wie einem Mann, der vor seinen Augen einen Kampf mit einem Stier gewagt oder sonst eine außerordentliche Kraftleistung vollbracht hätte. Und das alles auf drei Saiten! Es war eine *tour de force*.

Als er von den Gipfeln der Gebirgswelt hinabstieg, gab es nur noch ein Tal, in dem die Nachtigall singen konnte. Der Duft war verweht und servierte Getränke am Nebentisch. Der großäugige Neffe ließ sich von einer Sängerin die Hand lesen. Kornblüte bohrte mit einer Haarspange und einer Papierserviette in ihren Ohren. Ichimonji war verschwunden.

«Wo ist der *sensei*?»

«Da drüben», sagte Kornblüte unaufmerksam. Sie war beleidigt, und ihre Ohrenreinigung war als Vorwurf gemeint.

«Nein, nicht der.»

«Ach, Sie meinen den da?» Sie deutete über den Tisch. Boon konnte ihn immer noch nicht sehen.

«Wo ist er denn?»

«Unten», sagte Kornblüte, die Haarspange zwischen den Zähnen, «er schläft.»

Boon blickte unter den Tisch. Und wirklich, da lag Ichimonji flach auf dem Rücken und schlief fest. Anscheinend war der vierzehnte Rang doch nicht gut genug, um ihn wach zu halten.

Die nächsten zehn Minuten unterhielt sich Boon zögernd mit den Männern, denen er vorhin vorgestellt worden war. Die Tänzer und Sänger betraten die Bühne zum letzten Auftritt. Ein Gast stolperte über Ichimonjis Beine und weckte ihn auf. Er rieb sich das Gesicht und sah auf die Uhr. Es war halb zwölf.

«Bun-*san*, gehen wir nach Hause.»

Das war nicht so einfach, wie es aussah. Erst mußte sich der Lokalpolitiker verabschieden. Bis er die Runde gemacht hatte, war es zehn vor zwölf. Obwohl er das Gegenteil beteuerte, genoß Ichimonji offensichtlich das Ritual. Glücklicherweise bemerkte er den großen Riß in seinem Hosenboden nicht, der jedesmal sichtbar wurde, wenn er niederkniete und sich verbeugte. Der Riß ging quer durch die Mitte der Hose und erinnerte Boon an einen Mund, der Ichimonji hinter seinem eigenen Rücken auslachte.

Er hatte keine Gelegenheit, ihn darauf aufmerksam zu machen, bis sie im Vorraum ihre Schuhe wieder anzogen. Ichimonji grinste und sagte: «Wenn ich mich vor jemandem verbeuge, zeige ich ihm mein Gesicht und nicht meinen Arsch. Bun-*san*, man kann sich alles leisten, solange die Formen stimmen. *He o shite shiri-tsubome*, du kannst ruhig furzen, aber kneif den Arsch zusammen. Es ist ganz egal, was du tust, wenn du dabei unschuldig aussehen kannst.»

Sie betraten die Straße, und Ichimonji hielt ein Taxi an. Boon zog seinen Federhalter, um das interessante neue Sprichwort zu notieren. Plötzlich merkte er, daß er die Mappe mit dem Reispapier vergessen hatte.

«Ich habe etwas liegen lassen», sagte er zu Ichimonji.

«Dann holen Sie es. Der Kerl wird schon warten.»

Boon eilte wieder die Treppe hinab, öffnete die Schiebetür zum Saal, schloß sie wieder, fluchte leise, setzte sich, schnürte seine Schuhe auf und zog Pantoffel an.

«Nie wieder Schuhe mit Schnürsenkeln», murmelte er vor sich hin, öffnete die Tür wieder und ging hinein.

Die Mappe lag noch unter dem Tisch. Auf dem Weg nach draußen stieß er mit Kornblüte zusammen.

«Mein Gott!»

Sie hatte den weißen *kimono* mit einer Bluse und Hosen vertauscht. Mit offenem Haar wirkte sie völlig anders. Kornblüte war verschwunden, und an ihrer Stelle stand Naomi mit kurzen Beinen und kräftigen Hüften.

«Ich habe das da vergessen.»

«Und Sie haben vergessen, mir Auf Wiedersehen zu sagen.»

«Aber Sie waren verschwunden. Ich habe überall gesucht. Wahrscheinlich waren Sie sich umziehen gegangen.»

«Wirklich?»

«Wirklich.»

He o shite shiri-tsubome.

Boon betrachtete ihre üppigen Brüste und fühlte sich plötzlich lüstern.

«Wir könnten Sie mitnehmen.»

«Wohin fahren Sie?»

«Kita-ku.»

Naomi dachte einen Augenblick nach und schüttelte dann den Kopf.

«Ich muß sowieso auf Aya-*chan* warten.»

Als er die Pantoffeln noch einmal ausgezogen und seine Schuhe angezogen hatte, gab ihm Naomi eine Karte.

«Sie können mich immer hier finden – täglich ab sechs Uhr, außer sonntags.»

«Haben Sie kein Telefon?»

«Nein.»

Boon verabschiedete sich von Naomi und machte sich zögernd wieder auf den Weg zur Straße. Als er ins Taxi stieg, fiel ihm ein, daß sie nicht bezahlt hatten.

«Was ist mit der Rechnung?»

«Das wird schon in Ordnung gehen», sagte Ichimonji leichthin.

Boon war es peinlich zu fragen, aber es klang, als hätte Ichimonji auch nicht bezahlt. Geschäftsfreunde in Shimbashi, der großäugige Neffe in Ikebukuro: eine Freikarte für die ganze Stadt.

«Was für ein Lokal!» begeisterte er sich. «Und der *shamisen*-Spieler war großartig. Er hat mich bekehrt.»

«Und wie ist es mit den Mädchen?» fragte Ichimonji sachlich. «War etwas für Ihren Geschmack dabei?»

Boon erwähnte die Tänzerin, die er Kornblüte getauft hatte. Auf Japanisch klang das wie *mugi no hana*, Getreideblüte. Ichimonji hielt nicht viel von dem Namen, der ihn an Gerstentee oder Haferplätzchen erinnerte.

«Ist das ein guter Name für eine Tänzerin?»

Beschämt mußte Boon zugeben, daß es nicht gut klang.

«Ich glaube, was Sie meinen, ist die Blume, die wir *yaguru-magiku* nennen. Wie wäre es damit? Versuchen Sie es einmal ganz zärtlich auszusprechen. Versuchen Sie es bloß.»

Boon versuchte es und scheiterte.

«Wissen Sie was», sagte Ichimonji, der derartigen Kleinigkeiten nicht widerstehen konnte, «Sie könnten es abkürzen. Wie wäre es mit *yagu*?»

Boon fand *yagu* nicht sehr poetisch.

«Wissen Sie, was *yagu* heißt? Nein? Es ist eine Bettdecke. Versuchen Sie es mit einer Verkleinerungsform: Yagu-*chan*. Wie wäre es damit? Meine kleine Bettdecke?»

Ichimonji beugte sich vornüber und schüttelte sich vor Lachen.

«Also gut», sagte er schließlich, «wie sind Sie überhaupt auf eine Kornblüte gekommen?»

«Es waren die Farben», erklärte Boon, der etwas eingeschnappt war, vorsichtig, «der weiße *kimono* und der gelbe Hut.»

«Gelb und weiß? Aber die Blume, von der wir sprechen, ist rot und blau.»

Das war ein schwerer Schlag. Wenn er Ichimonji nicht bald Einhalt gebieten konnte, würde seine Kornblüte sich in nichts auflösen.

«Einen Augenblick! Ihre *yagurumagiku* mag von mir aus rot oder blau sein. Das ist Klatschmohn oder eine Kornblume. Aber ich spreche nicht von Mohnblumen. Vielleicht habe ich mich nicht deutlich genug ausgedrückt. Ich meine eine Blüte, eine unter vielen, die man in Kornfeldern sehen kann. Und auf den Kornfeldern gibt es viele Blumen, die gelb und weiß sind.»

Ichimonji schüttelte den Kopf.

«Ich will nicht darauf bestehen. Der Kummer mit diesen ganzen poetischen Geschichten ist ja nur, daß die Tatsachen meistens nicht stimmen. Machen Sie, was Sie wollen, Bun-*san*; aber wozu ist diese ganze Sache mit dem Namen überhaupt gut? Genügt nicht einfach die Frau, so wie sie ist?»

Der Taxifahrer fragte seinen *o-kyakusan*, wo er halten solle.

«Hier.»

«Gefühle sind Tatsachen», sagte Boon, aber Ichimonji hörte es nicht, weil er damit beschäftigt war, den Taxifahrer zu fragen, ob er einen Zehntausend-Yen-Schein wechseln könne. Der Fahrer kratzte sich am Kopf, und Boon fragte ihn, was der Fahrpreis sei. Sechshundertundfünfzig Yen. Boon hatte noch genau so viel in der Brieftasche. Er zahlte, und sie stiegen aus. Ichimonji stolperte über einen Mülleimer. Irgendwo begann ein Hund zu bellen.

Boon folgte seinem Gefährten in ein Gewirr enger Gäßchen. Plötzlich war es kalt geworden. Ein frischer Morgenwind schaukelte die roten Laternen und zog die großen Papierdrachen vor den Geschäften am Schwanz. Ichimonji überquerte die Straße und beugte sich dabei unter die Fransen der Markisen der Lokale, um einen Blick hineinzuwerfen. Er erklärte, kritisierte und versorgte Boon mit Kurzkommentaren über die Qualitäten der Mädchen. Seine Kritik ging von obszöner Beschimpfung bis zu frommen Sprüchen, die Boon an Horoskope erinnerten, wie es sie in Tempeln zu kaufen gibt. «Zeitraubend», verkündete er, «aber der Mühe wert» oder «Die sollte man nicht mit der Kneifzange anfassen.» So erreichten sie endlich das Ende der Straße.

«Da sind wir», sagte Ichimonji und blieb vor einem kleinen Laden stehen, «*Tsuru*».

Tsuru, das Zeichen des Kranichs: ein gutes Vorzeichen, ein glückbringender Vogel. Boon hatte das Zeichen erst am vorigen Tag auf einer Heiratsanzeige gesehen.

«Hier sind wir richtig», sagte er und dachte an das glückliche Vorzeichen ihres Zusammentreffens.

«Allerdings», stimmte Ichimonji bei und fügte unerwarteterweise hinzu: «Wenn wir Glück haben, tanzen die Mädchen noch nackt auf der Theke, bevor der Abend zu Ende geht.»

Mit dieser Einführung in das Zeichen des Kranichs öffnete er die Tür.

Sie betraten einen schäbigen, schmutzigen kleinen Raum, in dem es nach Tabak und verbranntem Öl roch: eher eine private Küche als eine Bar. Es war Boons erster Besuch in einer Bar im Distrikt der roten Laternen, und wäre er allein gewesen, er wäre freiwillig nicht einen Augenblick geblieben, geschweige denn, daß er dafür gezahlt hätte, hier ein paar Stunden sitzen zu dürfen. Vermutlich hatte die Bar Attraktionen zu bieten, die nicht unmittelbar ersichtlich waren. Ein Blick auf die extrem niedrige, dunkle Decke überzeugte Boon davon, daß Frauen, die nackt auf der Theke tanzten, nicht zu diesen Attraktionen gehören konnten.

Das Zeichen des Kranichs war halb voll. Zwei Kunden flegelten sich über die Bar; insgesamt hatten vielleicht sechs Platz. Ichimonji und Boon ließen sich mit dem Rücken zur Straße nieder. Noch zwei oder drei Kunden mehr, und das Lokal wäre überfüllt.

«Heute bist du aber früh dran», sagte eine aufgeschwemmte Frau und hob einen dampfenden Kochtopf vom Gaskocher. Sie blickte Ichimonji nicht einmal an, und Boon war über die vertraute Anrede erstaunt, die sie benützte. Er hatte diese Form sonst nur zwischen Eheleuten gehört. Vielleicht ist sie seine Frau, dachte Boon, dem alles möglich erschien. Sein Verdacht wuchs, als Ichimonji die Frau um ein Päckchen Zigaretten bat, und sie ihn aufforderte, sich aus dem Korb hinter der Theke zu bedienen. Vielleicht war es sein Haus.

«Wo ist Emiko», fragte Ichimonji.

«Nach nebenan gegangen, um sich Sojasauce zu leihen. Muß gleich wieder da sein. Ich war den ganzen Nachmittag einkaufen, aber die Sojasauce habe ich vergessen. Den ganzen Tag ein wahnsinniges Gehetze. Meine Schwester ist heute früh ins Krankenhaus gekommen, und ich mußte nach Omiya fahren und für die Kinder sorgen. Arme kleine Würmchen.»

«Was fehlt ihr denn?»

«Es heißt, es sei die Leber.»

«Sie sollte nicht so viel saufen.»

«Du weißt, wie schwierig das ist. Die Kunden mögen es nicht, und dann bleiben sie weg. Sie kommt nie vor zwei Uhr früh nach Hause, und dann ist sie um sechs Uhr wieder auf, um Frühstück zu machen und die Kinder in die Schule zu schicken. Es ist wirklich kein Wunder. Wenn du so leben müßtest, wärst du in einer Woche im Krankenhaus.»

«Und ihr Mann?»

«Der ist im Augenblick in Hokkaido auf Tour. Er spielt jetzt bei einer anderen Band. Sie haben einen Vertrag in... wo war das bloß? ...also einer dieser Kurorte. Bleibt über Neujahr dort. Alles von der Hand in den Mund, aber ihm macht das nichts aus. Völlig verantwortungslos. Der Wind von morgen wird erst morgen wehen...»

«Gelbfisch!» sagte einer der Kunden am anderen Ende der Bar.

«*Sake!*» übertrumpfte ihn der andere.

Die Frau wischte ihre Hände an der Schürze ab und öffnete den Kühlschrank.

«Hast du Walfleisch?» fragte Ichimonji.

«Hab ich.»

«Zwei Portionen. Und *sake*.»

«*Hai, hai.*»

Sie nahm zwei blau-weiße Flaschen vom Regal, füllte sie aus einer Zwei-Liter-Flasche und stellte sie in einen Kessel. Dann zündete sie den Gaskocher an, zog eine große fettige Pfanne unter dem Spülstein hervor und ließ sie heiß werden, bis das Fett rauchte. Die vier Männer sahen ihr schweigend zu. In diesem Augenblick öffnete sich knarrend die Tür, und eine helle Frauenstimme sagte:

«Tut mir leid, daß es so lang gedauert hat, *mama*. Die haben mich einfach nicht wieder gehen lassen. Gott, ist es kalt!»

Die junge Frau, die eben gekommen war, schloß schnell die Tür, stampfte mit den Füßen auf und rieb sich die Arme. Als sie sich bückte, um unter der Theke durchzuschlüpfen, sah Boon, wie ihr T-Shirt den Rücken hoch rutschte und ein paar Zentimeter nackte Haut freigab. Kein Wunder, daß sie fror.

«Gurke», sagte die andere Frau, «und zwei Schalen. Hast du die Sojasauce gebracht?»

«Da ist sie.»

«Emiko...»

«Hai!»

«Ich habe jemand für dich mitgebracht.»

«Für mich? Wirklich?»

Emiko kauerte auf dem Boden, den Kopf im Schrank vergraben, und zeigte wieder den weißen Hautstreifen. Sie nahm zwei Schalen heraus, stand auf und wiederholte, immer noch mit dem Rücken zu den Gästen:

«Für mich?»

Mama drehte geschickt den Gelbfisch in der Bratpfanne und trat zurück, als das Fett anfing zu spritzen. Mit Katzenfingern hob sie die vier Flaschen aus dem Kessel, wischte sie nacheinander ab und reihte sie dampfend auf der Theke auf. Boon beobachtete, wie der Spiegel über der Theke langsam beschlug. Allmählich wurde es gemütlich.

Emiko wandte sich um und stellte zwei Schalen mit Rettich und eingelegter Gurke vor sie auf die Theke.

«Also dann...»

«Sein Name ist Bun. Er kommt aus England und ist überhaupt ein bemerkenswerter Knabe. Heute geht er zum erstenmal aus, verstehst du, aber er hat sich schon eine Bettdecke angelacht...»

«Eine Bettdecke?»

«Nur eine ganz kleine – ein Deckchen. Aber er glaubt, sie genügt, um ihn warm zu halten.»

Ichimonji verschluckte sich an einer Rettichscheibe, die er unvorsichtigerweise in den Mund gesteckt hatte, bevor er anfing zu sprechen. Er spuckte sie auf den Boden und lachte so kräftig, daß er vom Hocker rutschte und seinen Gürtel lockern mußte. Er umfaßte Boons Schultern und schüttelte ihn liebevoll.

«Entschuldigen Sie, Bun-san. Sie wissen, wie töricht und laut wir Japaner werden, wenn wir etwas zu viel getrunken haben. Ich bitte von ganzem Herzen um Entschuldigung.»

Plötzlich wurde sein Gesicht äußerst ernst, er legte die Hände auf die Schenkel und verbeugte sich vor Boon. An seiner Aufrichtigkeit konnte kein Zweifel bestehen. Er konnte in einer Minute lachen und in der nächsten weinen. Ichimonji war einfach so.

Emiko schenkte glühendheißen *sake* ein und brachte sich selbst wieder ins Gespräch.

«Mein Haar ist anders. Gefällt es Ihnen?»

«Was ist anders dran?»

«Es ist frisch geschnitten», warf Boon dazwischen.

«*Ara!*»

Sie klopfte mit den Knöcheln auf die Theke und blickte ihn erstaunt an.

«Woher wissen Sie das?»

«Es sieht frisch geschnitten aus. Als ob Ihr Kopf sich noch nicht ganz daran gewöhnt hätte.»

«*Araa...*»

«Außerdem ist die Haut unter dem Haaransatz heller, und sonst haben Sie eine gebräunte Haut.»

Boon hatte schon den ganzen Abend aufmerksam Hälse und Nacken studiert.

«Als ob mein eigener Kopf sich noch nicht ganz daran gewöhnt hätte!» wiederholte Emiko. «Sie sagen seltsame Dinge. Sehen Sie, *sensei*, manche Leute sehen so etwas einfach.»

«Wenn Bun-*san* dich schon so lange kennte wie ich, würde er sich wahrscheinlich auch nicht die Mühe geben, hinzusehen.»

«Scheusal!»

Emiko stellte zwei Schälchen mit Walfleisch vor sie.

«Mögen Sie Knoblauch?» fragte sie Boon. «Das ist Knoblauchsauce.»

«Wahrscheinlich macht er sich mehr Sorgen um den Wal», sagte Ichimonji. «Ausländer mögen Walfleisch nicht besonders, und sie haben auch nicht viel für Leute übrig, die es mögen. Ich persönlich verstehe ja die ganze Aufregung nicht. Sind wir Barbaren, Bun-*san*? Vielleicht können Sie mir das erklären.»

«Lassen Sie ihn doch erst probieren», sagte Emiko. «Ich nehme an, er hat noch nie Walfleisch gegessen.»

«Nein, noch nie.»

Boon nahm ein Stückchen von dem roten Fleisch auf die Stäbchen, tauchte es in Knoblauchsauce und führte es zum Mund. Alle beobachteten ihn aufmerksam, als werde er jetzt den verbindlichen Beschluß einer internationalen Walfangkommission verkünden. *Tsuru no hito-koe*, die Stimme des Kranichs: aus berufenem Munde also.

«Es schmeckt nicht schlecht.»

Emiko klatschte in die Hände.

«Aber darum geht es nicht. Die Wale sterben aus.»

«Dazu haben Sie gerade Ihren Beitrag geleistet», sagte Ichimonji. «Ist es denn nicht dasselbe, als wenn man Schweine und Kühe schlachtet?»

«Schweine und Kühe kann man züchten. Wale kann man nicht züchten.»

«Das stimmt natürlich. Aber Walfleisch ist für uns genauso wichtig wie Rind- und Schweinefleisch für Sie. Es ist in Japan ein Grundnahrungsmittel. Ausländer scheinen das nicht zu verstehen.»

«Aber das ist doch erst recht ein Grund, daß der Walschutz im japanischen Nationalinteresse liegen müßte. Wenn Ihr sie alle umbringt, und wenn es so weiter geht, wird das nicht mehr lange dauern, was wird dann aus eurem Grundnahrungsmittel?»

«Ja, aber sehen Sie...»

Ichimonji wollte das simple Argument widerlegen, aber es fiel ihm offenbar kein Gegenargument ein.

Der Kunde, der den Gelbfisch gegessen hatte, schob seinen Teller zurück und sagte:

«*Sake!*»

«Gelbfisch!» rief der andere, der sich nicht übertreffen lassen wollte. Sie sahen aus wie Zwillinge, die Schnipp-Schnapp spielten.

«Vielleicht könnte man Wale ja züchten», überlegte Ichimonji.

«Wer will schon was von Politik wissen?» sagte Emiko mit dem frisch geschnittenen Haar.

«Nicht Politik – Lebensmittel», verbesserte Ichimonji sie.

«Kann ich bitte etwas *sake* haben?»

«Natürlich, wie unhöflich von mir! Holen Sie sich eine Schale», antwortete der scharfäugige Boon. Und Emiko griff hinter sich nach oben und ließ einen Streifen weißen Bauch sehen.

In der nächsten Stunde leerten Boon und Emiko, ein, zwei, drei, vier *sake*-Fläschchen. Boon stellte sie auf der Theke auf den Kopf und arrangierte sie zu sorgfältigen Mustern, während Emiko ihre Lebensgeschichte erzählte.

Sie stammte aus Kyūshū. Mit achtzehn hatte sie geheiratet und war nach Osaka gezogen. Vier Jahre später kam die Scheidung, und seitdem arbeitete sie in Tokio. Ihre siebenjährige Tochter lebte in Kyūshū bei den Großeltern. Emiko bedauerte ihr Schicksal nicht im geringsten und schien sich keine Sorgen um ihre Zukunft zu machen. «Ich bin erst siebenundzwanzig», sagte sie zuversichtlich, und in drei Jahren würde sie ihr eigenes Lokal haben. Sie hatte eine ganze Menge gespart; und im übrigen sollte doch gerade sie keine Schwierigkeiten haben, einen «Unterstützer» zu finden. Sie forderte Boon auf, sich sein eigenes Urteil zu bilden: wie fand er ihren Körper? Nach Erörterung der feineren Einzelheiten schloß Boon, daß es sich um eine gute Kapitalanlage handelte, mit der sie es weit bringen würde. Weder war Emiko die Vertraulichkeit des Gesprächs in irgendeiner Weise peinlich noch wirkte sie kokett. Schließlich und endlich war sie eine praktische junge Frau, die über ihr Geschäftskapital sprach. Gegen Ende der langen Unterhaltung saß Emiko neben Boon auf seiner Seite der Theke, auf der sich acht leere *sake*-Flaschen eng aneinandergereiht, Hüfte an Hüfte, Hals an Hals drängten.

Die beiden Börsenmakler waren schon lange verschwunden. Mit zunehmender Trunkenheit waren Ichimonji immer weinerlicher und die *mama* immer sentimentaler geworden, und die letzten zwei Stunden hatten sie einander all ihre Sorgen erzählt. Die Scheiben der Glastür waren dampfbeschlagen, der Rauch der Bratpfanne zog zur Decke und setzte sich an den Wänden fest, draußen wehte ein stürmischer Wind, und Boon konnte das Schlagen der Markisen und das Klopfen der Ladenschilder auf der ganzen Straße hören. Nur die vier unter dem Zeichen des Kranichs saßen betrunken in der Wärme.

«Singen Sie ein Lied!» befahl Emiko plötzlich.

«Ein Lied singen? Warum sollte ich ein Lied singen?» fragte Ichimonji mit unsicherer Stimme.

«Weil ich es will.»

Er versuchte, seine Zunge unter Kontrolle zu bringen.

«Emi-*chan*, ich werde für dich singen, wenn du für Bun-*san* tanzt.»

«Okay.»

«Einen Augenblick! Ich will, daß du so tanzt wie damals

in ... wo hat sie getanzt, *mama*? Wach auf! Wach auf! Ach, es ist schon gut. Ja! Dieses Jahr im April, nachdem wir zur Blütenschau gegangen waren. Emi-*chan*. Erinnerst du dich? Du hast auf der Theke getanzt, ganz nackt. Erinnerst du dich?»

«Ich? Nackt?»

Ichimonji machte eine schwungvolle Bewegung mit seinen Armen und fiel vom Hocker. Er stand mühsam wieder auf und packte Boon am Ärmel.

«Bun-*san*, wollen Sie, daß Emiko nackt auf der Theke tanzt?»

«Willst du?» fragte Boon und drehte sich zu Emiko.

Ihre Finger zogen Kreise in seinem Bart.

«Soll ich?»

«Ja», sagte Boon.

Die Finger stellten ihre kreisförmige Bewegung ein und setzten einen Punkt in der Mitte seines Kinns.

«Also gut, wenn du willst. Aber zuerst müssen Sie singen, *sensei*...»

Also sang Ichimonji, und als er fertig war, ging Emiko nach draußen, nahm die Stange mit dem Ladenschild ab, schloß die Türe ab und hängte dunkelblaue Vorhänge über die Glasscheiben, so daß niemand hineinsehen konnte. Dann suchte sie eine Kassette aus einem Haufen in der Ecke aus, schob sie in den Apparat, stellte ihn leiser und begann sich auszuziehen. Niemand sprach ein Wort. Emiko stand neben Boon, legte ihre Kleider zusammen und hängte sie über sein Knie. Nackt setzte sie sich auf die Theke, zog die Beine hoch und stand auf. Zwischen ihrem Kopf und der Decke war nur ein Zwischenraum von wenigen Zentimetern. Sie lächelte Boon zu und sagte ganz ohne Scham: «Nun?» Sie zeigte ihre kleinen wohlgeformten Brüste, ihre schlanken Hüften und begann zu tanzen.

Als Boon und Ichimonji auf der Hauptstraße voneinander Abschied nahmen, war es vier Uhr früh. Zeitungen, Pappkartons, der Abfall des gestrigen Tages rollte im Morgenwind über die verlassene Straße. Aufgekratzt, erschöpft, die Kälte nicht mehr achtend, sah Boon zu, wie sich sein Freund auf den Weg über das wirbelnde Pflaster machte. Seine Jackenschöße flatterten, seine Krawatte wehte wie ein Banner im Wind.

Häusliche Szenen

AM NÄCHSTEN MORGEN, drei Monate nachdem er Europa verlassen hatte, wachte Boon auf und entdeckte, daß er über Nacht in Japan angekommen war. Bis dahin hatte er noch nie wirklich das Gefühl gehabt, hier zu sein. Er hatte geglaubt, es könne seinen Japanischkenntnissen nur guttun, wenn er den Umgang mit Menschen mied, die seine eigene Sprache sprachen. So hatte er sich gegen eine Welt isoliert, ohne den Zugang zur anderen zu gewinnen, und hatte lange Zeit im Schwebezustand zwischen zwei Welten gelebt. Fleißig, keusch, entschlossen und dennoch schwankenden Herzens wäre er wohl noch lange in diesem Zwischenreich verblieben, hätte ihn Ichimonji nicht beim Kragen gepackt, um ihn in den magischen Kreis zu stoßen, wo die Worte und Sätze zu greifbarem Geschehen, die Pantomime der Stimmen, Gesichter und Erlebnisse zur hellerleuchteten Bühne wurden, auf der die Schauspieler sprachen und sich bewegten. So wurde er unvermittelt aus seinem Traum gerissen.

Boon war nach Japan gekommen, weil er einmal gesehen hatte, wie ein japanischer Schauspieler die Bühne in einer Art überquerte, die ihn zutiefst beeindruckte. Es war keine große Bühne, sie war vielleicht zehn Meter breit, aber der Schauspieler bewegte sich mit so beherrschter Anspannung der Muskeln, daß sie ins Unermeßliche zu wachsen schien. Er brauchte eine ganze Minute, um von einer Seite zur anderen zu gelangen. Die Verzerrung von Raum und Zeit, deren Zeuge er wurde, löste Boons spontanen Wunsch aus, nach Japan zu fahren. Als sein Traum viel später Wirklichkeit wurde, blieb er viel länger als geplant: beinahe drei Jahre.

Wenn man ihn fragte, warum er nach Japan fahren wollte, hatte Boon anfangs versucht, den einzigartigen Eindruck zu beschreiben, den die Schritte des Schauspielers auf der Bühne auf ihn gemacht hatten, wie sie seine Phantasie beflügelt und den Drang erweckt hatten, mehr über das Land zu erfahren. Anscheinend befriedigte diese Antwort die Neugierigen nicht; sie waren überzeugt davon, daß mehr dahinter stecken müsse. Doch nicht etwas so Einfaches wie ein Schauspieler, der über eine Bühne schreitet? Schließlich war Japan auf der anderen Seite der Welt. Es gab Stiftungen, die bereit waren, ernsthafte akademische Forschungen zu unterstützen, aber wohl kaum eine private Laune zu finanzieren. Man belehrte ihn, daß das, woran er interessiert war, üblicherweise als kulturvergleichende Studien bezeichnet wurde. Warum sollte er sich nicht um ein Stipendium bewerben? Boon ließ sich zögernd überreden, und so kam es, daß das japanische Erziehungsministerium ihn im Jahre 1973 zu einem Studienaufenthalt von anderthalb Jahren einlud. Boon war zunächst befriedigt, aber dann fühlte er sich sehr unsicher. Er wußte nicht einmal genau, was kulturvergleichende Studien waren.

Die Ankunft in Tokio versprach wenig Gutes. Ende September war das Wetter noch immer drückend und schwül. Zwei Stunden saß er schweißgebadet und stumm in dem Auto, das flache, reizlose Straßen durchfuhr. Er hatte keine Ahnung, wohin man ihn brachte, und keine Möglichkeit, es herauszufinden. Er kannte die Sprache nicht. Der erste Anblick einer gewaltigen Stadt, die sich planlos und anscheinend endlos wie ein Haufen verstreuter Spielkarten dahinzog, erschien ihm als bedrohliches Vorzeichen für seine vage definierte Aufgabe, eine Aufgabe, die in ihrer Art ebenso gewaltig weil ebenso ungeplant und grenzenlos war.

Erst als das Auto anhielt und sein Begleiter das Gepäck vor die Eingangstreppe des Gebäudes stellte, erkannte Boon, daß er seinen Bestimmungsort erreicht hatte. Er blickte sich um und war wenig davon angetan. Eine Reise von vielen tausend Meilen hatte ihn in ein von Mauern eingeschlossenes Lager mit der ungastlichen Stimmung eines Kasernenhofs geführt.

«Hier?»

Der Fahrer lehnte sich aus dem Fenster und sprach in schnellem Japanisch auf ihn ein. Der andere Mann deutete eine Verbeugung an, stieg wieder ins Auto und ließ sich eilig davonfahren.

Boon verstand, daß man ihn aufgefordert hatte zu warten. Wohl weil es das erste war, was er seit seiner Ankunft am Flugplatz vor einigen Stunden verstanden hatte, wartete er länger und geduldiger, als er es sonst getan hätte. Es war ein Uhr früh, und es schien sehr unwahrscheinlich, daß irgend jemand aus dem Gebäude kommen und sich nach ihm umsehen würde.

Als der Ort allerdings nach zehn Minuten immer noch so verlassen wie zuvor wirkte, beschloß Boon, daß er den Mann vielleicht mißverstanden hatte. Vielleicht hatte er ihn nicht aufgefordert zu warten. Vielleicht hatte er gesagt, irgend jemand warte auf ihn. Boon ging die Treppen hoch, betrat das Gebäude und schaute in ein Büro, in dem noch Licht brannte. Aber es war niemand da.

«Niemand da», sagte er laut vor sich hin und drückte auf einen Klingelknopf vor der Pförtnerloge.

Etwa eine Minute später hörte er das Geräusch schlurfender Schritte am anderen Ende des Korridors. Er warf einen Blick in den Gang und sah einen Mann auf sich zukommen, der ein großes weißes Stoffbündel trug. Er ging wieder hinaus, um sein Gepäck zu holen.

Der Mann erwartete ihn im Hausflur. Er sprach ihn an, aber Boon konnte ihn nicht verstehen. Er trug etwas, das wie lange weiße Unterhosen aussah, und hatte ein gelbliches Stoffstück um den Bauch gewickelt. Er hielt ein Bettlaken und eine Decke in der Hand.

Der Mann merkte, daß Boon ihn nicht verstehen konnte, nickte ein paarmal ruhig, zeigte den Flur entlang und deutete an, daß Boon ihm folgen solle. Schweigend machten sie sich auf den Weg.

Sein Gang war schwankend, die Zehen nach außen gekehrt, die Füße am Boden schleifend. Das gedämpfte Schlappen seiner Sandalen machte Boon das ganz andersartige Geräusch bewußt, das seine Schuhe machten: ein harthackiges, bestimmtes Geräusch, das in der neuen Umgebung fremdartig wirkte.

Er folgte dem Mann den Treppenabsatz hoch und einen weiteren, mit dem ersten identischen Flur entlang. Hier oben brannte das Licht noch, und das erste, das ihm auffiel, waren die aufgereihten Schuhe vor den Türen, die den ganzen Korridor säumten. Auch der Anblick dieser langen Reihen von Schuhen war sehr fremdartig. Er fühlte sich immer deprimierter.

Der Mann blieb vor einem Zimmer stehen, vor dem keine Schuhe standen, schloß die Tür auf und machte das Licht an. Boon trat ein und stellte sein Gepäck ab.

An der einen Wand befanden sich ein Waschbecken und ein Schrank, auf der anderen Seite ein Tisch, ein Stuhl und ein Bett. Dazwischen blieb gerade genug Platz, daß eine Person sich bewegen konnte. Die nackte Glühbirne hing an einem Kabel von der Decke. Es war heiß im Zimmer, und als Boon das Fenster öffnete, schien es noch wärmer zu werden.

Der Mann entrollte die Matratze und legte das Laken und die Decke, die er mitgebracht hatte, auf das Bett. Dann öffnete er den Schrank, nahm einen Kleiderbügel heraus und hängte ihn wieder zurück, zog die Schublade aus dem Tisch, strich das Bett glatt, drehte den Hahn auf und ließ das Wasser laufen, als hätte Boon all diese Dinge noch nie gesehen und müßte erklärt bekommen, wozu sie dienten. Vielleicht wollte der Mann ihm auch nur zeigen, daß er sich zu Hause fühlen sollte. Vielleicht war das Ganze, in Ermangelung anderer Verständigungsmöglichkeiten, eine Geste des Willkommens.

«Danke», sagte Boon.

Der Alte nickte ernsthaft und verschwand schlurfend im Flur.

Boon zog die Jacke aus und setzte sich auf das Bett. Im Nachbarzimmer konnte er jemanden sprechen hören. Er drückte den Daumen gegen die Wand und fühlte sie nachgeben. Sie schien aus dünnem Sperrholz zu bestehen, das notdürftig tapeziert war.

Das leise Summen der Unterhaltung im Nachbarzimmer ging ohne Unterbrechung bis drei Uhr morgens weiter. Boon zog sein Hemd, seine Schuhe und schließlich seine Hosen aus, und saß nackt und immer noch schwitzend auf dem Bett. Er rauchte eine Zigarette nach der anderen, sah den Küchenschaben zu, die zwischen den Löchern im Holzboden spazierengingen, und sann darüber nach, warum er wohl hierher gekommen war.

Boon mochte das Ausländerwohnheim nicht, in dem man ein Zimmer für ihn reserviert hatte, und noch an dem Abend, an dem er eingezogen war, beschloß er, wieder auszuziehen. Er legte den Beschluß in seinem Tagebuch nieder!

Bin jetzt seit einer Woche hier, muß noch eine Woche ausharren. Die Ähnlichkeit mit einem englischen Internat ist zu groß, um erträglich zu sein.

Muß sagen, daß der asiatische Teil der Belegschaft, besonders die Koreaner, einen viel besseren Eindruck macht als die Europäer oder die Amerikaner: informiert, engagiert, ausgezeichnet organisiert.

Es scheint zwei Gründe dafür zu geben. Anscheinend sind die Südost-Asiaten gruppenbewußter als wir, und gelegentliche Bemerkungen deuten darauf hin, daß sie es auch nötig haben: sie werden offenbar in Japan diskriminiert. Es gibt einen zweiten Grund: Die Europäer und Amerikaner sind praktisch alle hier, um in der Literatur oder den schönen Künsten herumzustochern und haben weder Talent noch Zielsetzungen (beispielsweise: Boon). Dagegen sind die Asiaten alle in Japan, um sich auf einen Beruf vorzubereiten. Deshalb nehmen sie ihren Aufenthalt ernster und sind wohl auch sensibler für das, was um sie herum vor sich geht.

Mit wachsenden japanischen Sprachkenntnissen und mit Boons Fähigkeit, sich mit seiner Umgebung zu verständigen, wurden derartige Tagebucheintragungen seltener. Das wäre nie möglich gewesen, wäre er im Studentenheim geblieben. Aber der Entschluß, hier nicht bleiben zu wollen, war nur ein erster Schritt. Eine andere Unterkunft zu finden, war etwas ganz anderes. Es wäre sogar unmöglich oder zumindest extrem schwierig geblieben, hätte er nicht wenige Tage nach seiner Ankunft Sugama kennengelernt.

Sie wurden einander von einem gemeinsamen Bekannten namens Yoshida an der Privatuniversität vorgestellt, an der Boon Sprachunterricht nahm und wo Sugama in der Verwaltung angestellt war. Sie trafen sich eines Nachmittags in Yoshidas Büro und beobachteten einander zehn Minuten lang mißtrauisch.

«Schönes Wetter heute», scherzte Boon, als er Sugamas Hand schüttelte. Draußen strömte der Regen.

«Schönes Wetter?» wiederholte Sugama zweifelnd und warf einen Blick aus dem Fenster. «Aber es regnet doch.»

Es war kein guter Anfang.

Sugama war gerade in eine neue Wohnung gezogen. Sie war groß genug für zwei, sagte er, und er suchte jemanden, mit dem er sich die Miete teilen konnte. Diese eindeutige Information wurde mühsam zwischen Bruchstücken und Fragmenten von Sugamas Lebensgeschichte und vagen Freundschaftsbeteuerungen vermittelt, die Boon irritierten, weil er sie damals noch für hohle Phrasen hielt. Die ganze Verständigung lief über ihren gemeinsamen Bekannten, da Boon so gut wie kein Japanisch konnte und Sugamas Englisch zwar wohlgemeint, aber größtenteils unverständlich war.

Boon war es egal, wo er wohnte und mit wem. Alles, was er suchte, war eine japanischsprachige Umgebung, um die Sprache so schnell wie möglich aufzunehmen. Er hatte um eine Familie gebeten, aber es war keine verfügbar.

An einem stürmischen Nachmittag im Oktober trafen sich die drei vor den Toren der Universität und machten sich auf den Weg, um Sugamas neue Wohnung zu besichtigen. Man hatte Boon erklärt, daß billige Wohnungen in Tokio sehr schwer zu finden waren, daß es halbwegs erschwingliche Unterkunftsmöglichkeiten eigentlich nur in staatlich subventionierten Wohnanlagen gab. Boon war unklar, wie ein verhältnismäßig wohlhabender Junggeselle wie Sugama zu einem staatlichen Wohngeld kam. Sugama gab zu, daß das Ganze nur möglich war, weil sein Großvater auch dort wohnen würde. Das war das erste, was Boon davon hörte, und er war etwas erschreckt.

Es stellte sich allerdings heraus, daß der Großvater «nur sehr selten» anwesend sein würde, daß er in Wirklichkeit gar nicht dort wohnte. Er würde nur auf dem Papier existieren und mit seinem Enkel eine «Familie» bilden. Darum ging es überhaupt. «Sie müssen *sagen*, daß er da ist», betonte Sugama nachdrücklich.

Der Großvater lebte mehrere hundert Meilen entfernt, und obwohl er während der nächsten zwei Jahre keinen Fuß in die Wohnung setzte, wurde er zu einem Fluch für Boons Leben. Ein beständiger Strom von Vertretern für Wohltätigkeitsorganisationen, Seniorenclubs und Verwaltungsbehörden stand durchschnittlich ein- bis zweimal die Woche vor der Tür und wollte Großvater sprechen. Anfangs war Großvater «nicht zu Hause» oder war «gerade spazierengegangen», aber als der Besucherstrom im Laufe der Zeit nicht abnahm, mußte Boon drastisch handeln. Großvater fing an, lange Besuche in der alten Heimat zu machen; er war noch nicht wieder da, weil er sich der Reise nicht gewachsen fühlte; sein Gesundheitszustand wurde langsam immer schlechter. Schließlich beschloß Boon, ihn schwerbehindert werden zu lassen, und sein Zustand blieb lange Zeit «besorgniserregend». Boon nahm Beileidsbezeugungen und gelegentliche Geschenke für Großvater in Empfang.

Zwei Jahre später starb Großvater wirklich. Das entlastete Boon, aber inzwischen hatte er Großvater gut kennengelernt und mochte ihn im Grunde recht gern. An der Beerdigung nahm er mit gemischten Gefühlen teil.

Sugama war durch einen glücklichen Zufall zu seiner Wohnberechtigung gekommen. Er hatte sie bei einer Auslosung gewonnen. Diese Wohnungen waren sehr gefragt, und in gut japanischer Manier überließ man ihre Verteilung unter Hunderttausenden von Anwärtern dem Schicksal. Die typischen Mieter waren junge Paare mit einem oder zwei Kindern, die – häufig unter Bedingungen trübsinniger Sparsamkeit – zehn oder fünfzehn Jahre dort wohnten und Geld für ein Eigenheim sparten. Die Miete war zwar nicht übertrieben hoch, aber das Leben in Tokio war teuer, und Boon blieb es ein Geheimnis, wie diese Menschen überhaupt über die Runden kamen. Unter den Lotteriegewinnern gab es natürlich auch einige, für die der Zugriff auf eine billige Wohnung nur ein Gewinn war, eine unerwartete Sonderzuteilung, die man als finanzielle Anlage ausnutzen konnte. Für diese Scheinmieter war es kein Problem, ihre Wohnungen gewinnbringend unterzuvermieten.

Boon hatte nie in einer Wohnsiedlung gelebt, und der erste Anblick der gewaltigen Betonburg, in der mehr als fünfzigtausend Menschen lebten, trug wenig zu seiner Beruhigung bei. Tausende von Gewinnerfamilien waren in einem Dutzend rechteckiger Blocks von zehn bis fünfzehn Stockwerken untergebracht. Das Ganze unterschied sich (was Boon am meisten enttäuschte) kaum von ähnlichen Siedlungen in Birmingham oder Berlin. In seiner Naivität hatte er erwartet, japanischer Beton müsse anders sein, eine andere Farbe haben oder exotischere Formen aufweisen.

Aber als Sugama die Wohnungstür öffnete und Boon das Innere sah, schöpfte er sofort wieder Mut: alles war unverkennbar japanisch. Sie zogen ihre Schuhe in der kleinen schachtelförmigen Diele aus, und alle drei stapften ehrfurchtsvoll durch die Küche in die *tatami*-Zimmer.

«Es riecht nach neuen *tatami*», verkündete Sugama und kräuselte die Nase.

Boon war begeistert. Über dem engen Gewebe aus blaßgoldenem Stroh lag ein leichter, grünlicher Schimmer, der unter den winzigen Veränderungen des einfallenden Lichts manchmal sichtbar wurde, manchmal verschwand. Die *tatami* hatten keine Ähnlichkeit mit einem Teppich oder irgendeiner anderen Art Bodenbelag, die er je gesehen hatte. Sie schienen zu leben, Farben auszustrahlen, die er eher fühlen als sehen konnte, wie ein junger Baum im frischen Grün zwischen Winter und Frühling. Er betrat sie und fühlte, wie die Fasern unter dem Druck seiner Füße langsam und sanft nachgaben.

«Sehen Sie das Grün?» fragte Sugama, der auf dem Boden hockte.

«Oh, ja.»

«Neue *tatami*, der Duft von Gras, grüne Farbe. Aber nicht sehr lange, höchstens vier Wochen.»

«Was genau sind *tatami*?»

«Ja.»

Boon wandte sich an Yoshida und wiederholte die Frage,

der sie an Sugama weitergab und sich ausführlich mit ihm beriet.

«*Tatami* kommt von *oritatamu*. Das heißt zusammenfalten. Es sind eine Art Matten, die man zusammenfalten kann.»

«Aus Stroh?»

«Ja.»

«Wie lange sind sie haltbar?»

Lange Beratung.

«Er sagt, das ist keine erstklassige Qualität. Hält vielleicht vier, fünf Jahre.»

«Und dann?»

«Neue *tatami*. Ziemlich teuer, verstehen Sie, aber sehr praktisch.»

Die drei *tatami*-Zimmer waren durch eine Anzahl von *fusuma* unterteilt, Stellwänden aus Papier und leichtem Holz. Die Trennwände waren am unteren Ende mit einfachen Gras- und Blumenmotiven geschmückt und wirkten auf Boon wie eine natürliche Fortsetzung der Gras-*tatami*. Sugama erklärte, daß man die *fusuma* im Winter geschlossen hielt und daß man sie im Sommer, um eine «angenehme Brise» zu erhalten, ganz entfernen könne. Er zeigte Boon auch die *shōji*, den *fusuma* ähnliche aber einfachere Schiebetüren: ein offenes Holzgitter, das auf einer Seite mit durchscheinendem Papier bedeckt war, eine primitive, aber reizvolle Konstruktion.

Mit Ausnahme weniger Ein- oder Zwei-Zimmer-Appartements enthielt jedes Haus, das Boon in Japan besuchte, diese drei Elemente: *tatami*, *fusuma* und *shōji*. In den Häusern der Reichen mochten die *tatami* haltbarer, die *fusuma* kostbarer dekoriert sein, aber die Grundidee blieb die gleiche. Wo die Innenarchitektur so gleichförmig ist, ist es nicht überraschend, gewisse Ähnlichkeiten im Verhalten und in den Einstellungen der Menschen zu finden, die in dieser Architektur leben.

Japanische Häuser zeichnen sich dadurch aus, daß sie keine Privatsphäre kennen. Es gibt keinen unverletzlichen individuellen Raum. Wenn im Winter die *fusuma* geschlossen sind, hört man jedes Geräusch, das ein Flüstern übersteigt, deutlich auf der anderen Seite; und im Sommer werden sie normalerweise ohnehin entfernt. Niemand kann auf Dauer unter solchen Bedingungen leben, ohne daß sich eine gemeinsame Identität des Haushalts herausbildet, die natürlicherweise den Vorrang vor individuellen Wünschen hat. Diese erzwungene Einheit der Familie war Boon noch als Ideal vorgeführt worden, aber in der Praxis war sie zwiespältig, stellte ebensoviel Joch wie Bindung dar.

So etwas wie das eigene Zimmer eines einzelnen war ebenso unbekannt wie ein Schlafzimmer oder ein Wohn- oder Eßzimmer, denn das traditionelle japanische Haus kennt keine Möbel, die einem bestimmten Raum eine bestimmte Funktion zuweisen. Eine Person schläft in einem Zimmer, ohne es als Schlafzimmer oder gar als ihr Zimmer zu betrachten. Morgens wird das Bettzeug zusammengerollt und in einem Schrank untergebracht; man stellt einen kleinen Tisch, den sogenannten *kotatsu*, der auch als Heizkörper an die Stromleitung angeschlossen werden kann, wieder an seinen Platz in der Mitte des Zimmers, und hier ißt, trinkt, arbeitet und spielt die Familie am Tag. Obwohl es im heutigen Japan immer üblicher wird, daß Kinder ihr eigenes Zimmer haben, leben viele ältere Japaner noch im traditionellen Stil. Sie betrachten sich als «ein Fleisch», ihren Besitz als Gemeinbesitz. Der japanische Haushalt, das *uchi*, konstituiert sich aus dem Prinzip der Unteilbarkeit. Das System beweglicher Wandschirme bedeutet, daß die Räume von allen Familienmitgliedern zu allen Zwecken benützt werden können. Wände umschließen das *uchi*, sie trennen es nicht.

Boon entdeckte erst später die Übereinstimmung zwischen dieser Vorstellung vom Haus und der japanischen Vorstellung vom Ich. Der normale Japaner führt sein Haus im Munde und läßt es ins Alltagsgespräch einfließen, wenn er das

Wort *uchi* benützt, um von sich selbst zu sprechen, dem Repräsentanten seines Hauses in der Außenwelt. Sein Bewußtsein seiner Selbst drückt sich spontan als eine kollektive Individualität aus, ein Begriff, von dem nicht klar ist, was er einschließt, aber überdeutlich, was er ausschließt.

Das Einheitsgefühl des *ittaikan*, die traditionelle Auffassung vom *uchi* als einem einzigen Körper, ist im modernen Japan zweifellos im Rückzug begriffen. Es bleibt ein verwässertes Gefühl, dem die Überzeugung fehlt, aus der die Gemeinsamkeit des *uchi* einmal ihre Selbstverständlichkeit im praktischen Lebensvollzug gewonnen hat. Vielleicht ist man sich deshalb heute des Problems der Enge bewußter geworden, obwohl nicht unbedingt weniger Raum zur Verfügung steht als früher. Die Neigung zur freiwilligen räumlichen Begrenzung des Alltagslebens trat in Japan auf, lange bevor der Platz knapp wurde. Als der Teeraum in der Muromachi-Zeit (1330–1573) zuerst geschaffen wurde, hatte er eine Standardgröße von viereinhalb *tatami*, später schrumpfte er auf zwei Matten (weniger als zwei Meter im Quadrat). Die Beschränkung hatte rein ästhetische Gründe: nur auf so engem Raum, so meinte man, konnte der Geist des *wabi*, die Ausrichtung der Seele auf das Einfache und Schlichte, voll zur Geltung kommen.

Die gelegentlich ermüdende Gleichförmigkeit all der Wohnungen, die Boon besuchte, eine Einheitlichkeit, die vom Stand wie vom Einkommen ihrer Bewohner unabhängig war, brachte ihn zu einer unerwarteten Schlußfolgerung: der Klassenlosigkeit des japanischen Hauses. Die allgemeine Verwendung traditioneller Materialien wie das Festhalten an überlieferten Formen, selbst wenn sie nur noch symbolische Funktion hatten, sprach von einer Übereinstimmung über die Grundbedürfnisse des Alltagslebens, die sehr bemerkenswert war und zugleich viel über die japanische Gesellschaft aussagte. Boon erwarb seine Einsichten in die japanische Gesellschaftsstruktur allmählich, auf vielen *tatami*-Matten sitzend, viele von den Schiebetüren betrachtend, die ihm bei seinem ersten Besuch einer japanischen Wohnung nur als reizvolle Kuriositäten aufgefallen waren.

Sugama, Yoshida und Boon feierten die neue Wohngemeinschaft in einem Restaurant in Shinjuku, und eine Woche später zog Boon ein.

Als er in die Wohnung kam, bemerkte er eine Frau, die unerwarteterweise in der Küche stand, und als sie Boon sah, auf die Knie fiel, sich tief verbeugte und mit der Stirn fast den Boden berührte. «*Irrashaimase*», stellte sie sich vor, «*Sugama de gozaimasu...*»

Boon war äußerst überrascht. Er überlegte, ob man eine ähnliche Geste von ihm erwarte, entschied sich dagegen und entschloß sich schließlich zu einer halbherzigen Verbeugung, die allerdings bedauerlicherweise von der Frau nicht wahrgenommen werden konnte, weil ihr Gesicht noch immer zu Boden gekehrt war. Es stellte sich heraus, daß es sich um *o-kaa-san* handelte, Sugamas Mutter.

Sugama stellte ihn immer wieder vor neue Überraschungen. Genauer gesagt, er vermittelte seine Absichten in so unbestimmter Form, daß Boon normalerweise erst begriff, was ihm bevorstand, wenn es bereits in vollem Gange war. So blieb Boon längere Zeit in dem Glauben, die gemeinsamen Pläne hätten sich geändert, und die Mutter sei möglicherweise als Ersatz für den abwesenden Großvater eingezogen. Er begrüßte sie in fließendem Japanisch (er hatte die ganze letzte Woche Begrüßungsfloskeln geübt) und verfiel prompt wieder in tiefes Schweigen, das nur von gelegentlichem freundlichen Kopfnicken unterbrochen wurde. Boon, seinerseits, verstand kaum ein Wort von dem, was Sugamas Mutter sagte. Sie aber fühlte sich durch die halbwegs verständlichen Laute, die er anfangs von sich gegeben hatte, ermutigt und hörte fast eine

Stunde lang nicht auf zu reden. Bis Sugama endlich nach Hause kam, hatte sich Boon mit der Vorstellung abgefunden, daß die Mutter mit ihrem Wortschwall ein Dauermitglied des Haushalts sein werde.

Das Mißverständnis wurde schnell ausgeräumt. Nein, *o-kaa-san* war nur für ein paar Tage nach Tokio hochgekommen (aus welcher Himmelsrichtung auch immer man sich der Hauptstadt näherte, die Reise nach Tokio galt immer als ein Aufstieg), um beim Umzug zu helfen.

Sugamas Mutter war eine kleine, drahtige Mitfünfzigerin. Ihre Zähne standen etwas vor, und wie die meisten japanischen Frauen, auch die mit guten Zähnen, hielt sie die Hand vor den Mund, wenn sie lachte. Sie war eine lebhafte Frau und lachte häufig, und so waren ihre Hände bei all dem Kochen, Saubermachen und Nähen, das sie während der nächsten vier Tage erledigte, ständig beschäftigt. Sie war zart gebaut, hatte aber eine kräftige Lunge, und wenn sie lachte, durchströmte das Lachen ihren ganzen Körper, als sei er zu klein, es in sich zu halten. Es war wohl dieses Lachen, bei dem Boon die mädchenhaften Züge auffielen, die sie trotz ihres Alters und ihrer eher reizlosen Erscheinung bewahrt hatte. Er sah ihr oft bei der Arbeit zu, und in den sparsamen und mühelosen Bewegungen einer Frau, die so oft die gleiche Arbeit getan hat, daß auch nicht die kleinste Bewegung überflüssig ist, entdeckte er eine unerwartete Grazie.

Hinter den *fusuma* hörte Boon die beiden oft noch spät in der Nacht sprechen. Nacht für Nacht redete sie mit rauher, kehliger Stimme auf ihren Sohn ein. Morgens war Sugama mürrisch, und die Atmosphäre im Haus wurde immer gespannter. Boon wußte nicht, worum es ging. Allmählich, im Lauf von Wochen und Monaten, zog ihn Sugama ins Vertrauen, und so erfuhr er nachträglich, was der Gegenstand der nächtlichen Gespräche gewesen sein mußte.

O-kaa-sans dringendste Sorge war, daß ihr Sohn im hohen

Alter von achtundzwanzig Jahren noch immer unverheiratet war. Boon verstand nicht, was die Aufregung sollte, aber Sugama ließ sich allmählich von seiner Mutter überzeugen, die sicher war, daß es sich um eine Katastrophe handelte. «Es weht ein rauher Wind», verkündete er geheimnisvoll anstelle einer Erklärung. Boon hatte beträchtliche Mühe, bei diesen komplizierten Gesprächen mitzukommen. Er meinte, es sei Sugamas Sache, zu entscheiden, ob und wann er heiraten wolle. Es ging niemand anderen etwas an. Sugama wäre offenbar gern bereit gewesen, diesen einfachen Ratschlägen zuzustimmen; aber es war ebenso klar, daß er das nicht konnte, daß er in einem Netz von Gefühlen und Pflichten gefangen war, das Boon gänzlich unbekannt war.

Die Sohnespflichten, die Sugama so viel Kummer machten und Boon so fremd waren, verlangten Sugama eine zweite, weitaus schmerzhaftere Entscheidung ab. Er war der *chōnan*, der älteste Sohn, und so fiel ihm nicht nur die Pflicht zu, für seine alternden Eltern zu sorgen, sondern auch mit ihnen im gleichen Haus zu wohnen. Es standen ihm zwei Alternativen offen. Er konnte seine Eltern entweder zu sich nach Tokio holen, oder er konnte in seine Heimat im Norden zurückkehren. Eine genügend große Wohnung in Tokio, um Großvater, die Eltern, Sugama und – früher oder später – eine vierte Generation aufzunehmen, kam nicht in Frage; bei seinem derzeitigen Gehalt hätte er mehrere Leben lang arbeiten müssen, um sie bezahlen zu können. Die einfache Fahrkarte nach Hause war erheblich billiger, und das war auch gut so, denn die Stelle, die ihn dort erwartete, war schlecht bezahlt und bot noch schlechtere Zukunftsaussichten. So hart sind die Pfade der Tugend.

Boon erschauerte bei dem Gedanken. Aber Sugamas unbekümmertes Naturell und sein unverwüstlicher Optimismus erlaubten es ihm, noch eine dritte Karte aus dem Ärmel zu ziehen, auf die er heimlich setzte: die Hoffnung, es könne sich noch etwas anderes ergeben. Das Problem war drängend genug. Im Lauf der nächsten zwei Jahre drehte und wand sich Sugama immer wieder zwischen den beiden trüben Möglichkeiten und fand die Lösung stets in der dritten. Zwei Jahre lang erhielt Sugama mit viel Geschick, Takt und verbissener Zähigkeit den *status quo* aufrecht, indem er absolut nichts tat.

Die Quelle, aus der Sugama seinen fruchtbaren Optimismus schöpfte, war seine Naivität, seine Fähigkeit zu vertrauen. Er war gewiß nicht dumm, aber seine Intelligenz hielt seiner natürlichen Großzügigkeit die Waage und war frei von Vorsicht und Mißtrauen. Er besaß eine vollkommen vertrauensvolle Intelligenz. Mit einem gewissen Erstaunen erkannte Boon später, daß diese Fähigkeit, zu vertrauen, vielen japanischen Einstellungen zugrunde lag. Sugama besaß sie in hohem Maße; er hatte etwas von einem Tagträumer.

O-kaa-san hatte gerade ihre Koffer gepackt und war nach Hause gefahren, als Sugama eines Abends – wie üblich ohne vorherige Ankündigung – in der Begleitung eines älteren Mannes, einer Frau und eines riesigen Pappkartons auftauchte. Boon saß im Schlafanzug da und aß Nudeln aus einer Pfanne, als die unerwarteten Besucher eintrafen. Verwirrung. Die alte Dame erblickte ihn, ließ ihre Tasche fallen (höchstwahrscheinlich war sie ebenso wenig vorher gewarnt worden wie Boon) und streckte sich in der tiefsten möglichen Verbeugung auf dem Boden aus, eine altmodische Höflichkeitsform, die zugleich den Vorteil hat, momentanen Schrecken und Verlegenheit zu verbergen. Auch der alte Mann war nicht träge. Die Handflächen flach auf dem Boden, die Finger nach innen gedreht, verneigte er sich mehrmals in Boons Richtung und entschuldigte sich jedesmal ausführlich, wenn er wieder hochkam. All das geschah so schnell, daß der überraschte Boon nicht einmal Zeit hatte, die Pfanne wegzustellen, die er im Schoß hielt. Verunsichert saß er im Schlafanzug da und war überzeugt, der unwürdigste Gegenstand zu sein, dem sich die Aufmerksamkeit der Besucher zuwenden konnte.

Mit etwas törichtem Gesichtsausdruck trat Sugama zwischen die dahingestreckten Körper auf dem Küchenboden und erklärte, wer sie waren.

«Der Bruder meines Großvaters – der jüngere Bruder – und seine Frau.»

«Nicht dein Großvater?» fragte Boon vorsichtig, da er immer auf Mißverständnisse gefaßt war, wenn Sugama englisch sprach.

«Nein, nein, *nicht* mein Großvater.»

«Also dein Großonkel?»

«Ah! Großonkel? *Großer* Onkel?»

Sugama hielt inne, bis er diese neue Vokabel verdaut hatte, und betrachtete seinen betagten Verwandten mit zusammengekniffenen Lippen. Man konnte sehen, was in seinem Kopf vorging.

Boon war immer noch nicht beruhigt. Er behielt den Pappkarton im Auge, der groß genug war, um noch einen dritten, vielleicht einen von Krankheit geschwächten Verwandten zu enthalten, und dachte darüber nach, was ihm noch alles bevorstand.

«Was tun sie hier?»

«Erdbeben», sagte Sugama lapidar. Boon holte sein Wörterbuch heraus, und Sugama setzte sich, um die Situation – diesmal auf japanisch – zu erläutern.

Gegen neun Uhr abends (Sugama arbeitete in der Spätschicht) hatte ihn sein Großonkel mit der überraschenden Nachricht im Büro angerufen, daß ein größeres Erdbeben bevorstand. Woher er das wußte? Seine Frau hatte es ihm gesagt. Ein Wahrsager, den sie regelmäßig aufsuchte und zu dem sie absolutes Vertrauen hatte, hatte es in den Karten und in seiner Kristallkugel gesehen. Sie war vollkommen verschreckt, und seit sie das große Kantō-Beben von 1923 selbst miterlebt hatte, bei dem über hunderttausend Menschen gestorben waren, ging sie kein Risiko ein. Ihr Wahrsager konnte nicht genau vorhersagen, wann das Erdbeben eintreten würde, aber es mußte irgendwann innerhalb der nächsten drei Tage sein. Die größte Wahrscheinlichkeit bestand am nächsten Tag um Mitternacht. Die beiden alten Leute hatten einen kleinen Laden in Shitamachi, einer Gegend mit vielen baufälligen Holzhäuschen, die auch ohne Zutun eines Erdbebens leicht zusammenstürzen konnten. Aber ihr Großneffe, so hatten sie erfahren, war soeben in ein wunderbares modernes Gebäude eingezogen, das als *erdbebensicher* galt. Könnten sie nicht ein paar Tage bei ihm wohnen? Natürlich, sagte Sugama. Also packten sie ohne weitere Umstände all ihre irdische Habe in den größten Karton, den sie finden konnten, und Sugama nahm sie im Lieferwagen eines Nachbarn mit nach Hause.

Tatsächlich war am vorigen Abend ein leichtes Beben zu spüren gewesen. Es war das erste, das Boon erlebte. Er stand in der Küche und holte sich ein Glas Whisky, als der Boden unverständlicherweise zu schwanken begann und ein Satz von untadeligen Edelstahl-Kellen, die bis dahin keinerlei Grund zur Beanstandung gegeben hatten, plötzlich drohend gegen die Küchenwand schlugen. Boon hatte den Whisky weggestellt und sich statt dessen einen Tee gekocht.

Großonkel und seine Frau knieten auf den *tatami* und lauschten Sugamas Bericht. Dabei schüttelten sie zuweilen den Kopf und lächelten, als wollten sie zugeben, daß die Situation ein wenig komisch war. Zugleich bestanden sie darauf, völlig ernst genommen zu werden. Doch je länger sie in der Wohnung blieben, desto schwerer fiel es Boon, sie ernst zu nehmen, denn das exzentrische ältere Paar schien von einem neckischen Geist geplagt zu werden – sie gehörten zur Gruppe der natürlichen Tolpatsche, alles, was sie anfingen, wurde zur Komödie. Ihr Großneffe hatte seinen dramatischen Bericht gerade beendet, als sich aus der Küche der schrille Ruf *ohayō!*

(Guten Morgen) vernehmen ließ; aller Augen richteten sich auf den vergessenen Pappkarton.

«Ach Gott! Der arme Kleine!» murmelte die alte Dame, stand sofort auf und trapste zum Karton hinüber. Sie öffnete den Deckel und förderte einen leuchtend gelben Papagei zu Tage. Der empörte Vogel pickte sie ein paarmal in die Knöchel und setzte sich dann beleidigt auf ihren ausgestreckten Zeigefinger.

Sugama, Boon, das ältere Paar und der gelbe Papagei teilten sich die nächsten drei Tage die Wohnung. Nachdem er ihnen einmal ein Dach über dem Kopf zur Verfügung gestellt hatte, zeigte Sugama kein Interesse mehr für seine Verwandten. Solange sie dablieben, war er ständig beschäftigt, verließ das Haus früher und kehrte später heim als sonst. Seine außergewöhnlich lange Arbeitszeit beeindruckte Großonkel und beunruhigte seine Frau, die es sich angewöhnte, bevor sie sich abends zurückzog, nahrhafte kleine Delikatessen für den Held der Arbeit vorzubereiten. Sugama widmete sich den Zwischenmahlzeiten mit dem gleichen Eifer, der er für seine Arbeit aufwandte, und wehrte ihre Besorgnis mit unbekümmertem Gleichmut ab.

«Das muß man ihm lassen: er arbeitet wirklich hart», sagte der Großonkel eines Morgens beim Frühstück, als Sugama gerade aus dem Haus gegangen war.

«Ah», antwortete Boon unverbindlich. Er wußte allzu gut, daß Sugama seine Überstunden nicht im Büro, sondern in den Spielsalons von Nakano und Takadanobaba verbrachte.

Inzwischen hatten Boon und die Flüchtlinge Gelegenheit, einander neugierig zu beobachten. Im großen und ganzen hatte er den Eindruck, daß sie von ihm enttäuscht waren. Zuerst sahen sie ihn an, als käme er von einem anderen Planeten, aber als immer deutlicher wurde, daß er diesen Erwartungen nicht gewachsen war, wich ihr Interesse einer milde vorwurfsvollen Vertrautheit. Denn Boon schlief nicht in einem Bett, er verzichtete auf Spiegeleier mit Speck, er hatte keine Ahnung von Baseball, er verzehrte mit deutlichem Wohlbehagen Reis und grünen Tee, und er zeigte eine unverzeihliche Vorliebe für getrocknete Krakenfühler und rohen Tintenfisch, Gerichte, von denen allgemein angenommen wurde, daß sie bei Ausländern Furcht und Abscheu auslösten. Alles in allem war Boon nicht, wie Boon sein sollte, und sie waren recht enttäuscht.

Die Annahme – geradezu ein nationales Vorurteil –, ausländischer und japanischer Lebensstil müßten aus prinzipiellen Gründen unvereinbar sein, war Boon immer wieder aufgefallen. Hinter der Maske höflicher Rücksichtnahme auf Unterschiede des Geschmacks und der Sitten präsentierten viele Japaner gern mit boshafter Freude ihr privates Gruselkabinett. Sie boten dem Gast fermentierten Sojabohnenquark und in *sake* schwimmende Krabben nicht als eine Spezialität an, die es sich lohnen könnte zu versuchen, sondern als eine Art von ethnologischem Lackmuspapier: empfand er sie als ungenießbar und wurde grün im Gesicht, so war das ein Beweis für die rassische und kulturelle Einmaligkeit der Japaner. Mit kaum verhohlenen Triumphgefühlen sprach der Gastgeber dem Opfer sein Bedauern aus: *Yappari, nihonjin ja nai to* ... (Nun ja, wenn man kein Japaner ist ...)

Großonkels Tageslauf war gemächlich und wurde von einer allmählichen Änderung seiner Kleidung und einem ständig zunehmenden Leuchten seines Gesichts begleitet. Die Nacht endete, und der Tag begann in dem als *suteteko* bekannten inoffiziellen Nationalkostüm aus langer weißer Unterwäsche, das Boon am Abend seiner Ankunft in Japan erstmals begegnet war. Bei älteren Männern erfreute sich dieser Aufzug großer Beliebtheit, und für den Spaziergang durch die Nachbarschaft an einem lauen Sommerabend schien er geradezu vorgeschrieben zu sein. Großonkel saß eine Zeitlang auf dem Balkon und beschäftigte sich dann für eine oder zwei Stunden in der Wohnung, goß seine importierten Blumen und verwöhnte den Wunderpapagei mit kleinen Thunfischbrocken. Dann ließ er sich auf die *tatami* nieder und begann, seine Füße einer ausgiebigen methodischen Betrachtung zu unterziehen. Anschließend schlüpfte er unter den *kotatsu* und putzte seine Brille. Das war das Signal für seine Frau, daß sie ihm jetzt die Zeitung und seinen Hauskittel bringen konnte. Kostümwechsel Nummer eins, genau nach Plan.

Erst wenn Großonkel in seinen Hauskittel geschlüpft war, entrunzelte sich sein Gesicht, verlor seine erdgraue Morgenblässe und nahm jene gespannte Textur und den leichten Schimmer an, der Boon faszinierte. Im Laufe des Nachmittags nahm Großonkels inneres Leuchten mit jeder zusätzlichen Kleiderschicht, die er später am Abend ebenso gleichmäßig wieder ablegte, in merklichen Stufen zu und breitete sich über sein ganzes Gesicht aus. Boon konnte dieses Gesicht nie vergessen. Es war ein Meisterwerk der komischen Kunst, zugleich schön und absurd.

Großonkels Kräfte wurden nahezu vollständig von den Anforderungen seiner täglichen Erleuchtung in Anspruch genommen. Seine Frau war seine treue Gehilfin, die nie daran zweifelte, daß diese Aufgabe nur bei ungestörter Konzentration und seelischer Ausgeglichenheit erfüllt werden konnte. Ständig lief sie mit Hauskitteln, Decken, frisch gebrühtem Tee und Keksen und allem anderen, das ihr Gatte gerade benötigte, durch die Wohnung.

All diese verschiedenen Gebrauchsgegenstände erschienen wie durch Zauberei aus dem geheimnisvollen Karton in der Küche. Es war ein magischer Vorgang. Der Karton, aus dem zuerst der gelbe Papagei erschienen war, spendete in den nächsten Tagen einen anscheinend unerschöpflichen Vorrat von Haushaltswaren: Kleidungsstücke, Bettzeug, Töpfe und Pfannen und Berge von Lebensmitteln. Das Leben des älteren Paares kreiste um den Pappkarton. Als Boon sie später in ihrem winzigen Haus besuchte und viele der Gegenstände wiedererkannte, war es ihm, als habe sich der Karton nur ausgedehnt, so daß sie jetzt nicht mehr aus ihm, sondern in ihm lebten.

Am Morgen des Schicksalstages zog sich Großonkel früher als sonst unter den *kotatsu* zurück und verblieb den Rest des Tages dort. Seine Frau widmete sich energisch wie immer der Hausarbeit, aber als sie nichts mehr zu tun hatte und sich endlich neben Großonkel an den kleinen Tisch hockte, konnte man sehen, wie unruhig sie in Wirklichkeit war. Von Zeit zu Zeit legte sie ihr Nähzeug beiseite, lauschte aufmerksam, seufzte und nahm es wieder zur Hand. Als die Spannung im Laufe des Abends stieg, konnte es sich Boon nicht verkneifen, ein paar Witze zu machen, die Großonkel gutmütig an seine Frau weitergab. Sie seien ja überhaupt nur hierher gekommen, um seine Frau zu beruhigen, versicherte er Boon. Frauen konnten Wahrsagern nun einmal nicht widerstehen, aber natürlich war es letzten Endes alles Unsinn; sicherheitshalber machte er noch ein paar Witze auf ihre Kosten. Aber Boon ließ sich nicht täuschen. Den ganzen Abend hindurch sprach Großonkel der Whiskyflasche, die ursprünglich als Geschenk für Sugama gedacht war, viel kräftiger zu als gewohnt, und gegen Mitternacht war er in voller Fahrt. Sein Gesicht erstrahlte in so leuchtendem Glanz, daß sich die Aufmerksamkeit seiner Frau von der bevorstehenden Zerstörung Tokios abwandte und sich auf den unmittelbar drohenden Zusammenbruch ihres Mannes konzentrierte.

In dieser Nacht gab es kein Erdbeben, aber die alte Dame wollte nicht ganz daran glauben und wartete zwei weitere Tage in der Wohnung ihres Großneffen darauf, daß die Lage sich klärte. Sugama wurde wie Noahs Taube ausgeschickt, um über das Schicksal der Welt zu berichten, und erst als er ihr persönlich versichert hatte, daß das Haus in Shitamachi noch vollkommen funktionsfähig war, stimmte sie der Abreise zu. Boon bedauerte insbesondere den Wegzug des Papageis, der zwar wenige Worte Japanisch, diese aber um so häufiger sprach und dadurch Boons Aussprache förderte.

Die Stäbchen der alten Dame

DIE WOHNUNG, in der Boon die nächsten zwei Jahre verbringen sollte, hatte etwas im Großraum Tokio Seltenes: eine Aussicht. Vom Fenster aus konnte er den Lastkähnen auf dem Sumida-Fluß zuschauen, und ein paar hundert Meter weiter gab es einen zweiten Fluß, den Arakawa, der die Grenze zwischen Tokio und der Präfektur Saitama bildete. Zwischen den beiden Flüssen erstreckte sich die Landschaft vor seinem unverstellten Blick.

Auf der schmalen Landzunge zwischen dem Sumidagawa und dem Arakawa hatten unternehmungsfreudige Geschäftsleute einen Golfplatz mit Übungsgelände angelegt. Aber die Anfänger aus der Siedlung mußten ihre ersten unsicheren Schläge auf einem kleinen umzäunten Grundstück unmittelbar unter Boons Fenster versuchen. Boon kannte einige von ihnen vom Sehen her, und im Lauf der nächsten Monate konnte er ihre Fortschritte von dem freistehenden Grundstück zum Übungsgelände jenseits des Flusses und schließlich auf den Golfplatz selbst verfolgen. Eine Gruppe begeisterter Sportler entwickelte einen einfachen, wenn auch gelegentlich riskanten Prüfstein für den Aufstieg in die ehrfurchterregende Elite auf der anderen Seite des Flusses: die Fähigkeit, einen Golfball ans andere Ufer zu schlagen.

Was Boon an diesen hoffnungsvollen Golfspielern überraschte, war ihre Ausrüstung: sie war exquisit. Männer, die nie in ihrem Leben einen Golfball geschlagen hatten, stolzierten in einem Aufzug auf das lächerlich kleine Grundstück, als bereiteten sie sich auf das schwerste internationale Turnier vor. Golfmütze, Sportschuhe, Knickerbocker und eine

Sammlung neuer Schläger waren die unabdingbare Ausrüstung eines jeden Anfängers, der es ernst meinte.

Nicht nur Golfspieler legten eine professionell entschlossene Einstellung zum Sport an den Tag. Für Tennisspieler galt sie ebenso. Auf dem asphaltierten Grundstück zwischen zwei Flügeln des Hochhauses tauchten gelegentlich junge Paare in makellosem Weiß auf, forderten mit energischer Miene die Mauer zum Kampf und erklärten sich nach einer halben Stunde selbst zum Sieger, bevor sie sich wieder in ihre Wohnung im zehnten Stock zurückzogen. Wo sich am Tage die Tennisspieler versammelten, übten nachts geheimnisvolle Gestalten ihre Kunst. Wenn Boon frühmorgens nach Hause kam, traf er manchmal auf eine einsame Erscheinung ganz in Weiß. In Totenstille sprang der Mann zehn, manchmal zwanzig Minuten lang immer wieder in die Höhe und trat mit den Füßen gegen die Wand. Selbstverständlich trug er eine locker sitzende Judo-Bluse und halblange Hosen, selbst im Winter war er manchmal barfuß.

All diese Sportler lebten in einer Gesellschaft, in der Uniformen eine wichtige Rolle spielten. Das Training begann in frühester Jugend. Als Boon das erste Mal die Drei- und Vierjährigen sah, die alle in den gleichen malvenfarbenen Kitteln und mit den gleichen gelben Plastikkappen im Gitterkäfig des Kindergartens zwischen den Gebäuden spielten, war er entsetzt. Doch er gewöhnte sich bald soweit an Uniformen, daß sie ihn nicht mehr störten, und im Laufe der Zeit und mit zunehmender Landeskenntnis gelang es ihm, den subtileren Sinn des Uniformtragens einzusehen und einige der voreiligen Schlüsse zu revidieren, die er ebenso wie viele andere Ausländer zunächst gezogen hatte.

Als er eines Nachmittags spazierenging, um nach den Fortschritten seiner Golfspieler zu sehen, erblickte Boon einen älteren Mann, der am Ufer kniete und sich bemühte, einen Papierdrachen aus dem Schilf zu befreien. Kaum aber hatte er seinen Drachen gerettet, wandte er ihm den Rücken zu und begann, so schnell wie möglich zu laufen. Nach knapp hundert Metern blieb er, noch immer mit dem Rücken zu seinem Drachen, stehen, hob beide Arme über den Kopf und bewegte sie sehr vorsichtig, beinahe als zöge er an den zwei unsichtbaren Ketten einer Toilettenspülung. Der Drache zu Boons Füßen rührte sich nicht. Gerade wollte er darauf zugehen und ihm zum Flug verhelfen, da sah er drei weitere Drachen, die hoch oben in der Luft schaukelten und schwebten. Der Mann zog zwei störrische Drachen in den Aufwind und eilte zum Fluß zurück, um sich um den vierten zu kümmern.

Boon überlegte, ob er ihm helfen solle, und entschied sich dagegen, denn es war klar, daß der sportliche Ehrgeiz des Mannes sich darauf konzentrierte, seine vier Drachen gleichzeitig und allein steigen zu lassen. Nach mehreren Fehlstarts, und nachdem der Besitzer der Drachen ein paarmal hin und her gelaufen war, erhob der nasse Papierdrachen seinen langen Schwanz zögernd in die Luft und schwebte dann zu den anderen in die Höhe. Der Mann setzte sich neben die Drachenschnüre ins Gras, zündete eine Zigarette an und blickte seiner Drachenschar mit dem Ausdruck verhaltener Befriedigung nach.

Nach allen Erfahrungen, die Boon bisher gemacht hatte, tat der Mann etwas im japanischen Alltag Ungewöhnliches: er spielte. Drachensteigen war eine Beschäftigung, die weder besondere Kosten verursachte, noch mit der Mitgliedschaft in irgendeinem Club verbunden war oder eine besondere Ausrüstung erforderlich machte. Es war ein traditioneller Sport, aber seine Ausübung verlieh kein Sozialprestige. Es war etwas, das man nur um seiner selbst willen tat. Die meisten Aktivitäten hatten irgendeinen Zweck, wenn er auch nur in vagen Begriffen wie Weiterbildung oder Konzentrationstraining beschreibbar war.

Golfspieler und ihre Geistesgefährten stellten in Japan eine überwältigende Mehrheit dar. Erholung mußte so gestaltet werden, daß sie kaum von Arbeit zu unterscheiden war, wenn sie als Vergnügen gelten sollte. Beiß die Zähne zusammen und amüsier dich! Die Mühsal des Vergnügens in Japan wurde durch eine weitere Schwierigkeit erhöht, die nichts mit der Einstellung zur Erholung zu tun hatte: den Mangel an Platz für Freizeitanlagen und die Schwierigkeit, Zugang zu ihnen zu gewinnen, wenn es sie überhaupt gab. Für den japanischen Großstadtbewohner (und das heißt für die Mehrzahl der Japaner), der weder Golf- noch Tennisplatz vor der Haustür hatte, stellten die Mühe, die er auf stilgerechte Aufmachung verwendete, und die schicke Ausrüstung, die er komplett kaufte, die Requisiten einer Traumwelt dar. Für die Männer, die auf dem Dach eines Hochhauses in Tokio ihr tägliches Quantum an Golfbällen über eine Strecke von knapp zehn Metern in ein Netz schlugen, war die Illusion nicht leicht aufrechtzuerhalten, sie stünden auf der Grünfläche eines eleganten Golfclubs. Aber gerade für die, die noch nie auf einem richtigen Golfplatz gespielt hatten und vielleicht auch nie die Chance dazu haben würden, war es wohl einfacher, wenn wenigstens die Kleidung, die sie trugen, und die Schläger, die sie benützten, «richtig echt» waren, das Beste, was für Geld zu kriegen war.

Der Anblick, den die Sportkäfige auf den Hausdächern mit ihren ernsthaft bemühten Insassen boten, erschien Boon traurig und lächerlich zugleich. Es sprach wenig dafür, Sport auf dem Dach eines Hochhauses zu treiben, und noch weniger dafür, es darunter zu tun, aber in Tokio kam nur das eine oder das andere in Frage. Ein Jahr lang spazierte Boon jeden Tag über eine riesige unterirdische Sportanlage, ohne es auch nur zu wissen. Die Golfkäfige und die unterirdischen Sporthallen stellten einen Aspekt moderner Zivilisation dar, den Boon nur solange als unmenschlich ablehnte, wie er sich der drangvollen Enge nicht bewußt war, die sie nötig machte.

Er empfand vieles als störend und lernte, es dennoch zu

akzeptieren, weil es notwendig war; anderes war inakzeptabel, weil es störend, aber nicht notwendig war. Das schlimmste war der Lärm. Tag um Tag, Stunde um Stunde umkreisten Scharen von Autos mit plärrenden Lautsprechern die Wohnanlage und hüllten sie in einen Geräuschgürtel, aus dem es kein Entkommen gab. Gelegentlich handelte es sich um politische Mitteilungen, aber meist war von den Preisen für Fisch und Gemüse oder den bevorstehenden Attraktionen des örtlichen Theaters die Rede. Die Ansager bemühten sich immer um die ausdrucksvolle Höflichkeitssprache, aber das war nur ein geringer Trost für den Schaden, den sie anrichteten. Die meisten Japaner hatten sich mit dieser Verletzung ihres Seelenfriedens abgefunden und versicherten Boon, er werde sich daran gewöhnen; aber er gewöhnte sich nicht daran. Im Gegenteil, es wurde immer schlimmer. Die ersten mißtönenden Noten der Blechmusik, die den Ansagen voranging, genügten, um ihn in kalte Wut zu versetzen.

Später zog Boon aufs Land, aber die Geräuschpest auf Rädern folgte ihm dorthin. Dennoch war sie hier erträglicher, weil der Krach nicht so allgegenwärtig war und sich abwechslungsreicher gestaltete. Hier hörte man noch den traditionellen Ruf der umherziehenden Fischhändler, der im Herzen Tokios schon lange verstummt war: *Shijimi 'asari! a-sári!* Boon mußte die schwierige Melodie (die Muscheln anpries) mehrmals in der Badewanne wiederholen, bis er sie einigermaßen überzeugend wiedergeben konnte. Das Steigen und Fallen des kurzen Gesangs erinnerte ihn an die Responsorien, die er als Knabe im Kirchenchor gesungen hatte. Er stellte fest, daß auch der Text auf die Melodie paßte:

Öffne Du unsere Lippen, o Herr,
Daß unser Mund Dein Preislied singe.

Er war sicher, daß es den Muschelhändler gefreut hätte, davon zu erfahren. Aber seine Kommunikationsfähigkeit war dem subtilen Inhalt nicht gewachsen.

Einmal, etwa eine Stunde nachdem der alte Fischhändler durchs Dorf gezogen war, folgte ihm ein Kleinbus mit einem Lautsprecher, der die Anwohner darüber informierte, daß es bald regnen werde, und sie warnte, auf keinen Fall die Straße ohne geeignete Schutzkleidung zu betreten. Boon hatte sich mittlerweile so gut an die wohlwollend fürsorgliche Einstellung japanischer Ämter gewöhnt, daß ihn die merkwürdige Durchsage in nur gelindes Erstaunen versetzte. Doch als er sich später am Nachmittag – natürlich ohne Regenschirm – auf einen Spaziergang begeben wollte, stürzte sich seine aufmerksame Vermieterin auf ihn und tadelte energisch seine Unbesonnenheit. Er hatte die Durchsage nicht richtig verstanden. Es handelte sich nicht um Regen, sondern um *sauren* Regen, der mit den Wolken von einer nahegelegenen chemischen Fabrik herübergetragen wurde.

Japaner sind im großen und ganzen gegen Geräusche, die außerhalb des Hauses entstehen, weitgehend immunisiert. Dafür kann ihre Empfindlichkeit gegen Innengeräusche, deren Urheber leicht zu identifizieren ist, zu gewalttätigen Reaktionen führen. Boon las einen erschreckenden Zeitungsbericht über einen Vorfall in einer anderen Wohnanlage. Er hätte ihm keinen Glauben geschenkt, wäre er nicht durch einen Bekannten bestätigt worden, der im gleichen Gebäude wohnte.

Anscheinend war ein Mann abends nach Hause gekommen und hatte sich durch das Winseln eines Hundes in der Nachbarwohnung belästigt gefühlt. Nach einiger Zeit ging er hinüber, klingelte an der Tür, drängte sich in die Wohnung und warf das Tier im siebten Stock vom Balkon. Wenig später kam der Eigentümer des Hundes nach Hause und erfuhr von seiner verstörten Frau, was geschehen war. Wutentbrannt stürzte er daraufhin in die Wohnung des Nachbarn, den er ohne weitere Umstände seinerseits vom Balkon warf. Die Einwohner von Tokio waren im allgemeinen phlegmatisch und geduldig, aber gelegentlich hielten sie den Druck ihrer beengten Lebensumstände nicht mehr aus. Wenn es dann zur Explosion kam, war die Gewalt ihrer Ausbrüche nicht überraschend.

Boons größte Freude während der ersten Monate seines Aufenthalts lag in den neuen Entdeckungen, die er bei jedem Spaziergang machte; je länger er blieb, desto mehr ging ihm diese Fähigkeit, sich zu freuen, verloren. Was ihn einst entzückt hatte, erschien ihm nur noch schäbig und alltäglich oder fiel ihm überhaupt nicht mehr auf. Oft blieb er beispielsweise stehen und betrachtete aufmerksam und neugierig eine Wäscheleine. *Happi*-Kittel und *yukata*, wie er sie oft an warmen Herbstabenden gesehen hatte, enthüllten ihre wahre Form erst, wenn sie an der Leine zum Trocknen hingen. Die weitärmligen Baumwollroben flatterten wie große Vögel mit ausgebreiteten Flügeln auf den Balkons und in den Gärten, gefesselt und gebunden, mit erlahmenden Kräften gegen den Wind kämpfend.

Die Männer, die diese prächtigen Vögel gezähmt hatten und sie beim Einkauf am Samstagmorgen mit den kurzen, ein wenig weiblich wirkenden Schritten klappernd durch die Gänge der Supermärkte trugen, die Holzsandalen ihnen aufzwangen, wirkten weder auffällig noch im geringsten ihrer hervorstechenden Erscheinung bewußt. *Geta*, die japanischen Holzsandalen, ließen sie natürlich etwas größer erscheinen, und der Faltenwurf der *yukata* verlieh ihnen zusätzliche Statur. Boon konnte bei sich selbst feststellen, daß das selbstbewußt prahlende Gehabe lausbubenhafter Sicherheit ebenso untrennbar mit den *geta* des Mannes verknüpft war wie grazile Zurückhaltung mit den *kimono* der Frauen. Wenn ein japanischer Mann den zerknitterten Straßenanzug auszog, in dem er so leicht mickrig und unterdrückt wirken konnte, und sich in seine weitärmlige Robe warf, stieg er wie ein Phönix aus der Asche des Alltagslebens auf. Der graue Großstadtbewohner verwandelte sich in ein exotisches Geschöpf mit strahlendem Federkleid: er war nicht bloß eindrucksvoll, er wirkte majestätisch.

Als Anzeichen für den grundsätzlichen Wandel der japanischen Gesellschaft in den letzten hundert Jahren wird gelegentlich die Tatsache angeführt, daß man die soziale Stellung oder den Beruf eines Menschen in der Zeit vor der Restauration von 1867 unmittelbar an seiner Kleidung ablesen konnte, während im modernen Japan der Anblick eines Mannes im Vorortzug keine Auskunft darüber gibt, ob er Generaldirektor oder Lageraufseher ist. Das Verschwinden äußerer Unterscheidungsmerkmale in einer Gesellschaft, in der sich viele innere Unterschiede erhalten hatten, rief einige interessante Nebeneffekte und ausgleichende Entwicklungen hervor. Am auffälligsten war die allgemein verbreitete Verwendung von Geschäftskarten. Der ritualisierte Austausch von Karten auch bei zufälligen Begegnungen, die keinerlei geschäftlichen Anlaß hatten, konnte auf den ersten Blick wie eine rationale, moderne Handlungsweise erscheinen, aber seine wirkliche Bedeutung ging tiefer. Geschäftskarten dienten nicht nur der Feststellung der Identität einer Person, ihres Namens und der Firma, der sie angehörte, sondern legten zugleich ihren Rang und ihre Stellung innerhalb der Hierarchie fest. Sie vermittelten den gesellschaftlichen Kontext, der für die Interaktion eines Individuums mit anderen unabdingbare Voraussetzung war. Ohne diese Information wußten viele Japaner nicht, was für eine Haltung und was für ein Benehmen sie dem anderen gegenüber einnehmen sollten.

Vielleicht, meinte Boon, hatte die Art, wie jemand sich anzog, im modernen Japan nicht mehr ihre klassische Funktion: Sie bestimmte zwar nicht mehr die Stellung des einzelnen in einer Feudalhierarchie, aber sie war noch immer bedeutungsträchtig, auch wenn sich die Bedeutung auf neue Werte bezog. Japaner waren durchgehend einer Norm der Angemessenheit verpflichtet, die theoretisch schwer zu definieren, aber in der Praxis streng zu befolgen war.

Angemessenheit war etwas anderes als Etikette, jene gelegentlich unbequemen Vorschriften sozialen Verhaltens, die manche Menschen freiwillig befolgen, während sich ihnen andere notgedrungen beugen. Man konnte nicht wirklich behaupten, daß das äußere Erscheinungsbild der Golfspieler in einer Baulücke und der Tennisspieler auf dem Hinterhof irgendeiner «Etikette» entsprach. Es ging nicht um Etikette. Sie waren Golf- und Tennisspieler, und sie kleideten sich dementsprechend; wohl auch, um ihr eigenes Selbstvertrauen aufzubauen, hauptsächlich aber, damit man sie sofort als Golf- oder Tennisspieler erkennen konnte. Aha, ein Golfspieler! Aha, ein Tennisspieler! Hier zeigte man ein angemessenes Verhalten, mit der Welt war also alles in Ordnung.

Natürlich konnte man auch einen kalifornischen Hippie von einem Geschäftsmann der Londoner City am Kleidungsstil unterscheiden. Aber beide hatten mehr Spielraum, wenn es darum ging, ihrem persönlichen Geschmack freien Lauf zu lassen. In Japan, einem Land, in dem zufällige Begegnungen zwischen Fremden, die sich als Gleichberechtigte treffen und ohne Verpflichtungen voneinander trennen, noch immer kein selbstverständliches Ereignis waren, entsprachen Kleidungssignale einem ungeschriebenen Sozialkodex, der wenig Interpretationsspielraum aufwies. Differenzierter Kleidungsstil entsprang nicht dem Zufall, sondern einer gesellschaftlichen Übereinkunft und diente einem gesellschaftlichen Zweck. Aufgabe der Kleidung war es, unmißverständlich klar zu machen, wer oder genauer: was man war.

Wo immer es sich machen ließ, im Kindergarten, an der Universität, im Berufsleben dienten Uniformen diesem Ziel. Boon verbrachte einen Sommer im Norden Japans und erteilte den Angestellten einer Firma Englischunterricht. Regelmäßig erschien er Abend für Abend in jeweils anderen farbigen Hemden, trug dazu aber immer einen Schlips. Er freundete sich mit einem seiner Schüler an, und gelegentlich gingen sie gemeinsam aus. Bei dieser Gelegenheit erfuhr er, daß sein Aufzug im Unterricht energische Kritik hervorgerufen hatte. Farbige Hemden waren Freizeithemden. Boons Aufzug wies darauf hin, daß er weder seinen Beruf noch seine Schüler ernst nahm. Er hätte weiße Hemden tragen müssen; so «bunt» war er einfach kein Lehrer.

Das Paradebeispiel für «angemessene Kleidung» bildete die Baskenmütze (und eventuell noch der Regenmantel) des Künstlers. Boon traf einige ernsthafte und prominente Künstler und noch mehr Künstler, die weder ernsthaft noch prominent waren. Aber jeder einzelne von ihnen trug eine Baskenmütze. Aha, ein Künstler! Die Mütze bot eine Garantie dafür, auf Anhieb erkannt zu werden, und gelegentlich verwendete auch Boon sie.

Ein ebenso deutliches Beispiel stellte der Urlauber dar. Ferien in Japan sind kurz, unerfreulich und werden von zwei Wochenenden und zwei Verkehrsstaus begrenzt. Aber Ferienkleidung ist unabdingbar, soll jeder Zweifel behoben werden, es könne sich um jemanden handeln, der gerade nicht damit beschäftigt ist, sich zu amüsieren. Da sich das Benehmen von Urlaubern in Japan noch auffälliger von ihrem Alltagsverhalten unterscheidet als in anderen Ländern, hat die Urlaubsuniform noch eine nützliche Zusatzfunktion. Sie dient dazu, Polizisten und Hotelbesitzer, die den Code kennen, zu besänftigen: Da kommt ein Urlauber. Üben wir Nachsicht, drücken wir ein Auge zu!

Der Standard der Angemessenheit galt in gleicher Strenge

für Erhabenes wie Triviales, Wichtiges wie Bedeutungsloses. Sugama etwa hatte mit einer Gruppe begeisterter Freunde eine Baseballmannschaft gegründet, die sich jeden Sonntag auf den Weg zu entlegenen Sportplätzen machte, um gegen andere Amateurmannschaften zu spielen. Manchmal war die Mannschaft nicht vollständig, man mußte sich die Ausrüstung teilen, und so weiter: es war eine improvisierte Angelegenheit. Aber nicht nur, daß alle Mitglieder immer in voller Baseballaufmachung erschienen, selbst ihre Hemden und Mützen trugen das Mannschaftswappen. Improvisierte Fußballspiele, wie es sie überall in Europa gibt, bei denen die Mannschaft einfach zum nächstliegenden Kleidungsstück greift, waren in Japan schwer vorstellbar. Sie wären *basho-gara wakimaezu*, fehl am Platze, der Gelegenheit nicht angemessen.

Die Vorstellung des Passenden, des *basho-gara* (wörtlich: «dem Ort angemessen», also ein den Umständen angemessenes Auftreten und Verhalten), durchzog die japanische Gesellschaft mit einer Allgegenwart, die Boon sonst nur im Zusammenhang mit kollektivistischen Doktrinen oder religiösen Überzeugungen kannte. Aber es war weder eine Doktrin noch eine Religion. Kleidung war eine Manifestation des Angemessenen, doch Angemessenheit trat auch in anderen Formen auf, hauptsächlich im Sprachstil: Männersprache, Frauensprache, Höflichkeitssprache, vertraute Sprache, ein weites und zugleich differenziertes Feld.

Auch wenn die Einstellungen, denen der Begriff des *basho-gara* entsprach, fest im Leben verwurzelt waren, tauchte der Ausdruck selbst in der japanischen Umgangssprache nur selten auf. Der normale Ausdruck für das Passende oder das Angemessene war *tekitō*. Als Boons Sprachkenntnisse soweit gediehen waren, daß er einer normalen Unterhaltung folgen konnte, hörte er dies Wort mindestens einmal täglich. Allmählich wurde ihm klar, daß Menschen nur dann in Begriffen der Angemessenheit denken konnten, wenn es einen grundlegenden Konsens nicht allein über ein abstraktes Muster des angemessenen Verhaltens, sondern zugleich über die Tatsache gab, daß ein derartiges Muster notwendig ist; und da wo Verhalten sich an einem Vorbild ausrichtet, muß es ein Element der Nachahmung geben, was wieder bedeutet, daß man imstande sein muß, das, was man ist, mit dem zu vergleichen, woran man sich mißt.

In seinem Buch *Das Japanische Denken (Nihon no Shisō)*, das Boon erst sehr viel später las, spricht der Politikwissenschaftler Maruyama Masao von der Rollenidentifikation der Japaner und ihrer Neigung, das Bild, das sie der Außenwelt präsentieren, an der Funktion zu messen, die sie jeweils wahrnehmen. «Im Gegensatz zu einer starren Hierarchie, wie sie den Rang und die Verpflichtung der Mitglieder einer Feudalgesellschaft bestimmt», heißt es hier, «ist heute ein und dieselbe Person zum gleichen Zeitpunkt in ein Netz sehr verschiedenartiger Beziehungen eingebunden und muß eine Anzahl von Funktionen ausüben, die von den Umständen abhängig sind, unter denen sie sich befindet. Selbst wenn man einen guten Bekannten besucht, ist es deshalb üblich, das Gespräch mit der Floskel zu eröffnen: ‹Laßt uns heute als Freunde sprechen› oder ‹Heute bin ich in meiner Eigenschaft als Abteilungsleiter hier›.»

Die ständige Aufmerksamkeit, die Japaner der Darstellung eines angemessenen Selbstbildes, der Angemessenheit dessen, was sie sagten oder taten, widmeten, war von der Angewohnheit geprägt, sich selbst jeweils in bezug auf etwas, auf ein unmittelbar erkennbares Standardmuster zu definieren. Gesellschaftliche Kommunikation, die auf der Identifizierung mit überindividuellen Rollen dieser Art beruht, ist offenbar ohne stereotype Muster nicht funktionsfähig.

Nicht nur Sportler hatten sportlich zu sein und Geschäftsleute geschäftlich, es gab auch implizite Idealvorstellungen von Männlichkeit, Mütterlichkeit, Väterlichkeit und so weiter, für die im tiefsten Herzen fast jeder Japaner anfällig war. *Otoko-rashii* (wie ein richtiger Mann), *haha-rashii* (wie eine richtige Mutter), das waren prägende Ideale des japanischen Lebens.

Besonders Frauen durchlebten eine auffällige Wandlung, wenn sich ihre Lebensumstände änderten, und hier war die Allmacht der Rollenidentifikation deutlicher zu sehen als irgendwoanders in der japanischen Gesellschaft. Die Scharen heiratsfähiger Mädchen zwischen achtzehn und fünfundzwanzig, denen Boon auf der Straße begegnete, waren eleganter gekleidet oder schenkten ihrer Aufmachung zumindest mehr Beachtung als irgendwo sonst auf der Welt. Ob das zur Folge hatte, daß sie auch schicker und attraktiver wirkten, war Ansichtssache, aber man konnte sich nicht über den Aufwand an Zeit, Mühe und Bargeld täuschen, den sie ihrer Aufmachung widmeten. Mit sorgsam geschminktem Gesicht, leuchtenden Lippen und weichen Locken zogen sie auf Jagd, zunächst nur zum Vergnügen, später auf der Suche nach den dauerhaften Freundschaften und Bekanntschaften, die sie schließlich in den Hafen der Ehe führen sollten.

Leider gab es da, wo Boon wohnte, viel zu wenige von diesen bunten Schmetterlingen, weil subventionierte Wohnanlagen für junge Paare und nicht für alleinstehende Mädchen bestimmt waren. Aber die Umgebung führte ihm vor Augen, was aus schicken jungen Mädchen wird, wenn sie heiraten. Die Verwandlung war ebenso plötzlich wie drastisch. Auf einmal kamen die bunten Vögel in die Mauser und verloren all ihren Glanz und ihr farbiges Federgewand.

Es schien fast, als habe eine verheiratete Frau, besonders wenn sie einmal Kinder hatte, kein Recht, attraktiv zu sein. Vielleicht später, viel, viel später; aber während der langen Jahre, in denen die Nachkommenschaft aufgezogen wurde, war persönliche Anziehungskraft weder eine erwartete noch eine erwünschte Eigenschaft. Im gleichen Haus wie Boon lebte eine Zeitlang eine junge Frau, die gelegentlich nachmittags als Empfangsdame bei Konferenzen und Empfängen arbeitete. Dann trug sie einen *kimono* und sah (wie ihr Ehemann betonte) fast so aus wie vor der Heirat. Die beiden brauchten das zusätzliche Einkommen, und die Frau genoß ihre Nebentätigkeit offensichtlich, und wenn nur, um gelegentlich aus dem Haus zu kommen. Aber unter dem gemeinsamen Druck des Mannes und der Schwiegermutter nahmen ihre nachmittäglichen Ausflüge bald ein Ende. *Konna kakkō de!* In dem Aufzug! Es war einfach nicht angemessen.

Zu Hause und in der Nachbarschaft, wenn sie einkaufen gingen oder ihre Kinder spazierenführten, schafften es selbst attraktive junge Frauen, schäbig zu wirken. Sie erinnerten ein wenig an Aschenbrödel: von Kindern umzingelt saßen sie in traurigen Hauskitteln oder formlosen Hosen am Herd, und kein Prinz dachte mehr an sie. Nahezu alle jungen Mütter wirkten so, denn so hatten junge Mütter zu sein. Eine ständig überarbeitete Miene gehörte zu ihrer Rolle. Sie nahmen die Hausfrauenrolle nicht nur hin, sie pflegten sie und suchten Erfüllung in ihr, weil ihnen ohnehin keine Alternative offenstand. Japaner bewirteten ihre Freunde nur selten zu Hause, und daß der Ehemann seine Frau zum Essen, in ein Konzert oder auf eine Party ausgeführt hätte, wäre mehr als ungewöhnlich gewesen. Babysitter gab es nicht. Eine Mutter, die ihr Kind auch nur für einen Abend der Obhut einer Fremden überlassen hätte, hätte so etwas ähnliches wie Kindesaussetzung begangen.

Boon fand zwei denkbare Erklärungen für die bemühte Reizlosigkeit der jungen Ehefrauen. Zum einen verflüchtigte sich die Motivation einer Frau, reizvoll zu sein, in dem Augenblick, in dem sie einen Mann gefunden und ihm Kinder geboren hatte. Zum anderen war das soziale Leben eines jungen Paares nach der Hochzeit extrem begrenzt, so daß auch kein zusätzlicher Anreiz auftrat. Die Frau hatte nunmehr Gelegenheit, die Fähigkeit zum Mittelpunkt ihres Lebens zu machen, auf die sie von frühester Jugend an trainiert worden war: ihre Bereitschaft zur Aufopferung.

Anfangs hegte Boon nicht die geringsten Zweifel daran, daß es sich um eine offensichtlich ungerechte Situation handelte. Frauen hatten es schwer, das war alles. Im Lauf der Zeit änderte sich seine Grundeinstellung zwar nicht, aber er begann, die Dinge differenzierter zu sehen, als ihm allmählich klar wurde, wieviel Leistungsbereitschaft überhaupt im japanischen Leben gefordert wurde. Kaum eine Fähigkeit genoß so hohes Ansehen wie die klassische japanische Tugend der Aufopferung.

Wie in den meisten asiatischen Ländern wurden Kleinkinder auch in Japan auf dem Rücken der Mutter getragen. Zwar war es üblich, Kinder von zwei, drei oder mehr Jahren im zusammenfaltbaren Buggy zu schieben, aber während der ganzen drei Jahre seines Aufenthalts im Lande sah Boon keinen einzigen richtigen Kinderwagen. Babies gehörten auf den Rücken der Mutter (gelegentlich auch des Vaters), sie wurden huckepack getragen. *Ombu* hieß das auf japanisch. Boon war überrascht von der allgemeinen Beliebtheit, deren sich eine altmodische und unbequeme Sitte wie *ombu* in einem Land erfreute, das sich sonst durch den Eifer auszeichnete, mit dem man sich modernen und effizienten Methoden anpaßte.

Als er im Oktober in die Siedlung zog, war es noch sehr warm, und überall begegnete ihm die seltsam unsymmetrische Gestalt der vom Gewicht des Kindes gebeugten Mutter. Aus dem Tragetuch baumelten Beine, die Hände auf die mütterliche Schulter gestützt, zwei Körper, die weder verschmolzen noch getrennt sind, ein Organismus, der zum Überleben von einem anderen abhängt, ohne ein Parasit zu sein. Mutter und Kind, Kind und Mutter boten einen eher unbeholfenen Anblick und repräsentierten doch das Wesen natürlicher Symbiose in urtümlicher Reinheit.

Am ersten kühlen Morgen, an dem Boon das Haus verließ, war all das verschwunden. Die Frauen hatten ihren *ombu*-Umhang angelegt und einen winterlichen Buckel bekommen. Von ihren Schutzbefohlenen konnte man gerade noch die kleinen Köpfchen sehen, die im Winterschlaf aus dem Tragebeutel hervorlugten. Die allmähliche Trennung zwischen Mutter und Kind, die gestern noch vor sich zu gehen schien, war mit dem Einbruch des Winters zu einem abrupten Ende gekommen.

Abgesehen von der Unbequemlichkeit für die Mutter wurde gegen die Gewohnheit des *ombu* gelegentlich eingewendet, sie lasse die Kinder mit O-Beinen aufwachsen. Aber Boon konnte keine wissenschaftliche Grundlage für diese Ansicht ausmachen. Ihn interessierte ohnehin die mögliche Auswirkung auf die Beine des Kindes weniger als auf seinen allgemeinen Gemütszustand und sein Wohlbehagen.

Jeder Japaner machte seine erste Bekanntschaft mit der Außenwelt vom Hochsitz auf dem Mutterrücken. Die fremden Erscheinungen in seinem Gesichtsfeld tauchten erstmals hinter dem vertrauten Vorhang ihrer Haare auf, die Gerüche der Außenwelt vermischten sich mit dem unmittelbar beruhigenden Duft ihres Körpers. So ein Kind, dachte Boon, mußte in einer ganz besonderen Welt aufwachsen, in der jede neue Entdeckung unter günstigen Vorzeichen stand, von dem einzigartigen Blickpunkt geprägt, unter dem sie gemacht wurde: bei aller Fremdheit vertraut, beständig jenseits des Wandels, gesichert von Anfang an. Er erwartete von einem Kind, das der Welt auf dem Rücken der Mutter anvertraut worden war, vor allem eines: ein vertrauensvolles Gemüt; und auch wenn seine Spekulation über den Zusammenhang von Ursache und Wirkung nicht besser war als andere Theorien über O-Beine, fand er sie häufig bestätigt.

Manchmal wollte es Boon scheinen, die Japaner als von Grund auf unselbständige Wesen verbrächten ihr ganzes Leben huckepack auf dem Mutterrücken. Ständig trugen sie andere und ließen sich von anderen tragen; ständig wurden sie verwöhnt und gefordert. Sie lebten in einer ambivalenten Abhängigkeit, so ungewiß wie die Fundamente des japanischen Archipels auf seinem Vulkankissen zwischen dem Pazifischen Ozean und dem Japanischen Meer.

Allmählich fügten sich die Einzelstücke des Puzzles wiederholter Beobachtungen zu einer Psychologie des *ombu* zusammen. Erst später erfuhr Boon, daß seine Theorie schon früher von dem Psychoanalytiker Doi Takeo formuliert worden war. In seinen Untersuchungen zur *Anatomie der Abhängigkeit* analysiert Doi den Begriff des *amae*, des kindlichen Anspruchs auf Verwöhnung, und entwirft eine Theorie der Moral von Abhängigkeit und Geborgenheit des einzelnen auf der Grundlage der Beziehung zwischen Mutter und Kind.

Wenn Boon sich auf Bahnfahrten bemühte, aus dem wirren Hintergrundgeräusch von Stimmen, die ihm an jedem Bahnhof und in jedem Zug befehlend, warnend und ermahnend entgegenschlugen, verständliche Informationen herauszufiltern, empfand er anfangs das System von Durchsagen nur als ermüdend und belästigend, als zusätzliche Steigerung eines ohnehin viel zu hohen Geräuschpegels. Später entdeckte er in diesen Stimmen eine eindrucksvolle Manifestation des *ombu*-Systems.

Das staatliche Eisenbahnsystem begegnete den Millionen von hilflosen Fahrgästen, die seiner Obhut anvertraut waren, mit der gleichen bemühten Fürsorge, die eine Mutter ihrem Kind zeigt. Den Fahrgästen wurden der Name der nächsten Haltestelle und die Anschlußzüge mitgeteilt, die sie dort erreichen konnten; sie wurden ermahnt, beim Aussteigen ihre Regenschirme nicht zu vergessen, die Fenster zu öffnen oder nicht zu öffnen, weil der Wagen eine Klimaanlage oder keine solche Ausstattung besaß; sie wurden mit ausgesuchter Höflichkeit gebeten, geduldig zu sein, wenn es zu Verspätungen kam; für überfüllte Züge entschuldigte man sich bei ihnen; wenn es heiß war, wurden sie bemitleidet, wenn sie müde waren, wurden sie besänftigt und getröstet. Wenn gerade nicht gestreikt wurde, wurden sie jeden Tag des Jahres, zwanzig Stunden am Tag, umhegt und gepflegt. Boon war überrascht, daß man noch nicht daran gedacht hatte, sie mit Wettervorhersagen und Baseballresultaten zu versorgen.

Die japanischen Fahrgäste schienen diese unsichtbaren Drahtzieher kaum zu beachten, aber Boon lauschte den Ansagen im Zug mit wachsender Aufmerksamkeit. Auf vertrauten Strecken konnte er einzelne Stimmen an ihren unverwechselbaren Eigenheiten, ihrer Tonhöhe, ihrem rhetorischen Stil erkennen. Einige Stimmen vermittelten den Eindruck, als hätten manche Ansager echte Freude an ihrem Beruf. Innerhalb des begrenzten Rahmens, der ihnen gesteckt war, vollbrachten sie der Trivialität des Themas ungeachtet Meisterleistungen virtuoser Phrasierungskunst und ausdrucksvollen Tonfalls.

Über lange Zeit hinweg blieb die Zugaufsicht der Yamanote-Linie Boons wichtigste Beobachtungsquelle. Das hatte seine Vorteile wie seine Nachteile. Die Yamanote-Linie ist eine der überfülltesten Strecken Tokios und umzieht die Innenstadt in einem ungleichmäßigen Kreis, den ein Zug theoretisch bis zum Jüngsten Tag durchlaufen könnte, ohne jemals an ein Ende zu kommen. Diese Hinweise auf zyklische Dauer, wenn schon nicht auf Unsterblichkeit, entsprachen dem buddhistischen Lebensgefühl, und so war es höchst angemessen, daß es diese Linie war, auf der in Ehren ergrautes Bahnpersonal über sein Karma meditierend den Lebensabend verbrachte. Hier, auf der Kreisbahn des Schicksals, sangen Aufsichtsbeamte, die ihre Kräfte in einem vierzigjährigen Dienstleben erschöpft hatten, ihren Schwanengesang. Sie beherrschten ihre Texte und gaben sie schnörkellos wieder; ihre Schauspielkunst beruhte auf Routine, nicht auf Berufung. Anders war es nur, wenn der Zug sich den drei großen Umsteigebahnhöfen auf der Strecke näherte: Ueno, Shinjuku und Tokio Hauptbahnhof. Ansager, die bei der Sache waren, riefen diese Namen in bedeutungsschwerem, unmißverständlich hallendem Fortissimo aus. Andere zogen einen nüchternen Stil vor. Sie verzögerten die Ansage bis zum letzten Moment, warteten gelegentlich noch Sekunden, nachdem das Mikrofon schon eingeschaltet war, als hätten sie den Namen vergessen, als gäbe es nichts über den nächsten Halt zu sagen. *Aaa... Shinjuku... Shinjuku.* Lässiges Beiseite, aus den Mundwinkeln fallender Dialogfetzen. Es waren spannende Darbietungen.

Auf den Eilzügen der Vorstadtlinien arbeitete ein ganz anderer Typ von Aufsichtsbeamten. Waren die durchschnittlichen Reisewege auf den Innenstadtstrecken kurz, so daß die Fahrgäste ständig wechselten, so konnten die Schaffner der Fernstrecken sicher sein, daß ein großer Teil ihrer Kunden sie bis zum Ende des Weges begleiten würde. Sie hatten das, wovon jeder darstellende Künstler träumt: ein gefesseltes Publikum. Das gab ihnen den Anreiz, einen weitaus persönlicheren Stil zu entwickeln. Sie konnten ihre Geschichte breit ausmalen, alle Register ziehen und sicher sein, daß die Vorstellung nach ihrem Gesamteindruck beurteilt wurde. Einige der Auftritte waren Meisterwerke.

Besonders beeindruckt war Boon von einem Ansager auf einer der neueren südlichen Linien. Tagsüber suchte Boon ihn vergebens, anscheinend arbeitete er nur nachts. Vielleicht war das die Tageszeit, zu der ihn seine persönlichen Neigungen oder eine Spezialausbildung befähigten, denn nachts waren die Fahrgäste besonders reizbar und empfindlich, und das Repertoire dieses einen Ansagers überzeugte Boon davon, daß er es mit einem geschulten Psychotherapeuten zu tun haben mußte.

Die Stimmlage paßte sich genau der Atmosphäre im Wagen an. Sie konnte geschwätzig sein, ohne aufdringlich zu wirken, munter, aber nicht aufdringlich (etwa nach einer langen Strecke zwischen zwei Bahnhöfen, wenn er glaubte, die Fahrgäste aus dem Schlaf wecken zu müssen), beruhigend, ohne jemals langweilig oder einschläfernd zu wirken.

Die Arbeitsbedingungen des Bahnpersonals von Tokio, einschließlich der Unglücklichen, deren Aufgabe es war, zu den Hauptverkehrszeiten die Fahrgäste mit Gewalt in die Wagen zu schieben, waren die ungünstigsten, die man sich denken konnte. Dennoch war es wohl das höflichste und zuvorkommendste Bahnhofspersonal der Welt, auch wenn es auf die Mitarbeit eines ebenso kooperativen und geduldigen Publikums angewiesen war. Aber der Eifer, mit dem es sich seinem Beruf widmete, das ständige Bemühen, mehr zu leisten als das unbedingt Erforderliche, konnte nur durch ein bemerkenswertes Arbeitsethos erklärt werden.

Das schien überall in Japan der Fall zu sein, und wo immer es ins Auge fiel, gleichgültig, wie unbedeutend die Aufgabe war, um die es ging, war es respekteinflößend. Vielleicht war «Respekt» nicht das richtige Wort, weil dies einen Prozeß bewußter Überlegung voraussetzte, der in der Praxis nicht auftrat. Man ging einfach davon aus, daß Menschen, wenn sie ihren Beruf ausübten, dies immer mit der Absicht taten, die besten möglichen Leistungen zu erbringen. Aber das ist bereits in sich die Beschreibung einer respektvollen Einstellung. Es weist darauf hin, was für hohe Erwartungen in die Person und ihre Aufgaben gesetzt werden. In Japan mochte das selbstverständlich erscheinen; in den meisten anderen Ländern der Welt war es nicht so.

Später gelang es Boon, auf die Wurzeln dieses Arbeitsethos zurückzukommen. Es beeindruckte ihn, Bahnarbeiter zu sehen, die die Gleise abschritten und mit langen spitzen Stöcken Abfall einsammelten. Dabei trugen sie unweigerlich weiße

Handschuhe. Boon konnte sich für die Schmutzarbeit nichts Unpraktischeres vorstellen als weiße Handschuhe. Das Ganze erschien ihm sinnlos, bis er eines Tages eine Frau auf dem Bahnsteig beobachtete, die weiße *tabi* trug.

Tabi sind kurze weiße (manchmal auch blaue) Socken, die zusammen mit offenen Sandalen einen Teil der traditionellen japanischen Kleidung bilden, und Boon erschienen sie, wenn er an den Zustand der Straßen zu jener Zeit dachte, als *tabi* noch in allgemeinem Gebrauch waren, genauso unsinnig wie die Handschuhe des Eisenbahners. Er legte die Frage Sugama vor, der sie an seine Freundin weitergab, und schließlich einigten sie sich auf eine Antwort. Es ging bei den weißen Socken genau darum, daß sie den Schmutz sichtbar machten. Natürlich mußte eine Frau viele Paare *tabi* besitzen, und sie mußten häufig gewaschen werden. Aber es machte den Stolz und die Freude einer Frau aus, wann immer sie aus dem Haus ging, saubere weiße Fersen und saubere weiße Zehen zeigen zu können und so zu beweisen, daß sie über reinliche Angewohnheiten, weibliche Eleganz und (jedenfalls früher) einen gewissen Wohlstand verfügte.

Beispiele dieser Haltung boten sich auf anderen Gebieten. In einigen Fabriken mußten die Arbeiter als Teil einer ausgeklügelten, wenn auch etwas hinterhältigen Firmenpolitik weiße Overalls tragen. Sie sollten dadurch ermutigt werden, ordentlich zu arbeiten, sich einen ‹sauberen Arbeitsstil› zuzulegen. Es war nicht leicht, sich dieser List zu entziehen. Ein Arbeiter, der seinen Platz am Fließband abends mit sauberem Overall verließ, mußte entweder sehr tüchtig oder sehr faul sein.

Worum ging es also bei den Handschuhen des Bahnarbeiters? Sollten sie ihn daran erinnern, sauber zu arbeiten? Offensichtlich nicht. Aber das Weiß seiner Handschuhe verlieh ihm einen unerwarteten Anstrich von Würde, sie trennten – die Handschuhe selbst im wörtlichen Sinn, ihre weiße Farbe symbolisch – den Menschen von der untergeordneten Position seiner Arbeit. Überdies lenkten sie die Aufmerksamkeit auf seine Funktion. Boon hätte dem Arbeiter vielleicht keinen zweiten Blick, seiner Arbeit keinen Gedanken geschenkt, wären da nicht die auffälligen Handschuhe gewesen. Das waren die Details, auf denen das Berufsethos beruhte, und die wahrscheinlich mehr zur Harmonie des Verhältnisses zwischen Arbeitnehmer und Arbeitgeber beitrugen als die ganze Bürokratie.

Vielleicht gab es bei den staatlichen Eisenbahnen ein Schulungsprogramm, um die Angestellten in der ruhigen und phlegmatischen Geduld zu trainieren, die sie für ihre Arbeit brauchten, denn sie alle schienen bemerkenswert beherrscht zu sein. Boon saß einmal in einem Zug, der zehn Minuten (in Tokio keine Verzögerung, sondern eine Katastrophe) aufgehalten wurde, während zwei Schaffner einen Epileptiker betreuten. Keine Ungeduld, keine Beschimpfung, nicht einmal ein Anzeichen von Widerwillen. Bevor der Mann auf einer Trage weggebracht wurde, beugte sich einer der Bahnangestellten über ihn und wischte ihm mit einem weißen Taschentuch den Schaum vom Mund, das er dann ganz automatisch wieder in die Tasche steckte.

Waren ein gelegentlicher epileptischer Anfall oder ein Selbstmordversuch für das Bahnpersonal reine Routineangelegenheiten, so wurde nachts ein weitaus bedeutenderer Teil ihrer Arbeitszeit von den Bemühungen ausgefüllt, auf Betrunkene aufzupassen. Zwischen neun Uhr abends und der Abfahrt des letzten Zuges um ein Uhr früh gab es auf den Bahnsteigen von Tokio mehr Betrunkene als in irgendeiner anderen Stadt der Welt. Boon kannte sich aus, denn etwa ein Jahr lang gehörte er selbst nur allzu oft dazu.

Yoi-dore kega sezu, sagt das Sprichwort, ein Betrunkener bricht sich kein Bein, und Boons Erfahrung bestätigte die Volksweisheit. Einmal fiel er im Bahnhof von Ōji auf die

Gleise, und die Folgen waren eher nützlich als schädlich, denn der Vorfall ernüchterte ihn sofort und dauerhaft. Durch die Bahnhöfe Tokios fährt alle zwei bis drei Minuten ein Zug, und Boon war sich dieser Tatsache bewußt.

Er war oft nachts unterwegs, und er sah viele Betrunkene. Aber nie sah er einen Japaner vom Bahnsteig fallen. Wieso das nie geschah, blieb unverständlich, es sei denn, für den Suff gelte dieselbe Regel wie für andere Künste: Übung macht den Meister. Die Betrunkenen auf den Bahnhöfen vollbrachten wahre Meisterleistungen. Ein zehn Meter breiter Bahnsteig und ein Weg von vielleicht fünfzig Metern bis zum nächsten Ausgang stellten den Betrunkenen vor eine schwerere Aufgabe als das Drahtseil einen Zirkuskünstler. Innerhalb des tödlichen Spielraums taten japanische Säufer alles, außer über die Kante zu treten. Sie taumelten in einer Serie haarsträubender Zick-Zack-Kurven von einer Bahnsteigkante zur anderen, bis sie schließlich den rettenden Ausgang erreichten. Doch selbst dann waren sie noch nicht in Sicherheit, denn auf den Treppen, die zur Straße hinunterführten, ereigneten sich die meisten Unfälle. Ich muß den Ausgang erreichen, ermunterte der Betrunkene sich selbst instinktiv, und bis er das geschafft hatte, waren seine Konzentrationsfähigkeit und Selbstkontrolle erschöpft. Hier gab der Geist seine Wachsamkeit endgültig auf und vertraute den Körper der weisen Lehre des tröstenden Sprichworts an. Der Sturz mochte schmerzhaft sein, aber nicht tödlich, und über Schmerzen würde man ohnehin erst am nächsten Morgen nachdenken.

Nicht alle Bahnhöfe von Tokio verwandelten sich Nacht für Nacht in ein Schlachtfeld. Einer der Vorteile des Reichtums war, daß man den Zustand der Volltrunkenheit unter Ausschluß einer größeren Öffentlichkeit herbeiführen und wieder überwinden konnte. Der Abend begann am Arm einer diskreten Hostess, die den Gast in seinen Club geleitete, und endete in der Obhut eines Taxifahrers, der gegen üppiges Trinkgeld für einen ungestörten Heimweg sorgte. Das Ganze wurde sowieso auf dem Spesenkonto verbucht. Die Bahnhöfe, an denen die reichen Männer morgens den Zug bestiegen, waren deshalb abends weitgehend verlassen. Boon gelang es nicht einmal, einen Blick in diese Welt hinter verschlossenen Türen zu werfen, bevor er seine Sporen in den schäbigeren Stadtteilen verdient und sich oft dem gefahrvollen Weg über nächtliche Bahnsteige ausgesetzt hatte.

Einige dieser ‹schlechten Wohngegenden› lagen an der Strecke der Keihin-Tōhoku-Bahn, die den verlorenen Sohn oft in halbbewußtem Zustand zum Heimatbahnhof Ōji zurückbrachte. Boons frühe, noch nicht ausgereifte Trinktouren fanden meist in den trüben Bars von Ikebukuro statt, und auf dem Heimweg mußte er in Tabata umsteigen. Hier erlebte er einmal die typische Begegnung zwischen einem Angestellten der staatlichen Eisenbahn und einem Betrunkenen, der vom Bahnhofsgelände vertrieben werden mußte; hier zeigte sich ihm erneut jene ans Heilige rührende Geduld, die er immer wieder bewunderte.

Boon hatte den vorletzten Zug verpaßt und mußte etwa zehn Minuten auf den letzten warten. So konnte er den bemerkenswerten Zwischenfall vom Anfang bis zum Ende verfolgen. Auftritt von links: Aus dem Aufenthaltsraum in der Bahnsteigmitte trat ein munterer junger Eisenbahner. Er nahm eine Reihe von Routinekontrollen vor, wie Boon sie jeden Abend beobachten konnte, bevor der Bahnhof geschlossen wurde, obgleich er ihren Sinn nicht verstand. Dann blickte er ein paarmal über den Bahnsteig, um sich zu vergewissern, daß niemand im Begriff stand, hinunterzufallen. Sein Blick blieb an einer ausgestreckten Gestalt hängen, die auf einer Bank in Boons Nähe lag.

Der Eisenbahner ging auf die Bank zu und leuchtete die liegende Gestalt mit der Taschenlampe an: Schritt Nummer eins. Keinerlei Reaktion. Schritt Nummer zwei: die Aufmerksamkeit des Betroffenen ist mit strenger Stimme zu erregen, noch ohne ihn anzufassen. *Ne, okyakusan, sore wa dame da yo.* Die Ermahnung («Hören Sie, so geht das aber wirklich nicht») wurde ein paarmal in mildem, aber entschlossenem Tonfall wiederholt. Die Gestalt blieb weiter in unheilschwangerer Reglosigkeit liegen, und jetzt wurde dem Eisenbahner offenbar klar, daß sein ehrenwerter Kunde, sein *okyakusan*, möglicherweise bewußtlos war.

Er legte die Taschenlampe beiseite und begann, dem Mann vielleicht eine halbe Minute lang mit der Handfläche auf die Backen zu klopfen, bis sich die Gestalt schließlich rührte und ein schwaches Seufzen vernehmen ließ. Dann packte er ihn an den Schultern, setzte ihn aufrecht auf die Bank und senkte den Kopf zwischen die Knie.

«Wohin wollen Sie? Wo wohnen Sie?»

Keine Antwort. Der Mann stöhnte und hustete; plötzlich spie er zwischen seine ausgestreckten Beine, beschmutzte seine Schuhe und die Innenseite der Hosenbeine. Der Bahnbeamte sprang geschickt beiseite. Seine Hand blieb auf der Schulter des Betrunkenen ruhen, dem er in ständig gleichförmigen Worten sanfte Vorwürfe machte, fast als habe er es mit einem Kind zu tun. Als sich der Mann wieder etwas erholt hatte, fragte ihn der Eisenbahner noch einmal: «Wohin wollen Sie?»

«Weiß nicht...»

«Wie, das wissen Sie nicht? Lassen Sie das bleiben!»

Und so ging es weiter. Der Mann erklärte noch einmal, daß er nicht wisse, wo er hin wolle, und sich nicht erinnern könne, wo er wohne. Der Eisenbahner sagte, das sei Unsinn, und er solle sich schämen, sich so zu betrinken, daß er nicht einmal mehr wisse, wohin er wolle. Als der letzte Zug ankam, wußte der Betrunkene immer noch nicht, wo er wohnte. Aber nachdem er ihn einmal, wenn nicht ernüchtert, so doch in einen

Zustand versetzt hatte, in dem er sprechen und mehr oder weniger aufrecht stehen konnte, schob der Eisenbahner ihn in den Zug. Boon stieg ein paar Haltestellen weiter aus, und so erfuhr er nie, was aus dem Mann wurde, der, sobald er saß, wieder in seinen Tiefschlaf verfiel.

Nach tagelangen Fußwanderungen und nicht endenwollenden Zugfahrten durch die öde Stadtlandschaft hatte Boon den Eindruck gewonnen, Tokio sei weniger eine Stadt als eine dichte Ansammlung von urbanisierten Dörfern. Ihm fehlten die verstreuten offenen Räume, die Parks, Plätze und Alleen europäischer Großstädte. Oft waren die Straßen so eng, daß man sie kaum mit dem Auto befahren konnte. Wohngebiete und Industrieflächen gingen unmerklich ineinander über und kämpften um den wenigen verfügbaren Raum. Dem normalen Besucher hatte Tokio wenig zu bieten. Es war eine häßliche Stadt, die sich Mühe gab, ihre Reize zu verbergen.

Von dem trübseligen Anblick der Stadt enttäuscht, schöpfte Boon den Verdacht, daß er mit den falschen Erwartungen an sie herantrat, sie nach Kriterien beurteilte, die für sie nicht galten. Und er erinnerte sich an eine Begebenheit, die er eine Woche nach seiner Ankunft beobachtet hatte.

Eine alte Dame kniete auf der Straße und reinigte den Rinnstein vor ihrem Haus. Im Vorbeigehen entdeckte er überrascht, daß sie dazu ein Paar Eßstäbchen benutzte. Auch die meisten Japaner hätten das wohl für exzentrisch gehalten, aber niemand hätte sich über ihre peinliche Sorgfalt gewundert. Auf Boon machte sie einen tiefen Eindruck. Er nahm Abschied von den großen Erwartungen, die Tokio nicht erfüllte, und machte sich daran, die Stadt mit den Stäbchen der alten Dame zu erforschen. Er kümmerte sich nicht mehr um das Allgemeine und richtete sein Augenmerk auf das Besondere, und allmählich entdeckte er, daß eine unerschöpfliche Menge an Kleinigkeiten ihm reichen Ersatz für ein spektakuläres Großstadtpanorama bot, das Tokio nicht aufzuweisen hatte. Die Stadt wurde allein durch ihre Menschen, ihre Sitten und die enorme Vitalität ihres Straßenlebens interessant.

Echo und Schatten

Nachdem es Ichimonji gelungen war, Boon in das brodelnde Leben des Wassergeschäfts zu stürzen, begann sein Japanisch aufzublühen. Auf der Landkarte einer Sprache, die er bisher nur unzusammenhängend, fragmentarisch erfaßt hatte, gelang es ihm, Muster zu erkennen und Konturen zu folgen. Die erste und wichtigste Lektion, die er lernen mußte, lag in der Astronomie der elliptischen Geräusche und anscheinend bedeutungslosen Wörter, die den Kern eines japanischen Satzes wie Satelliten umkreisen. In den Lehrbüchern wurde diese linguistische Kosmologie nicht einmal erwähnt. Diejenigen, die vorgaben, ihm Japanischunterricht zu erteilen, ließen sie Boon nur aus Nebensätzen, die nichts mit der Sache zu tun hatten, und dem allgemeinen Stil der Unterhaltung erschließen. So vage, so kryptisch, so irreführend diese Kosmologie vielleicht auch war, nur durch sie konnte er sich der Sprache nähern: im Krebsgang, in einer Kombination von Ahnung und göttlich verschlagener List.

Noch bevor er wirklich sprechen konnte, mußte er die Kunst der Einleitung erlernen, die nur andeutet, die alles offenläßt; und noch vor der Einleitung stand eine ganze Palette von Geräuschen, die das andeuteten, was die Vorahnung des Gesprächsinhalts erforderlich machte: Zustimmung, Ermutigung, Erstaunen, Zweifel, Langeweile, Aufmerksamkeit, Erregung, Rückzug, Ablehnung. Der Reichtum an satzeinleitenden Geräuschen glich das beschränkte Repertoire der japanischen Körpersprache aus. Die Japaner verfügten über eine differenzierte Zeichensprache, einen ausgebildeten Code der Andeutung, aber die spontanen Gesten, von denen Sprache sonst begleitet ist, die unwillkürlichen Bewegungen der Hände und Gesichtsmuskeln, traten im normalen Gespräch kaum in Erscheinung. Nuancen der Bedeutung wurden durch kontrollierte Variationen der Tonhöhe und der Schallfülle vermittelt, durch Geräusche, die mehr über Stimmungen und Einstellungen sagten als über Inhalte der Rede.

Derartige Geräusche gingen eigenen Versuchen zur Konversation voran, sie dienten aber auch dazu, den anderen zum Sprechen zu bringen. Der japanische Ausdruck dafür war der Schmiedekunst entlehnt: *aizuchi*, den Amboß abwechselnd schlagen. Die einleitenden Hammerschläge, die den zögernden Sprecher anfeuern sollten, wurden durch eine Rücksichtnahme, ein Streben nach Unaufdringlichkeit notwendig gemacht, die den Sprachgebrauch der Japaner dem Schweigen so nahe brachten, wie dies für einen sprechenden Menschen überhaupt möglich ist. Sie schienen jeder Form von Beredsamkeit zu mißtrauen. Von Natur beredte Menschen kultivierten rhetorische Sparsamkeit und zögernd zurückhaltenden Sprechstil als Zeichen der Rechtschaffenheit wie der gesunden Urteilskraft. Karriere, so belehrte Boon ein Manager, war etwas, das Männer machen, die den Mund halten können. Eine derartige Grundeinstellung ließ der Körpersprache wenig Raum. Die erhobene Augenbraue, der mahnende Zeigefinger, das offene Buch des Gesichts, in dem Verborgenes zu lesen steht, das alles wäre viel zu offen, könnte das empfindliche Gleichgewicht der Mehrdeutigkeit stören, auf dem der japanische Sprachduktus beruht. Der halbunterdrückte Laut, mit kaum geöffneten Lippen im Gaumen artikuliert, war weniger aufdringlich als die offen zur Schau gestellte Hand, die unsichtbare Grenzen überschreitet und ohne Vorwarnung räumliche Strukturen verändert, in denen die Gesprächsteilnehmer leben.

Boon durfte diese Geräusche nicht vernachlässigen, denn sie enthielten – als Andeutung, nicht als Aussage – Informationen, die auf keine andere Weise vermittelt wurden. Anderen erschien er erst dann als Kenner der Sprache, als er nach seinen eigenen Maßstäben immer unartikulierter wurde. Aufgrund seiner kulturellen Vorprägung wie aus bewußter Entscheidung glaubte er an die Macht der klaren Rede, wo es um seine Muttersprache ging; und im Japanischen hatte er als Anfänger, der sich um Verständlichkeit bemühte, keine andere Wahl. Natürlich war er oft auch dann mißverstanden worden, wenn er fehlerfreie Sätze nach den Vorschriften der Lehrbücher bildete. Denn das japanische Ohr sucht den Sinn einer Aussage automatisch in dem Medium, durch das sie gefiltert wird. Der Sinn des Gesagten wird aus der Art erschlossen, in der es gesagt wird. Ausländern machte man Zugeständnisse, aber diese Zugeständnisse widersprachen den natürlichen Sprechgewohnheiten der Japaner zutiefst und schufen zusätzliche Anlässe zum Mißverständnis. Es war, als wolle man Poker mit offenen Karten spielen.

Sätze, die von derartigen demonstrativen Geräuschen mit geringem Informationsgehalt eingeleitet wurden, endeten häufig mit einer Konjunktion. Boon fiel das zum erstenmal auf, als er es in gedruckten Texten sah. «Vielleicht schaffe ich es bis zum Wochenende, aber.» Kein Gedankenstrich, keine Pünktchen, sondern ein eindeutiger Punkt. «Aber», «jedoch» waren die Wörter, die am häufigsten so gebraucht wurden, gelegentlich traten auch Zeitangaben auf. Im japanischen Schriftstil konnte man auch Sätze entdecken, die mit der Akkusativpartikel endeten und das Verb wegließen. Er hatte einige Mühe mit derartigen Sätzen, bis er einsah, daß sie nur scheinbar, nur nach seinen grammatikalischen Kategorien, unvollständig waren. Sie stellten die rhetorische Zurücknahme des Gesagten dar, ohne die kein unvollständiger japanischer Satz vollständig wird. Die meisten Sätze der normalen Unterhaltung folgten diesem Muster. Ihre offene Syntax entsprach in logischer Parallelität der zurückhaltenden Gestik des Sprechers wie der semantischen Mehrdeutigkeit seiner Wortwahl. Das gehörte alles zusammen – und es war vieles, was hier zusammengehörte.

Das Ergebnis war oft genau das, was man erwarten sollte – ein hoffnungsloser Wirrwarr. Anfangs glaubte Boon, sein eigener Mangel an Erfahrung sei der Grund für diese Unklarheit; seine Ohren seien einfach nicht auf die Sprache eingestellt. Aber als er nach einigen Jahren die Sprache wirklich beherrschte, sah er ein, daß der Mangel an Klarheit ein objektiver Faktor der Sprache oder zumindest ihres Gebrauchs war und den tief verwurzelten Glauben der Japaner widerspiegelte, daß es nützlich und wertvoll sei, sich gewunden auszudrücken, Dinge lieber anzudeuten, als deutlich auszusprechen, keine eindeutige Verantwortung für die Konsequenzen des Gesagten zu übernehmen.

Boon fiel das alles zum erstenmal bei einem Gespräch mit einem jungen Mann auf, den er in einem Restaurant getroffen hatte. Außer dem jungen Mann und ihm war niemand im Lokal. Im Laufe ihrer einfachen und harmlosen Unterhaltung kam es zu einem Wortwechsel, den Boon damals ausgesprochen seltsam fand.

Boon: «Haben Sie Geschwister?»

Mann: «Meinen Sie mich?» (Er berührte seine Nase.)

Boon: «Ja, schließlich ist niemand anders da.» (Gelächter von Boons Seite, in das der junge Mann nicht einfiel.)

Er hatte ihm schon vor diesem seltsamen Austausch persönliche Fragen gestellt und konnte mit Sicherheit niemand anderen als ihn meinen, und die Frage «Meinen Sie mich?», die plötzlich wie der Geist aus der Flasche emporsprang, verblüffte Boon. Was sollte das alles?

Vielleicht war der junge Mann neurotisch oder taub. Boon heftete den Vorfall in seinem Aktenordner für Vermischtes und Seltsames ab und dachte nicht mehr daran. Im Lauf der nächsten sechs Monate stellten ihm Dutzende von Frauen und Männern, jungen und alten Zufallsbekanntschaften in ähnlichen Situationen die gleiche rhetorische Frage. Offenbar konnten sie nicht alle neurotisch oder taub sein. Er stellte fest, daß die Reaktion meist in Situationen auftrat, in denen er eine persönliche Frage gestellt, jemanden nach seinen eigenen Vorlieben gefragt oder eine Meinungsäußerung zu einer Frage herausgefordert hatte, die noch nicht endgültig geklärt war. In all diesen Fällen spielten seine Gesprächspartner in Wirklichkeit hinter dem Anschein einer rhetorischen Frage das japanische Spiel der Geräuschworte, und hinter dem Sprachspiel verbarg sich eine Unsicherheit, die Angehörige einer anderen Kultur vielleicht dadurch geäußert hätten, daß sie nervös von einem Bein auf das andere getreten wären oder sich geschneuzt hätten. Sie waren direkt angesprochen worden, und das verunsicherte sie aus irgendeinem Grunde.

Die Formulierung von Fragen war im Japanischen eine Kunst, ein Werkzeug, das mit viel Zartgefühl und Vorsicht benützt werden mußte. Eine direkte Frage im falschen Moment konnte allein durch ihre Unmittelbarkeit zerstörerisch wirken. Direkte Fragen waren (außer natürlich im Berufsleben oder dergleichen) unbeliebt. Die typische Frage war eher ein Stichwort, eben das, was man in einer Gerichtsverhandlung als Unterstellung, als unscharf, als unverbindlich zurückgewiesen hätte: alles andere als eine Frage. Dem Antwortenden war so allenfalls Beihilfe zur Tat des Fragestellers zuzurechnen. Wo es um die Antwort ging, war er nicht der Hauptschuldige, sondern ein Mittäter. Man konnte ihm eben noch Verschwörung zum Zwecke der Beantwortung einer Frage vorwerfen.

Irgendwo in den archaischen Tiefen des japanischen Gemüts mußte die Überzeugung schlummern, daß der Fragende den Befragten gegen dessen Willen auf etwas festlegte. So wurde es zum Gebot der Fairness, die Frage so diskret, so rücksichtsvoll wie nur möglich zu formulieren. Der Befragte wurde herausgefordert, man verlangte von ihm, er solle vortreten und einen Standpunkt beziehen, und das war bedrohlich, denn nur wenige Japaner lösten sich freiwillig aus der kollektiven Symbiose, die ihr Lebenselement war. Vielleicht ließ sich so auch die Tatsache erklären, daß in grob geschätzt sechzig Prozent aller japanischen Sätze das Subjekt unausgedrückt blieb. Aber wie Boon später entdecken sollte, gab es dafür andere, komplexere Gründe.

In der japanischen Umgangssprache wurden Sätze, die sich auf Gefühle und Eindrücke bezogen, gerne durch Floskeln eingeleitet, wie *nantonaku*, «irgendwie», oder *nantomoienai*, «Ich kann nicht sagen, ob...». Menschen, die nicht sagen wollten, was sie wußten, beteuerten gerne, daß sie nichts Genaues wüßten, nichts Exaktes sagen könnten. Aber man lauschte ihnen trotzdem, oder vielleicht gerade deswegen, mit Sympathie.

Der vorsichtige, zurückhaltende, sich auf nichts festlegende Gebrauch der Sprache, für den es im Japanischen den Terminus *aimai* gab, hatte eine alte Tradition. Während der zweihundertundfünfzig Jahre autoritärer Herrschaft unter dem Tokugawa-Shōgunat (1603–1867) und gewiß auch in den zweihundert Bürgerkriegsjahren, bevor Tokugawa Jeyasu als erster Shōgun den Frieden erzwang, den seine Nachfolger festigten, war das Leben im allgemeinen gewalttätig und kurz. Aber wahrscheinlich war es für diejenigen weniger von Gewalt bedroht und nicht ganz so kurz, die gelernt hatten, den Mund zu halten. Es herrschte kein Mangel an Sprichworten, die von den Vorteilen des Schweigens sprachen; wer von Natur gesprächig war, fand sich zwischen zwei Feuern. Auf der einen Seite forderten drakonische Gesetze die zivile Bevölkerung auf, sich höflich auszudrücken, auf der anderen Seite stand das Vorbild einer Kriegerkaste, die für ihre Schweigsamkeit und Kaltblütigkeit berühmt war. Dies Ideal war auch für das moderne Japan wichtig, sein Inhalt bei weitem nicht überholt. Maximen wie «Ein besiegter Krieger spricht nicht» oder «Ein Krieger zeigt nur alle drei Jahre einmal eine Gefühlsregung» wurden mit voller Zustimmung zitiert. Boon hörte derartige Bemerkungen vielleicht nicht oft, aber oft genug, um zu wissen, daß sie noch immer in japanischen Köpfen herumspukten.

Dies war die Erklärung für das Phänomen des *aimai*, die Boon immer wieder gegeben wurde. Historisch gesehen war es wahr, daß die Japaner die Segnungen der freien Rede bis zum Ende des Zweiten Weltkriegs nie uneingeschränkt über einen längeren Zeitraum genossen hatten, und vielleicht waren sie selber daran schuld. Der Geist der japanischen Sprache, so wurde argumentiert, hatte auf gesellschaftliche Verhältnisse, unter denen es gefährlich war, sich eindeutig auszudrücken, mit der Ausbildung des *aimai* reagiert und so ein Kommunikationsmedium geschaffen, mit dessen Hilfe man verstehen und verstanden werden konnte, ohne jemals deutlich zu werden. Boons Haupteinwand gegen diese These lag darin, daß das Feudalsystem und die späteren (weniger repressiven) Formen sozialer Kontrolle, die hier als Ursache des *aimai* angeführt wurden, seit langem nicht mehr existierten, ohne daß das Phänomen des *aimai* verschwunden wäre. Achtzehnjährige drückten sich weniger gewunden aus, aber gelegentlich konnten sie ebenso mehrdeutig sprechen wie ihre Eltern, und selbst diese waren den Einflüssen eines von Unterdrückung geprägten politischen Klimas in der Zeit vor dem Krieg oft nur am Rande ausgesetzt worden.

Eine subtilere und für Boon einleuchtendere Erklärung des *aimai* fand sich in einer Bemerkung des Psychologen Okonogi Keigo über *haji*, den japanischen Begriff für Schande. «*Haji* ist das charakteristische Gefühl derer, die von einer Gruppe abhängig sind, und nimmt die Form einer vagen Furcht vor Gerüchten, Klatsch und möglicher Ächtung an. Im Alltagsleben derer, die für diese Art von Schande empfindlich sind, ist es deshalb wesentlich, *sich nicht eindeutig auszudrücken.*» Es gab im modernen Japan noch immer Gruppen – beispielsweise hochspezialisierte Gilden oder die Unterweltzünfte der *yakuza* –, deren Sprache nicht bloß mehrdeutig, sondern unverständlich war. Sie hatten, wie die Cockneys in London oder Zigeuner auf der ganzen Welt, ihr Rotwelsch zu einem Zweck entwickelt, der weniger offensichtlich auch für die Bevölkerung Japans insgesamt galt: um von Außenseitern nicht verstanden zu werden. Hier lag die Quelle des *aimai*.

Das übliche japanische Wort für einen Außenseiter war *tanin* (wörtlich: der andere) oder *yoso no hito* (einer von anderswo). Neutral gebraucht, bezeichnete das Wort also den Fremden, jemanden anderer Abstammung oder Herkunft; aber die unverkennbare Feindseligkeit, mit der das Wort *tanin* gebraucht wurde, verwischte die Grenzen zwischen Tatsachenbeschreibung (Fremder) und Werturteil (Außenseiter). Er war der, der außerhalb des *uchi*, des Haushalts, stand, einer sozialen Einheit, die durch Blutsverwandtschaft oder örtliche Gemeinschaft konstituiert wurde, aber auch alle diejenigen mit umfaßte, die geistig und physisch durch ein gemeinsames Anliegen, meist den Beruf, verbunden waren. Jeder Japaner gehörte mehreren *uchi* an, von der eigenen Familie bis zu der Firma, in der er arbeitete. Mitglieder des eigenen *uchi*, so konnte man sagen, waren bekannt, zuverlässig und über jeden Zweifel erhaben; wer dem *uchi* dagegen nicht angehörte, war fremd, an seiner Zuverlässigkeit bestanden Zweifel, und es empfahl sich, ihm mit Verdacht zu begegnen. Nicht der Außenseiter als möglicher Spion der Tokugawa-Herrscher stand unter Verdacht, sondern der Außenseiter als Fremder, ein Gedanke, der die japanische Gesellschaftsstruktur wie ein roter Faden durchzog.

Die Japaner regelten, so wollte es Boon scheinen, ihren Sprachgebrauch auf subtile Weise derart, daß er der jeweils vorherrschenden Konstellation zwischen Eingeweihten und Außenseitern entsprach. Die im Umgang zwischen rivalisierenden *uchi* übliche Form der Höflichkeitssprache war selbst eine Form des *aimai*. Der Rückgriff auf altüberlieferte Floskeln, die sorgsam abgewogenen Formulierungen, die Sorgfalt, mit der empfindliche Bereiche ausgespart wurden, vermittelten in sich selbst eine Botschaft: man war entschlossen, sich rücksichtsvoll zu verhalten. Das wichtigste Anliegen im Verkehr mit Außenseitern war es, jede mögliche Konfliktursache zu neutralisieren, *butsukaranai yō ni*, «so daß wir nicht zusammenstoßen», wie sie sich selbst ständig ermahnten. Boon fiel auf, daß dieses Bemühen selbst Zeugnis von der Ahnung ablegte, derartige Konflikte könnten leicht entstehen. Hinter der offensichtlichen Freundlichkeit und den Höflichkeitsbeteuerungen beider Seiten verbarg sich ein klares Bewußtsein differierender Gruppenidentität und damit möglicher Quellen der Uneinigkeit. Auf Umwegen und verschlüsselt war der Gebrauch der Höflichkeitssprache eher dazu angetan, das eigene Gruppenbewußtsein, das Gefühl der Solidarität mit dem *uchi*, zu verstärken, als Verständnis für gemeinsame Interessen zu erwecken.

Eine andere Form des *aimai* drückte sich im Gespräch innerhalb des *uchi* aus. Dem außenstehenden Zuhörer erschien das Gespräch in der Gruppe oft unklar, manchmal sogar undurchdringlich, aber für die Mitglieder der Gruppe stellte es einen telegrafischen Code dar: Verständigung durch Weglassen. Ein Beispiel bildete die Verwendung von Demonstrativpronomina wie *are* (das da) anstelle klar definierter Begriffe. So konnte man eine längere Unterhaltung führen, ohne die Personen, Gegenstände oder Ereignisse beim Namen zu nennen, von denen die Rede war. Der Lauscher an der Wand konnte, wenn er nicht in das Geheimnis eingeweiht war, keine Aufschlüsse gewinnen. In der schalldurchlässigen Welt der *fusuma* und *shōji* sprach vieles für einen solchen Sprachgebrauch. Ganz generell lieferte der japanische Gesprächsstil Boon ein weiteres Indiz dafür, daß das kollektive Zusammengehörigkeitsgefühl des *uchi* weniger von der fundamentalen Einheit der Dazugehörigen abhängig war als von dem Bedürfnis, Fremde auszuschließen.

In der Konfrontation mit Ausländern wurde das *uchi* der Japaner zur Nation, und ihre familiäre Geheimsprache war das Japanische selbst, das ihnen als Wall und Schild diente. Daher die unfehlbar auftretende Verblüffung, wenn sie einem Ausländer gegenüberstanden, der die Sprache beherrschte: plötzlich stürzten die Mauern ein. Boon hielt häufig Leute auf der Straße an, um sie nach dem Weg zu fragen. Die Passanten, die sich von einem Ausländer angesprochen fanden, merkten manchmal nicht einmal, daß er Japanisch sprach. *Sie hörten ihn nicht.* Tapfer suchten sie nach einigen Brocken Englisch. Kam sie aus einem fremden Mund, dann erkannten sie ihre eigene Sprache nicht, als hätte ein momentaner neurologischer Kurzschluß sie außer Gefecht gesetzt.

Boon neigte der Ansicht zu, die vielbeschworene japanische Unfähigkeit, Fremdsprachen zu lernen, sei mindestens teilweise einem tief verwurzelten Wissen darum zuzuschreiben, daß Sprache ein Mittel der Zurückhaltung und Abgrenzung, nicht des Ausdrucks und der Öffnung war. Sprache hat zwei mögliche Aufgaben: sie kann dazu dienen, etwas zu sagen, und dazu, es nicht zu sagen. Der Wert, der diesen Funktionen zugeschrieben wird, hängt von den dominanten Wertvorstellungen der Kultur ab, deren Teil die Sprache ist. In der traditionellen Kultur Japans, in der klassischen Ästhetik des Landes, nahmen die sprachliche Funktion des Verschweigens, des Andeutens und des Offenlassens einen ebenso anerkannten Platz ein wie die Ideale der Disziplin und Selbstverleugnung in der japanischen Seele. Doch Anfängern, die gerade erst dabei sind, eine Sprache zu lernen, steht die Möglichkeit strategischen Schwankens, kunstreicher Unvollkommenheit nicht offen. Die Fähigkeit, nichts zu sagen, ist selbst ein Merkmal der Sprachbeherrschung. Anfänger können nur mit allem herausplatzen und auf das Beste hoffen, wo die Experten zögern. Damit verstoßen sie gegen alle instinktiven Überzeugungen eines Volkes, dessen Sprachgefühl unverzichtbar vom Muster der schützenden Geheimsprache geprägt ist.

Erst nachdem er sich im Laufe langer Jahre eine echte Vertrautheit mit dem Japanischen erworben hatte, gewann Boon Verständnis für den Formalismus der Sprache. Festgefügte Floskeln, das wußte er, sind in allen Sprachen in zwei Grundtypen von Sprechsituationen besonders häufig: wenn etwas seinen Anfang nimmt und wenn etwas zu Ende geht. Das Eintreffen eines Gastes, die Ankunft eines Briefs, das Klingeln des Telefons sind typische Situationen des Anfangs, und das gleiche gilt für eine Unterbrechung, für die Wiederaufnahme einer unterbrochenen Tätigkeit wie für alle Bitten, Befehle und Vorschläge, die etwas Neues in die Wege leiten. Abschied, Abreise, abschließende Handlungen wie Entschuldigungen, Weigerungen und Zugeständnisse dienen dazu, eine Situation zu beenden, auch wenn hier Überschneidungen häufig sind.

In manchem war der Gebrauch feststehender Formeln im Japanischen ihren europäischen Äquivalenten ähnlich. Der Unterschied war eher quantitativer als qualitativer Art. Er äußerte sich in der größeren Strenge der Formulierung, in der Neigung zu nahezu wörtlicher Wiederholung und im häufigeren Auftreten derartiger Floskeln. Feststehende Redewendungen bestimmten die Sprechgewohnheiten der Japaner in höherem Maße als diejenigen von Europäern und ergriffen Besitz von ganzen Regionen des Ausdrucks, die anderswo als linguistisches Wildland galten, auf dem jedermann die Jagdrechte besaß. Nur ein außergewöhnlich gefestigtes und unabhängiges Bewußtsein konnte sich von den konventionellen Sprachmustern befreien, die das Japanische für jede denkbare Situation des Alltagslebens bereitstellte. Die Parallelen zwischen erstarrter Sprache und ritualisiertem Denken, die Boon auffielen, waren faszinierend. Der weitgehende Konsens über den japanischen Staat und die Nation, über wirtschaftliche, linguistische und kulturelle Fragen, auf den er bei Zufallsgesprächen in den Nachtlokalen Tokios traf, erschien ihm unheimlich. Die Gesprächspartner bezogen keine Stellung, sie wiederholten Formeln.

Bei seinen Aufenthalten in mehreren Familien wurde Boon mit den Sprachformen des häuslichen Lebens vertraut, und das Fernsehen erweiterte seinen Sprach-Horizont. Als er später gezwungen war, seinen Lebensunterhalt als Übersetzer zu verdienen, sollten die Floskeln, die ihn einst so fasziniert hatten, zum täglichen Fluch seines Lebens werden. Gelegentlich konnte man ihren Sinn nur erraten. Wer sein Haus verließ, tat dies üblicherweise mit dem Ausruf: *itte kimasu*, «ich gehe und komme wieder», und erhielt die kryptische Antwort: *itte rasshai*, «geh und komm zurück». Recht geschieht ihm, würde der Zyniker sagen. Der Heimkehrer kündigte sich mit der Floskel *tadaima* an, «gerade jetzt». Das hieß wohl: «gerade jetzt bin ich gekommen», und die Daheimgebliebenen empfingen ihn im lakonischen Chor: *«o-kaeri nasai»*, «komme heim!», mit einer Aufforderung, die in Boons Ohren eher nach Beschwörung als nach Bitte klang. In ihrer Tiefenstruktur waren all diese raunend-beschwörenden Phrasen den liturgischen Formen des Gebets verhaftet.

Alternativen gab es nicht. Wer wegging, wer nach Hause kam, benützte diese Worte oder sagte gar nichts. Boon machte die Erfahrung, daß es sich nicht um Floskeln handelte, die manche Leute manchmal gebrauchen: Alle benützten sie immer. Das erschien ihm bemerkenswert.

Er verwandte viel Zeit auf das Studium der Lesebücher für den Japanischunterricht in Grundschulen. Hier sprach sich der formelhafte Charakter der Sprache deutlich aus. Unter anderem lernten die Kinder, wie man einen Brief schreibt. Ein Brief durfte nie bei einem selbst anfangen, zuerst stand die Frage nach der Gesundheit und dem allgemeinen Wohlergehen des Empfängers. Es folgte eine Bemerkung über das Wetter. Für jede Jahreszeit und selbst für jeden Monat wurden fertige Formeln geliefert. Boon entdeckte die gleichen Phrasen in Briefen, die von Angehörigen dreier Generationen stammten, und offenbar würde auch die vierte Generation ihren Spuren folgen. Erst nachdem die Einleitungsfloskeln pflichtgetreu absolviert waren, galt es als korrekt, zum eigentlichen Thema des Briefs zu kommen. Das gleiche galt für telefonische Erkundigungen und ihre Beantwortung. Wie bei Briefen wich man nicht von den anerkannten Sprachformeln ab, bevor man auf den eigentlichen Anlaß des Anrufs zu sprechen kam.

Dieser Umgang mit der Sprache enthielt ein Element abergläubischer Scheu, das Boon bisher nur bei toten Sprachen wie Angelsächsisch oder Latein aufgefallen war. Natürlich enthalten alle Sprachen Archaismen. «Adieu» ist ein Archaismus ebenso wie jede Liturgie: versteinerte Sprache, Sprache, die durch unveränderte Wiederholung über Jahrhunderte hinweg Macht erworben und Glauben geschaffen hat, Sprache mit magischen Eigenschaften. Boon aber gewann den Eindruck, als werde das Japanische noch viel grundsätzlicher vom Gebrauch der Sprache als Segensspruch und Beschwörung gekennzeichnet.

Als der Kaiser bei Kriegsende seine berühmte Rundfunkansprache hielt, in der er die Kapitulation der japanischen Wehrmacht verkündete, konnte ihn die Mehrzahl seiner Untertanen nicht verstehen. Der besondere Sprachstil, dessen sich die kaiserliche Familie bediente, sozusagen das kaiserliche *ai-*

mai, war aus dem Glauben entstanden, eine von der Sprache der Untertanen so weit abgehobene Sprachform, daß sie nahezu undurchdringlich wurde, sei ein angemessenes Symbol für die göttliche Unzugänglichkeit des Kaisers. Der konsequente Euphemismus, dessen Sondersprache den Kaiser vor verbaler Ansteckung schützte, stellte ein klares Beispiel für die abergläubische Verwendung von Worten dar.

Es gab Dinge, die keiner Analyse zugänglich waren. Eine allzu rationalistische Vorgehensweise wurde gern als schierer Sophismus verurteilt, als *rikutsuppoi*, «eine Logik, die den Kontakt mit der Wirklichkeit verliert». Als sich Boon einmal erkundigte, ob es irgendeinen besonderen Grund dafür gebe, daß in der Mensa der Universität Studenten und Studentinnen meist an getrennten Tischen saßen, antwortete man ihm mit einem Sprichwort: «Jungen und Mädchen über sieben sollten nicht auf demselben Kissen sitzen.» Die angebliche Begründung beschrieb nur die Tatsache, daß es so war, weil es schon immer so gewesen war. Eine typisch japanische Antwort, die den Präzedenzfall gleich als Ursache erkannte, weil der Sprecher sich lieber auf sein Gefühl verließ, als einer Logik zu folgen, «die den Kontakt mit der Wirklichkeit verliert».

Formelhafter Sprachstil, irrationaler Glaube an die Macht des Worts, eingefleischtes Vertrauen auf intuitives Gefühl und konsequente Ablehnung einer wirklichkeitsfremden Logik: was also war die letzte Realität, die durch Aberglaube beschwichtigt wurde, die nur das Gefühl erspüren konnte und der die Logik angeblich nicht gewachsen war? Boon beschloß, die Antwort auf diese Frage müsse die Unvorhersehbarkeit und Gewalttätigkeit der natürlichen Bedingungen in Rechnung stellen, unter denen die Bewohner der japanischen Inseln schon immer gelebt haben.

Das Klima war nicht gerade angenehm und wies Extreme auf, die schlimmer waren als in den meisten anderen bewohnten Teilen der Erde. Die Neuzeit kannte technische Hilfsmittel, um die drückende Feuchtigkeit des Sommers und die beißende winterliche Kälte erträglich zu machen, aber noch war keine Technologie imstande, die zerstörerische Kraft von Erdbeben, Überschwemmungen und Wirbelstürmen einzudämmen. Die spektakulären, wagemutig in den Himmel ragenden Wolkenkratzer von Shinjuku, wo Boon wohnte, sollten aufgrund ihrer Bauweise imstande sein, einem leichten Beben oder gelegentlichen Erdverschiebungen mittleren Ausmaßes zu widerstehen; aber noch mußten sie beweisen, ob sie vor dem Ansturm eines zweiten großen Kantō-Bebens bestehen oder fallen würden. Die Japaner begegneten der Frage eher phlegmatisch, wenn auch etwas skeptisch. Einige von ihnen, wie Sugamas Großtante, neigten mehr zur Skepsis als zum Phlegma.

Von der Instabilität der Welt ausgehend, in der sie lebten, verwendeten die Japaner traditionell mehr Holz als Stein beim Bau, und sie folgten dieser Tradition bis zum Zweiten Weltkrieg. Holzgebäude hatten den Nachteil, daß sie leichter einstürzten, dafür aber den Vorteil, daß sie leichter wieder aufzubauen waren. Eine flüchtige Welt ist zugleich eine brandgefährdete Welt. Schwerere Erdbeben wurden von Bränden begleitet, die ganze Städte in ein Inferno verwandeln konnten; die Holzhäuser brannten wie Scheiterhaufen, ihre Bewohner wurden bei lebendigem Leibe gegrillt. Gebäude, die das Feuer überlebten, fielen allmählicher Erosion zum Opfer. Holz neigt dazu, Feuchtigkeit aufzusaugen, und der feuchte japanische Sommer beschleunigt den Vorgang. Tempel, Pagoden, kaiserliche Villen, sie alle waren aus Holz gebaut; die Baudenkmäler verfaulten oder wurden dem Erdboden gleichgemacht. Japan konnte die Geschichte seiner Kultur nur in wenigen Originalbauten demonstrieren.

Man hätte denken können, ein Volk, das einer Umwelt ausgesetzt ist, in der nur die Pause zwischen einer Katastrophe und dem nächsten Akt der Zerstörung unvorhersehbar ist, werde Dauer und Beständigkeit in Formen suchen, die eher unverletzlich sind. Eine dieser Formen war eine vom Buddhismus bestimmte Ästhetik, die ihre wesentliche Inspiration aus der Vergänglichkeit und Unbeständigkeit ihrer eigenen Welt bezog. *Ukiyo* ist die vergängliche, flüchtige, insubstantielle Welt. Ohne paradoxe Bemühung ließ sich Beständigkeit auf natürliche Weise aus der Beständigkeit des Wandels, Ewigkeit aus der Fülle des flüchtigen Augenblicks ableiten. Die Natur glich der Flamme Heraklits, dem wandelbarsten aller Elemente. Das war keine philosophische Erkenntnis, sondern eine Erfahrung des gesunden Menschenverstands.

Bezog die japanische Gesellschaft ihre egalitären Züge aus dieser gemeinsamen Verwundbarkeit? Feuer, Überschwemmung und Erdbeben waren die großen natürlichen Gleichmacher, und vielleicht begannen der Zerfall des Feudalismus und der Abbau der Macht so spät, gerade weil die natürlichen Gleichmacher schon lange eine geistige Gemeinschaft geschaffen hatten.

Ono Susumu weist in seinen etymologischen Arbeiten darauf hin, daß die Bewohner des Landes, das vor zweitausend Jahren Yamato hieß, ursprünglich kein Wort für Natur kannten. Der Ausdruck *shizen* wurde erst später aus China übernommen. Die Tatsache, daß es kein Wort für Natur gab, argumentiert Ono, berechtigt zu der Annahme, daß auch der Begriff nicht sehr klar war. Für das japanische Denken stellte die Natur nie eine eigene Einheit, «etwas da draußen» dar, dem der Mensch gegenüberstand. Natur war die Welt als Ganzes, sie umschloß alle organischen und anorganischen Phänomene als große Symbiose, deren untrennbarer Teil der Mensch war. Trotz ihrer bedenkenlosen Zerstörung der natürlichen Umwelt im zwanzigsten Jahrhundert hegten die Japaner dieses

Bild vom Menschen in der Natur noch immer ehrfurchtsvoll. In Tanaka Yasumasas Buch *Das Bewußtsein des modernen Japaners* wird die Bemerkung zitiert, ein Mann, der im Reisfeld arbeitet, gleiche «weniger einem Tier als einer Pflanze, die mit Vernunft ausgestattet ist».

Die Bewohner von Yamato fürchteten ihre gewalttätige Umwelt, und aus Furcht erwuchs Respekt. Die Natur war der erste Beweger, die Natur selbst setzte das in Bewegung, was Natur war, und dies geschah durch das Verb *naru*, «werden». In direkter Analogie zu diesem grundlegenden Respekt vor den Ereignissen der natürlichen Welt verbanden Worte, die Respekt vor dem Handeln anderer ausdrückten, die Form *naru* mit anderen Verben: kommen-werden, gehen-werden und so weiter. Das semantische Element des Werdens, das in dem Stamm -*ru* steckte, konnte auch an andere Verben angefügt werden: *nasu-nasaru*, «tun». Die Formen der Höflichkeitssprache, die der Verehrung der Macht der Natur entsprangen, lebten im modernen Japanisch unverändert weiter.

So kam man dazu, Handlungen, denen man mit Respekt begegnen mußte, als Handlungen zu beschreiben, die «sich natürlich begaben». Die Verantwortung für Sätze, die derartige Handlungen beschrieben, ohne den Handelnden zu benennen, trug nicht mehr der Handelnde. Sie ging auf die Art und Weise zurück, in der das Ereignis sich begeben hatte. In den Kategorien einer Weltanschauung, die eher vom Menschen-in-der-Natur ausging als vom Menschen-und-der-Natur, erschien der Versuch, das eine vom anderen zu trennen, indem man den Urheber einer Handlung deutlich als grammatikalisches Subjekt identifizierte, paradox, vielleicht sogar unverständlich. Das elliptische Subjekt, das ein so wichtiges Merkmal der japanischen Sprache war, konnte als unmittelbares Resultat der Einheit von Mensch und Natur begriffen werden, der Einheit menschlichen Handelns und selbstbewegter natürlicher Ereignisse.

Die Ursprünge der Höflichkeitssprache lagen in einer vorsichtigen Aneignung von Naturkräften, die als eigentliche Verursacher menschlichen Handelns eher erahnt als benannt wurden. Aus Sätzen mit fehlendem Subjekt oder Objekt konnte der handelnde Mensch als Gegenstand der Aussage allenfalls aus der Form qualifizierender Hilfsverben erschlossen werden. Der häufige Gebrauch des Demonstrativpronomens anstelle bestimmter Substantive war für die Sprechgewohnheit des *aimai* ebenso typisch wie die zahllosen unvollendeten Sätze, deren Sinn der Hörer erschließen mußte. In alldem erwies sich als bestimmendes Merkmal japanischer Ausdrucksweise die Angewohnheit, sich auf etwas zu beziehen, das nicht selbst da war, sondern nur in der Andeutung erschien: das Echo, nicht der Klang; der Schatten, nicht das Licht.

So jedenfalls erschien es Boon, einem Ausländer, einem Außenseiter. Vielleicht hörten die Japaner die Klänge, sahen die Lichter, die ihm immer unzugänglich bleiben würden. Wenn dem so war, dann stellte es einen überzeugenden Beweis für eine Verständigung dar, die in der Sprache, aber jenseits der Worte lebte.

Im Drachenland

DAS BÜNDEL REISPAPIER, das Boon an dem Abend, an dem er Ichimonji traf, am Shimbashi-Bahnhof gekauft hatte, trug er bei sich, als er eine Woche später seiner Kalligraphielehrerin Suzuki Kazuko seinen zweiten Besuch abstattete. Unter ihren strengen Augen zog er die Mappe, die sein Zechkumpan in der gelösten Stimmung des frühen Morgens unter dem Zeichen des Kranichs mit allerlei anzüglichen Inschriften versehen hatte, aus der Aktentasche und legte sie auf den Tisch. Eilig ließ er die Mappe auf den Boden fallen, aber Suzuki-*san* hatte sie bereits gemustert, und ihre leicht verkniffenen Lippen sprachen davon, wie wenig sie von so etwas hielt.

Boon hatte ursprünglich eine Kalligraphielehrerin gesucht, um die ungelenken Krähenfüße seiner Handschrift unter Kontrolle zu bringen. Aber bald entdeckte er den eigenartigen Reiz, den die Striche und Haken, die räumliche Harmonie der Zeichen, die er mühsam kopierte, auf ihn ausübten. Die Schriftzeichen waren keine Buchstaben, keine leblos zweidimensionale Wiedergabe von Lauten, sondern lebende Wesen. Über Bauzäune dahingestreckt, sich im Triumph die langen hängenden Banner erobernd, von denen die engen Gassen der Stadt gesäumt waren, erinnerten sie Boon an Drachen, die er mit ehrfürchtiger Scheu betrachtete. So wurde Suzuki Kazuko, seine Lehrerin, zur Drachentöterin, und sein erster Besuch bei ihr glich einem Abenteuerzug ins Drachenland.

Der weite schmucklose Raum mit dem *tatami*-Boden und dem niedrigen schwarzen Lacktisch wirkte streng, aber nicht abweisend. Hier unterrichtete Suzuki Kazuko gegen ein Honorar von zweitausend Yen, monatlich im voraus zahlbar,

Boon und andere Kleinkinder in der abstrusen Kunst der Kalligraphie. Manchmal kamen die Kinder, wenn Boon wieder ging, manchmal übten sie mit ihm zusammen, und dann bewies die Lehrerin die Fähigkeit, mit zwei oder drei werdenden Drachen auf einmal fertig zu werden. Mit einer mühelosen Leichtigkeit, die Boons Neid erweckte, schufen die Kinder prächtige Drachen; aber die Drachentöterin war nie zufrieden. Immer wieder fanden die Fabeltiere ein umrühmliches Ende im Papierkorb.

Als er zum erstenmal zu ihr kam, empfing Suzuki-*san* Boon alleine. Ganz in Schwarz gekleidet, das rabenschwarze Haar hochgesteckt, kniete sie vor dem schwarz glänzenden Lacktisch in der Mitte des Acht-Matten-Raums. Ihre Hände ruhten in ihrem Schoß, die Augen waren auf den Boden gerichtet, ihr Körper schien entrückt und strahlte eine in sich gesammelte Ruhe aus, in die Boons plötzliches Erscheinen einbrach. Er hatte das vage Bedürfnis, sich zu entschuldigen.

«Ich hoffe, ich bin nicht zu früh gekommen.»

«Oh, nein!»

Suzuki-san schenkte ihm ein strahlendes Lächeln und ließ die Fingerspitzen über die polierte Tischplatte gleiten. «Wie geht es Ihnen? Und wie geht es Nakamura-*san*? Ich hoffe, gut?»

Nakamura war der Freund, der sie einander vorgestellt hatte. Suzuki-*san* forderte Boon auf, ihr gegenüber Platz zu nehmen, und nachdem sie ein paar Minuten geplaudert hatten, schob sie ihm eine schwarze Plastikschatulle zu.

«Ich habe diese Schatulle für Sie gekauft. Sie enthält alles, was Sie für den Anfang brauchen. Ich glaube, Sie sollten zunächst die Namen der Dinge lernen, die wir benützen werden.»

Sie öffnete die Schachtel und zog einen breiten Pinsel heraus. «Alle Schönschreibpinsel heißen *fude*. Es gibt sie in vielen Formen und Größen, aber vorläufig werden wir nur zwei davon verwenden: einen kleinen, den *kofude*, und einen großen, den *ōfude*.»

Suzuki-*san* sprach das Wort vor und hielt den Gegenstand, den es bezeichnete, in Augenhöhe. Sie steckte den Zeigefinger durch die Schlaufe am Ende des Bambusschafts, ließ den *ōfude* mit der Spitze nach unten baumeln und forderte Boon auf, ihn zu berühren.

«Die Pinselspitze ist erstaunlich hart, nicht wahr?» sagte sie.

«Soll sie das nicht sein?»

«Später, wenn Sie den Pinsel in die Tusche tauchen und die Spitze so lange kneten, bis sie feucht ist, wird sie allmählich weich. Ein guter Pinsel besitzt Härte und Weiche, je nachdem, wie geschickt er gebraucht wird. So kann man Kontrast und Balance erreichen.»

Suzuki-*san* legte den Pinsel beiseite und ließ Boon wiederholen, was sie gesagt hatte. Das Parfum, das sie trug, oder war es der natürliche Duft ihres Körpers, durchzog den kalten Raum mit der Wärme schmelzenden Rauhreifs.

Dann führte sie den kohlschwarzen, zehn Zentimeter langen Tuschebarren vor, der wie Siegellack oder geronnenes Harz aussah, und zeigte ihm den glatten schieferfarbenen Tuschstein. Sie tröpfelte etwas Wasser in die schmale Rinne des Steins, feuchtete das eine Ende des Tuschebarrens an und begann, ihn mit langsamen, ruhigen Bewegungen gegen den Tuschstein zu reiben. Jedesmal wenn die Bewegung stockte, feuchtete sie den Tuschstein wieder mit wenigen Tropfen Wasser an. Bald begann die Tusche sich unter der Reibung des Steins zu lösen, und das Wasser, das sich mit den feinen Körnern mischte, wurde allmählich zähflüssig, warf kleine leuchtende Bläschen auf und verwandelte sich so in die schwarze Flüssigkeit, die *sumi* heißt; die schwärzeste Substanz, die Boons Augen je erblickt hatten.

«Was ich jetzt tue, nennt man *sumi o suru*.»

«Wann wird die Tusche die richtige Stärke haben?»
«Sie ist richtig.»
«Aber Sie hören nicht auf. Wie lange sollte man weiterreiben?»
«Bis das Herz ruhig wird.»
Ein oder zwei Minuten später schob sie den Tuschebarren beiseite und legte ein Stück Filz, ein Blatt Papier und einen Briefbeschwerer auf den Tisch. Sie breitete das Filzstück aus, ordnete das Papier genau in dessen Mitte und beschwerte es am oberen Rand. Boon scheute vor dem unerwartet hellen Weiß des Papiers zurück. Die Schatulle, die Filzunterlage, der Tuschebarren, der Tuschstein und die Tusche, Suzuki-sans Haar und die Ärmel ihres Kleides auf der Tischplatte, alles war schwarz: dunkelgrau, lackschwarz, matt gekörnt, glänzend, eine Verschwörung schwarzer Töne.

Es war sehr still im Zimmer, nur von der Straße hörte man ein leichtes Murmeln.

Ihr gestreckter Arm ließ den Pinsel einen Augenblick über dem Papier schweben, dann schlug sie wie mit einem Schwertstreich zu. Feucht, fett, schwarz und glänzend tauchten plötzlich alle Formen der Schwärze aus dem Weiß des Papiers auf, in das die Tusche einsickerte und sich noch immer weiter verbreitete, nachdem ihre Hand sich schon zurückgezogen hatte. Dumpf schnaubend erwachten die Drachen aus dem Schlaf. Sie schrieb wie eine Schlafwandlerin, ihre Hand bewegte sich mit magischer Sicherheit, als müsse sie die Umrisse, die im Papier schlummerten, nur nachziehen, um ihnen Sichtbarkeit zu verleihen. Klare gerade Striche, so hart wie reine Klänge, schwere Wendungen und Verbindungen, in denen der Pinsel in der eigenen Spur umkehrte, um sich senkrecht nach unten zu wenden, Knoten, Schleifen, atemlose Leere, wenn der Pinsel über dem Papier schwebte, wie ein Stein, der über das Wasser springt, ohne eine Spur zu hinterlassen. Boon hörte die Formen als Töne, ohne an ihre Bedeutung zu denken. Dennoch fragte Suzuki-*san*, ob er die Schrift esen könne.

«Ich fürchte, nein.»

«Es ist ein altes Sprichwort.»

Sie legte den Bogen neben sich auf den Boden und zog ein neues Blatt hervor.

«Sie beherrschen doch die *kana*-Schrift?»

«Ja», sagte Boon.

«Gut, wir werden jetzt nur *hiragana* verwenden. Wenn Sie die *hiragana* beherrschen, können wir uns an die Schriftzeichen machen. Da beginnen die kompositorischen Probleme. Aber die Grundtechnik des Pinselstriches, die Sie an den *hiragana* üben werden, gilt auch für die *kanji*-Schrift. Man sollte am Anfang nichts übereilen. Die *hiragana* sind die Grundlage des *shodō*.»

Außer den üblichen chinesischen Zeichen, den sogenannten *kanji*, hatte Boon auch die beiden Silbenalphabete von je siebenundvierzig Zeichen lernen müssen, die man *hiragana* und *katakana* nannte. Die *kana* stellten eine verkürzte Schreibweise von Zeichen dar, die allmählich systematisiert und zu einem phonetischen Alphabet ausgebaut worden waren. *Katakana* wurden seltener benützt als *kanji* und *hiragana*, aber auch für den einfachsten japanischen Text benötigte man alle drei Schriftformen.

«Und können Sie sie auch in der richtigen Reihenfolge aufsagen?»

«Ungefähr ja. Der Anfang ist *i, ro, ha*...»

«Dann fangen wir heute mit den dreien an, nur mit diesen dreien.»

Mit der roten Tusche, die Lehrer benützen, schrieb Suzuki-*san* schnell die drei Zeichen auf das Papier und legte sie ihm zum Abschreiben vor. Es sah ganz einfach aus. Inzwischen rieb Boon kräftig den Tuschebarren, sah dem Emporquellen von *sumi* auf dem Tuschstein zu und wartete, daß sein Herz ruhig wurde. Aber sein Herz wollte sich nicht beruhigen. Aus irgendeinem Grunde schlug es unruhig in seiner Brust, scheute und bäumte sich auf wie ein erschrecktes Tier. Er verbrachte eine Stunde damit, gutes Papier zu verderben, und kehrte niedergeschlagen nach Hause zurück.

Das Bündel Reispapier, das er in Shimbashi gekauft hatte, reichte bei weitem nicht, um die drei Zeichen zu üben. In der Küche grub er einen kniehohen Stapel alter Zeitungen aus, anspruchsvolle Zeitungen auf grobem Papier, dessen Textur derjenigen der billigeren Sorten von *shodō*-Papier entsprach. Er kniete auf den *tatami* und versenkte sich an diesem und an vielen folgenden Abenden stundenlang in Zeitungen und Tusche.

Vielleicht ein- oder zweimal in einer Stunde gelangen ihm Formen, die dem ähnelten, was Suzuki-*san* in dreißig Sekunden geschrieben hatte. Aber er wußte nie im voraus, welche seiner Bemühungen von Erfolg gekrönt sein würden. Es handelte sich um Zufallstreffer, und ein oder zwei Treffer genügten nicht. Selbst eine Erfolgsquote von acht Treffern bei zehn Versuchen hatte noch nichts mit wahrem Können zu tun, und echtes Geschick lag in unerreichbarer Ferne. Boon, der den Pinsel weder geschickter noch ungeschickter handhabte als ein durchschnittlicher Anfänger, sah, daß es ihn mindestens ein Jahr täglicher Übung kosten würde, auch nur diese Sicherheit zu erreichen. Während der ganzen Zeit, die er in Japan lebte, gelang es Boon nie, in das Reich der erhabenen Kunst des Schreibens, den *shodō*, zu gelangen. Er verweilte bei ihrer armen Verwandten, die *shūji*, Schreibübung, heißt.

Und mehr war es auch nicht. Boon übte nicht, um Meisterschaft zu erringen, sondern nur, um sich mit einer Kunstform vertraut zu machen, die ganz außerhalb des Vorstellungsrahmens europäischer Kultur lag. Das Wort Kalligraphie war nur eine bequeme Übersetzung für den gezügelten Ausbruch von Tusche auf Papier, der den wahren *shodō* ausmachte. Der Ästhetik des *shodō* war jede dekorative Funktion, jede Vorstellung von glatter, schmeichelnder Komposition fremd.

Boon, dem Ausländer, dem Duktus und Schwung der japanischen Schrift neu waren, fehlte die Grundvoraussetzung für die Kunst des *shodō*, die unbewußte schlafwandlerische Vertrautheit mit den Zeichen, die er formte. Die unvertrauten Schriftformen waren den Unterschieden zwischen japanischer und europäischer Musik vergleichbar. Boon hatte in seiner Jugend Gesangsunterricht genommen und konnte jede Melodie, die er hörte, mühelos summend oder pfeifend richtig wiedergeben. Aber die Harmonien klassischer japanischer Musik waren ihm fremd. Es überraschte ihn, wie schwer es war, Volkslieder zu lernen oder eine einfache Melodie richtig wiederzugeben. Er entdeckte, daß seine Ohren in den gleichen Vorurteilen befangen waren wie seine Augen, seine Hände, alle seine Sinnesorgane.

Dennoch erarbeitete er sich durch die abendlichen Schreibübungen auf dem *tatami*-Boden eine gewisse Vertrautheit mit zwei grundlegenden Elementen der Kalligraphie: dem Druck, den die Hand auf den Pinsel ausübt, und dem Rhythmus, dem sie zwischen den Augenblicken folgt, in denen der Pinsel das Papier berührt. Die wahre Blüte des *shodō*, so konnte man sagen, entsprang nicht der sichtbaren Form, sondern dem weißen Raum, den sie auf dem Papier freiließ. Für *shodō* war wie für jede japanische Kunst die Gestaltung negativer Form charakteristisch, die Andeutung geschlossener Flächen und kontinuierlicher Linien durch scheinbar zusammenhanglose Elemente. Das war, wie Boon bereits wußte, auch für die Gesten des Alltagslebens und den Gebrauch der Sprache typisch.

Das erste Zeichen, an dem Boon sich übte, das *i* des *hiragana*-Alphabets, bot ein lehrreiches Beispiel für die Anwendung beider Elemente. Es bestand aus zwei unverbundenen Strichen, die nahezu parallel in der Diagonale verliefen. Die

Spitze des Pinsels mußte sanft und dennoch in voller Breite seitlich so auf das Papier treffen, daß der Pinsel einen Augenblick lang voll auf dem Papier auflag und einen ersten Strich in einem Winkel von fünfundvierzig Grad zur Oberkante des Blatts zeichnete. Noch im Augenblick des Aufpralls mußte der Pinsel leicht nach unten weggezogen werden, bis nur noch seine Spitze das unterste Ende des Strichs leicht berührte, sanft wie das Streicheln einer Feder. Hier hatte der Strich noch etwa die Hälfte seiner Breite am oberen Ende und zog sich in anfangs weitem, dann immer schärfer werdendem Bogen nach rechts. Wieder mußte der Pinsel in seiner ganzen Länge voll auf das Papier auftreffen, um in kräftigem Schwung nach rechts oben zu streichen; der Druck verminderte sich, so daß der Strich in einem spitzen Punkt endete. Hier löste sich der Pinsel vom Papier, auf dem er eine Linie beschrieben hatte, die in etwa einem großen L ähnelte, wenn auch der Grundstrich nicht horizontal, sondern im Winkel von fünfundvierzig Grad zur Senkrechten verlief.

In der Luft schwebend zog der Pinsel dann eine unsichtbare Linie nach oben zur rechten Ecke des Blatts, bis die Spitze noch einmal leicht auf das Papier auftraf und dann mit festem Druck wieder nach unten gezogen wurde. Schließlich wurde der Pinsel vom Papier abgehoben, und seine Spitze folgte der Linie aufwärts, die er schon beschrieben hatte. Trocknete die Tusche, erschien der doppelte Strich deutlich dunkler als der Rest der Schrift, von der er ein Teil war. Der voll ausgeführte Strich glich einem umgekehrten Komma mit dünner Spitze und breiter Basis.

Anschwellen und Abnehmen des Strichs, der Wechsel zwischen dem flachen Körper des Pinsels und seiner Spitze waren elementare Voraussetzungen für die Technik des *shodō*-Künstlers. Der geübte Kalligraph arbeitete mit ausgestrecktem Arm, aber Boons Hand verfügte nicht über die notwendige Sicherheit. Stützte er den Unterarm nicht mit der linken

Hand ab, geriet er ins Schwanken. Seine Haltung war eher delikateren Aufgaben angemessen wie der Porzellanmalerei oder der Miniaturkunst. Es war eine ängstliche Haltung, die Boon von wahrer Meisterschaft trennte, denn im *shodō* gab es keinen Raum für vorsichtiges Zögern. Disziplin und Konzentrationsfähigkeit waren vom Kalligraphen zu erwarten, aber *shodō* beruhte auch auf weniger offensichtlichen Fähigkeiten. Der Kalligraph, der mit der Pinselspitze das Papier berührte, ließ sich auf ein Abenteuer ein. Wie gut er auch sein mochte, er ging jedesmal ein Risiko ein. Er mußte Kühnheit zeigen, er brauchte Mut. Boon war bereit, sich auf die Wahrheit dieser Forderungen einzulassen. Einmal entsprachen sie seiner eigenen Erfahrung, zum anderen aber konnte er die Ehrfurcht, mit der man dem *shodō*-Künstler begegnete, und die ethischen Ansprüche, die dem Weg der Schrift zugeschrieben wurden, nur auf dieser Grundlage richtig würdigen.

Damals ahnte Boon noch wenig von der Weite und Tiefe des *shodō*. Ihn reizte zunächst nur die sinnliche Erfahrung der Gegensätze von Schwarz und Weiß, Naß und Trocken, Hart und Weich. Die dunkel verborgene Sexualität, die im *shodō* verborgen lag, das Überströmen des aufgerichteten Pinsels auf dem Papier, all das hatte ihn von Anfang an erregt, und zufällig fiel diese Erregung mit einer Entdeckung zusammen, die er zum gleichen Zeitpunkt machte. Nach drei oder vier Monaten der Zurückgezogenheit entdeckte er den erotischen Reiz japanischer Frauen.

Es war nicht der Reiz der Suche nach Ergänzung. Für ihn ging es um die Erfahrung eines unverkennbaren sexuellen Antagonismus. Der Mann suchte in der Frau sein Gegenteil, nicht den gegensätzlichen Typ, sondern das entgegengesetzte Geschlecht. Die Sprache, die Sitten, die Erziehung, der Aberglaube, die ganze japanische Gesellschaft förderte künstlich das, was für Frauen natürlich sein mochte oder auch nicht, was jedenfalls als natürlich galt: die Frau als Gefäß, das schmiegsame konkave Element, die hohle Fügsamkeit, die den Ansturm des Mannes aufnahm, wie der Raum den Körper empfängt, wie die trockene Erde den Regen aufnimmt. Was der Mann ihr aufbürdete, trug die Frau. In der chinesischen Philosophie stellte der Mann das Prinzip des *yang* dar: Himmel, Tag, die positive Kraft. Boon verstand nichts davon. Er sah nur, daß japanische Frauen ihre Schönheit da zeigten, wo sie am verwundbarsten waren: im sanften Schwung des Halsansatzes.

Die sinnliche Erfahrung des Kontrasts, der aufrecht stehende Pinsel über dem dahingestreckten Papier, der dunkle Fleck auf dem porösen Weiß waren Musterbeispiele des Antagonismus zwischen männlich und weiblich. Vielleicht wäre ihm die aggressive Sexualität des *shodō* nicht so klar zum Bewußtsein gekommen, wäre seine Lehrerin Suzuki-*san* nicht eine Frau gewesen. Sie war eine attraktive Frau. Das hochgesteckte Haar enthüllte die zerbrechliche Kurve ihres Nackens. In dem kalten Raum, in dem Boon auf den *tatami* kniend mit klammen Fingern seine Schriftzeichen übte, erzeugte diese Vorstellung verlangende Wärme; eine Wärme, die nicht in Boon lag und sich auf keinen Menschen richtete, sondern allein in dem Gefühl, das außerhalb seiner selbst auf dem Papier Gestalt annahm. Denn als er sein *i* so weit geübt hatte, wie er konnte, verband er es mit dem Zeichen *ro*. Zwei Silben untereinander geordnet. *iro*. Die zwei ersten Zeichen des Silbenalphabets aber bildeten ein Wort, *iro*: Glanz, Farbe, Liebe, Lust.

Zunächst gelang ihm wenig. *Iro* kroch hinkend über einen ganzen Monat Zeitungspapier, die Novembernummern der *Asahi Shimbun*. *Iro* verdeckte die Gesichter von Politikern, löschte mit wenigen Pinselstrichen Gipfelkonferenzen aus und machte sich über Weltkrisen lustig. Als Boon Anfang Dezember der Form sicherer wurde und den politischen Hintergrund als störende Ablenkung zu empfinden begann, verlegte er *iro* auf die Anzeigenseiten. Im großen ganzen war hier mehr Platz. Neben Anzügen, Flugzeugen und Autos fand *iro* mehr Raum zur Entfaltung, und während die Liebe reifte, wurde der Bedarf an Nachfolgern deutlich. Grundlegende Techniken konnte er an einzelnen Buchstaben üben, aber Flüssigkeit und Komposition konnte er nur in größeren Zusammenhängen erwerben. Also durchsuchte er sein Wörterbuch nach Zusammensetzungen, die *iro* ergänzen konnten. Es war ein erstaunlich fruchtbares Wort, ein Wort, das in der Wahl seiner Partner nicht kleinlich war. Man konnte es zu Liebesaffären, gefärbtem Leder, Buntstiften, Koketterie und ungezügelter Sinnenlust erweitern. All diese Wörter bildeten die Nachkommenschaft von *iro*.

Boon legte diese Versuche seiner Lehrerin nicht vor, aber als er sie in der folgenden Woche wieder besuchte, verriet die merklich bessere Schreibung der ersten Silben des japanischen Alphabets, daß er sich mit Hingabe um *iro* bemüht haben mußte. Suzuki-*san* zeigte leichtes Erstaunen und rief ihre Mutter aus der Küche, damit die alte Dame Boon beobachten konnte, der mit getränkter Lanze schwarzes Unheil stiftete.

«Ara!», krähte die alte Dame, die Hände fest im Schoß geschlossen. Entfaltet, mit offenen Knien erbebte die Tochter.

Was für Boon als spielerische Ablenkung begonnen hatte, wurde im Lauf des Jahres zu einer ernsthaften Beschäftigung. Aus seinen sporadischen Vorstößen ins Drachenland entsprangen befestigte Burgen; Patrouillengänge entwickelten sich zu nächtlichen Gefechten. Sein Selbstvertrauen nahm zu, und schließlich ging er bei hellem Tageslicht auf Drachenjagd.

Er erzählte Suzuki-*san* nicht einmal andeutungsweise etwas von der Bewunderung, die er für sie empfand, oder von dem subtilen Reiz, der aus der Flut ihrer Finsternis zu ihm herüberströmte. Es war nicht notwendig. Alles, was zwischen ihnen geschah, war bereits offen auf dem Blatt Papier zu lesen, das vor ihnen lag. Den körperlichen Boon, der neben ihr kniete, sah sie vielleicht nicht einmal; aber den dunklen Inkubus, der aus der Spitze seines Pinsels vortrat und seine Spuren auf dem Papier hinterließ, konnte sie aufnehmen, ihm zustimmen; ja, mehr als das, sie zeigte ihm sein Ziel. Wenn sie nebeneinander vor dem Lacktisch knieten, stand sie manchmal auf, ließ sich hinter ihm nieder und gab seiner blinden Hand mit dem sanften Druck ihrer Finger am Handgelenk Halt. Woche für Woche kniete er in der Stille ihres Zimmers und wechselte kaum ein Wort mit ihr. Das diffuse Winterlicht strömte durch die Papierwände, und er ahnte neben sich das kaum merkliche leichte Steigen und Fallen ihrer Brüste.

Gelegentlich öffnete sie sich ihm.

«Man sagt, ich habe eine männliche Handschrift.»

«Wieso?»

«Sie ist zu stark, zu lebhaft.»

Sie holte ein langes schmales Übungsheft mit gefalteten Seiten. Zurückhaltende Linien und sehr dünne Striche, fragmentarisch unverbunden und ohne Bedeutung für Boon, wie die Spuren einer Spinne im Tuschnetz. Er war enttäuscht.

«Ist das von Ihnen?»

«Oh, nein!»

Der Ausruf war voll Schrecken.

«Das ist der *sensei* ...»

Suzuki-*san* ließ ihn kaum einen Blick auf ihre eigenen Werke werfen. Sie waren nicht geheim, aber heilig: ihre innerste Sphäre der Intimität. Eher hätte sie die Kleider ausgezogen und sich ihm nackt gezeigt.

Die Intimität ihrer eigenen Kalligraphie bildete einen Raum, in dem die *shodō*-Lehrerin unzugänglich war. Irgendwann einmal würde sie sicher heiraten, aber daß sie sich einem Mann hingab, war unvorstellbar. Sie unterhielt sich mit Boon, sie lachte, sie trank Tee und bot ihm Kekse an, die sie zwischen den Fingerspitzen zerkrümelte; aber sie war nicht wirklich anwesend. Ihr Gesicht blieb verschlossen wie ein Fenster hinter Musselin. Ihre Keuschheit war undurchdringlich, denn in Wahrheit hatte sie ihre Gelübde bereits abgelegt. Sie war die Braut des *shodō* – und konnte keinem Mann gehören.

Boon hatte zum erstenmal von *shodō* gehört, als er sich die Haare schneiden ließ. Der Friseur überraschte Boon gleich zweimal: einmal, als er ihm Stirn und Ohrläppchen rasierte, obgleich Boon nur einen Haarschnitt verlangt hatte, zum zweitenmal, als er erzählte, daß er seit zehn Jahren jeden Abend zwei Stunden mit kalligraphischen Übungen verbrachte. Warum tat er das, fragte Boon.

«Es ist sehr entspannend», sagte der Friseur, als er seinen Kittel ablegte und ihn so kräftig ausschüttelte, daß Boon die Überzeugung gewann, seine Stirn müsse viel haariger sein, als er geglaubt hatte. Als er das Gespräch auf die Sitte brachte, Stirn und Ohrläppchen zu rasieren, wirkte der Friseur gekränkt und begab sich in die Defensive. Wie hielt man es denn in der Heimat des ehrenwerten Kunden? Rasierten dort die Friseure Stirn und Ohren nicht? Boon versicherte, daß das nicht üblich sei. Er gestand sogar den leisen Schrecken ein, den er empfunden hatte, als der Friseur sich mit dem Messer an seinem Ohr zu schaffen machte.

Jetzt war der Friseur völlig verwirrt.

«Aber Sie haben doch Haareschneiden gesagt, oder nicht? Die Haare müssen geschnitten werden, das Gesicht muß sauber sein.»

Boon versicherte ihm, dies sei logisch und wahr, wies ihn aber darauf hin, daß viele Männer in Europa ebenso wie er einen Bart trügen und daß die Sitten der Friseure vielleicht auf diese Tatsache zurückzuführen seien. Die Kunden trafen eine sorgsame Unterscheidung zwischen Haaren auf dem Kopf und Haaren im Gesicht, und die Friseure paßten sich dem an. Ein Kunde, dessen Gesichtshaar ohne seine Zustimmung entfernt worden war, könnte das unter Umständen als einen Schaden betrachten und den Friseur dafür haftbar machen. Leider nahm der Friseur Boons Scherz ernst. Die Vorstellung, man könne für entferntes Haar verurteilt werden, widersprach seinen professionellen Instinkten so radikal, daß es ihm die Sprache verschlug. Boon brachte das Gespräch wieder auf Kalligraphie.

«Für heute bin ich fertig», sagte der Friseur, «wenn also der ehrenwerte Kunde Zeit hat, würde ich ihm sehr gerne ein wenig von meinen Arbeiten zeigen...»

Boon folgte ihm in eine kleine Wohnung über dem Frisiersalon und besichtigte einige Beispiele der Nebenbeschäftigung des Friseurs.

Er praktizierte eine ungewöhnliche Form des *shodō*: Er goß Schriftzeichen in Wachs oder schnitzte sie in Holz und stellte dann Abdrücke her. Das brachte natürlich eine spiegelbildliche Verkehrung der Form mit sich, ein so komplizierter Vorgang, daß Boon es vorzog, nicht darüber nachzudenken. Aber über die einfache Aussage hinaus, daß *shodō* «den Geist entspannt und das Herz beruhigt», trug der Friseur wenig zur Befriedigung seiner Neugier bei.

Wie wenig Boon in den eigentlichen Geist des *shodō* eingedrungen war, zeigte sich bald bei einer seiner Unterrichtsstunden. Er brachte ein bekanntes Gedicht mit, das seine Lehrerin ihm als Hausaufgabe zum Kopieren gegeben hatte. In der knappen, verkürzten Sprache der klassischen japanischen Dichtung beschrieb es den Brand von Kyoto; der weinende Dichter schaut einer Lerche nach, die über der verbrannten Erde in den Himmel steigt. Im japanischen Original fiel Boon der Kontrast zwischen der aufsteigenden Lerche und den zu Boden fallenden Tränen des Autors auf. Da die Zeilen senkrecht auf dem Papier angeordnet waren, kam er auf die Idee, die entgegengesetzten Bewegungen des Aufstiegs und des Falls könnten sich in der kalligraphischen Form widerspiegeln.

Suzuki Kazuko war von diesem Vorschlag außerordentlich überrascht. «Was für eine merkwürdige Idee! Aber nein, das hat nichts damit zu tun, überhaupt nichts.»

«Aber Kalligraphie muß doch etwas mit dem Sinn der Worte zu tun haben», verteidigte sich Boon, «sonst könnte ich doch einfach irgend etwas schreiben, das mir einfällt. Statt ‹Der Mensch und die Natur sind Eins› könnte ich doch auch schreiben ‹Mach das Fenster zu›.»

«Natürlich müssen Sie einen geeigneten Text wählen», sagte Suzuki-*san* mit strenger Miene, und damit war die Diskussion beendet.

Gelegentlich unterhielt sich Boon über *shodō* auch mit Ichimonji, der selbst ein versierter, wenn auch nachlässiger Adept der Kunst war.

«Sie hat recht», sagte Ichimonji. «Sie müssen einen geeigneten Text wählen. Aber darüber hinaus kümmert sich *shodō* nicht viel um den Sinn der Worte. Alle Zeichen und Texte, die im *shodō* verwendet werden, sprechen irgend etwas an, weil sie auf literarische oder buddhistische oder andere Texte anspielen. Konservative Kalligraphen ziehen klassische Texte vor; andere sind bereit, auch die moderne Literatur nach der Meiji-Zeit zu verwenden. Die Ideogramme waren vielleicht einmal Bilder, vereinfachte Bilder der Welt, aber im Lauf der Zeit sind sie zu reinen Abstraktionen erstarrt, dementsprechend haben sich auch die Vorstellungen des *shodō* gewandelt. Im Medium des *sho*, der Schrift, nehmen die Abstraktionen sinnlich greifbare Form an. Dieser Vorgang, die Abstraktion, die sinnlich greifbar wird, ist das Entscheidende.»

«Und was genau ist es, das entscheidend wird?»

«Der Rhythmus des Herzens, wenn der Pinsel des *shoka* das Papier berührt.»

«Ich weiß nicht genau, ob ich das verstanden habe.»

«Geduld, Bun-*san*, Geduld. Sie sind kein *shodō*-Künstler. Sie sind nicht einmal Japaner. Der Pinsel des Künstlers, das Tempo und der Druck, die er ihm verleiht, machen den Rhythmus des Herzens durchsichtig. Darum geht es beim *shodō*. Ist er ein wahrer Künstler, wird uns das, was er auf dem Papier geschaffen hat, schön erscheinen. Wir erkennen die Blüte, den Geschmack... die Abstraktion wird sinnlich, greifbar. Das Herz des Künstlers zeigt sich. Das erfordert viel Geisteskraft. Letzten Endes ist das, was im *shodō* entsteht, etwas ganz Abstraktes, von der materiellen Welt Abgehobenes. Je weniger wichtig es ist, die Phänomene der materiellen Außenwelt wiederzugeben, desto wichtiger wird es, daß statt dessen das innere Leben des einzelnen, der Geist des Künstlers zum Vorschein kommt.»

Gelegentlich legte Boon Ichimonji *shodō*-Beispiele (nicht seine eigenen) zur Begutachtung vor. So erfuhr er, daß es jenseits zahlreicher hochspezialisierter Unterschiede zwei Grundrichtungen oder Schulen des *shodō* gab. Die Klassizisten strebten nach vollkommener Harmonie von «Form» und «Herz». Andere gaben dem Ausdruck des Herzens den Vorzug und waren bereit, ihm formale Kriterien unterzuordnen.

«Das da», sagte Ichimonji einmal, «wirkt recht eindrucksvoll. Aber in Wirklichkeit ist es eher vulgär. Die Form ist unvollkommen, die Komposition schlampig. Ein typisches Beispiel dafür, wie man dem Herzen zuliebe die Form vernachlässigen kann. Sie sollten so etwas nicht überschätzen. Ja, Herz hat es. Aber was ich als erstes sehe, ist mangelndes Können.»

«Was ist es, das der *shodō*-Künstler zum Ausdruck bringen sollte?»

Ichimonji nannte zwei Begriffe, die man als «Würde» und «seelische Strenge» übersetzen konnte. Kam das lateinische *gravitas* dem nahe, wovon Ichimonji sprach?

Obgleich wenige moderne Japaner sich ernsthaft mit *shodō* beschäftigten, war die verbreitete Hochschätzung guter Kalligraphie unverkennbar, und das überraschte Boon. Wenn Politiker der oberen Ränge ein Amt übernahmen, erschienen in den Zeitungen regelmäßig Fotografien, auf denen man sie bei kalligraphischen Übungen sah. Im normalen Gespräch wurde oft von einem Dritten gesagt, er habe eine schöne Handschrift, und als seine Freunde und Bekannten erfuhren, daß Boon Unterricht nahm, erwähnten sie diese Tatsache regelmäßig, wenn sie ihn anderen vorstellten. Am Neujahrstag knieten noch immer viele Japaner feierlich nieder, um ihr rituelles *kakizome*, den Neujahrsvorsatz, im traditionellen Stil zu schreiben; und in mehreren großen Schreinen Tokios bewunderte Boon die kalligraphischen Erzeugnisse von Schulkindern aus dem ganzen Land. Warum nahmen so viele Leute eine so außerordentlich esoterische Tätigkeit so ernst?

Vielleicht spielte der mehr oder weniger bewußte Wunsch, einen Aspekt des japanischen Nationalerbes zu bewahren, eine gewisse Rolle. Im Gegensatz zum Blumenstecken und zur Teezeremonie war *shodō* eine der wenigen traditionellen Kunstformen mit großer Vergangenheit, die noch in der Entwicklung begriffen waren und Aussicht boten, sich in der Zukunft weiterzuentwickeln. Kalligraphie als lebendige Tradition war im zeitgenössischen Japan noch immer bedeutsam, weil sie imstande war, moderne Ideen aufzunehmen und sich von ihnen befruchten zu lassen. In den engen, reizlosen Wohnsilos, denen die meisten japanischen Stadtbewohner ausgeliefert waren, sah Boon nur selten Blumengestecke, und man sagte ihm, bei derartigen Wohnbedingungen sei die Abhaltung der Teezeremonie in keiner Weise angemessen. Die Erstarrung mancher japanischer Künste ging auf ihre Unfähigkeit zurück, sich den Zeiten anzupassen. Sie verfügten nicht über die nötige Flexibilität, um in der japanischen Gesellschaft der Moderne zu überleben. *Shodō* war etwas anderes. Kalligraphie konnte man in einem Zweieinhalb-Matten-Zimmer ebenso gut betreiben wie in einem geräumigen Landhaus, und die Abstraktion, die ihr innewohnte, machte ihre «Relevanz» von Prozessen des sozialen Wandels unabhängig.

Shodō war eine grundsätzlich japanische Kunst. Die Chinesen hatten die Schriftzeichen erfunden. Sie besaßen *sho*, die Schrift, aber sie kannten *shodō*, den Weg der Schrift, nicht. In welch «grundsätzlichem» Sinne Japanisch *shodō* war, ging Boon im Vergleich mit anderen hochgradig japanischen Gebräuchen wie *sumo*, Selbstmord durch *seppuku* (im Westen besser als *harakiri* bekannt) und *shakuhachi*-Musik auf. Wenn er kalligraphische Meisterwerke betrachtete, hatte Boon oft das Gefühl, dem federartig knarrenden Klang der *shakuhachi* in ihrem wundersam dissonanten Tonartwechsel zu lauschen, wenn der Luftvorrat in den Lungen des Musikers fast erschöpft war. Er entdeckte eine erstaunliche Verwandtschaft zwischen dem stöhnenden Ton der *shakuhachi* zu Beginn und Ende einer Phrase, dem schwebenden, kaum hörbaren Klang, der als Spur eines unhörbaren Tons verblieb, und dem trockenen Scharren des Pinsels, kurz bevor die Tusche zu Ende ging. Eine unbeschreibbare, eine wunderbare Qualität.

Sumo, der traditionelle japanische Ringkampf, spielt sich in einem engen Strohring von nicht mehr als viereinhalb Meter Durchmesser ab. Eine Runde dauert manchmal nicht länger als zehn Sekunden. Sieger ist, wer den anderen aus dem Ring drängt oder dazu bringt, mit irgendeinem Körperteil außer den Fußsohlen den Boden zu berühren. *Sumo* ist sehr viel subtiler und setzt mehr technisches Geschick voraus, als man auf den ersten Blick vermuten würde.

Boon entwickelte sich zu einem begeisterten *sumo*-Anhänger und erkannte allmählich den Grund, der etwas, was man eigentlich nicht als Sport bezeichnen konnte, für die Phantasie der Japaner so anziehend machte: es war das ritualisierte Vorspiel zum eigentlichen Kampf, die extreme Konzentrationsfähigkeit, die *sumo* den Gegnern abverlangt, die Kürze des Kampfes selbst, der winzige Irrtum, der, wird er geschickt genutzt, über Sieg und Niederlage entscheidet, die Demütigung, ja oft Lächerlichkeit, der sich der Unterlegene aussetzt.

Was Boon so japanisch am *sumo* erschien, waren auch die strengen Beschränkungen, unter denen sich der Kampf vollzog. Er kannte keinen anderen Sport – oder besser: keine andere ritualisierte Begegnung – mit so strikt festgelegten formalen Grenzen wie *sumo*. Die strenge Ringregel, die die Entscheidung vom Ergebnis einer einzigen Runde abhängig machte, verlangte die unmittelbare, absolute Konfrontation. Da gab es keinen Raum zum Ausweichen, keine Möglichkeit des Tänzelns und Umspielens wie beim Boxen, und der Verlierer bekam keine zweite Chance. Eine anfängliche Blöße konnte zwar durch Glück, brutale Gewalt oder bemerkenswerte Geschicklichkeit ausgeglichen werden; aber dennoch führte im Prinzip der kleinste Fehler unmittelbar in die Niederlage. Die kathartische Wirkung dieses Jetzt-oder-Nie, der moralische Rigorismus des Entweder-Oder, den Boon als Quintessenz des *sumo* erkannte, erschien ihm unverwechselbar japanisch; und darin lag die Faszination des Kampfes.

Shodō hatte viel von der ästhetischen Strenge des *sumo*. Einen kurzen Augenblick lang mußte sich der Kalligraph vollständig einer Aufgabe widmen, die seine Stärken und Schwächen mitleidslos enthüllte. Er hatte keine zweite Chance. Er konnte keinen Strich ausradieren und durch einen neuen ersetzen, keine Korrekturen anbringen, keinen Strich übermalen, um eine momentane Unsicherheit zu verbergen; der Versuch würde sofort sichtbar werden. Von dem Augenblick an, in dem er den Pinsel aufs Papier senkte, bis zur Beendigung des Strichs mußte er sich auf die ungebrochene Kontinuität des Rhythmus, die fehlerfreie Ausführung des einzelnen Strichs und die vollkommene Balance der Gesamtkomposition konzentrieren.

Natürlich konnte er ein neues Blatt nehmen und von vorne anfangen; in diesem Sinne hatte er eine zweite Chance. Aber das zieht das Wesen des wahren *shodō*, die Arbeit eines wahren Künstlers, der seine Technik nicht über Jahre, sondern über Jahrzehnte vervollkommnet hat, ins Triviale. Jedes neue Blatt Papier forderte aufs neue seinen beachtlichen Schatz an Kunstfertigkeit und Erfahrung, seine konzentrierte Willenskraft, seine strenge Disziplin heraus. Der Künstler wußte selbst, ob er erfolgreich oder gescheitert war. Entweder das eine oder das andere, es gab nichts Halbes.

Das hatte Ichimonji gemeint, als er zu Boon davon sprach, daß «der Rhythmus des Herzens durchsichtig wird». Jenseits aller Kunst und Technik stellte *shodō* für den Künstler ein Forum für moralische Entscheidungen dar.

Vielleicht war es die Einsicht in diese moralische Bedeutungsebene, um derentwegen in Zeitungen Fotografien neu ernannter Minister bei kalligraphischen Übungen veröffentlicht wurden. Die Tradition des *kakizome*, des rituellen Schreibens von Neujahrsvorsätzen, auch wenn sie heute nicht mehr von vielen befolgt wurde, konnte auf ähnliche Art erklärt werden. Die Ernsthaftigkeit und die formellen Begrenzungen des *shodō* verstärkten die guten Vorsätze weitaus intensiver, als hätte man sie nur als abstrakte Idee im Kopf gefaßt, ohne sie dem Papier anzuvertrauen.

Wenn Boon in seinem kalten, leeren Zimmer auf den *tatami* kniete (aus irgendeinem Grund war Kälte dem *shodō* förderlich) und sich auf seine kalligraphischen Übungen vorbereitete, kamen ihm spontan Vorstellungen vom rituellen Selbstmord durch *seppuku* in den Sinn. Leicht erregt, gespannt wie eine aufgezogene Uhrfeder, wiederholte er im Geist die Bewegungen der Strichfolge, die er zu Papier bringen wollte, und wartete, bis er sicher war, was er wollte, bis der Augenblick gekommen war, an dem er es tun konnte. Jetzt! Ohne daran zu denken, daß er sich dazu entschlossen hatte, senkte sich der

Pinsel fast von selbst auf das Blatt. Die Pinselspitze prallte mit einem leichten Stoß auf das Papier. Erschreckt beobachtete er, wie der Pinsel eine tiefe schwarze Schneise durch den leeren Bogen zog; nichts war wieder zurückzunehmen, er konnte sich nicht mehr zurückziehen. Seine aufgestauten Gefühle befreiten sich und fielen als Flutwellen glänzender Tusche auf das Papier.

Der Übergang von der Absicht zur Ausführung besaß eine Plötzlichkeit, ein Empfinden willenlosen Anstoßes, als müsse der Handelnde vorübergehend ausgeschaltet und die Handlung autonom werden: ein Gefühl, das Boon sonst nur beim Beweis körperlichen Muts kannte. Die Überraschung, die er jedesmal verspürte, wenn der Pinsel sich senkte und die Tusche das Papier färbte, machte für ihn den überwältigenden Reiz des *shodō* aus; und diese schmerzlose Überraschung schien dem vergleichbar, was ein Mensch beim schmerzhaften *seppuku* fühlen mußte. Aber vielleicht fand das nur in Boons Vorstellung statt; vielleicht war es gar nicht das, was Japaner beim *shodō* empfanden.

Neujahrskost

Zu Neujahr lud Sugama Boon für ein paar Tage zu sich nach Hause ein. Toyama lag einige hundert Kilometer nordwestlich von Tokio, am Japanischen Meer.

«Du wirst Großvater kennenlernen», sagte Sugama. «Er ist in der Meiji-Zeit geboren», und das ließ Großvater wirklich alt erscheinen. Zuoberst in den Koffer packte Boon den Stapel von Einladungen und Flugblättern, die die Vertreter von Wohltätigkeitsvereinen und Seniorenclubs mit wachsendem Mißtrauen für den unsichtbaren Großvater hinterlassen hatten. Außerdem nahm er ein paar Geschenke mit; Geschenke waren in Japan sehr wichtig.

Auf Boons Bitte fuhren sie mit dem Bummelzug, um so viel von der Landschaft zu sehen wie nur möglich, und kamen erst spät abends in Toyama an. Am Bahnhof nahmen sie ein Taxi. Es war dunkel, nur wenige Lichter schienen in der Nacht. Anscheinend wohnten Sugamas Eltern auf dem Lande.

Es schneite. Irgendwo in der weißgesäumten Dunkelheit hielt das Taxi an, und sie stiegen aus. Sugama ging auf ein Haus zu und öffnete auf der hölzernen Veranda eine Schiebetür.

«Tadaima!»

Er zog die Schuhe aus, und Boon folgte seinem Beispiel. Sugama öffnete eine zweite Tür und führte ihn in einen großen *tatami*-Raum, wo die Eltern sie erwarteten.

Seit seiner ersten Begegnung mit Sugamas Mutter in Tokio hatte sich Boon an das Zeremoniell japanischer Begrüßungen gewöhnt und konnte sich jetzt ohne peinliche Gefühle und ohne Gefahr, körperlichen Schaden zu nehmen, auf den *tatami* zu Boden fallen lassen. Letzten Endes war es nur ein Händedruck, an dem der ganze Körper beteiligt war, und anschließend ging man ganz gelassen zu informellem Benehmen und Gespräch über. Wenn überhaupt jemand, dann war es Sugama, der ein wenig unsicher erschien, als er Boon mit gesenktem Kopf, die Hände auf dem Boden, sah. «*Ii, ii*», murmelte er mit einer lässigen Handbewegung.

Bei einem Bier und kalten Leckerbissen beobachteten die Gastgeber und ihr Gast einander. Die Sugamas erkundigten sich nach Boons Familie, und Boon erkundigte sich nach der Familie Sugama. Beide Familien waren recht groß, so daß die Erkundigung einige Zeit in Anspruch nahm. Boons Bericht über seine Sippe, ihre beachtliche Kopfzahl und ihre weite geographische Verbreitung schien einen guten Eindruck zu machen. Das war in Japan, wo man einen Menschen unter dem Gesichtspunkt seiner Familienverhältnisse betrachtete, den einzelnen sozusagen aus seinen genealogischen Verstrickungen extrapolierte, durchaus von Nutzen. Sugamas Vater hatte gerade begonnen, sich für eine Zweigfamilie der Boons im achtzehnten Jahrhundert zu interessieren und nach immer neuen Details zu fragen, als ihn seine Frau daran erinnerte, daß Großvater eigens wach geblieben war, um Boon kennenzulernen, und daß man ihn nicht mehr warten lassen konnte.

Der alte Herr saß unter einer großen Wanduhr im Nebenzimmer und wärmte seine Beine unter dem *kotatsu*. Boon wurde ihm vorgestellt, und man forderte ihn auf, zu einem Gespräch Platz zu nehmen.

«Er spricht Japanisch», versicherte die Schwiegertochter dem Großvater.

«Wie?»

«Er spricht Japanisch.»

«Oh!»

Großvater wandte sich höflich Boon zu und stellte ihm eine vollkommen unverständliche Frage.

«Hast du nicht gesagt, er spricht Japanisch?» fragte er mit besorgtem und enttäuschtem Gesichtsausdruck.

«Ja, frag ihn noch einmal.»

Der alte Mann legte die Hand ans Ohr.

«Was?»

«Frag ihn noch einmal.»

Doch allen guten Vorsätzen zum Trotz blieb Großvaters Sprache bis an sein Lebensende unverständlich. Er war alt, er hatte keine Zähne, und er sprach Dialekt: eine unschlagbare Kombination. Großvater seinerseits verstand trotz seiner Schwerhörigkeit Boons Japanisch recht gut. Die oft seltsamen Gespräche, die sich aus dieser Konstellation ergaben, blieben für beide Seiten unbefriedigend. Nach einigen erfolglosen Versuchen, bei denen Boon sich bemühte zu raten, was Großvater wohl gefragt haben könne, und Großvater Boons Antworten keinen Sinn abgewinnen konnte, hörte der alte Mann auf, Fragen zu stellen. Dagegen war er jederzeit bereit, auf Fragen zu antworten, die Boon ihm stellte. Boon wiederum konnte die Antwort meist nicht verstehen. Die Spielregeln waren schnell festgelegt: Großvater durfte antworten, aber keine Fragen stellen, und von Boon, der viele Fragen stellte, wurde nicht erwartet, daß er auf Großvaters Antworten einging.

Sprache ist nur selten ein echtes Verständigungshindernis, aber hier war es der Fall. Alles wäre viel einfacher gewesen, wenn Boon so getan hätte, als spräche er überhaupt kein Japanisch, und sich in der Kommunikation mit Großvater ganz auf Zeichensprache beschränkt hätte. Das geschah ohnehin in zunehmendem Maße. Großvater verfügte über ein eindrucksvolles Mienenspiel und eine deutliche Gestik. Er konnte immer klarmachen, was er wollte.

Der Sprache oder doch zumindest der Möglichkeit beraubt, Gespräche durch Fragen einzuleiten, und recht schwerhörig, wie er es überdies war, wurde Großvaters Bedürfnis verständlich, Gegenstände zu berühren, wenn er sich mit Boon unterhielt. Wenn er dem Drang nachgab, Dinge anzufassen, erweckte Großvater den Eindruck, er müsse, um ganz sicher zu gehen, überprüfen, ob Boon wirklich existierte. Es mochte nichts weiter sein als Altersschwäche, aber Boon konnte sich vorstellen, daß die einfache Anwesenheit eines Fremden im Haus für Großvater so belastend war, daß seine Hände tätiger als sonst sein mußten, als suchten sie zusätzlich Stütze.

An dem Abend, an dem Großvater ihn zum erstenmal sah, trug Boon einen Bart und einen Mohairpullover, dessen Farbe und Textur dem Bart nicht unähnlich waren. Solange er in Japan lebte, bekam Boon keinen ähnlichen Mohairpullover zu sehen, und einen Bart sah er nur selten. Die Idee war nicht abwegig, Großvater könne, als er den seltsamen Boon zum erstenmal erblickte, auf den Gedanken gekommen sein, der merkwürdige Bart und das fremdartige Kleidungsstück, das ihm so ähnlich war, wären beides Dinge, die auf Boons Körper wuchsen, oder sie bestünden zumindest aus dem gleichen Material. Diesen Eindruck jedenfalls gewann Boon, als er sich an den *kotatsu* setzte und Großvaters verwirrtes Gesicht betrachtete.

Der alte Mann konnte weder einen ungewollten Ausruf noch die automatische Bewegung seiner Hand unterdrücken, die nach Boons Pullover tastete.

«Nicht wahr, das ist ein schöner, warmer Pullover», sagte die Schwiegertochter, aber Boon konnte sehen, daß sich Großvater nicht im geringsten dafür interessierte, ob der Pullover schön und warm war. Er wollte wissen, woraus er bestand. Boon streckte ihm den Ärmel hin.

«Hm», grunzte der alte Mann und beugte sich vor, um ihn zu studieren. Nach einer Weile blickte er auf und sagte: *«Hige mo ii na!»*

Boon hatte diese Anspielung auf seinen Bart erwartet und verstand sie als Aufforderung. Großvater bat um die Erlaubnis, den Bart anzufassen und ihn mit dem Pullover zu vergleichen.

«*Dōzo, kamawanai*», sagte er lachend und streckte das Kinn vor.

«*E?*»

Großvater erschrak vor seinem eigenen Mut; irgendwo hatte er das Gefühl, die Grenzen des Anstands zu überschreiten, aber er konnte dem verlockenden Angebot nicht widerstehen. Vorsichtig zupfte er an Boons Bart.

«Hm!»

Boon hätte zu gerne gewußt, zu welchen Schlußfolgerungen der alte Mann gekommen war, aber dies Geheimnis nahm er mit ins Grab.

Zweifellos wurden die Schlußfolgerungen ohnehin noch wesentlich komplizierter, als Boon das Haus später einmal glattrasiert besuchte. Wenn Großvater wirklich einen geheimnisvollen Zusammenhang zwischen Bart und Pullover entdeckt hatte, mußten die verschiedenen Kombinationen, die er zu Gesicht bekam, sehr verwirrend sein. Boon mit Bart, aber ohne Pullover; Boon mit Pullover, aber ohne Bart; schließlich Boon ohne Bart und ohne Pullover.

An jenem ersten Abend packte Großvater Boon jedesmal am Arm, wenn er ihn ansprach. Sein Griff war unerwartet kräftig und fest; er hatte sechzig Jahre als Zimmermann gearbeitet. Später genügte es ihm, wenn er Boon ganz leicht berühren oder anstoßen konnte. Anscheinend mußte er sich jedesmal vergewissern, daß Boon wirklich da war. In seinen einseitigen Gesprächen mit Boon versuchte er, wenn irgend möglich, die Gegenstände zu berühren, von denen die Rede war, oder auf sie zu zeigen. Schließlich beschränkte er die Konversation auf Themen, die auf diese Art illustriert werden konnten. Alles in allem war er ein sehr solider Mensch, ein Zimmermann, mit dem man nie über platonische Tische oder Stühle hätte sprechen wollen. In den letzten Jahren war er, wie Sugama Boon anvertraute, milder geworden, oder vielleicht hatte einfach der Wille zur Macht nachgelassen, aber früher hatte er den Haushalt als uneingeschränkter Herrscher mit eiserner Hand regiert. Wenn er an die unverminderte Kraft seines Händedrucks dachte, konnte sich Boon gut vorstellen, wie ungebrochen seine Autorität im Hause noch immer war.

Es war kalt im Haus! Die Kälte durchdrang die Haut wie ein dumpfer Schmerz und bohrte sich bis ins Mark seiner Knochen. In der Woche, die er in Toyama verbrachte, wurde es Boon kein einziges Mal warm.

Am ersten Morgen weckte ihn die Kälte. Auf der *tatami* neben ihm lag Sugama noch in beneidenswertem Schlummer. Boon rollte sich aus dem *futon*, zog sich schnell an und trat ans Fenster. Das Haus war von einer schneebedeckten Ebene umgeben. Vor dem Haus sah er ein Holzlager, dann eine eisbedeckte Wasserfläche und in der Ferne, hinter den Dächern verstreuter Häuser, die schroffen Züge eines Berggrats. Ein frischer Wind strich über die verschneiten Felder und wirbelte den leichten Pulverschnee zu weißen Schleiern auf.

Jenseits eines schmalen Korridors im oberen Stockwerk lag das andere Zimmer, in dem Sugamas Eltern schliefen. Die Schiebetür stand offen, der Raum war leer. Er warf einen Blick hinein. Das Bettzeug war schon zusammengerollt, das *futon* beiseite geräumt. Wie streng und einfach das alles war, dachte Boon. Aber die Leere ließ den Raum noch kälter erscheinen. Vor Kälte erschauernd ging er die Treppe hinunter.

Die kalte, dunkle Küche war menschenleer. Auf dem *kotatsu* in dem kleinen, durch eine Glastür von der Küche getrennten Raum, in dem Großvater am Abend gesessen hatte, war das Frühstück vorbereitet: Suppenschalen, kalter Fisch, ein Thermosbehälter mit Reis. Von Sugamas Eltern war nichts zu sehen. Die Tür zum *kyakuma*, dem Wohnzimmer, in dem man Sugama und ihn gestern abend empfangen hatte, war angelehnt. Er konnte Husten und Murmeln hören. Leise öffnete er die Tür und blickte ins Zimmer. Großvater kniete, den Rücken Boon zugewandt, auf den *tatami* vor einer Art Schrank mit geöffneten Türflügeln: offenbar ein Schrein. Der alte Mann betete. Gelegentlich schlug er die Handflächen zusammen, murmelte etwas vor sich hin und verfiel wieder in Schweigen. Das ging von Pausen unterbrochen einige Zeit so weiter.

Das Morgengebet, das er an diesem Tag in Toyama beobachtete, blieb die einzige Gelegenheit, bei der Boon jemanden vor dem Schrein der *ujigami*, der Sippengottheiten, beten sah. Der Brauch hatte sich auf dem Lande noch gehalten, aus dem Leben der Großstädter war er schon lange verschwunden. Sugamas Großvater befolgte das Ritual jeden Morgen; er sprach mit seiner verstorbenen Frau, die er vor einigen Jahren verloren hatte. Boon verstand nicht wirklich, was das Ritual ausdrückte, ob der alte Mann festgelegte liturgische Formen beachtete oder einfach für das Seelenheil seiner Frau betete. Vielleicht kam es darauf auch gar nicht an. Großvater pflegte im Gebet das Andenken seiner verstorbenen Frau so wie andere Menschen ein Grab pflegen. Das Zeremoniell verlieh der religiösen Handlung den Anschein von Frömmigkeit, aber wahrscheinlich war sich Großvater selbst weder des Zeremoniells noch der Frömmigkeit bewußt. Es ging um etwas viel Einfacheres, unmittelbar Menschliches: Er dachte einfach an seine Frau. Der Schrein war nur die Verkörperung des Gedankens.

Auf Strümpfen schlich sich Boon zur Eingangstür, wo er seine Schuhe gelassen hatte. Offenbar schlief Großvater im *kyakuma;* sein zerknülltes Bettzeug lag in einer Ecke des Raums. Das Zimmer war eiskalt. Außer dem *kotatsu*, dem kleinen heizbaren Tisch, in dem Zimmer, in dem das Frühstück vorbereitet war, schien es im ganzen Haus keine Heizung zu geben. Boon fragte sich, wie irgend jemand freiwillig diese Kälte ertragen konnte. Er öffnete die Haustür und zog seine Schuhe an. Unglücklicherweise unterbrach das Geräusch der Schiebetür Großvaters Gebet. Er spähte hinter dem *shōji* hervor, der den Schrein vom Rest des Zimmers abtrennte. Boon wünschte ihm einen guten Morgen und entschuldigte sich für die Störung, aber der alte Mann schien nichts dagegen zu haben. Er grinste, zeigte gut gelaunt auf den Schrein, schlug die Hände noch einmal zusammen und lachte, als wolle er sagen: «Na, was hältst du von dem ganzen Hokuspokus?» Boon merkte, daß die Szene dem alten Mann eher peinlich war.

In diesem Augenblick tauchte Sugamas Mutter auf der Türschwelle auf und fragte, ob er frühstücken wolle.

Sugama saß im Schlafanzug unter dem *kotatsu* und sah fern.

«Du bist früh auf», begrüßte er Boon.

«Ich habe gefroren. Ich friere die ganze Zeit.»

Er setzte sich und streckte die Beine unter den *kotatsu*.

«Wie funktioniert das Ding eigentlich? Es steckt nirgends im Stecker...»

«Altmodischer *kotatsu*», sagte Sugama. «Geht mit heißen Kohlen. Hier.»

Er hob den Teppich hoch und zeigte Boon ein Metallbecken auf der Unterseite des *kotatsu*.

«Die heißen Kohlen werden hier hineingelegt. Natürlich muß man sie ersetzen, wenn sie abkühlen – zwei- oder dreimal täglich, wenn der *kotatsu* wirklich warm werden soll.»

«Und wenn du dich warmhalten willst, mußt du unter dem *kotatsu* sitzen – anscheinend gibt es sonst keine Heizung im Haus.»

Sugama lachte.

«Nein. Natürlich gibt es oben noch einen *kotatsu*. Versuch mal, beim Schlafen die Beine drunter zu stecken. Dann wird dir schon warm werden. In Japan sind Häuser nun einmal so gebaut, daß sie im Sommer kühl sind. Um die Kälte kümmert man sich nicht sehr. Man fürchtet nur die Hitze.»

«Aber wie viele Monate im Jahr ist es denn wirklich heiß? Doch nicht mehr als drei oder vier, und die kalte Jahreszeit dauert viel länger. Ich hätte ja mehr Angst vor der Kälte als vor der Hitze.»

«Ach, du hast noch keinen Sommer hier erlebt. Sehr feucht, sehr heiß. Warte es nur ab!»

Durch die Glastür sah er Sugamas Mutter zu, die sich in der Küche zu schaffen machte. Ihm fiel auf, daß die Tür zum Hinterhof weit offen stand. Die Temperatur in der Küche konnte nur wenige Grad über Null betragen.

«*Ocha*», brüllte Sugama.

«*Hai, hai!*»

Die Mutter kam mit kleinen Schritten ins Zimmer, öffnete die Tür und wischte sich die Hände an der Schürze ab. Beim Tischabräumen bemerkte sie, daß Boon kaum etwas gegessen hatte.

«O je, haben Sie denn gar nichts gegessen?»

«Nun, ich habe ein bißchen *misoshiru* genommen», erklärte Boon vorsichtig. Die Suppe aus Sojabohnenpaste hatte ihm keine Schwierigkeiten gemacht, aber von fermentiertem Bohnenquark und kaltem Fisch fühlte er sich eindeutig überfordert.

«Es ist noch sehr früh am Morgen ...»

Großvater kicherte begeistert. Er hatte sich an den *kotatsu* gesetzt, um Boon beim Frühstück zu beobachten. Wie die meisten Japaner zweifelte er an der Verträglichkeit von Ausländern und einheimischer Küche, und die Bestätigung, die er gefunden hatte, schien ihn außerordentlich zu freuen.

«Hi, hi», gluckste er vergnügt. «Ihr braucht ihm keinen *tōfu* zu geben, kann er doch nicht essen.»

Sugama schüttete grünen Tee in seine Reisschale und spülte die übriggebliebenen Reiskörner vom Schalenrand.

«Vielleicht möchtest du ein Ei?» schlug er vor.

«Hi, hi! Ei!»

Es wurde immer besser, alles kam, wie er es erwartet hatte. Großvater bekam etwas geboten für sein Geld.

Seinem schwachen Magen zuliebe gestand Boon die moralische Niederlage ein und nahm das Angebot dankbar an. Unter den wohlwollend zustimmenden Blicken des alten Mannes nahm er ein weichgekochtes Ei und drei Scheiben Toast zu sich.

Aber beim Mittagessen lag der Sieg auf seiner Seite. Sugamas Mutter wußte, daß Boon für *sashimi* schwärmte, und hatte eine Spezialität von Toyama vorbereitet: *shiromi*, rohes weißes Fischfilet, das in Blätter gewickelt wird, die auf das Fleisch abfärben und ihm einen exquisiten Geschmack verleihen.

«Hi, hi! Roher Fisch», verkündete Großvater grinsend, als die Familie die Beine unter den *kotatsu* steckte. Vorwurfsvoll wandte er sich an seine Schwiegertochter: «Du hast das Ei für Bun-*san* vergessen. Wo ist sein Ei?»

«Er will kein Ei. Er ißt Fisch mit uns.»

«Was?»

Aber die Tatsache blieb bestehen. Boon aß wirklich Fisch. Verblüfft sah Großvater zu, wie Boon Meerrettich mit Sojasauce mischte und genüßlich ein Stück von dem rotgefleckten Fisch verspeiste.

«Kann er denn rohen Fisch essen? Bun-*san*, bitte essen Sie ihn nicht, nur um uns einen Gefallen zu tun...»

«Köstlich! Das beste *sashimi*, das ich je gegessen habe», erklärte Boon.

«Wirklich? Hi, hi!»

Aber man konnte sehen, daß der alte Mann nicht sehr erfreut war.

Boon verbrachte die meiste Zeit in Toyama unter einer Ecke des *kotatsu* in dem kleinen Zimmer gegenüber der Küche, weil das der einzige warme Platz im ganzen Haus war;

und aus dem gleichen Grund versammelte sich hier auch die Familie zu den Mahlzeiten, zum Gespräch, zum Fernsehen und zum Schlafen. Im Gegensatz dazu erkannte er, was für eine zentrifugale Wirkung die Zentralheizung auf das Leben in Europa hatte; je allgemein zugänglicher Wärme war, desto mehr wurde sie zu einer Erweiterung der Privatsphäre. Aber in dem Haus in Toyama stand Wärme nur in begrenzter Menge und nur an einem Ort zur Verfügung. Wie die altmodische Dorfpumpe, war auch der Heizkörper eine gemeinschaftsbildende Einrichtung. Der *kotatsu* war nicht nur eine alternative Heizmethode; er zwang der Familie auch einen ganz anderen Lebensstil auf.

Die Sugamas waren nicht arm. Sie hätten den *kotatsu* abschaffen und Zentralheizung installieren können. Vielleicht war es ihnen nur nicht die Mühe wert gewesen, oder sie waren gegen die Kälte abgehärtet und machten sich nichts daraus. Aber Boon schien das Ganze mehr zu bedeuten. Die Japaner benützten den *kotatsu* nicht nur als Heizung; sie waren mit ihm in einer Weise verbunden, in der man sich der Zentralheizung nie verbunden fühlen konnte, so sehr man ihre Wärme schätzte. Der *kotatsu* hatte für den Japaner den gleichen Gefühlswert wie der Kamin für einen Engländer oder der Kachelofen für die Bewohner der kälteren Landstriche Europas. Hauptsächlich aber gestattete er es den Japanern, aus der Not eine Tugend zu machen und sich dem hinzugeben, was sonst den formalen Regeln gesellschaftlicher Etikette widersprach: zwangloser Nähe.

Das mußte der Grund dafür sein, daß der *kotatsu* auch in den modernsten Wohnungen zu finden war, wo er keinerlei Bedeutung als zusätzliche Wärmequelle hatte. Er war ein unersetzliches kulturelles Symbol.

Die Familie und die Nachbarschaft gewöhnten sich schnell an Boon. Er konnte, unter dem *kotatsu* vergraben, alle Geschehnisse des Tages so ungestört beobachten, als sei er unsichtbar. So gewann er Einblicke in das Privatleben eines Haushalts und die alltäglichen Ereignisse des japanischen Lebens, die einem Außenseiter sonst unzugänglich bleiben mußten.

Sugamas Verhalten seinem Großvater gegenüber war respektvoll, aber unpersönlich. Obwohl er das nie klar ausgesprochen hätte, konnte man sehen, daß er dem alten Mann wenig Zuneigung entgegenbrachte. Vielleicht grollte er ihm wegen der Härte, mit der seine Mutter in der Vergangenheit behandelt worden war, und der freundlich humorvolle Umgang miteinander, auf den sich Großvater und Boon als *modus vivendi* geeinigt hatten, gefiel ihm nicht ganz. Sugama sah in Boon bereits einen potentiellen Verbündeten. Vielleicht war er enttäuscht von der entgegenkommenden, freundlichen Einstellung, die Boon seinem Großvater gegenüber an den Tag legte.

Die Stellung der Schwiegertochter im Haushalt, zu dem sie nach der Ehe gehörte, war in Japan für ihre Instabilität bekannt; ein Thema zahlloser Gesellschaftskomödien und eine unerschöpfliche Quelle der Inspiration für endlose Fernsehserien, die von Millionen und Abermillionen Zuschauern begierig verfolgt wurden. Boon hatte das Problem in mehreren Familien miterlebt, aber erst in Toyama kam es ihm in seiner vollen Schärfe zu Bewußtsein. Es handelte sich gewiß nicht um ein spezifisch japanisches Problem; aber hier, besonders in den ländlichen Gebieten, wo die Wandlung des archaischen Familiensystems noch nicht ganz vollzogen war, waren seine Verzweigungen so komplex und weitgehend, wie man es von jedem Prozeß grundlegenden sozialen Wandels erwarten konnte.

Da Sugamas Vater der *chōnan*, der älteste Sohn war, wurde von seiner Frau unvermeidlicherweise erwartet, daß sie bei seinen Eltern wohnte und für sie sorgte, ob ihr das nun gefiel oder nicht. Wie damals üblich, wurde das junge Paar nach den

Bräuchen des *miai kekkon*, der arrangierten Heirat, miteinander verlobt. Die Schwierigkeiten, vor denen jede Schwiegertochter stand, wurden im Fall von Sugamas Mutter durch die Tatsache verschärft, daß sie nicht aus Toyama stammte. Nach den extrem provinziellen Maßstäben der Japaner, die von Loyalität in der Gruppe und Mißtrauen gegen Außenseiter geprägt sind, war sie damit eine Fremde. Sozialwissenschaftler wiesen gerne darauf hin, daß Töchter, die durch Heirat in einen Haushalt aufgenommen wurden, eher den Status von Familienangehörigen hatten als echte Töchter, die heirateten und das elterliche Heim verließen. Das galt vermutlich für Heiraten und Familienwechsel innerhalb der gleichen Region; aber jemand, der von einer Region in eine andere zog, in der der Dialekt so abweichend war, daß er fast eine eigene Sprache bildete, war schon aufgrund dieses Merkmals ein Außenseiter. Die Privilegien, die der Einheimische am Heimatort genießt, sind überall auf der Welt die gleichen, und es wäre undenkbar gewesen, daß Sugamas Mutter, als sie in ihrem neuen Heim eintraf, nicht unter regionalen Vorurteilen gelitten hätte.

Boon war auf diese Hintergrundinformation angewiesen, wenn er das richtig interpretieren wollte, was er im Gezeitenwechsel des Alltagslebens der Familie Sugama beobachten konnte. Boon wußte, daß Sugama unter dem Druck stand, einigermaßen bald zu heiraten und seine Sohnespflichten zu erfüllen, indem er in nicht allzu ferner Zukunft ins Elternhaus zurückkehrte. Natürlich hätten seine Eltern einer Einheimischen den Vorzug gegeben, aber dafür konnten sie nicht viel tun. Er hatte schon ein Auge auf ein Mädchen geworfen, das in Tokio geboren und aufgewachsen war; jetzt wartete er nur noch darauf, daß sie ein Auge auf ihn warf. Bedauerlicherweise ging das langsam vonstatten, was seine Eltern von vornherein mit Mißtrauen erfüllte. Ein Mädchen, das so lange brauchte, um sich zu entscheiden, wenn ein akzeptabler junger Mann ein ernsthaftes Heiratsangebot machte, war kein Mädchen, auf das es sich lohnte zu warten.

In der Heiratsfrage verbündete sich die Mutter mit dem Vater und dem Großvater gegen einen Sohn, der im übrigen, wenn auch weniger offensichtlich, aus genau den gleichen Gründen auf ihrer Seite gegen den Großvater stand: Es ging um die Doppelbelastung der Ehefrau und Schwiegertochter in einem fremden Haus weit entfernt von Familie und Freunden. In seiner Kindheit hatte sich Sugama seiner Mutter verbunden gefühlt, die seiner Meinung nach von ihren Schwiegereltern ungerecht behandelt wurde, und jetzt, wo er selbst ans Heiraten dachte, wollte er seine zukünftige Frau nicht den gleichen Belastungen aussetzen.

Obgleich sie sich immer zurückhaltend äußerte, war die Zuneigung zwischen Mutter und Sohn unverkennbar; ihr Bündnis war das ältere und tiefere. Ihr gegenwärtiger Antagonismus hatte eine spezifische Ursache und würde enden, sobald die Ursache beseitigt war. Vorläufig aber war der gefährdete Zustand eines Sohnes, der kurz vor seinem dreißigsten Lebensjahr noch immer unverheiratet war, ihre wichtigste Sorge und hatte Vorrang.

Boon wurde gegen seinen Willen in diesen Familienstreit hineingezogen. Sugama hatte wohl keine verborgenen Absichten gehabt, als er ihn über die Neujahrstage einlud, aber seine Anwesenheit in Toyama paßte ihm offensichtlich gut. Boon war eine Ablenkung, eine bärtige Kriegslist, deren reine Anwesenheit in einem Raum Konflikte neutralisierte und Konfrontationen abstumpfte. Hinter diesen Schild und Schutzwall zog sich Sugama zurück, wenn der Gegner begann, mit Steinen zu werfen.

Auf der anderen Seite war Boon der Ratgeber und Vertraute. An diese Seite wandten sich Sugamas Eltern häufig. Sie befragten ihn nach Details und Expertenmeinung, wann immer sie seiner allein habhaft werden konnten.

«Sagen Sie, Bun-*san*», sagte Sugamas Vater eines Nachmittags, nachdem er ihn unter dem Vorwand, ihm Bilder zu zeigen, in sein Arbeitszimmer gelockt hatte, «was halten Sie von dem Mädchen? Sie haben sie ja schließlich kennengelernt.»

«Es ist ein sehr nettes Mädchen. Sie brauchen sich keine Sorgen zu machen.»

«Warum kann sie sich dann nicht entscheiden? Warum sagt sie nicht, daß sie ihn heiraten will? Finden Sie das nicht etwas seltsam?»

«Überhaupt nicht. Sie ist noch sehr jung und will sich einfach nicht zu früh binden. Sie braucht Zeit.»

«Wirklich? Meinen Sie, das ist alles? Nur eine Frage der Zeit?»

Er schien nicht allzu überzeugt. In immer neuen Ansätzen versuchte er mehrmals mit Boon ins Gespräch zu kommen. Aber keines der Gespräche zum Thema war wirklich befriedigend, weil sie alle nicht zu definitiven Ergebnissen führten. Irgendwann einmal mußte ihm aufgefallen sein, daß Boon selbst ebenfalls unverheiratet war, und daß es sich vielleicht empfahl, seine generellen Ansichten zum Thema herauszubekommen, bevor das Gespräch wieder auf den Fall des eigenen Sohnes kam.

Er ging die Sache sehr umständlich an und begann mit einem Zweig der Familie Boon, der im siebzehnten Jahrhundert aus Frankreich gekommen war. Eine Zeitlang glaubte Boon, er werde wieder auf einen jener historischen Ausflüge mitgenommen, für die Sugamas Vater so schwärmte, und das Ganze sei nur die Fortsetzung des unterbrochenen Gesprächs am Abend seiner Ankunft. Aber je klarer die Tendenz der Fragen wurde, je mehr sich die seltsamen Nebenbemerkungen häuften, die Boon anfangs für eine Begleiterscheinung seines weitgespannten, schleppnetzartigen Konversationsstils gehalten hatte, desto deutlicher trat zutage, worauf die Unterhaltung zielte: die Last der Jahrhunderte, eine ganze Dynastie von Boons, ruhte verpflichtend auf den Schultern des jungen Mannes. Er hatte doch wohl nicht vor, sich seiner Verantwortung zu entziehen? Gewiß nicht. In unangreifbar korrektem japanischen Stil stimmte Boon von ganzem Herzen zu.

«Ich wünschte nur, mein Sohn folgte Ihrem Beispiel», sagte Sugamas Vater ernsthaft.

«Aber das tut er doch, oder nicht?»

«Wie meinen Sie das?»

«Nun, ich bin auch noch nicht verheiratet.»

«Ach, Bun-*san*, Sie sind noch jung. Und außerdem wissen Sie, daß Sie heiraten werden.»

«Also, in Wirklichkeit bin ich da gar nicht so sicher. Vielleicht ja, vielleicht nein. Ich werde es mir überlegen.»

«Aber... Bun-*san*, haben wir uns mißverstanden? Was ich über die Kontinuität der Generationen sagte, haben Sie dem nicht zugestimmt?»

«Oh, doch, es spricht viel dafür. Aber sich auch tatsächlich danach zu richten, das ist wieder etwas anderes...»

Sugamas Vater war über Boons Hinterhältigkeit entsetzt. Nach einiger Zeit wurde ihm klar, daß er bei Boon Überzeugungen als selbstverständlich vorausgesetzt hatte, die dieser ganz offenbar nicht teilte. Also gestand er großzügig zu, daß Heirat nicht immer ein unausweichliches Ereignis, ein Fall von höherer Gewalt sein müsse, sondern auch etwas mit freier Entscheidung des Individuums zu tun haben könne. Er war bereit, Boon zu vergeben. Aber er hatte ihm einen bösen Schrecken eingejagt. Machte er sich denn keine Sorgen um die Zukunft des Menschengeschlechts? Würde es nicht schlimme Folgen haben, wenn sich zu viele andere Leute genauso verhielten, oder besser gesagt, nicht verhielten? Boon sagte, er mache sich keine Sorgen und glaube nicht an schlimme Folgen.

Sugamas Vater brachte es nie ganz fertig, an Boons Gleichgültigkeit gegenüber Ehe und Fortpflanzung zu glauben. Mit zuverlässig japanischer Höflichkeit wurde die Angelegenheit Boon und Heirat zum ständigen Familienscherz erklärt und damit ihrer Brisanz beraubt. Boon und heiraten! Hi, hi ... Frühstücksei! Es war ein sehr ähnlicher Tonfall.

Sechs Wochen später kam Sugamas Vater auf einer Geschäftsreise nach Tokio. Er ergriff die Gelegenheit, sich das Mädchen mit eigenen Augen anzuschauen. Er übernachtete in Oji, und Boon unterhielt sich ausführlich mit ihm. Wenn Boons Ansichten Sugamas Vater erschreckten, schienen auch seine Überzeugungen Boon gelegentlich überraschend. Nachdem er das Mädchen getroffen hatte, gab er zögernd zu, daß sie so schlecht auch wieder nicht sei; aber, dennoch, jedenfalls, eine Heirat kam auf keinen Fall in Frage.

«Warum nicht?» fragte Boon.

«Hier, sehen Sie mal her!» er klopfte vieldeutig auf seine Brillengläser. Boon war verwirrt.

«Ich fürchte, ich komme nicht mit.»

«Nun, wie Sie wissen, ist auch mein Sohn sehr kurzsichtig.»

«Und?»

«Das Mädchen sieht sehr schlecht, Bun-*san*. Das wären dann schon zwei. Eine höchst ungünstige Kombination von Erbanlagen. Stellen Sie sich bloß vor, wie sich das auf die Kinder auswirken kann. Schlechte Augen sind eine erbliche Schwäche der Familie Sugama. Nein, ich fürchte, er wird sich nach einem Mädchen mit wirklich guten Augen umsehen müssen, um die Schwäche auszugleichen.»

Die Gründe, die Boon vorgetragen hatte, um zu erklären, warum Sugamas Freundin noch nicht heiraten wollte, waren wahr, aber nur ein Teil der Wahrheit. Es gab ein entscheidendes Hindernis, das er lieber nicht erwähnen wollte: Das Mädchen hatte wenig Lust, nach Toyama zu ziehen und bei ihren Schwiegereltern zu leben. Sugama hatte allen Grund, sich Sorgen zu machen.

Seltsamerweise hielt sich Großvater aus diesem Familienkrieg heraus. Vielleicht agierte er versteckt im Hintergrund, vielleicht aber hatte er bereits so viele Enkel, daß es ihm auf einen mehr oder weniger nicht ankam.

Sugama und Boon in der Blüte ihres Lebens, die glaubten, unendlich viel Zeit zu haben, und Großvater am anderen Ende des Lebens, der wußte, daß seine Zeit zu Ende ging, verbrachten geruhsame Tage. Sugamas Vater arbeitete am Neujahrsabend bis zum Mittag, und seine Frau hatte täglich von morgens bis abends zu tun. Sie war unermüdlich.

Am Neujahrsabend war sie besonders beschäftigt und lief ständig mit Platten, Schüsseln und Schalen voll Teig zwischen der Küche und dem Abstellraum hin und her, der früher einmal Großvaters Werkstatt gewesen war. Ein Nachbar und eine Schar von Kindern tauchten auf geheimnisvolle Weise in allen Ecken des Hauses auf, als hätte sie ein Zauberer aus dem Hut gezogen. Die Kinder tobten; der Nachbar steckte die Hände in die Taschen, rauchte und redete die ganze Zeit ohne Pause. Er stand immer in der gleichen Haltung da, das Kennzeichen des professionellen Müßiggängers. Boon sah ihn in immer der gleichen Pose in einem Zimmer nach dem anderen, ohne daß er je hätte beobachten können, wie er sich von einem Zimmer ins andere bewegte. Im *kyakuma* sprach er mit Großvater, in der Küche mit Sugamas Mutter und im Abstellraum mit sich selbst. Ihm machte das nichts aus. Er redete so, wie er mit den Händen in der Tasche dastand; beides waren Tätigkeiten, denen man mit oder ohne Publikum nachgehen konnte.

Boon zog seinen Mantel an und ging in den Abstellraum, um herauszufinden, was vor sich ging.

«Wir machen Reiskuchen», sagte Sugamas Mutter.

Sie kniete vor einer Reihe von Schüsseln auf dem Boden und

knetete grobkörnigen Reis mit Wasser zu einem dicken Brei. Es war eiskalt. Der Teig, den sie knetete, sog die Wärme aus ihren Fingern, und aus der Schüssel stiegen Dampfschwaden auf. Ihre Hände und die nackten Unterarme nahmen die rosa Farbe von gekochten Krabben an.

Als die letzte Schale Reis und Wasser zu einem weißen Teig verknetet war, holte sie einen Stößel und einen glatten hölzernen Mörser hervor. Sie schöpfte den klebrig-glatten Teig aus einer der Schüsseln und breitete ihn im Mörser aus. Einen Augenblick lang breitete sich die dickliche Masse aus und zog sich wieder zusammen, als sei sie lebendig. Sugamas Mutter schüttelte gummiartige Polypenarme von Teig von den Fingerspitzen, spülte die Hände in kaltem Wasser und sagte: «Wir brauchen einen starken Mann.»

Boon, der einstimmig in dieses Amt gewählt wurde, zog peinlich berührt die Jacke aus. Es entbrannte eine Diskussion um den Stößel. Der Müßiggänger aus der Nachbarschaft hielt ihn anscheinend für ungeeignet und beauftragte einen der Jungen, sich nach einem Holzhammer umzusehen. Der Kleine stürzte sich in das Gewirr von Brettern und Sackleinwand in der hintersten Ecke der Abstellkammer und blieb lange Zeit verschwunden. Ein zweiter Junge wurde beauftragt, nach dem ersten zu suchen, aber in diesem Augenblick erschien er wieder und schleppte einen riesigen Vorschlaghammer an.

Boon schwang ihn durch die Luft. Er bestand vollständig aus Holz und war viel leichter, als er aussah.

«Ich hatte ganz vergessen, daß wir so etwas haben», sagte Sugamas Mutter. «Ich glaube, damit wurden die Zäune repariert.»

«Und jetzt werden wir Kuchen damit machen», sagte der Junge.

Sie wischte den Hammer mit einem Tuch sauber und feuchtete das Holz an.

«Sie werden den Reisbrei mit dem Hammer schlagen, und ich werde ihn immer wieder falten und umwenden, bis der Teig fertig ist. Aber passen Sie auf, daß Sie mir nicht auf die Finger schlagen.»

Boon holte aus und hämmerte auf den Reisbrei ein. Sie faltete die Teigränder zur Mitte zusammen, und der Hammer schlug erneut zu. Mit jedem Schlag konnte Boon spüren, wie der Teig fester, härter und kräftiger wurde. Bald verlor er seine Klebrigkeit und brauchte nicht mehr angefeuchtet zu werden. Er löste sich von der Holzunterlage, leistete den Hammerschlägen federnd Widerstand und sprang wie ein Schwamm nach oben. Die Schläge wurden immer schneller und rhythmischer. Er schlug zu, und sie drehte und knetete den Teig mit geschickten Fingern, die sie zwischen den Schlägen kaum unter dem Hammer wegzog.

Das Teigschlagen nahm beinahe eine Stunde in Anspruch. Nach einiger Zeit löste Sugama Boon ab und gab den Vorschlaghammer dann an die Jungen weiter, die aufgeregt und begeistert mitspielten. Selbst der herumlungernde Nachbar ließ sich überreden, die Zigarette aus dem Mund und die Hände aus den Taschen zu nehmen und mitzumachen. Er schlug mit unerwarteter Energie auf den Teig ein und begleitete jeden Schlag mit einem barbarischen Aufschrei. Das Stimmengewirr und die dumpfen, lang vergessenen Hiebe des Hammers aus seiner Werkstatt weckten Großvater aus dem Vormittagsschlaf. Er stand unter der Tür und kratzte sich am Kopf, als ob er Ordnung in all die Erinnerungen bringen müßte, die plötzlich aus der Vergangenheit aufstiegen.

Noch lange nachdem alle anderen gegangen waren, kniete Sugamas Mutter auf dem Boden der Abstellkammer, formte Reiskuchen und breitete sie auf einem Tablett aus. Alles in allem lagen am Ende ein paar Quadratmeter Reiskuchen da. Boon fragte sich, wer all die Kuchen essen sollte. Er hatte einen davon probiert und als ungenießbar eingestuft.

Der Charakter dieser Frau ging so nahtlos in die Idealvorstellung über, der sie ihr Leben gewidmet hatte, daß sie kaum mehr als eigene Persönlichkeit in Erscheinung trat; vielleicht gab es gar keinen Unterschied mehr. Es fiel schwer, die Frau von ihrer Funktion getrennt zu sehen. Sie brachte einen großen Teil ihres Ich in ihre selbstlose Hingabe ein. Je mehr sie für andere opferte, desto abhängiger wurden sie von ihr. Darin lag der Lohn für ihre Hingabe: Sie wurde unentbehrlich.

Sie liebte den am meisten, der sie am wenigsten entbehren konnte. Sie sorgte für Großvater wie für einen Säugling. Vielleicht war Großvater für sie wichtiger als irgend jemand anderes. Er war die große Investition ihres Lebens, und nach dreißig Jahren in seinem Haushalt hatte sie endlich seine Zustimmung gewonnen. Die Anspannung hielt sie am Leben. Als der alte Mann zwei Jahre später starb, brach sie zusammen. Sie konnte ihren Lebensentwurf so wenig ändern wie ein Boot, das auf das Trockene gezogen wird und dem Wasserdruck keinen Widerstand mehr leisten muß. Das einzig Ungewöhnliche an der Auffassung, die Sugamas Mutter von Pflicht und Dienstleistung hatte, war die Tatsache, daß sie altmodisch war. Sie war gewiß nicht untypisch. Boon lernte viele japanische Frauen kennen, die manches mit ihr gemeinsam hatten.

Spät am Nachmittag wurde im Hof hinter der Küche Feuer gemacht, um das Badewasser zu wärmen. Es war ein umständliches und verschwenderisches System. Das Feuer im Freien erhitzte das Wasser in der Küche, aber sonst nichts. Weil das Ganze eine so mühsame Angelegenheit war, wurden die Badetage normalerweise im voraus bestimmt, und die Familienmitglieder stiegen in einer festgelegten Reihenfolge in die Wanne. Die älteren männlichen Haushaltsangehörigen badeten zuerst, und Gäste hatten den Vorrang. Boon durfte sich infolgedessen an der Schlange vorbeimanövrieren und, natürlich nach Großvater, den zweiten Platz einnehmen. Sonst wäre er der vierte in der Reihenfolge gewesen.

Anders als Europäer waschen sich Japaner nicht in der Badewanne selbst, sondern entspannen sich nur im warmen Wasser. Um sich einzuseifen und abzuspülen, hocken sie auf einem niedrigen Hocker neben dem Bad. Es war also ganz selbstverständlich, daß fünf oder sechs Leute nacheinander im gleichen Wasser badeten. Solange das Wasser einigermaßen sauber war, hatte Boon keine Einwände dagegen. Allerdings nahmen es nicht alle japanischen Hausfrauen mit der Reinigung des Bades nach jedem Badetag so genau wie Sugamas Mutter. In einigen Privatwohnungen wurde er aufgefordert, sich in einem Wasser zu erfrischen, das so trübe war, daß man den Boden der Wanne nicht mehr sehen konnte.

Sugama hatte vorgeschlagen, um Mitternacht mit Boon die örtlichen Schreine zu besichtigen, aber der kräftige Wind und der Regen, der die ganze Nacht fiel, machten ihnen einen Strich durch die Rechnung, und sie blieben zu Hause. Boon kroch unter den *futon* im oberen Zimmer und lauschte schläfrig dem Knistern und Sausen des Sturms über dem Dach, während Sugama einen Tiger in eine Buchsbaumplatte schnitzte und sich daran machte, seine *nengajō* zu drucken. Er entwarf seine Neujahrskarten immer selbst und war ebenso gewissenhaft wie unpünktlich, wenn es darum ging, sie abzuschicken. Es war kein schlechter Tiger, und Sugama tat ihm den Gefallen, einen davon an ihre gemeinsame Adresse zu schicken. Die Neujahrskarte kam im Februar an.

Der Neujahrstag fing für Boon früher an als irgendein anderer in seinem Leben. Um halb sechs weckten ihn das Geklapper von Töpfen und das Stampfen eiliger Füße. Er traute Sugamas energischer Mutter eine Menge zu, aber selbst sie konnte nicht an drei oder vier Orten gleichzeitig sein; und richtig: Als er ins Wohnzimmer kam, traf er auf drei Damen in weißen Schürzen, die plauderten und Tee tranken. Sie wollten Sugamas Mutter bei der Vorbereitung des Neujahrsmahls helfen, das für den Nachmittag geplant war.

Alle drei Frauen waren entfernte Angehörige des Sugama-Clans. In ihrem Schnattern und Gackern waren sie beinahe bedrohlich. Schwätzend und schnatternd, mit gerötetem Gesicht und energischen kurzen Schritten, mit straffem Gesäß und glatten, runden Bäuchen trugen sie ihre Schürzen wie Uniformen und stürzten sich auf jeden Mann, den sie im unteren Stockwerk erwischten. Großvater durfte in Ruhe im *kyakuma* sitzen und seine Pfeife rauchen, aber als der geschwätzige Nachbar auftauchte, um ein wenig in Großvaters Gesellschaft herumzulungern, wurde er sofort wieder auf die Straße gejagt. Der Arme! Der Sturm hatte nachgelassen, und inzwischen war es eiskalt. Glücklicherweise gelang es ihm, sich ungesehen durch die Hintertür wieder in die oberen Räume zu schleichen, wo der kleine Junge, wie sich herausstellte sein Sohn, mit seiner Neujahrskalligraphie beschäftigt war.

Sugama erklärte Boon den Sinn des *kakizome*, der kalligraphischen Neujahrsvorsätze, und forderte ihn auf, es selbst einmal zu versuchen. Boon, der seine Unfähigkeit hinter einem vorgeschobenen Mangel an Interesse verbarg, sagte, er wolle lieber zuschauen. Mit all der Würde seiner zehn Jahre kniete der kleine Junge feierlich auf dem Boden und schrieb zehnmal *ningen kokuhō*, «Lebender Nationalschatz»: ein Titel, der hervorragenden Künstlern und Handwerkern im traditionellen Kunstgewerbe als Dank für ihre Dienste am Volk verliehen wurde; vielleicht auch, so wollte es Boon scheinen, für ihre zähe Durchhaltekraft. Denn die meisten Lebenden Nationalschätze gingen auf die Achtzig zu. Schließlich konnte man den Titel nicht gut postum verleihen. Selbst für einen so begabten Jungen, wie es der Nachbarssohn sicher war, schien der Vorsatz verfrüht; er würde noch mindestens ein halbes Jahrhundert darauf warten müssen. Der Junge erklärte allerdings, das sei kein Vorsatz, er wollte nur über die Schulferien in der Übung bleiben.

Inzwischen hatte Sugama es immer noch nicht geschafft,

irgend etwas zu Papier zu bringen. Hier beobachtete Boon zum erstenmal die charakteristische Wirkung des *kakizome* und anderer Anwendungsgebiete des *shodō:* die geistige Konzentration, die Sammlung aller Willenskräfte, die entsteht, wenn man einen Gedanken in technisch vollendeter Form zu Papier bringen muß. Was Sugama schließlich zustande brachte, war kalligraphisch so perfekt, wie die Idee angemessen war: *kenkon itteki,* «Himmel und Erde in einem Strich». So wollte er die Aufgabe angehen, vor der er im neuen Jahr stand. Auf die eine oder andere Art mußte die Frage seiner Heirat endgültig gelöst werden.

Die ersten Gäste kamen am frühen Nachmittag. Sugama bemerkte nebenbei, daß das Neujahrsmahl immer im Hause seines Vaters stattfand, weil er der *chōnan* war, das symbolische Haupt des Haushalts oder – solange Großvater lebte – zumindest der Thronerbe des ausgedehnten Sugama-Clans. Hier hörte Boon zum erstenmal den Ausdruck *tateshakai,* die Bezeichnung einer Gesellschaft, die vertikal nach Rang und Würde gegliedert ist; und das Bankett, das an diesem Abend im Hause des ältesten Mitglieds der Sugama-Familie stattfand, bot ein anschauliches Beispiel dafür, wie eine derartige Gesellschaft in der Praxis funktionierte.

Die meisten Männer trugen westliche Anzüge, nur wenige zogen japanische Kleidung vor, aber die Frauen erschienen ausnahmslos im festlichen *kimono.* Die Männer und, soweit sie nicht mit Haushaltsaufgaben beschäftigt waren, auch die Frauen versammelten sich um die Feuergrube, an der Großvater als Patriarch saß, seine Zehen wärmte und seine Pfeife rauchte. Die *irori,* eine etwa vierzig Zentimeter tiefe Versenkung im Fußboden, war zur Feier des Tages mit heißer Asche gefüllt. Sie erwies sich als unschätzbar nützlich, sowohl für Großvaters Zehen als auch für seine lange schlanke Pfeife mit dem kleinen Kopf, die der alte Mann ständig neu stopfen und wieder anzünden mußte. Boon sah ihm zu, wie er seine Zehen wärmte, seine Pfeife an der Feuergrube ausklopfte und die sieben Söhne und Schwiegertöchter empfing, die im leuchtend bunten Seidengewand zur Begrüßung vor ihm niederknieten. Er kam sich vor, als sei er im falschen Kostüm in die Aufnahmen zu einem historischen Film geraten.

Boons Mohair-Pullover erregte, obwohl man ihn nie wieder mit seinem Bart durcheinanderbrachte, fast mehr Aufmerksamkeit als er selbst. Man strich mit den Händen über den Pullover, zupfte und zerrte daran, als sei er kein Kleidungsstück, sondern ein Schaustück, das Boon vor sich her trug und den Blicken der Öffentlichkeit aussetzte. Er bot den gesitteten Damen, die nie davon geträumt hätten, sich Boon zu nähern, einen unwiderstehlichen Vorwand, ihn zu berühren. So kam er mit fast allen Anwesenden ins Gespräch.

Gegen fünf Uhr wurden die Gäste gebeten, an den Tischen Platz zu nehmen, die die Wände säumten und nun mit geheimnisvollen Speisen beladen waren, die Boon niemals zuvor gesehen hatte und auch später nie wieder zu Gesicht bekam, von denen man ihm aber versicherte, es handle sich um exquisite Delikatessen. Zu seiner Überraschung befand sich keine einzige Frau in der Gesellschaft, die sich nun am Tisch niederließ. Die ganze Mahlzeit hindurch trippelten Frauen und Töchter mit behenden Schritten umher und bedienten ihre männlichen Verwandten. Erst als die Mahlzeit beendet war und *sake* serviert wurde, setzten sie sich und aßen – allerdings nicht im *kyakuma*, sondern in einem Nebenraum, wo sie jederzeit erreichbar waren, wenn sie gebraucht wurden. Sugama war nicht überrascht, daß Boon das seltsam fand. Die Frauen, sagte er, hatten dagegen nichts einzuwenden und blieben im großen ganzen lieber unter sich. Um so besser, dachte Boon.

Ihm gegenüber saß der zweitälteste Sohn, ein Bankier. Zwischen schnellen Bissen verwickelte er Boon mit gnadenloser Insistenz in ein Gespräch, das mehr von einem Duell als von einer Konversation an sich hatte. Er gab keinen Pardon und fragte Boon auf die gleiche direkte Art aus, mit der er sich an ein Stück widerspenstigen Fisch heranmachte. Er war der weltläufigste, aber auch der am wenigsten liebenswerte unter den Sugamas. Rechts und links von dem Bankier saßen zwei enttäuschende Kapitalanlagen, seine Söhne, mit rettichweißen Gesichtern, erfüllt von Ehrfurcht vor ihrem Vater und beängstigt, unbemerkt verschlungen zu werden. Keiner der beiden sagte an dem ganzen Abend ein einziges Wort. Der Bankier benutzte Boon geschickt, um seine zwei mageren Aktienpakete zu einem höheren Dividendenertrag zu motivieren, und spendete Boon ausgesuchtes Lob, um seinen Söhnen zu demonstrieren, daß sie Dummköpfe waren. Vielleicht waren sie dumm, aber sie waren so eingeschüchtert, daß man es nicht feststellen konnte.

Es war ein interessanter Anblick, wie so vollkommen verschiedene Persönlichkeiten durch die Bande der Verwandtschaft zusammengeführt wurden. Die meisten Anwesenden hätten sich wahrscheinlich zu keiner anderen Gelegenheit freiwillig in die Gesellschaft ihrer Verwandten begeben, und doch fehlte kein Familienmitglied, das nicht durch eine lebensgefährliche Krankheit behindert war, beim Neujahrstreffen. Sie waren aus Pflichtgefühl gekommen und täuschten keine besondere Freude vor. Sie waren da, weil die Familie die eigentliche Grundlage ihrer Macht darstellte, und weil die rituelle Demonstration der Zugehörigkeit eine große psychologische Bedeutung hatte, wo es darum ging, ihre Mitgliedschaft in den anderen sozialen Gruppen zu betonen und zu verstärken, deren Urbild die Familie war. Hier lag die nährende Quelle aller sozialen Harmonie.

Es kam nie zu einer wirklich entspannten Stimmung im Raum. Der *sake* diente der rettenden Illusion, die Risse im Familienbild zu übertünchen; in Wirklichkeit aber wurde das Bild nur verschwommen. Wie bei vielen gesellschaftlichen Ereignissen in Japan, an denen Boon teilnahm, ging die eher gehemmte Atmosphäre ohne fröhlichen Übergang in eine Stimmung der Ausgelassenheit über. Vielleicht gab es physiologische Gründe dafür. Viele Japaner waren betrunken, sobald sie überhaupt zu trinken anfingen. Aber nach Boons Erfahrungen gehörte auch viel Selbstüberredung dazu, eine Art gewollter Trunkenheit, die rein psychologischer Natur war. Viele Trinker wollten unbedingt betrunken sein. Sie tranken, um sich zu betrinken.

Nach diesem Muster verlief auch das Neujahrsfest im Hause Sugama. Man war verpflichtet, sich wohl zu fühlen, und je stärker die Pflicht bewußt wurde, desto geringer war die Neigung. Der *sake* strömte, wie es sich gehörte, die Gesichter röteten sich, man stimmte im Chor fröhliche Gesänge an.

Ohne daß Boon es bemerkte, hatte man ihm den Ehrenplatz am Tisch zugewiesen. Er saß mit dem Rücken zum *tokonoma*, der schmalen Wandnische, in der die wertvollsten Schätze des Hauses ausgestellt wurden. In diesem Fall war es eine kostbare Bildrolle, die Darstellung der aufgehenden Sonne. Das Paradox, daß traditionell der einzige Platz im *kyakuma*, von dem aus man diesen Schatz nicht sehen konnte, als Ehrenplatz galt, ging auf eine seltsame, längst vergessene Entwicklung zurück. Das Festhalten an einer Sitte, die sich so weit von ihrem Ursprung entfernt hatte, daß sie nur noch aus dem Alter ihrer Tradition gerechtfertigt werden konnte, aus der Behauptung, es sei so, weil es schon immer so gewesen sei, erschien Boon im Rückblick als typisch japanisch. Es war ein angemessener Abschluß für eine Woche, die er als Gast in einem ausgeprägt japanischen Haushalt verbracht hatte.

Aufzeichnungen eines Kirschbaums

ICHIMONJI JUNICHIRŌ, selbsternannter *sensei* und wahrer Sohn von Edo, hatte ein Holzhaus im traditionellen Stil in Higashi-jūjō am Stadtrand von Tokio geerbt. Das winzige Häuschen und der noch winzigere Garten beherbergten den Meister selbst, seine Frau, seine zwei Kinder, seine *bonsai*-Sammlung und einen Karpfenteich. Die Einrichtung der spärlich möblierten Zimmer vermittelte die strenge, nahezu keusche Atmosphäre altjapanischer Wohnkultur. In der Ruhe seiner Häuslichkeit, wenn er die Bäume seines Großvaters pflegte oder sich in Studien zur Geschichte des Stadtbezirks Toshima vertiefte, zog der Privatmann Ichimonji japanische Kleidung dem europäischen Anzug vor. Einige der Studien, die später einmal in Buchform veröffentlicht werden sollten, waren bereits in einer kaum bekannten Fachzeitschrift erschienen. Ichimonji war wenig an Ruhm und Geld gelegen, auch wenn er einen Verlagsvorschuß wohl angenommen hätte, wäre er ihm angeboten worden. Statt sich um Bargeld zu kümmern, griff er dem Erscheinen seines Buches in anderer Weise vor, wenn er sich selbst den Ehrentitel eines *sensei* zulegte, auf den ihm seine wissenschaftlichen Neigungen ein Anrecht gaben. Der wahre Sohn von Edo war als Verschwender bekannt und traf keine Vorsorge für die Zukunft, aber ebensowenig sah er einen Grund, Ehrungen auf morgen zu verschieben, die er heute genießen konnte.

Der wendige Mann der vielen Rollen, Amateurhistoriker und gelegentlicher Moralphilosoph, ehemaliger Nachtlokalbesitzer und Anwärter auf ein zukünftiges Amt in der Kommunalpolitik, war Bauunternehmer von Beruf, Schauspieler aus Berufung und Abenteurer aus Neigung. Als Realist, den die Phantasie am Leben hielt, war er der geborene Akteur des Wassergewerbes, der ein Leben lebte und mit einem Dutzend weiterer spielte. Der Mann, den Boon aus den Bars von Tokio als trinkfesten Frauenjäger kannte, dessen Reden um so lockerer wurden, je lockerer sein Schlips saß, hüllte sich hinter der eigenen Türschwelle in eine abgetragene Gelehrtenrobe und versenkte sich unter dem ruhigen Blick seiner Ehefrau in seine Bücher und seine Pflanzen. Sie strahlte Ruhe aus, wie ein Baum Schatten spendet.

Gelegentlich lud Ichimonji die respektableren unter seinen Zechkumpanen ein, einen Abend in dem Schatten zu verbringen, den seine schöne Frau um sich verbreitete. Mit dem sicheren Sinn für Dramaturgie, der sein Leben bestimmte, bezeichnete er diese informellen Zusammenkünfte als den Ichimonji-Zirkel oder noch etwas hochtrabender als das Higashi-jūjō-Seminar. Auch Boon nahm gelegentlich daran teil. Er brachte sein Tonbandgerät mit, weniger um der Nachwelt die Ereignisse zu erhalten, als um später seine Japanischkenntnisse im Abhören der Bänder zu verbessern. Ichimonji sah das natürlich anders. Allein aus der Tatsache, daß Boon Aufnahmen von den Zusammenkünften machte, erschloß er die historische Bedeutung seines Freundeskreises. «Unser Chronist», sagte er stolz, wenn er Boon einem neuen Gast vorstellte.

Der Chronist wurde Mitte April zu Hofe geladen, als der Kirschbaum in Ichimonjis Garten gerade begonnen hatte, seine blaßrosa Blüten zu entfalten. Dem Baum zu Ehren veranstaltete Ichimonji eine private Blütenschau. «Gehen Sie nicht in die öffentlichen Gärten», riet er Boon, «jedenfalls nicht, bevor Sie die Blüten in meinem Garten gesehen haben. In den Parks gibt es zu viele Menschen, zu viel Krach, zu viele Betrunkene. Das ist nicht die richtige Atmosphäre für das *hanami*. Sie werden nur durch den lächerlichen Anblick von

Männern mittleren Alters abgelenkt, die kaum mehr auf den Beinen stehen können und gleichzeitig versuchen zu singen, in die Hände zu klatschen und auf Zehenspitzen zu tanzen. Und nicht nur das: Unter so vielen Bäumen mit so vielen Blüten wird es Ihnen nicht gelingen, eine einzelne Blüte richtig zu betrachten. In meinem Garten habe ich nur einen Baum, und deshalb sollten Sie dort den Anfang machen. Kommen Sie und machen Sie Aufzeichnungen von meinem Baum.»

Als Boon kam, war Ichimonji in eine geschäftliche Diskussion mit zweien seiner Gäste verstrickt, also führte ihn seine Frau in den Garten.

«Das ist Kenji», sagte sie, «der jüngere Bruder meines Mannes. Er hat die letzten drei Jahre in London gelebt und ist erst vorige Woche zurückgekommen. Sie werden sich gut mit ihm unterhalten...»

Boon traf einen jungen Mann etwa in seinem Alter, der im Schneidersitz unter dem Baum saß. Die Hände ruhten auf den Knien, und seine Augen waren fest geschlossen. Anscheinend war er eingeschlafen. Boon ließ sich leise auf dem Rasen nieder, wärmte seine Schultern in der Frühlingssonne und bewunderte Ichimonjis Baum. Der Kirschbaum murmelte in schwachen Farben; der hellrosa Blütenschwarm und das summende Grün der Blätter glichen einem ruhig beharrlichen Rauschen. Boon erinnerte sich an die Aufforderung, den Baum aufzunehmen, und stellte pflichtgetreu das Tonbandgerät an. Es war ein Baum, von dem man wirklich Aufzeichnungen machen konnte.

Nach einiger Zeit gähnte Kenji und öffnete die Augen. «Hallo», sagte er auf englisch. «Sie müssen Boon sein. Wie unhöflich von mir! Wissen Sie, ich habe auf Sie gewartet, aber ... nun ja, ich bin erst seit ein paar Tagen wieder in Japan und bin immer noch recht müde. Ich muß eingeschlafen sein.»

«Ich habe Ihren Schlaf aufgenommen», sagte Boon. «Soll ich es Ihnen vorspielen?»

«Was? Meinen Schlaf aufgenommen? Wieso?»

Dann bemerkte Kenji das Tonbandgerät und fing an zu lachen.

«Eigentlich nein, wenn es nicht besonders interessant war. Habe ich geschnarcht?»

«Ich würde lieber etwas darüber hören, was Sie in London getan haben», sagte Boon.

«Ich bin Soziologe. Ich habe dort an meiner Dissertation gearbeitet, und jetzt hat man mir eine Stelle an einer Universität in Kyūshū angeboten.»

Boon fand Kenji auf Anhieb sympathisch, und bald plauderten sie wie alte Freunde. Er war eifrig, offen, beredt und voll vom frischen Tauglanz seiner neuen Erfahrungen. Er redete Boon mit Vornamen an und verfiel mit müheloser Leichtigkeit vom Englischen ins Japanische und wieder zurück ins Englische.

«Wissen Sie», sagte er, «der sogenannte Kulturschock ist etwas, das wir angeblich erfahren, wenn wir zum erstenmal einer fremden Zivilisation ausgesetzt sind. Haben Sie je daran gedacht, daß es einen viel stärkeren umgekehrten Schock gibt, wenn man in die eigene Kultur zurückkehrt?»

«Die Frage kann ich nicht beantworten, bevor ich selbst wieder zu Hause bin.»

«Also ich, jedenfalls, bin immer noch völlig verwirrt, und ich habe den unheimlichen Verdacht, daß ich nach drei Jahren im Ausland viel weniger über europäische Kultur gelernt habe als über meine eigene. Ich habe den grundlegenden Konsens der japanischen Gesellschaft immer unbefragt hingenommen, aber jetzt, nach drei Jahren im Ausland ...»

«Jetzt?»

«Jetzt schlage ich die Augen auf und sehe ihn fast wie ein Wunder. Die Speisen, die wir essen, die Häuser, in denen wir wohnen, was wir sagen und wie wir uns benehmen... die Routine des Alltagslebens ist immer die gleiche. Ich kann verstehen, was man mir in England einmal gesagt hat: Die Japaner seien als Volk interessant, aber als Individuen langweilig. Es gibt wohl eine Gleichförmigkeit des Japanischseins, die sich von der Oberfläche bis zum tiefsten Kern erstreckt. Die Zugehörigkeit zu einer Gemeinschaft des Denkens und Fühlens, die Sicherheit, daß der einzelne noch in seinen privatesten Gedanken das empfindet, was er mit anderen teilt, ist für uns genauso bedeutsam wie die formelle, nach außen zur Schau getragene Einheitlichkeit. Die persönliche Introversion der geteilten Erfahrung ist das, was die japanische Gesellschaft als Individualität begreift. Wir bilden eine zentripetale Gesellschaft, in der jede Bewegung auf die Mitte zielt.»

«Wo ist die Mitte? Was heißt hier Mitte?»

«Natürlich das *uchi*.»

Kenji schwieg ein paar Minuten nachdenklich.

«Früher war es für den einzelnen selbstverständlich, seine persönlichen Wünsche den Interessen der Familie oder des Clans, dem er diente, unterzuordnen. Bedingungslose Loyalität gegenüber dem Familienoberhaupt oder dem Clanführer war der Grundstein der feudalen Ethik. So konnten und mußten Konflikte zwischen Moral und Gesetz entstehen. Die berühmten *rōnin* etwa, die herrenlosen Samurai, die einen gemeinschaftlichen Mord begingen, um ihren Herrn zu rächen, wurden wegen des edlen Beispiels ihrer Tat als ‹Ruhm der Genroku-Zeit› gefeiert, aber das Shogunat verurteilte sie trotzdem zum Tode. Heute kann uns das paradox erscheinen, aber damals fand es allgemeine gesellschaftliche Anerkennung.»

«Aber das war vor dreihundert Jahren.»

«Eben. Darum geht es mir. Das Ideal, das sich in der Geschichte der Siebenundvierzig Samurai verkörpert, hat das japanische Gemüt nahezu durchgehend in seinen Bann geschlagen. Noch im Zweiten Weltkrieg wurde es als Vorbild für *messhi-hōkō* gepriesen, für selbstlos aufopfernden Patriotismus.

Ich glaube, es ist falsch, hier von Patriotismus zu sprechen. Scheinbar widmeten die Freiwilligen, die zum *tokkōtai* ausgewählt wurden – *kamikaze* ist der Ausdruck, in dem sie zur Legende wurden – ihr Leben dem Kaiser und dem Reich, aber aus ihren Privatbriefen und ihren Tagebüchern gewinnt man einen ganz anderen Eindruck. Aus den Briefen geht hervor, daß das Opfer den Mitgliedern des *uchi* galt, den Vätern, den Müttern, den Schwestern. An sie haben die Helden gedacht, ihr Schutz und nicht der Schutz des Vaterlands war die wirkliche Motivation der jungen Selbstmordpiloten.»

«Warten Sie bitte einen Augenblick.»

Boon wechselte das Tonband und beschriftete es sorgfältig: Higashi-jūjō, 18. April; Aufnahme von Ichimonjis Kirschbaum; Kenji schlafend, Kenji im Gespräch: *uchi*.

«Was Sie über das *uchi* und alles, was damit zusammenhängt, sagen, scheint mir klar. Aber was geschah außerhalb des *uchi*? Wie waren die Beziehungen zwischen einem *uchi* und dem anderen geregelt?» Kenji zwinkerte mit den Augen und massierte sein Knie.

«Ja», sagte er, «das ist ja das Problem. Es gab keine Regelung. Die fünf Grundmaximen der konfuzianischen Ethik, auf denen die Feudalgesellschaft beruhte, beziehen sich auf das Verhältnis zwischen Fürst und Untertan, zwischen Vater und Sohn, zwischen Mann und Frau, zwischen Geschwistern und schließlich auch noch zwischen Freunden. Aber die Beziehungen zwischen Fremden werden nirgends erwähnt. In der Feudalgesellschaft waren der Rang und die Position eines Menschen unmittelbar an äußeren Merkmalen ablesbar. Das Verhalten einer Person gegenüber richtete sich nach den Regeln der Etikette, die für ihren Status galten. Ein moralischer Kodex für den Umgang mit Fremden, wie ihn die christliche Lehre bietet, existiert in einer derartigen Gesellschaft nicht und wird auch nicht benötigt. Das archaische *uchi* der Feudalgesellschaft hat sich im modernen Japan zum Handels- und

Industriekonzern weiterentwickelt. Das Beharren auf dem Wort *uchi*, wenn man von dem Betrieb sprechen will, dem man angehört, ist der stärkste Beleg dafür, wie ungebrochen die *uchi*-Mentalität weiterlebt. Diese Entwicklung gilt manchmal als eine Art von Wunder, aber ich finde sie überhaupt nicht überraschend. Historisch gesehen hat es niemals so etwas wie Grundlagen für irgendeine andere Sozialstruktur außer derjenigen des *uchi* gegeben. In diesem Land hat sich nie so etwas wie eine öffentliche Moral oder auch nur der Begriff der Öffentlichkeit herausgebildet, und wir brauchen ihn dringend.»

«Ist das nicht etwas übertrieben? Kein moderner Staat kann ohne den Begriff der Öffentlichkeit auskommen, und es gibt ja auch japanische Ausdrücke dafür: zum Beispiel *ōyake*.»

Kenji lächelte.

«Nun gut, manchmal kann *ōyake* eine derartige Bedeutung haben. Aber die eigentliche Bedeutung ist viel enger als die von ‹öffentlich›. Ursprünglich bezeichnete das Wort nichts anderes als ein großes Gebäude, später wurde es für den Kaiserpalast, für den Hof und schließlich für die Regierung verwendet. Aber nirgends trifft es den eigentlichen Sinn des Öffentlichen, des dem Publikum Dienenden, der etymologisch die Idee des Volkes und der Stimmberechtigung mit umfaßt. Natürlich haben die Japaner heute das Wort ‹öffentlich› in ihren Wortschatz aufgenommen. Wir haben das Wort importiert, aber nicht die Geisteshaltung, die ihm seinen Sinn gibt.»

«Schön, aber irgendwie muß das Problem doch in der Praxis lösbar sein.»

«Nun, man kann der Frage ausweichen. Lassen Sie mich ein Beispiel anführen. Sie wissen, daß die Zeitung *Asahi* eine bekannte Spalte unter dem Titel *tensei jingo*, ‹Volkes Stimme, Gottes Stimme›, veröffentlicht, die auch in englischer Übersetzung erscheint. Als Student habe ich daran Englisch geübt.

Damals standen zwei Affären im Vordergrund der Aufmerksamkeit: der Prozeß um die Quecksilbervergiftung, die man bei uns *Minamatabyō*, ‹die Minamata-Krankheit›, nennt, und der Contergan-Fall. Man kann sich wohl kaum zwei Dinge denken, die eher im öffentlichen Interesse lagen. In der Tat tauchte in der englischen Version der Berichte das Wort *public* häufig auf. Aber der japanische Originaltext verwendete unser englisches Lehnwort *paburikku* nicht ein einziges Mal. Es war allenfalls die Rede von der Empörung der *machi no minshū*, der Stadtbevölkerung, und noch häufiger tauchte der Ausdruck *ware-ware* auf, der einfach ‹wir› bedeutet. Überspitzt formuliert ging es eben nicht um Angelegenheiten, die im öffentlichen Interesse lagen; denn es ist schwer, die Unterstützung der Öffentlichkeit für eine Überzeugung zu gewinnen, wenn man keine Möglichkeit hat, diejenigen zu bezeichnen, um deren Unterstützung man wirbt. Das aber ist immer dann der Fall, wenn es kein allgemein gebräuchliches Wort gibt, mit dem man von der Öffentlichkeit als Ganzem reden oder die Öffentlichkeit ansprechen kann.»

«Das ist faszinierend», sagte Boon, «eigentlich sogar verblüffend.»

Ichimonjis Frau tauchte auf der Veranda auf und fragte, ob ihre Mägen leer seien.

«Ja, leer», sagte Kenji, hauchte seine Brille an und putzte sie mit dem Rand seiner Socken. Von drinnen hörte man das Geräusch splitternden Glases und Gelächter. Ichimonjis Frau eilte ins Haus zurück.

«Wer sind die beiden Männer bei Ihrem Bruder?» fragte Boon.

«Der eine heißt Nakao, er gibt, glaube ich, irgendeine Zeitschrift heraus. Den anderen kenne ich nicht. Mein Bruder sagte etwas von einem Graphiker.»

Boon pflückte einen Grashalm und begann, darauf herumzukauen.

«Wissen Sie was», sagte er, «die Knospen an diesem Baum sind schon viel weiter als noch vor einer Stunde. Man kann beinahe sehen, wie sie sich öffnen.»

«Das war mir gar nicht aufgefallen», sagte Kenji. Er setzte die Brille auf und betrachtete den Baum. «Ehrlich gesagt, ich hatte nicht einmal bemerkt, daß es ein Kirschbaum ist.»

«Um auf Ihre letzte Bemerkung zurückzukommen», sagte Boon, immer noch an seinem Grashalm kauend, «wenn es um die Öffentlichkeit so kompliziert steht, was machen Sie mit der Vorstellung von etwas Privatem?»

Kenji dachte eine Weile nach; Boon kaute weiter.

«Wir haben auch das Wort *puraibashi* (‹*privacy*›) übernommen, und es scheint sich besser zu halten als *paburikku*. Die eigentlichen japanischen Ausdrücke für ‹privat› hängen alle mit dem Wort *hito*, Mensch, zusammen: nicht in Gegenwart anderer Menschen, nicht vor den Blicken anderer Menschen, und so weiter.»

«Ganz ähnlich wie das lateinische *privatus*, ‹vom öffentlichen Leben zurückgezogen›», bemerkte Boon.

«Genau. Aber glauben Sie deshalb nicht, daß *hito* ‹öffentlich› heißt. Dem ist nicht so, und zwar weil das Wort *hito* immer einen extrem negativen Beigeschmack hatte, ganz im Gegensatz zum englischen *people*. Sicher sind Ihnen japanische Sprichwörter und Redensarten aufgefallen, in denen sich die Feindseligkeit und das Mißtrauen ausdrücken, die mit *hito* zusammenhängen. Ich finde es bemerkenswert, daß ein Wort, das Mensch meint, so häufig in der engeren abwertenden Bedeutung ‹Fremder› gebraucht wird. Wenn die Angehörigen eines *uchi* von Außenstehenden – also vom Rest der Menschheit – als *hito* sprechen, drückt das Wort automatisch das Bewußtsein aus, daß diese anderen Außenseiter sind, die nicht dazugehören. Natürlich werden auch die Angehörigen des *uchi* selbst von allen anderen als *hito* bezeichnet. Objektiv gesehen ist jedermann ein Mensch, subjektiv gesehen anscheinend niemand. Unter diesen Umständen kann man leicht verstehen, warum so etwas wie die Idee der Öffentlichkeit in der japanischen Kultur nie entstanden ist. Es gibt das Wortpaar *uchi / soto*, aber das hat nichts mit öffentlich und privat zu tun. Das Wort öffentlich steht in kreativem Gegensatz zum Privaten, es hat eine positive Bedeutung. Dagegen heißt *soto* nur ‹außen›, es weist auf das hin, was nicht zum *uchi* gehört: Es ist ein Nicht-Begriff. In Japan erstreckt sich die Achse ‹öffentlich – privat› in Wirklichkeit vom Eingeweihten zum Außenstehenden. Auf dieser Achse führen alle die rivalisierenden *uchi* der Politik, des Geschäftslebens, der Industrie und so weiter, die kollektiv das nationale Interesse bestimmen, ihre Verhandlungen und hoffen dabei, dem nationalen Interesse gleichzeitig mit ihren Eigeninteressen zu dienen.»

Boon lächelte: «War das das Thema Ihrer Doktorarbeit?»

An diesem Punkt mußten sie die Diskussion abbrechen und sich mit den anderen zum Mittagessen begeben.

Ichimonjis Frau hatte auf der Veranda ein kaltes Buffet angerichtet: Fischscheiben, Spießchen mit gegrilltem Hühner- und Schweinefleisch, Reisbällchen und eingelegtes Gemüse.

«Leider gibt es nichts Besonderes», sagte sie. «Ich hoffe, es ist Ihnen nicht zu kalt hier draußen. Nein? Ich schlage vor, daß wir auf der Veranda essen. Schließlich haben wir Bun-*san* eigens eingeladen, um die Kirschblüte zu sehen.»

Die Männer hockten im Schneidersitz auf niedrigen Kissen, nur die Hausfrau kniete neben ihnen. Beim Essen richteten alle den Blick auf Ichimonjis bescheidenes Bäumchen. Die aufblühenden Knospen nahmen allmählich Farbe an, flammten auf und entfalteten sich in kleinen rosa Explosionen. Hätte man nicht die Züge der Keihin-Tōhoku-Linie gehört, die alle paar Minuten vorüberfuhren, wäre die Illusion eines ländlichen Ausflugs vollkommen gewesen.

«Kennt man in der Heimat des ehrenwerten Gastes die Sitte der Blütenschau?» fragte Nakao höflich.

«Leider nein», mußte Boon zugeben.

«Vielleicht können Sie sie einführen», schlug der namenlose Graphiker vor.

«Eine sehr gute Idee», sagte Ichimonji. «Warum nehmen Sie sie nicht im Gepäck mit nach Hause? Werden Sie zum Missionar des japanischen Geistes in der Fremde. Dabei fällt mir ein, ich wollte Ihnen das *shunga* zeigen, das uns Kenji aus London mitgebracht hat. Harumi, wo hast du es hingetan?»

«Ich glaube, ich habe es oben. Ich gehe nachsehen.»

«Bring doch bei der Gelegenheit gleich noch etwas *sake* mit.»

Sie stand auf und ging ins Haus.

«Bedeutet Harumi ‹Frühlings-Schönheit›?» fragte Boon.

«Ja, genau», kicherte Ichimonji. «Und jetzt ist ihre Jahreszeit gekommen. Wir veranstalten eine Blütenschau in mehr als einem Sinne. Wissen Sie, was *shunga* sind?»

«Wörtlich übersetzt: Frühlingsbilder. Ich nehme an, es sind erotische Darstellungen.»

«Sehr richtig. Eigentlich ist Japanisch doch gar keine so schwierige Sprache. Hier, sehen Sie sich das an. Kenji hat es in einem Antiquariat in London gefunden.»

Boon öffnete die Mappe, die ihm Ichimonjis Frau gab. Das Bild in der Mappe zeigte eine junge Frau, die hingestreckt über einem Mann lag, den ihr Körper zur Hälfte verdeckte. Anscheinend wehrte sie sich gegen seine Versuche, sie auszuziehen. Ein hagerer, unrasierter Alter beobachtete das Paar durch den Spalt einer Schiebetür im Hintergrund.

«Es ist kein Original», sagte Ichimonji. «Es ist eine Kopie eines viel älteren Holzschnitts von Utamaro. Trotzdem ist es nicht schlecht... an anderen *shunga* gemessen ist es vielleicht etwas zahm, aber der Witz ist, daß das Paar auf dem Bild Bruder und Schwester sind.»

«Woran erkennt man das?»

«Die Inschrift sagt es.»

Kenji lehnte sich über seine Schulter und zeigte auf die Schriftzeichen. Boon folgte dem weisenden Finger zu dem Text am Bildrand.

«*Ani-san, o-yoshi nase* ... Älterer Bruder, bitte hör auf!» «Und er antwortet: ‹*Kyōdai wa tanin no hajimari to iu kara, ii wa e* ...›»

Boon lächelte. «Das Sprichwort sagt, bei Bruder und Schwester fängt der Fremde an, also mach dir keine Sorgen ... ‹Bei Bruder und Schwester fängt der Fremde an›, ich könnte mir kein ähnliches englisches Sprichwort vorstellen. Erstaunlich finde ich den Witz über Inzest. Das Ganze klingt so aufgeklärt, daß man sich vorstellen kann, derartige Witze seien damals als ganz akzeptabel empfunden worden.»

«Nun ja, ich glaube, das war so», sagte unerwarteterweise der Zeitschriftenverleger und lehnte sich vor, um am Gespräch teilzunehmen. «In der ganzen Edo-Zeit waren Witze über Inzest, wie sie auf *shunga* von Utamaro, Hishikawa Moronobu und einigen anderen vorkommen, offenbar weit verbreitet. Wenn es zu wild zuging, griff die Regierung von Zeit zu Zeit ein und erließ irgendwelche Verbote, aber im großen ganzen konnten Künstler eigentlich tun, was sie wollten, solange sie sich von politischen Themen fernhielten.»

«Damit sind wir wieder bei dem Thema, von dem wir heute vormittag gesprochen haben», sagte Kenji zu Boon gewandt. «Letzten Endes beruht der ganze Witz auf einer radikalen Formulierung der Trennung zwischen Gruppenangehörigen und Außenseitern. Wenn man bedenkt, wie prägend diese Unterscheidung im japanischen Denken ist, handelt es sich um einen zutiefst subversiven, einen anarchischen Witz. Ein weiterer Beleg dafür, wie verwurzelt wir in der Mentalität des *uchi* sind.»

«Deshalb sind wir ja so darauf bedacht, uns nur dann richtig zu amüsieren, wenn wir weit weg von unserem Zuhause sind, besonders wo es um sexuelle Vergnügungen geht», fügte der Zeitschriftenverleger hinzu.

«Das habe ich nicht ganz verstanden», sagte Boon.

Kenji bemühte sich, es ihm auf Englisch zu erklären: «Traditionell war das *uchi* immer stark in sich geschlossen. Vielleicht war man sich deshalb der Gefahr des Inzests besonders bewußt. Eine Möglichkeit, das Risiko zu verringern, lag darin, jede Art von Vergnügen im eigenen Heim zu unterdrücken. Trinken, Glücksspiele, sexuelle Vergnügungen, alles, was man als *asobi*, als Amüsement, verstehen konnte, mußte außer Haus stattfinden.»

Höflich langte Nakao über den Tisch, um Boons Sakeschale nachzufüllen.

«Bun-*san*, ich bin in Tōhoku auf dem Lande aufgewachsen. Als Kind im Dorf mußte ich oft auf den Reisfeldern beim Pflanzen und bei der Ernte helfen. Es war knochenharte Arbeit. Manchmal habe ich mich für ein paar Minuten aufgerichtet, um meinen Rücken auszuruhen. Dann zeigten die Bauern mit dem Finger auf mich und riefen: *Aitsu wa mata asonde 'ru yo*, ‹Der Kerl amüsiert sich ja schon wieder!› Selbst wenn ich ein paar Minuten aufrecht stand, um meinen Rücken zu entspannen, war das *asobi*, Amüsement, etwas, das ich zu meinem eigenen Vergnügen tat. In den kleinen dörflichen Gemeinden war das Leben schon immer schwer. Kennen Sie den Roman *Chinmoku (Das Schweigen)* von Endo Shūsaku?»

«Nein.»

«Sehen Sie, da könnten Sie einen guten Eindruck von den beklemmenden Umständen gewinnen, unter denen japanische Bauern lebten. Wie die Tiere! Wenn jemand aus irgendeinem Grund das Dorf verließ, ging es für die übrigen Dorfbewohner in erster Linie darum, daß jetzt wieder ein Paar Hände bei der Arbeit fehlten. Abwesenheit vom Dorf wurde mit Erholung gleichgesetzt, damit, daß man etwas für sich selbst, nicht für die anderen tut. So geriet die Idee des Vergnügens in die Nähe der Vorstellung von physischer Abwesenheit vom *uchi*, und das gilt in vielem heute noch.»

Der namenlose Graphiker, der seit dem Mittagessen kein Wort mehr gesprochen hatte, stürzte sich plötzlich ins Gespräch: «Vielleicht gehen wir Japaner wirklich lieber aus, statt Gäste zu uns nach Hause einzuladen, aber dafür gibt es doch eine einfache Erklärung. Unsere Wohnungen sind zu klein. Es gibt einfach nicht genug Platz. Und dann gibt es ja auch noch die Nachbarn...»

«Ach», sagte Kenji, «das ist der typische japanische Standpunkt. Aber das ist zu einfach. Wenn man Vergleiche mit anderen Kulturen anstellt und das Ganze unter einer weiteren Perspektive sieht...»

Während sein Bruder sprach, stand Ichimonji ruhig auf, schlenderte in den Garten und winkte Boon, ihm zu folgen. Auf der Veranda hatten sie im Schatten gesessen, und Boon war überrascht, wie heiß die Nachmittagssonne schien. Die Wärme hatte die Kirschblüten aus ihren grünen Knospen gelockt, und plötzlich stand der Baum auf dem Rasen in voller Blüte. Der leichte Wind, der über die Blumen strich, klang jetzt anders, voller, stark wie die Blüte.

«Der Klang ändert sich von Stunde zu Stunde», sagte der nachlässige Chronist Bloom. «Der Baum hat den Klang des Windes verändert.»

«Ach...»

Kenji sprach im Hintergrund weiter und zerstörte die Argumente des Graphikers am Boden.

«Ich hoffe, Kenji hat Sie heute vormittag nicht gelangweilt.»

«Aber nein, ganz im Gegenteil.»

«Um so besser. Er redet zur Zeit zu viel, und manche Leute finden ihn etwas anstrengend. Er war eben drei Jahre nicht zu Hause. Es wird wohl noch etwas dauern, bis er sich wieder an Japan gewöhnt hat. Früher war er ein eher schweigsames Kind. Möchten Sie es übrigens gerne haben?»

«Was?»

Ichimonji hatte wieder einen seiner Gedankensprünge vollzogen, denen Boon nicht folgen konnte.

«Das *shunga*, das Kenji aus London mitgebracht hat ... Sehen Sie, ich glaube nicht, daß wir es aufhängen werden; und es wäre doch schade, es in einer Schublade liegen zu lassen.»

Während Boon versuchte, die Feinheiten zu ergründen, die hinter diesem unerwarteten Angebot stecken konnten, erschien Ichimonjis Frau wieder auf der Veranda, nachdem sie drinnen aufgeräumt und abgewaschen hatte, und teilte mit, daß sie ausginge.

«Wohin denn?»

«Die Kinder abholen.»

«Oh.»

Anscheinend hatte Ichimonji die Kinder vergessen. Folgsam ging er mit seiner Frau ins Haus und ließ sich über alle Maßnahmen instruieren, die sie getroffen hatte, um mögliche Katastrophen während ihrer kurzen Abwesenheit vorzubeugen. Boon nahm seinen Platz auf der Veranda wieder ein und kehrte zu der Gruppe zurück, die inzwischen schweigsamer geworden war. Dann warf er einen Gedanken ins Gespräch, der ihm bei Ichimonjis Angebot gekommen war.

«Was Nakao-*san* vorhin darüber gesagt hat, daß die Vorstellung des Vergnügens mit physischer Trennung vom *uchi* verbunden ist, hat mich sehr interessiert. Ich frage mich, ob es etwas mit *omiyage* zu tun hat.»

«*Omiyage?* Sie meinen Reiseandenken?»

Boon sah zu, wie Kenji die zwei Schriftzeichen für Andenken in seine Handfläche malte.

«Ja, genau. Diese ständige Angewohnheit, Reiseandenken zu kaufen ... Ist das eine Leidenschaft oder eine Pflicht?»

«Wieso, ist es nicht ganz natürlich, daß man Reiseandenken kauft?» fragte der Graphiker. «Kaufen nicht alle Leute Reiseandenken?»

«Nicht so wie die Japaner. Sie sind da einfach einsame Spitze. Es muß ein Nationalsport sein.»

Nakao lachte.

«Er hat natürlich recht. Ich glaube, wir kaufen *omiyage*, um uns an unser Zuhause zu erinnern, und wir müssen weniger deshalb etwas mit nach Hause bringen, um uns daran zu erinnern, wo wir waren, als um zu beweisen, daß wir an zu Hause gedacht haben, solange wir in der Fremde waren. Irgendwo scheinen wir das Gefühl zu haben, etwas wiedergutmachen zu müssen.»

«Was genau muß wiedergutgemacht werden?»

«Daß wir weggefahren sind und uns amüsiert haben, während die anderen zu Hause bleiben mußten. Das ist selbst dann noch wahr, wenn wir uns nicht amüsieren. Dennoch glaube ich, wir haben eine Neigung, die Flügel auszubreiten, wenn wir das Nest verlassen.»

«Oder wenn die Frau nicht zu Hause ist.»

Ichimonji hielt eine Zwei-Liter-Flasche *shōchū* im Schoß und lächelte still vor sich hin.

«In mancher Hinsicht verlassen wir Japaner unser Nest ohnehin nie, kommen nie ganz aus dem *uchi* hinaus.»

«Wie das?»

«Wir sind Schnecken. Wir tragen unser Haus auf dem Rücken mit uns.»

«Schnecken haben keine Flügel, die sie ausbreiten können», sagte der Graphiker, der nicht der Schnellste war. Aber der vielversprechende Gesprächsansatz wurde von einer Flut von *shōchū* unterbrochen, die sich aus Ichimonjis Flasche quer über den ganzen Tisch in seinen Schoß ergoß.

«*Ara! Gomen! Gomen nasai!*»

Entschuldigungen von Ichimonjis Seite, beruhigende Beteuerungen des Graphikers; jeder bemühte sich, den anderen zu übertreffen: eine mittlerweile vertraute Pantomime. Für die nächste Viertelstunde ging die Konversation im Chaos unter und konnte erst wieder aufgenommen werden, nachdem die Hosen des Graphikers voll wiederhergestellt waren und eine große Zahl von Entschuldigungen ausgesprochen und angenommen worden waren.

Ichimonji schenkte fünf große Portionen ein und verteilte die Schalen.

«Also...»

Er hob die Schale und neigte den Kopf. Ein Augenblick des Schweigens, vielleicht eine Gedenkminute für die Hosen. Alle fünf führten das Glas feierlich zum Munde.

«Wißt ihr», sagte Ichimonji, «daß Bun-*san* mir neulich Vorwürfe gemacht hat, weil ich an eine Wand gepinkelt habe?»

Boon widersprach: «Vorwürfe gemacht? Doch wohl kaum. Ich bin Ihrem Beispiel ja gefolgt. Aber die Japaner, japanische Männer jedenfalls, scheinen sich viel ungezwungener in der Öffentlichkeit zu erleichtern als wir. Vielleicht ist ihre Beziehung zum eigenen Körper und seinen Funktionen weniger verkrampft.»

«Ach.»

«Einfach natürlicher, ja...»

Spontanes Kopfschütteln, als habe jemand an einem unsichtbaren Draht gezogen. Nur Kenjis Kopf verharrte regungslos.

«Ein natürliches Verhältnis zum Körper? Vielleicht. Aber», fügte er auf Englisch hinzu, «hat diese Natürlichkeit nicht etwas damit zu tun, daß es gar keine Öffentlichkeit gibt, in der man pinkeln könnte?»

«*Nani o?*»

«Pinkeln? *Nani 'tte 'ru!*»

Inzwischen begann die Feier der Kirschblütenschau sich zu verselbständigen. Man forderte Kenji auf, seine These auf Japanisch zu erklären. Aber sein Versuch einer knappen Zusammenfassung der Argumente, die er Boon am Vormittag vorgetragen hatte, verstärkte die allgemeine Konfusion nur.

Kenji suchte nach neuen Begründungen und untermauerte seine Hauptthese durch Material, das ursprünglich zu den Fußnoten gehört hatte.

Boon konnte den ausgefeilten Argumenten, vom *shōchū*-Genuß benommen, nur mühsam folgen. Glücklicherweise hatte er ja sein Tonbandgerät dabei, so daß er später versuchen konnte, Kenjis Spitzfindigkeiten zu rekonstruieren. Kenji führte das Fehlen öffentlicher Plätze in japanischen Städten als weiteren Beleg für das mangelnde Öffentlichkeitsbewußtsein der Japaner an, aber sein Redeschwall wurde von aufsässigen Zwischenrufen unterbrochen und kam schließlich ganz zum Versiegen, als einer der Gäste das Mikrophon im schwindenden Tageslicht, wohl auch mit schwindender Urteilskraft, mit einer Trinkschale verwechselte und versuchte, es mit *shōchū* zu füllen. Das trunkene Stimmengewirr nahm zu, die Hintergrundgeräusche schwollen an, und der Rest von Kenjis Vortrag ging spurlos unter. Auf Boons Tonband wurde eine kurze Periode des Schweigens von einem beachtlich anschwellenden Niesen abgelöst. Erst als sich der ohnehin ungewöhnlich lang hingezogene Nasallaut allmählich in Sprache verwandelte, konnte er als der erste Takt eines Liedes identifiziert werden.

«*Tchiii* . . .»

Der Zeitschriftenverleger fiel zurück in die Klänge seiner Heimat, die Gesänge seiner Vorfahren, die Lieder der Bauern und Fischer an der fernen Küste von Tōhoku. Mit der Dunkelheit senkte sich Ruhe über den Garten. Nakaos Gesang hob und senkte sich im Klang der Wellen, von denen er sang, schwoll an und verklang ruhig und sanft. Der Garten schien mit den Schatten zu wachsen, in denen seine Grenzen verschwammen. Boon, dem es einen Augenblick lang schien, als höre er den Klang des Meeres, glaubte plötzlich eine Bemerkung zu verstehen, die er irgendwo gelesen hatte: Der japanische Garten stellt ein Abbild des Meeres dar. Nakao beendete sein Lied und hob zum nächsten an. Der vorbeifahrende Zug von Keihin nach Tōhoku erinnerte Boon daran, daß in einer halben Stunde sein Zug vom Bahnhof Ueno ging.

«Leider muß ich mich auf den Weg machen.»

Seine Stimme ging im Refrain von Nakaos Gesang unter. Ichimonji, der inzwischen nicht mehr allzu sicher auf den Beinen stehen konnte, war mit dem Versuch beschäftigt, gleichzeitig zu singen, in die Hände zu klatschen und auf Zehenspitzen um den Kirschbaum zu tanzen. Alles in allem bot er ein gutes Abbild jener Art von Männern mittleren Alters, vor deren Anblick beim *hanami* in den öffentlichen Gärten er Boon gewarnt hatte.

Ichimonji-*sensei*. Boon lächelte. Eine leichte Brise strich durch den Garten, und eine Kirschblüte fiel sehr langsam zu Boden.

Mariko

In diesem Jahr erlebte Boon einen doppelten Frühling. Der Frühling in Tokio kam wie ein Zufall, im Vorübergehen. Die Luft wurde milder, Parks, die er nie zuvor bemerkt hatte, ergrünten von selbst, wie sich ein Fächer öffnet; und schon wurden die Tage länger, gingen unmerklich in den Sommer über. Auf dem Land, an der Küste des Japanischen Meers, kam der Frühling ganz anders als in den Städten: gewalttätig, erschütternd. Nach einem langen Winter brach das dichte Eis auf, die Flüsse erschauerten, die feuchte Erde begann dampfend zu atmen. Boon reiste zu jener Zeit häufig zwischen den beiden Landschaften hin und her und war doch in keiner ganz zu Hause. Je nachdem, ob er nach Norden oder nach Süden reiste, verzögerte oder beschleunigte sich der Übergang der Jahreszeiten mit dem wechselnden Klima auf unnatürliche Weise. Er verlor das Gefühl für den Rhythmus der Zeit. Die weißen Pflaumenbäume, die er Anfang Mai mit Mariko in den Hügeln über Kanazawa sah, hatten in Tokio schon zwei Wochen zuvor in Blüte gestanden.

Mariko arbeitete in einer Bar in Toyama, in der Sugama und einige seiner Freunde Stammgäste waren. Die Zechkumpane waren gemeinsam in die Schule gegangen und hatten ihr Heimatdorf alle zu etwa der gleichen Zeit verlassen, um in Tokio zu studieren oder zu arbeiten. Die ersten paar Jahre nach der Auswanderung in die Großstadt waren die Verbindungen der Gruppe sehr eng geblieben. Ein paar von ihnen studierten an der gleichen Universität und wohnten zusammen. Sie lebten wie im Exil, tranken zusammen, spielten gemeinsam Mahjong und Baseball und hielten sich im weiten

Meer der Hauptstadt durch ihr gemeinsames Heimweh über Wasser. Allmählich änderte sich das. Neue Verbindungen überlagerten die alten. In den Firmen, in denen sie arbeiteten, fanden sie andere Möglichkeiten, andere Pflichten, Kollegen, Freunde; der Drang nach Geselligkeit am Feierabend wurde von Ehefrauen und Familien aufgefangen. Nach fünf oder sechs Jahren war die Heimat in der Provinz nur noch eine ferne Erinnerung. Die meisten von ihnen rechneten damit, irgendwann zurückzukehren – möglichst ruhmbedeckt, wie das Sprichwort sagt. Aber zunächst einmal hatten sie anderswo Wurzeln geschlagen.

Als Boon in Japan ankam, waren die Bindungen der Toyama-Gruppe gerade dabei, sich aufzulösen. Aber Freunde mit gemeinsamer Vergangenheit verloren einander selten ganz aus den Augen, denn auch nachdem sie ihre eigenen Wege eingeschlagen hatten, trafen sie sich meist zu Neujahr und beim Sommerfest, wenn fast alle Japaner ihre ursprüngliche Heimat besuchten. Obgleich nichts geplant war, war es also auch kein reiner Zufall, daß Boon an dem Abend, an dem er mit Sugama die Bar besuchte, in der Mariko arbeitete, dort eine Anzahl Bekannter aus Tokio traf.

Es war eine elegante Bar, im Fin-de-Siècle-Stil eingerichtet, mit einem Geschäftsführer im Frack, der überall sonst auf der Welt genauso zu Hause gewesen wäre. In der eher langweiligen Kleinstadt wirkte die Atmosphäre der Bar übertrieben schick, beinahe bizarr. Vielleicht war das ihre Hauptattraktion. Das Lokal erfüllte die Träume von Kunden, die für den Hauch der großen Welt anfällig waren, die sich für einen Augenblick, ohne auf die Sicherheit der vertrauten Umgebung zu verzichten, auf die Barhocker von Biarritz oder den Bahamas erhoben fühlten. Sugamas engster Freund Ōhashi hatte die Bar entdeckt und die anderen dort eingeführt. In den letzten zwei, drei Jahren war sie zum informellen Treffpunkt für diejenigen aus der Gruppe geworden, die ihre Heimatstadt besuchten.

Marikos Name war schon in Tokio im Gespräch gefallen. Anscheinend handelte es sich um eine attraktive Frau. Boon lernte viele der Ausdrücke, mit denen man Stil und erotischen Reiz einer Frau beschreibt, ohne die Person, von der die Rede war, je gesehen zu haben. Er wurde neugierig. Aus dem, was er gelegentlich hörte, hatte er den Eindruck gewonnen, daß Mariko sich Männer ebensogut vom Leibe zu halten wußte wie sie anzuziehen. Ōhashi hatte längere Zeit vorgehabt, ihr einen Antrag zu machen, aber letzten Endes hatte er es sich überlegt und eine andere geheiratet. Nach den Aussagen seines vertrauten Freundes Sugama hatte Ōhashi sich zurückgezogen, weil ein Mädchen aus dem Wassergewerbe gesellschaftlich nicht als akzeptabel galt. Ein anderes Mitglied von Sugamas Freundeskreis hatte sich nicht von derartigen Überlegungen leiten lassen; er hatte ihr einen Heiratsantrag gemacht und war abgewiesen worden. Die Anträge und Beinahe-Anträge an Mariko lagen einige Jahre zurück. Inzwischen hatten all ihre früheren Verehrer geheiratet oder standen kurz davor. Mariko blieb allein. Sie war achtundzwanzig Jahre alt.

In der Bar war es an dem Abend so laut, so viele alte Freunde meldeten ihre Ansprüche auf Marikos Aufmerksamkeit an, daß Boon und sie kaum ein paar Worte wechseln konnten. Seine Wahrnehmung der Welt, die ihn umgab, der Geräusche und Bewegungen, der Lichter und Schatten, selbst des Verstreichens der Zeit, hatte den unangenehmen Charakter einer Halluzination.

Am nächsten Tag unternahmen Sugama und er einen Ausflug in einen Kurort in den Bergen. Sie fuhren Stunden in einem kalten Bus, bis sie ein Dorf am Gebirgsrand erreichten. Sugama kannte dort jemanden, der ein Hotel führte. Anscheinend kannte auch Boon den Hotelbesitzer oder hätte ihm in nächster Zeit vorgestellt werden sollen; er erinnerte sich nicht genau, was von beidem. Es spielte auch keine Rolle, denn der

Hotelbesitzer war ohnehin nicht da. Sie wurden in ein Privatzimmer geführt. Eine Kellnerin zündete den Ofen an und weckte sie nach einer halben Stunde mit riesigen Portionen Steak und Bohnen. Boon saß am Fenster und starrte gedankenverloren auf die Eiszapfen an den Dachtraufen. Die Eiszapfen und die Fensterläden des gegenüberliegenden Hauses erinnerten ihn an vergangene Neujahrstage in den Alpen.

Am Nachmittag verließ ihn Sugama, um sich nach den Möglichkeiten zu erkundigen, Ski zu mieten. Boon wartete an der Eingangstür in Hotelpantoffeln, die ihm ein paar Nummern zu klein waren, und sah den ein- und ausgehenden Gästen zu. Ihre Straßenschuhe standen ordentlich mit nach außen gerichteten Zehenspitzen in einer meterlangen Reihe vor dem Eingang. Boon zählte zweiunddreißig Paare, darunter seine eigenen Stiefel, die durch ihre Größe wie durch ihre Schäbigkeit auffielen. Er fand den Anblick deprimierend. Irgendwie gehörten sie nicht zu den übrigen Schuhen, die sich ihrer Position in der Schlange so sicher schienen.

Nach einer langen Wartezeit erschien Sugama wieder und schwenkte triumphierend ein Paar Ski. Sie quälten sich den Hang hinauf und gelangten zu Boons Erstaunen auf eine Hochebene mit Blick auf die Küste. Hinter den Wipfeln zerbrechlicher reifbeladener Bäume sah er die bleierne Flut des Japanischen Meeres, das weiße Brecher über einen verschneiten Strand warf. Es war ein wunderbarer Anblick. In der Ferne verschwamm die Grenze zwischen Land und Meer.

Boon erzählte am nächsten Abend in der Bar von ihrem Ausflug ins Gebirge.

«Ich habe noch nie so etwas gesehen», sagte er, und Sugama gab sich Mühe, Boons Beschreibung für Mariko zu übersetzen. Es war ihr letzter Abend in Toyama. Der größte Teil des Gesprächs hatte auf englisch stattgefunden, und Sugama hatte als Dolmetscher zwischen Mariko und Boon vermittelt.

Seltsamerweise schien es, als würden Boons ohnehin nicht sehr starke Japanischkenntnisse mit seinem angegriffenen Gesundheitszustand entsprechend schwächer.

«Wann fahren Sie morgen ab?» fragte Mariko mit einem Seitenblick auf Boon.

«Gegen zehn. Warum kommen Sie uns nicht auf Wiedersehen sagen?»

«Um zehn? Da bin ich normalerweise noch nicht wach...»

«Wann kommen Sie denn abends nach Hause?»

«Selten vor zwei, oft viel später. Drei Uhr, vier Uhr ... am Wochenende wird es meist spät.»

Es war schon zwei Uhr, als sie gingen, und sie waren nicht die letzten Kunden. Mariko begleitete sie zur Tür. Es schneite immer noch.

«Soll ich ein Taxi holen?»

«Ist nicht nötig. Wir werden ein wenig spazierengehen.»

«Geben Sie auf sich acht.»

Boon schüttelte ihr die Hand.

«Passen Sie auch auf sich auf. Es ist kalt da draußen.»

«Auf Wiedersehen. Wenn ich rechtzeitig aufwache, komme ich vielleicht zum Bahnhof und verabschiede Sie. Aber warten Sie lieber nicht auf mich.»

Die Schneeflocken verwandelten sich in Kristallpuder, und nach einiger Zeit hörte es ganz auf zu schneien. Die Sterne wurden sichtbar. Es war eine klare Nacht. Sie beschlossen, zu Fuß nach Hause zu gehen.

Morgens am Bahnhof war nichts von Mariko zu sehen. Boon stand auf dem Bahnsteig und unterhielt sich mit Sugamas Eltern. Der Himmel war bedeckt.

«Schneewolken», sagte er mit einem Blick nach oben.

«Ja, wir werden noch eine Menge Schnee bekommen.»

Als er den Kopf hob und sich umsah, erblickte Boon aus dem Augenwinkel Mariko, die sehr schnell den Bahnsteig entlanglief. Sie trug einen weißen Mantel und hielt ein Päckchen in der Hand. Er trennte sich von Sugama und seinen Eltern und ging ihr langsam entgegen.

«Noch fünf Minuten. Ich habe nicht geglaubt, daß ich es schaffen würde. Der Verkehr war so dicht...»

«Vielen Dank, daß Sie gekommen sind», murmelte er.

«Haben Sie auch Ihre Fahrkarten?»

Mariko hob das Haar aus dem Kragen und schüttelte es. Sie hatte Ringe unter den Augen. Bei Tageslicht gewann ihr Gesicht eine merkwürdige Transparenz, durch die Boon die Form ihres Schädels erkennen konnte.

«Sugama hat sie schon vor drei Tagen besorgt.»

Er stellte sie Sugamas Eltern vor.

«Mariko», sagte er einfach.

Mariko wünschte ihnen einen guten Morgen. Sie standen ein paar Meter voneinander entfernt.

Als Boon einstieg, gab sie ihm das Päckchen. Sugamas Eltern standen auf dem Bahnsteig und winkten, als der Zug langsam anfuhr, aber Mariko drehte sich plötzlich um und ging weg.

Boon öffnete das Päckchen wenige Minuten später. Es war ein Gedichtband. Das Geschenk war ihm kostbar, obwohl er erst viele Monate später die Gedichte lesen konnte.

Er schrieb ihr in schwerfälligem Japanisch und bedankte sich für ihr Geschenk. Der Brief machte ihm viel Mühe, und er übte die Adresse mehrmals auf Notizpapier, bevor er sie auf den Umschlag übertrug. Mariko hatte ihm ihre Privatadresse nur zögernd mitgeteilt.

«Das ist doch wirklich nicht nötig», sagte sie. Boon fand ihre Ausdrucksweise merkwürdig. Er fand es seltsam, daß sie an einem Tag mit ihrer Adresse zurückhaltend war und ihm am nächsten einen Gedichtband schenkte.

Einige Wochen nachdem er seinen Brief abgeschickt hatte, bekam er eine Postkarte aus einem Ort bei Karuizawa. Mariko hatte mit ihren Kolleginnen einen Ausflug gemacht. Es war kalt; sie waren ins Kino gegangen und hatten Schwäne auf einem Teich gefüttert; sie hoffte, daß er sich demnächst melden werde. Auf der anderen Seite der Postkarte waren Bäume im Winter abgebildet. Während er das Bild betrachtete, dachte er darüber nach, ob der Barbesitzer im Frack auch Schwäne gefüttert hatte. Der Mann wurde einfach «der Chef» genannt. Mariko nannte ihn manchmal «Meister». Boon erfuhr seinen Namen nie.

Dann kam noch eine Postkarte an. Es war ein *ukiyoe*-Holzschnitt, das Portrait einer Frau. Etwas, gegen das Boon sich gesträubt hatte, rührte sich in ihm, nur ein klein wenig. Er stellte die Karte ins Bücherregal, nahm sie wieder heraus, zögerte und stellte sie schließlich wieder hin, ohne zu wissen, wonach er gesucht hatte. Am nächsten Tag räumte er den Schrank in seinem Zimmer auf und fand eine alte Schreibmappe, die er fast nie benützte. Er steckte die *ukiyoe*-Karte ins Futter der Mappe und schloß den Reißverschluß. Das nützte alles nichts. Er schrieb einen zweiten Brief, dann einen dritten. Die unscheinbare Quelle wurde zum Strom, einer so gewaltigen und geheimnisvollen Flut, daß er die volle Macht der Gefühle, die ihn mit sich riß, erst erkannte, nachdem er schon wochenlang beinahe jeden Tag an Mariko geschrieben hatte.

Die Briefe schienen nie schnell genug zu reisen. Er wollte seine Empfindungen sofort in ihren Händen wissen. Er schickte Eilbriefe, und fügte telefonische Nachschriften zu. Er war den größten Teil des Tages nicht zu Hause, und sie arbeitete fast die ganze Nacht. Er blieb bis in den grauen Morgen wach und lauschte dem endlosen Läuten des Telefons in ihrer leeren Wohnung. Oft kam sie nicht vor fünf nach Hause und war dann so müde, daß sie ihm wenig zu sagen hatte. Das machte Boon nichts aus; er wartete darauf, sie sprechen zu hören, und war selbst noch für ihr Schweigen dankbar, daß er nach Belieben interpretieren konnte. Vielleicht wäre nichts, das Mariko sagen konnte, die Antwort gewesen, die er erwartete.

Im Februar belief sich seine Telefonrechnung auf dreißigtausend Yen, fast die Hälfte seines monatlichen Stipendiums. Der Schrecken war heilsam: eine Mahnung aus der wirklichen Welt, die er aus den Augen verloren hatte, eine Erinnerung daran, daß alles, besonders aber die Leidenschaft, seinen Preis hatte. Betrübt teilte er Mariko mit, daß er in Zukunft seltener anrufen könne. Insgeheim waren sie beide für die erzwungene Pause dankbar, für eine ruhige Zeit, in der er sich über seine Gefühle klarwerden und Mariko die ihren entdecken konnte. Dennoch war er enttäuscht, als Mariko eine Woche nach seinem letzten Anruf noch immer nichts von sich hatte hören lassen.

Seine Vorstöße waren so stürmisch und verlangend, daß sie sich selbst vereiteln mußten. Nicht Werbung, sondern Angriff. Dennoch drückte Mariko keine Beschwerde aus, als sie in einem ihrer Briefe schrieb, sie fühle sich seelisch vergewaltigt. Marikos Einverständnis erschien wie ihr ganzes Wesen eher als etwas genommenes denn als etwas gegebenes. Unterwerfung, nicht Zustimmung. Boon war das Raubtier, sie das Opfer. Das war nichts, das sie gedacht hätte, sondern etwas, das in ihr gedacht wurde, eine unausweichliche Folge des unüberwindlichen Fatalismus, der den Kern ihrer Seele ausmachte. Was Boon als das mangelnde Gleichgewicht ihrer Beziehung zueinander betrachtete, akzeptierte sie, ohne weiter danach zu fragen, als Ergebnis der Verschiedenheit ihres Wesens, letzten Endes der Verschiedenheit ihrer Geschlechter.

Sein unvermitteltes Eindringen in ihr Privatleben beunruhigte Mariko nie so sehr wie Boon. Anscheinend überraschte es sie nicht einmal. Sie reagierte auf das Ereignis; sie tat weder mehr noch weniger. Er hatte eine Saite ihrer passiven Erwartung angeschlagen, die mit einem volltönenden Klang antwortete, einem Klang, der zunächst nur für sie hörbar war, später auch für Boon. Er war der Auslöser einer Wirkung, ihre Antwort machte die Zweisamkeit vollkommen.

Für ihn sah das alles sehr anders aus. Die Empfindungen, die Mariko in ihm wachrief, waren so stark und unvermittelt, daß sie ihm verdächtig wurden, nicht von selbst, sondern weil er in seinem kurzen Zusammentreffen mit Mariko nichts finden konnte, das die Intensität seiner Gefühle erklärt hätte. Er versuchte sich immer wieder an die zwei Gelegenheiten zu erinnern, zu denen er sie getroffen hatte, und suchte nach dem fehlenden Element. Er hatte sie in dem Augenblick gesehen, als Sugama und er die Bar betreten hatten; ja, ohne eine Ahnung von ihrem Aussehen zu haben, hatte er sie *erkannt*. Das Gefühl der Vertrautheit, das ihn überfiel, als er Mariko das erste Mal sah, hatte ihn erschreckt. Natürlich war es nicht Mariko, die ihm vertraut erschienen war, sondern irgend jemand oder irgend etwas, dem sie glich. Boon hatte keine Ahnung wem. Eben das war es, was fehlte.

Wenn das Gefühl der Vertrautheit auf einer Ähnlichkeit beruhte, so beruhte die Ähnlichkeit auf einer Verwandtschaft des Gefühls, die ihm deutlich war, auch wenn er ihre Quelle nicht kannte. Die Atmosphäre, die Mariko ausstrahlte, war ihm bekannt; und sie ging, dessen war er gewiß, von ihr aus, er legte sie nicht in sie hinein. Sie gehörte zu ihr, sie war ihr eigen, aber ohne die Ähnlichkeit hätte er sie nicht erkennen können. Diese Zweideutigkeit faszinierte ihn, denn das Vorbild, dem sie ähnelte, blieb unfaßbar. Die Attraktion, die Mariko auf Boon ausübte, war von einem Gefühl des Verlusts begleitet, von der Ahnung von etwas, das, im Augenblick, in dem es ihm geboten wurde, wieder zurückgezogen wurde.

Allmählich verflüchtigte sich der Eindruck, daß Mariko irgend etwas außerhalb ihrer selbst ähnelte. An seine Stelle trat ein körperliches Gefühl: ihre Hüften, ihre Arme und ganz zuletzt ihr Gesicht. Mariko wurde zu ihrem eigenen Abbild. So tauchte Mariko für Boon aus der dunklen Wirrnis seiner Gedanken und Gefühle auf. So erschien sie ihm, als sie plötzlich aus der Menschenmenge am Bahnhof von Toyama auftauchte und ihn ansprach. Es waren fast drei Monate vergangen.

«Wir scheinen nie aus dem Bahnhof herauszukommen.»

Mariko lächelte. Sie wirkte genauso müde wie an dem Tag, an dem er abgereist war.

«Wann bist du angekommen?»

«Heute früh um sechs. Wir sind mit dem Nachtzug gekommen.»

«Hast du wenigstens schlafen können?»

«Ein paar Stunden.»

Mariko hatte sich schon umgedreht, wollte weitergehen. Boon legte die Hand auf ihre Schulter und sah sie an. Sie trug einen weißen Hosenanzug und einen rosa Schal, trotz der Kälte keinen Mantel. Die Eitelkeit hatte gegen einen Mantel gesprochen. Das Rosa und Weiß betonten das dunkle glänzende Haar, das über ihre Schultern fiel. Sie war schön.

«Ich dachte, wir könnten nach Kanazawa fahren. Das kennst du doch noch nicht? Es ist einen Besuch wert, gar nicht weit von hier und trotzdem ganz anders: du wirst ja sehen. Wieviel Uhr ist es? Wir müssen uns eilen, wenn wir den Zug erreichen wollen. Du hast sicher genug von Zügen. Hoffentlich macht es dir nichts aus. Wirklich nicht? Hier kann man sowieso wenig unternehmen.»

Sie ging ein paar Schritte voraus, und er erkannte, daß sie nicht auf etwas zueilte, sondern von etwas weg: weg vom Bahnhof, weg von der Stadt, wo sie Gefahr lief, von ihren Bekannten mit Boon gesehen zu werden.

In Kanazawa regnete es pausenlos. Keiner von beiden hatte Lust auf eine Stadtbesichtigung, also fuhren sie zu einem Hotel am Stadtrand. In der Abgeschiedenheit des Taxis begann Mariko, sich zu entspannen. Im Zug hatte sie nervös und unnahbar im Abteil gesessen und Boon kaum zugehört. Er nahm Rücksicht auf die anderen Fahrgäste, die schweigend im Abteil saßen. Ihr Schweigen schien sich wie eine isolierende Hülle um Mariko und ihn zu legen. Vielleicht hatte auch sie das gespürt.

Sie kamen zu einem großen weißen Haus auf einem Hügel. Im Tal unter ihnen erblickten sie im grauen Wind und Regen die verwaschenen Dächer von Kanazawa. Mariko senkte den Kopf und lief stolpernd über den nassen Kies, während er das Taxi bezahlte. Ein Mann in schwarzem Anzug und Fliege begrüßte sie unter dem Vordach des Hotels. Er entschuldigte sich für den Regen, als sei er persönlich dafür verantwortlich. Boon folgte ihm in den Speisesaal. Das schwache Nachmittagslicht begann schon zu verdämmern. Er setzte sich zu Mariko an einen Fenstertisch mit Blick über das Tal. Außer ihnen war das Lokal verlassen.

Sie bestellten Kaffee.

«Warum hast du gerade dieses Hotel ausgesucht?» fragte er.

«Ach, ich komme seit Jahren hierher. Gefällt es dir nicht?»

«Es ist ein bißchen düster.»

«Düster? Findest du?»

«Regen, keine Menschen außer einem schwarz gekleideten Kellner. Es ist wie eine Beerdigung im engsten Kreis. Mit wem fährst du gewöhnlich hierher?»

«Oh, mit verschiedenen Freunden.»

Sie spielte mit dem Besteck auf dem Tisch und sah aus dem Fenster. Er fühlte, wie sie sich ihm entzog.

«Was machst du normalerweise sonntags?»

«Meistens bleibe ich zu Hause. Manchmal gehe ich aus. Manchmal besuche ich meinen Bruder. Er ist mein einziger Verwandter, deshalb fühlt er sich für mich verantwortlich.»

«Wann sind deine Eltern gestorben?»

«Mein Vater, als ich noch ganz klein war. Ich kann mich kaum an ihn erinnern. Meine Mutter starb, als ich zwölf war.»

«Fehlen sie dir?»

Sie seufzte. «Mein Vater nicht, aber meine Mutter. Jedenfalls hat sie mir früher gefehlt; vielleicht heute nicht mehr. Was mir fehlt, ist wohl einfach eine Familie. Natürlich habe ich einen Bruder, aber... das Leben in Japan ist ohne Familie nicht leicht. Nicht, um bei der Familie zu wohnen, sondern einfach so... im Hintergrund.»

«Das verstehe ich. Bei wem bist du aufgewachsen?»

«Bei meinem Großvater. Als meine Mutter starb, bin ich zu meinem Großvater gezogen. Bis dahin hatten wir zu dritt zusammen gewohnt, mein Bruder, ich und meine Mutter. Es war eine schöne Zeit, jedenfalls in meiner Erinnerung. Meine Mutter war sehr, sehr sanft. Ich habe immer im selben Bett mit ihr geschlafen, und ich kann mich immer noch an den Geruch ihres Körpers erinnern. Ein wunderbarer Duft, kein Parfüm, sondern ihr natürlicher Körpergeruch. Als sie starb und ich zu Großvater zog, hat sich alles geändert. Die ersten Jahre war mein Bruder noch da, aber trotzdem... Es war, ich weiß nicht, irgendwie ein dunkles Haus. Er war ein strenger alter Mann. Ich habe als Kind nie viel gespielt. Ich war froh, als ich wegzog.»

Boon versuchte, sich Marikos Mutter und den Duft ihres Körpers vorzustellen. Sie sprach sehr ruhig und sachlich, aber die feinen Schwingungen ihrer Stimme vermittelten in Untertönen etwas anderes als das, was die Worte besagten.

«Wie alt warst du damals?»

«Neunzehn.»

«Und was hast du dann gemacht? Hast du gleich angefangen zu arbeiten?»

«Nein. Ich hatte etwas Geld von meinem Großvater, und mein Bruder hat mir auch geholfen. Ich habe drei Jahre lang studiert und die üblichen für Frauen angemessenen Dinge gelernt: die Teezeremonie, *ikebana*, Schneidern und Modeentwurf. Es hat Spaß gemacht. Am meisten habe ich es genossen, unter Gleichaltrigen zu leben. Das hatte mir bei Großvater gefehlt. Dann habe ich angefangen, als Teilzeitbeschäftigung in einem Salon für Damenmoden zu arbeiten, und nach dem Studium habe ich ein paar Monate dort weitergearbeitet. Das war, bevor ich meinen jetzigen Job angenommen habe.»

«Wie alt warst du, als du in der Bar angefangen hast?»

«Zweiundzwanzig.»

«Du bist also seit sechs Jahren in der Bar.»

«Sieben. Ich bin im Februar neunundzwanzig geworden.»

«Warum hast du die Arbeit im Laden aufgegeben und bist in die Bar gegangen?»

Mariko blickte auf ihre Hände und dann wieder aus dem Fenster.

«Das war wohl des Geldes wegen.»

Okane deshō. Ihre Stimme hinterließ ein sanftes fragendes Echo. Boon berührte ihre Hände, und sie legte sie in die seinen. Auf der Innenseite ihres Zeigefingers und ihres Mittelfingers bemerkte er Wunden; sie mußte sich mit den Nägeln gekratzt haben. Plötzlich lachte sie, lehnte sich über den Tisch und küßte ihn leicht auf die Lippen.

«Es regnet immer noch», sagte sie.

Er sah aus dem Fenster, aber es war bereits dunkel geworden. Das Tal war verschwunden, und er konnte nur ihr Spiegelbild sehen, hinter dem sich Regentropfen auf der Außenseite des Fensters abzeichneten. Irgend jemand mußte den Saal betreten und das Licht angemacht haben. Er hatte ihn nicht bemerkt.

Es regnete die ganze Nacht und die folgenden drei Tage. Als sie zum zweitenmal nach Kanazawa kamen, regnete es immer noch. Mariko kaufte in einem Andenkenladen vor dem Schloß einen rosa Regenschirm. Sie trug den gleichen Hosenanzug, aber statt des rosa Schals eine gelbe Bluse. Außerdem hatte sie eine schwarze Handtasche. Boon mochte die Handtasche nicht; sie paßte nicht. Sie wanderten durch das Schloß, besichtigten restaurierte Wände und unlesbare Steintafeln, und Boon war glücklich zu wissen, daß sie da war, daß sie neben ihm ging.

Sie verließen das Schloß und fanden sich nach einiger Zeit im Duft von Blumen und feuchten Blättern auf einer breiten grüngesäumten Allee wieder. Menschenmengen mit Kindern und Regenschirmen gingen spazieren und besichtigten die Blüten. Pflaumenblüten sprengten ihre blaßgrünen Knospenhüllen, hier und da aufleuchtende Tupfer. Mariko und Boon verloren sich in der Masse der Urlauber und trieben getrennt dem Ausgang am anderen Ende des Parks zu. Es waren zu viele Menschen da. Sie nahmen ein Taxi und fuhren in die Hügel hinter der Stadt.

Die Hügel waren genauso belebt. Lange Reihen geparkter Autos standen mit geschlossenen Fenstern am Straßenrand, Würstchenbuden, Spaziergänger im Sonntagsstaat. Mariko wollte sich setzen. Nirgends war eine Bank zu sehen. Hoffnungsvoll machten sie sich auf einen graswachsenen Weg, der von der Stadt ins Tal hinunter führte. Sie fanden immer noch keine Bank. Schließlich verlor sich der Weg an einer niedrigen Erhebung unter dem weiten Wipfel einer Kiefer. Der Blick schweifte meilenweit über die Spitzen steil aufragender Nadelbäume zu den rauchigen Hügeln in der Ferne.

«Wir stehen auf irgend jemandes Grab.»

Mariko kauerte sich über einen Stein unter der Kiefer und versuchte, die Inschrift zu entziffern. Der Stein stand im Wind und im Regen schräg geneigt, den fernen Hügeln zugewandt. Die Inschrift, die er wohl einst getragen hatte, war seit langem ausgewaschen. Boon lehnte sich, die Hände in den Taschen, gegen den Baum und hielt Ausschau nach dem Wasserfall, den er in der Ferne rauschen hörte. Die Anhöhe, auf der sie standen, erinnerte ihn an die verzauberte Hanglandschaft auf Hokusais Bild des Wasserfalls von Amida; über der Landschaft vor seinen Augen lag die gleiche sanfte Ruhe.

«Wirst du nicht naß?»

«Das macht nichts.»

Mariko stand auf und zog ihn in den Schutz ihres Regenschirms. Er legte die Arme um ihre Taille und küßte, an den Baum gelehnt, ihre Wange. Sie standen lange umschlungen, ihre Körper erwärmten sich allmählich, bis sie weich zu verschmelzen schienen. Er schloß die Augen. Die leichte Bewegung ihrer Wange an seinen Lippen ließ ihn fühlen, wie sie ihm das Gesicht zuwandte. Ihre Mundwinkel, erst trocken, dann feucht, ein leiser Schock; ihre Lippen waren kühler als ihre Wange. Ein Regenschauer ließ ihn die Augen öffnen. Hinter ihren Wimpern und dem dunkleren Geflecht der Haare begrenzte der rosa Schimmer des Regenschirms sein Gesichtsfeld wie ein Zelt, beinahe, so schien es für einen Moment, wie die Innenseite seiner eigenen Lider. Ihr Mund wurde weich unter dem seinen, und er versank tief in ihr. Er schloß die Augen wieder. Fast nichts veränderte sich. So mußte die Welt aussehen, wenn er sie durch ihren Körper betrachtete, in einem warmen Licht, das durch den Filter ihrer Haut strömte. Dort fand er Frieden, frei von jeder Begierde.

Er kauerte vor ihr nieder und ließ die Fingerspitzen über ihr Rückgrat gleiten. Sie zitterte.

«Ist dir kalt?»

«Nein. Mir ist nicht kalt.»

«Es wird gleich dunkel.»

«Bald. Wir haben noch Zeit.»

Die Wirbelsäule unter der Haut ihres Rückens fühlte sich zerbrechlich an. Er konnte ihre Taille beinahe mit den Händen umspannen. Ihr Bauch war weich und nachgiebig. Er zog eine Ecke ihrer Bluse beiseite und küßte die glatte weiße Haut. Die fleischige Rundung ihres Bauchs traf ihn unerwartet: die Haut war so weich, voller als irgendwo sonst an ihrem Körper, und irgendwie verwundbar. Er entblößte ihre Hüften und ihren Bauch und streichelte sie mit den Handflächen. Er strich das Fleisch ihres Bauchs nach außen und preßte es über die Hüften. Das Weiß ihres Körpers zeichnete sich vor dem Dunkel der Bäume, die sie umgaben, ab, vor dem matten Grün, der rostfarbenen Rinde der Kiefern. Die kühle Luft ließ die nackte Haut zwischen ihren Brüsten und dem Bauchnabel erschauern. Von seinen Händen erregt, der Nacktheit ihres weißen Fleisches bewußt, seiner Lust nicht widerstrebend, stöhnte sie zitternd. Er lehnte seinen Kopf an ihren Körper und wartete, bis sie ruhig wurde.

Später saß Mariko mit geröteten Wangen und tanzenden Augen im Salon des Hotels, in dem sie in der vorigen Woche ein regnerisches Wochenende verbracht hatten. Boon war von dem Wandel überrascht, der in ihr vorging. Wenn ihr Gesicht die Müdigkeit abstreifte, war sie vollkommen schön. Sie zeigte ihm Zärtlichkeit. Er hatte sie noch nie zärtlich erlebt. Zum erstenmal hatte er das Gefühl, sie wolle, wenn sie mit ihm zusammen war, ihm näher sein als irgendeinem anderen Menschen. Er hatte sie unter der Kiefer im Tal umarmt; von nun an teilten sie ein Geheimnis.

Mariko trank Campari und erzählte von sich.

«Ich war schon zweiundzwanzig, als ich meinen ersten Liebhaber hatte. Ich habe wohl spät angefangen. Ich weiß nicht, warum. Jedenfalls war es nun einmal so. Es ist nicht viel daraus geworden, aber ich habe ihn sowieso nicht wirklich geliebt, also war die Enttäuschung nicht groß.»

«Was ist aus ihm geworden?»

«Ach, er ist in Yokohama oder irgendwo anders», sagte Mariko beiläufig.

Sie zerknüllte ein Stück Papier und warf es in den Aschenbecher.

«Es gibt jetzt einen anderen Mann in meinem Leben. Ich glaube, das habe ich dir noch nicht erzählt.»

«Du hast es in einem Brief angedeutet. Du wolltest mich davon abbringen, zu kommen.»

«Daß du gekommen bist, macht alles so kompliziert», sagte sie ungeduldig. «Einerseits wollte ich, daß du kommst, andererseits nicht. Schließlich muß ich hier weiter leben, und es ist eine kleine Stadt.»

«Und das Leben wird schwierig, wenn es sich herumspricht, daß du dich mit mir triffst?»

«Ein paar Leute wissen es schon, und es gefällt ihnen nicht.»

«Es geht sie nichts an, was du am Wochenende tust.»

«Nein, natürlich nicht... aber es gibt trotzdem Schwierigkeiten. Dieser Mann zum Beispiel... er mag es gar nicht, daß ich mich mit dir treffe.»

«Wer ist der Mann?»

«Ein alter Freund. Ich kenne ihn seit Jahren. Man kennt ihn überall in der Stadt, er ist eine bedeutende Persönlichkeit, deshalb müssen wir uns heimlich treffen. Er ist um einiges älter als ich, und natürlich ist er verheiratet und hat Kinder.»

«Wie oft siehst du ihn?»

«Einmal die Woche. Ich bin gerne mit ihm zusammen. Er ist intelligent und gebildet; ich kann viel von ihm lernen. Ich würde nicht gerade sagen, daß ich ihn liebe. Ich habe ihn gern und bewundere ihn.»

«Aber ihr trefft euch doch nicht heimlich einmal die Woche, nur um miteinander zu reden, oder?»

«Nein, nicht nur um zu reden. Er ist ein zärtlicher Mann, wirklich. Es ist in jeder Hinsicht eine gute Beziehung. Er ermuntert mich, mit Jüngeren auszugehen, er will, daß ich Freunde habe. Aber bei dir gilt das nicht. Er hat mich vor dir gewarnt.»

«Ich habe dich selbst gewarnt. Ich bin nur für begrenzte Zeit in Japan, und zur Zeit habe ich keine Ahnung, was danach sein wird.»

«Ja, und das ist ja das Problem. Es wäre anders, wenn ich

sagen könnte, daß wir ... also, wenn du ernsthafte Absichten hättest.»

«Das weißt du doch. Meine Absichten sind ernsthaft. Aber denk doch einmal daran, wie lange wir eigentlich wirklich zusammen gewesen sind: alles in allem nicht mehr als ein paar Tage. Und dann verbringen wir die meiste Zeit auf Bahnhöfen, in Parks und in Hotelrestaurants. Wir sind nie ganz für uns alleine zusammen gewesen. Du schleppst mich nicht nach Kanazawa, um die Landschaft zu bewundern, sondern weil hier die Gefahr geringer ist, daß man uns zusammen sieht. Du denkst die ganze Zeit daran, wie du mich am besten versteckt halten kannst. Wir treffen uns heimlich und verstohlen. Das ist nicht deine Schuld, und ich werfe es dir nicht vor. Aber wirf mir auch nicht vor, daß ich mich nicht entscheiden kann. Du willst nicht, daß ich bei dir wohne, wenn ich über das Wochenende zu dir komme. Ich muß das akzeptieren. Aber du lädst mich nicht einmal zu dir nach Hause ein, du läßt mich nicht einmal die Schwelle deiner Wohnungstür überschreiten. Wirksamer kannst du mich wirklich nicht abschrecken. Überrascht es dich da so sehr, daß ich an unserer Zukunft zweifle?»

«Das verstehe ich», sagte Mariko traurig.

Boon hatte genug gesagt, und er hätte es dabei bewenden lassen sollen, aber was sie gesagt hatte, ärgerte ihn.

«Natürlich ist dein Freund nicht mit mir einverstanden. Er ist eifersüchtig. Er zeigt den eingewurzelten sexuellen Groll aller japanischen Männer, wenn sie ihre Frauen mit Ausländern sehen. Ich muß dich vor ihm warnen. Er kann sich seine Großherzigkeit nur solange leisten, wie er sich nicht bedroht fühlt. Du hast gelegentlich eine Verabredung am Wochenende – na gut, warum nicht? Geh doch aus, Liebling, und amüsier dich, sagt er. Das tut ihm nicht weh, im Gegenteil, es paßt ihm recht gut ins Konzept. Den Sonntag muß er ohnehin mit seiner Familie verbringen. Aber er zeigt dir, daß es Grenzen gibt, die du lieber nicht überschreiten solltest. Und du tust es nicht, denn du entwickelst Schuldgefühle, wenn du seine großherzige Freundlichkeit mißbrauchst. Auf die Art manipuliert er dich. Seine scheinbare Toleranz bindet dich an ihn. Welcher lebenslustige Mann mittleren Alters würde ihn nicht um das Arrangement beneiden. Ein nettes junges Mädchen einmal die Woche, frisches junges Fleisch, keine Haken und Ösen. Natürlich muß es geheim bleiben, er ist ja schließlich verheiratet, sein zweites Leben muß weitergehen. Ein cleverer Typ, der zwei Fliegen mit einer Klappe schlägt. Gibt er dir wenigstens Geld?»

Mariko schüttelte den Kopf und brach in Tränen aus.

«Nein», sagte Boon gnadenlos, «so interessiert ist er nun auch wieder nicht. Was tut er denn überhaupt für dich?»

«Er vermittelt mir ein Gefühl der Geborgenheit. Ich fühle mich beschützt. Allein, daß er in der gleichen Stadt lebt, bedeutet so etwas wie ein Zuhause für mich... Hst du so viel zu bieten? Kannst du mir das Gefühl geben?»

Er sagte nichts. Er war grausam zu Mariko gewesen, und jetzt tat es ihm leid. Sie war an nichts schuld... und dennoch. Er lauschte ihrem Schluchzen mit grimmer Befriedigung.

Eine Stunde später gingen sie. Er hatte nicht mehr genug Geld, um die Rechnung zu bezahlen, und mußte sich tausend Yen von Mariko leihen. Sie zahlte auch für die Fahrkarten nach Hause.

Er verspürte Reue. Er versuchte, alles wiedergutzumachen, ging zärtlich mit ihr um, aber sie brauchte seine Reue nicht mehr. Mit Erschrecken beobachtete er, wie schnell sie ihre Haltung wiedergewann. Insgeheim hatte er gehofft, dieser erste Streit würde ihre Beziehung irgendwie verändern, neue Perspektiven eröffnen. Das war nicht geschehen: Mariko wollte nichts anderes, als sich in die Sicherheit des Alltags zurückzuversetzen, die durch Boons Anwesenheit irgendwo immer zerstört worden war. Das war ihr Trost: es einfach hinter sich bringen, weder vor noch zurück blicken, die Ruhe bewahren. Je fröhlicher Mariko wurde, desto gedrückter war Boons Stimmung. Auf der Rückreise war alles so, wie es noch vor wenigen Tagen gewesen war. Als sie sich ihrer Heimatstadt näherten, zog sie sich immer weiter von ihm zurück. Sie bestiegen den Zug in Kanazawa als Liebespaar und stiegen in Toyama als Fremde aus.

Am nächsten Nachmittag fuhr er nach Tokio zurück. Sie sagte, sie wolle ihn verabschieden, also verabredeten sie sich, eine Stunde bevor der Zug abfuhr, in einem Café. Es überraschte ihn nicht, daß sie sechzehn Minuten zu spät kam; er war überrascht, daß sie überhaupt erschien. Boon am Bahnhof zu treffen, wurde für Mariko zu einer immer größeren Belastung.

Im April fing er an, in zwei Privatschulen, einer in der Unterstadt von Tokio und einer anderen auf dem Lande, Englischunterricht zu geben. Er war daran gewöhnt, finanziell knapp dran zu sein, aber jetzt entdeckte er plötzlich, daß er beachtliche Schulden hatte. Er konnte sich die teuren Reisen in den Norden nicht mehr leisten. Mariko konnte auch nicht nach Tokio kommen, denn sie hatte nur selten mehr als einen Tag auf einmal frei. Seit Januar hatte er versucht, kurze Wochenenden irgendwo zwischen Tokio und Toyama zu arrangieren, aber sie lehnte diese Vorschläge mit immer wechselnden Begründungen jedesmal ab. Jetzt hatte er ohnehin kein Geld mehr.

Mariko liebte Boon am meisten aus der Entfernung. Obgleich sie ihm jedesmal, wenn er früh am Morgen anrief, beteuerte, wie sehr sie sich danach sehne, ihn zu sehen, kam die erzwungene Trennung ihrem Temperament entgegen. Ihre Briefe lasen sich wie Träume. Es waren wunderschöne Briefe, aber die Frau, die sie schrieb, war nie ganz zugänglich. Er brütete stundenlang über den Briefen. Die Briefe waren an ihn gerichtet, häufig handelten sie von ihm, und dennoch fühlte er sich letztendlich immer aus ihnen ausgeschlossen. Boon fand sich im Wettstreit mit einem geisterhaften Idealbild seiner selbst, einer Gestalt, die sich unsichtbar, unhörbar und spurlos durch ihre Wohnung bewegen konnte, wann immer sie an ihn dachte. Allmählich wurde er eifersüchtig auf dieses bevorzugte Abbild seiner selbst, das Mariko liebte.

Er schrieb ihr, daß er sich um einen Studienplatz an einer Universität in der Nähe von Toyama beworben habe und hoffe, im Herbst dort weiterarbeiten zu können. Die Schwierigkeiten zwischen ihnen beruhten nur auf ihrer Trennung; selbst wenn sie nicht miteinander leben konnten – was er nicht von ihr erwartete –, würde es ihnen allein die Tatsache, daß sie einander näher kämen und einander öfter treffen könnten, ermöglichen, zu einer Entscheidung zu kommen, die unter den gegenwärtigen Umständen unmöglich war. Mariko stimmte ihm zu: es war die beste Lösung. Als sein Antrag schließlich abgelehnt wurde, bedauerte sie das Ergebnis weitaus stärker, als sie auf Erfolg gehofft hatte, solange die Angelegenheit in der Schwebe war. Also war nichts aus dem Plan geworden. Sie tröstete ihn am Telefon. Und wieder konnte Boons Ebenbild in ihrer Phantasie den Platz einnehmen, den er geräumt hatte.

Mariko war ein Rätsel. Die Mehrdeutigkeit, die Mariko umgab, die Mehrdeutigkeit, die Mariko war, begann Boon zu quälen. Sie war an dem Tag, als er abreiste, sechzehn Minuten zu spät zum Bahnhof gekommen, obwohl sie wußte, daß sie nur eine Stunde Zeit für einander hatten. Zehn Minuten wären eine normale Verspätung gewesen, zwanzig Minuten hätten bedeutet, daß etwas dazwischengekommen war. Mehr oder weniger Verspätung hätte ihn nicht beunruhigt. Aber sie war genau sechzehn Minuten zu spät gekommen.

«Ist dir etwas dazwischengekommen?»

«Nein, nichts Besonderes. Ich habe mich bloß verspätet», sagte Mariko flüchtig und ließ sich aus dem Mantel helfen.

Er versuchte, sich einzureden, sie sei zu spät gekommen, weil sie zutiefst im Herzen Angst hatte, mit ihm gesehen zu werden. Das Störende daran war, daß er wußte, Mariko würde ihm so etwas nie erzählen, selbst wenn es wahr wäre und sie das Bedürfnis hätte, es ihm zu erzählen. Das war einfach nicht ihre Art.

Er hätte gern geglaubt, daß das der Grund war, aber ihn quälte eine viel einfachere Erklärung. Vielleicht hatte sie sich, genau wie sie es behauptete, einfach ohne besonderen Grund verspätet. Aber wie konnte sie sich so einfach verspäten, fragte sich Boon. Wonach bemaß ihr Herz die kostbare gemeinsame Zeit? War sie ihr so wenig wert?

Was für ein Drama um sechzehn Minuten! Er kam sich sehr kleinlich vor. Wie kleinlich war sein Mißtrauen! Er versuchte, nicht mehr darüber nachzudenken. Er war dankbar, als Mariko ihm am Telefon erzählte, wie sehr er ihr fehlte.

All das ging Boon durch den Kopf, während er im Klassenzimmer der Privatschule Maruta stand, wo er gelegentlich Unterricht erteilte. Gedankenverloren starrte er minutenlang aus dem Fenster und vergaß seine Schüler. Entweder waren sie sehr brav oder sehr klug, denn sie störten Boon nie, wenn er geistig abwesend war. Nach einiger Zeit gab er sich einen Ruck und wandte sich wieder den strahlenden jungen Gesichtern zu, die ihn neugierig beobachteten.

«Habt ihr alle die Aufgaben gemacht?»

«*Hai!*»

Er konnte die Frage ein dutzendmal in der gleichen Stunde stellen, nur weil es so erfreulich war, wenn sie alle *hai*! riefen. Es war sein Lieblingswort im Japanischen und vielleicht das beste Wort für «ja» in irgendeiner Sprache: es klang so offen. Den Kindern schien die Routine ebenfalls Spaß zu machen. Es war eine leichte Antwort, und sie wußten, daß sie immer richtig war; selbst dann, wenn sie nichts von der Lektion begriffen hatten.

Die Kinder zwitscherten vor sich hin, und der Schulleiter war zufrieden. Insgeheim zweifelte Boon daran, daß seine Schüler irgendwelche Fortschritte machten. Solange er sich an die Routine hielt, schienen die Erfolge eindrucksvoll, aber wenn er auch nur das kleinste bißchen davon abwich, war das Resultat eine sofortige Katastrophe. Eines Tages sah er die Kinder, die ins Klassenzimmer drängten, an und fragte in dem Tonfall, in dem er sie sonst begrüßte:

«Habt ihr alle eure Aufgaben gemacht?»

Die Antwort kam, wie nicht anders zu erwarten, im Chor: «Guten Tag, Mr. Boon!»

Die neueren *juku*, private Nachhilfeschulen wie das Institut Maruta im Herzen von Tokio, waren im Grunde keine Schulen, sondern reine Pressen. In der letzten Zeit waren mit den immer höheren Anforderungen der Lehrpläne immer mehr *juku* im ganzen Land aus dem Boden geschossen. Sie boten Nachmittags- und Wochenendunterricht, der tausenden von hart arbeitenden Kindern helfen sollte, mit den hohen Anforderungen des normalen täglichen Schulunterrichts zurechtzukommen, der die Absolventen der Kindergärten auf die Aufnahmeprüfungen guter Grundschulen und die Grundschulabsolventen auf eine bessere Mittelschule vorbereiten sollte, auf einen erschreckenden Lauf durch eine Tretmühle, der im Idealfall mit dem Abschlußzeugnis einer der besten Oberschulen und einem Studienplatz an einer anerkannten Universität endete.

Die *juku* spezialisierten sich nicht mehr auf zurückgebliebene oder schwierige Kinder. Es waren private Institute, und die Teilnahme (gegen eine angemessene Gebühr) galt als freiwillig. Aber in der Praxis hatten die meisten Kinder anscheinend eine genauso geringe Chance, ohne zusätzlichen Nachhilfeunterricht auszukommen, wie sich überhaupt vor dem Schulbesuch zu drücken. In Wirklichkeit besuchten die Kinder den ganzen Tag lang irgendeine Schule, und der einzige

Unterschied bestand darin, daß der Unterricht am Vormittag umsonst war und am Nachmittag bezahlt werden mußte. Natürlich hatten die Kinder auch zweimal Schulaufgaben zu machen, einmal gratis für den Vormittag und ein zweites Mal am Nachmittag, wo die Eltern für die Korrektur der Aufgaben zahlen mußten. Die Kinder machten ihre Schulaufgaben abends, wenn sie aus den *juku* nach Hause kamen. Ihre Tage waren verplant.

Einige von Boons Schülern waren wirklich brav und folgsam, aber viele waren nur noch apathisch. Er unterrichtete in drei Klassen, alles in allem etwa fünfzig Kinder im Alter von sieben bis dreizehn Jahren. Der Streß äußerte sich in den einzelnen Altersgruppen auf unterschiedliche Weise. Ganz junge Kinder bewegten sich oft unnatürlich langsam, als müßten sie Energie sparen. Mit schmerzhafter Langsamkeit arbeiteten sie daran, leere Hefte mit Bergen von Schrift zu füllen, blickten, wenn sie den Kopf hoben, mit verwunderten stumpfen Augen in die Luft und waren dankbar, wenn Boon sie endlich gehen ließ. Die älteren Schüler, die den Glanz der Kindheit bereits verloren hatten, wirkten verkrampft und abweisend.

Die ersten paar Wochen hatten sie ein wenig Angst vor ihm. Sie verkrochen sich hinter den Pulten und beobachteten ihn ängstlich, hinter einem Schutzwall von Büchern verschanzt. Nach der zweiten Woche räumte Boon diese Verteidigungslinien beiseite, indem er ankündigte, daß in seinen Stunden die Bücher nicht gebraucht würden. Sie würden statt dessen malen. Was malen? Mich, sagte Boon. Zeichnet einfach mich. Was? Lehrer Boon zeichnen? Der ursprünglichen Begeisterung folgten nagende Zweifel. Es stellte sich heraus, daß sie das Gesicht von Lehrer Boon nicht so gut kannten, wie sie gedacht hatten. Sie hatten ihn nie genau genug angesehen, um ihn zeichnen zu können. Und außerdem: würde ihm das Bild denn gefallen?

Sobald die Kinder anfingen, das Gesicht von Lehrer Boon

zu zeichnen, überwanden sie ihre tiefsitzenden Hemmungen und wurden weniger scheu. Auch für Boon ergaben sich einige interessante Resultate aus dem Experiment. Offenbar sahen ihn die Jungen ganz anders als die Mädchen. Die Jungen arbeiteten schnell und entschieden, sie zeichneten ihn in harten, aggressiven Strichen, die sie sich nicht die Mühe gaben auszuradieren, wenn etwas daneben ging. Die Mädchen machten sich viel vorsichtiger an die Aufgabe heran. Nach langer Zeit und vielen Korrekturen brachten sie es zu einer sorgfältigen fein gezogenen, aber häufig unvollständigen Umrißzeichnung eines Gesichts. Innerhalb der Begrenzungslinien war nichts: keine Augen, keine Nase, kein Mund. Sie ließen das Gesicht einfach leer.

«Habt ihr alle die Aufgaben gemacht?»

«*Hai!*»

Das Summen kleiner Stimmen glich einem Schwarm von Mücken.

Maruta-*san* war der ideale Leiter eines *juku*: ein Geschäftsmann, der wußte, was er wollte, und sprechen konnte wie ein philanthropischer Erzieher, wenn die Gelegenheit es erforderte. Er teilte ermunternde Reden und körperliche Strafen mit dem gleichen energischen Enthusiasmus aus. Er war der geborene Pragmatiker und hatte großen Respekt vor Prinzipien, solange sie sich in der Bilanz niederschlugen. Er hob das Bildungsniveau der Nation; er verdiente Geld: an beiden Tatsachen konnte kein Zweifel bestehen. Er war einer der selbstgefälligsten Menschen, denen Boon je begegnet war.

«Mir geht es darum», erklärte Maruta-*san*, «japanischen Kindern eine Gelegenheit zum Kontakt mit Ausländern zu geben. Sie sollen sich an Ausländer gewöhnen, sie sollen aus eigener Erfahrung lernen, daß Ausländer sich in Wirklichkeit nicht von Japanern unterscheiden. Vielleicht lernen sie dabei auch ein bißchen Englisch. Das wäre natürlich gut. Englisch ist wichtig. Aber im Augenblick ist das nicht mein Hauptanliegen.»

Also war der Englischunterricht bei Lehrer Boon einfach; die Kinder durften mehr oder weniger tun, was sie wollten. Sonst hatten sie nie eine freie Minute. Der Unterricht ging im Eiltempo vor sich, und die Stimmung hatte mehr von einem Exerzierplatz als von einem Klassenzimmer an sich. In dem großen altmodischen Raum im Erdgeschoß, in dem Maruta-*sans* Vater seine Schüler im Gebrauch des *soroban*, des japanischen Abakus, unterwies, wurden konzentrierte Aufmerksamkeit und strenge Disziplin verlangt. Manchmal schlich sich Boon hinein und beobachtete den Unterricht von hinten. Es war ein abschreckender und zugleich unwiderstehlicher Anblick.

Der hagere streng blickende alte Mann beherrschte den Rezitationsstil der *soroban*-Lehrer mit Meisterschaft. Für Boon hatte der Vortrag große Ähnlichkeit mit der Rezitation buddhistischer Liturgien. Ungerührt wie ein Priester hob er den Kopf und begann, die Zahlenreihen auf dem Papier, das er vor Augen hatte, vorzutragen, als läse er eine Partitur: Additionen, Subtraktionen, Multiplikationen und Divisionen, die von seinen Schülern sofort in Fingerbewegungen und in das Klappern der Perlen auf dem Rechenbrett übersetzt wurden. Die Stimme hob und senkte sich in monotonen Kadenzen über den Reihen gebeugter Köpfe wie ein träger, drängender einsilbiger Gesang ohne Pause und Unterbrechung. Endlich kam er zum Schluß. Ein Crescendo von klappernden Perlen, Hände streckten sich in die Höhe. Die Lösung wurde verkündet, und sofort setzte das Klagelied des *soroban*-Meisters wieder ein.

An jedem zweiten Samstag fuhr Boon mit der Keihin-Tōhoku-Linie nach Ōmiya und stieg dort in einen anderen Zug um, der ihn, wenn er Glück hatte, zu einem kleinen Bahnhof auf dem Land brachte. Dort hatte er eine Kindergartengruppe übernommen. Der Kindergarten bot einen deprimierenden Anblick. Kärgliche Hütten standen planlos in einem öden Gelände zwischen Sümpfen und Reisfeldern, als hätte ein Bauunternehmer sie aus Trotz und Ärger dort abgeladen.

Am ersten Tag brachte ihn der Sekretär in die Baracke Nr. 1. In dem riesigen Klassenzimmer waren etwa fünfzig Kinder versammelt und sangen folgsam zur Begleitung eines alten Klaviers. Das Instrument gab nur sporadisch, mit extremem Zögern Klänge von sich; die Pianistin mußte die Tasten überfallen, um irgendeinen Ton hervorzulocken. Boon wartete im Eingang, bis die Noten des Schlußakkords umzingelt und eingefangen waren. Die Frau am Klavier schloß ehrfürchtig den Deckel und wandte sich zur Klasse: «Aufstehen, Kinder!»

Alle Kinder standen auf, wobei sich der merkwürdige Effekt ergab, daß sie eher zu schrumpfen als größer zu werden schienen. Die meisten waren kaum älter als vier Jahre, und sie wirkten im Sitzen beachtlicher als im Stehen. Boon blickte mit Entsetzen auf seine kleine Armee.

«Jetzt begrüßen wir den Lehrer.»

«O-hayō gozaimasu!»

«Guten Morgen», antwortete Boon.

Die Frau verneigte sich, zog sich unauffällig zurück und ließ Boon allein mitten im Raum stehen. Er forderte die Kinder auf, sich zu setzen.

«Hallo», sagte er lächelnd.

«Harrow!»

«Nein, nicht Harrow. Das ist in London. Hört genau zu und versucht es noch einmal. Hallo!»

«Harrow!»

Demonstrativ bog er die Zunge zurück und streckte sie vor. Die Kinder lachten.

«Steckt die Zungenspitze hinter die Zähne. Sagt *low*!»

«Lo.»

«Sehr gut. Hallo!»

«*Harlow!*»

Alle vierzehn Tage fuhr er zu dem fernen Kindergarten in den Reisfeldern, spielte das Begrüßungsspiel mit den Kindern und brachte ihnen das Alphabet bei. Der Frühling ging vorbei, es wurde Sommer. Die Kinder und die Zahl der Buchstaben, die sie schreiben konnten, wuchsen unter seinen Augen ständig. Bis die Schule für die Sommerferien geschlossen wurde, hatten sie den größten Teil des Alphabets ohne allzu große Beschwernis gelernt, und gegen Weihnachten sah es aus, als seien sie belesen genug, um in ihren Glückwunschkarten den schwierigen Buchstaben W zu benützen. Wenn die Sonne durch das östliche Fenster der Baracke Nr. 1 schien, wünschten sie ihm Guten Morgen, und wenn sie vor dem Westfenster stand, Guten Abend. Manchmal geschah das ohne Zögern, manchmal etwas zweifelnd, wenn sie erst überprüfen mußten, ob er am Fenster neben der Tafel oder am Fenster neben dem Klavier stand. Sie fragten, wie es ihm gehe, verliehen ihrer Freude Ausdruck, wenn es ihm gut ging – manchmal auch, wenn es ihm nicht gut ging –, teilten ihm mehrmals ihre Namen mit und fragten nach dem seinen und riefen mit gleichbleibender Begeisterung *Harrow* und *Goodbye*.

An den Tagen, an denen er schlecht hörte, mußten all diese Begrüßungen und Nachfragen in schriftlicher Form erfolgen, was für viele Kinder eine schwere Aufgabe, für manche eine unlösbare war. Bonn wanderte durch das Zimmer und inspizierte ihre Versuche. God MNIG. Dak. HarROw. Geheimnisvolle Zeichen, die nicht als Buchstaben zu erkennen waren, sondern von aufgegebenen Hoffnungen sprachen, die sich in den entlegenen Ecken der Seite verbargen. Manche Kinder schrieben gar nichts und radierten es dennoch sorgfältig wieder aus. Er unterstützte alle Bemühungen und ließ jedes Kind so gut wie möglich auf seinem eigenen Weg vorankommen. Es kam ohnehin nicht auf ihn an. Er tauchte auf und verschwand wieder, er war etwas, an das die Kinder letzten Endes nicht wirklich glauben konnten. Wenn die Pianistin am Ende der Stunde wieder erschien, wurden sie von der Realität eingeholt, die sie kannten. Sie spielte, die Kinder sangen, standen auf, wurden entlassen. Bei Regen und Sonnenschein stolperten sie in den gleichen Schürzen, Stiefeln und Plastikmützen über das Gelände und hinaus auf die staubige Straße und folgten in einer langen ordentlichen Reihe der bekannten Gestalt in den weiten blauen Hosen und dem gepunkteten Schal, die ihnen voranging. Die Gruppendisziplin schien so selbstverständlich, daß Boon sich fragte, ob sie es jemals nötig gehabt hätten, sie zu erlernen.

Bis der Sommer begann, waren seine Finanzen soweit geordnet, daß er die Reisen nach Toyama wieder aufnehmen konnte. Er kam auf die Idee, daß eine Lehrtätigkeit dort ihm einen längeren Aufenthalt während der Sommerferien ermöglichen müßte. Sugama ließ seine örtlichen Verbindungen spielen und machte zwei Firmen ausfindig, bei denen Boon abwechselnd Englischunterricht für die Angestellten erteilen konnte. Er wollte die Stelle Ende Juli antreten und im September, zum neuen Universitätssemester, nach Tokio zurückkehren.

Inzwischen fuhr er regelmäßig mit dem Nachtzug nach Norden, wenn er mit dem Unterricht an Marutas *juku* fertig war. Die Fahrt dauerte sechs bis sieben Stunden, und er mußte häufig im Stehen reisen. Die Fernzüge waren überfüllt, egal wohin sie gingen, egal zu welcher Jahreszeit. Er fand bald heraus, daß er sich einen Sitzplatz im Zug nur sichern konnte, wenn er früh morgens um acht am Fahrkartenschalter des Lokalbahnhofs wartete, und das nicht etwa am Reisetag, sondern eine Woche vorher.

Mariko nahm alle diese Komplikationen, den Zeitaufwand, das Geld und die Mühen, als vollkommen selbstverständlich hin. Sie reservierte ein Zimmer in der Nähe ihrer Wohnung für ihn. Boon kam normalerweise kurz nach dem Morgengrauen an, etwa um die Zeit, zu der Mariko von der Arbeit nach Hause kam und ins Bett ging. Sie stand nie vor Mittag auf. Er verbrachte den Vormittag in seinem Hotelzimmer damit, Kaffee zu trinken und Briefe zu schreiben. Ihm war es so weh ums Herz. Er wußte, daß Mariko nur ein paar hundert Meter weiter im Bett lag und schlief. Er hatte nichts dagegen, im Hotel zu übernachten, wenn ihr das Unannehmlichkeiten ersparte, aber er konnte ihre Weigerung nicht verstehen, ihn überhaupt ihre Wohnung betreten zu lassen.

«Muß das denn sein?» fragte sie ihn ein paar Tage, bevor er ankam, am Telefon.

«Muß es sein? Was für eine Frage ist das? Kostet es dich irgendeine Art von Anstrengung, wenn ich dich zu Hause besuchen komme?»

Mariko seufzte.

«Weißt du, die Wohnung gehört nicht mir.»

«Das habe ich nicht gewußt. Wem gehört sie denn?»

«Sie gehört meinem Chef. Er vermietet sie an mich. Und es ist nun einmal so: Er hat mir verboten, dich hierher einzuladen. Am liebsten wäre es ihm, ich würde dich überhaupt nicht treffen. Er hat mir sehr davon abgeraten. Wenn er merkt, daß ich dich hierher kommen lasse, könnte das Konsequenzen für mich haben.»

«Was für Konsequenzen?»

«Ich könnte sogar meine Stelle verlieren.»

«Das ist lächerlich. Das kann einfach nicht wahr sein!» sagte Boon ärgerlich.

Er wußte nicht, was er glauben sollte. Sugama hielt das Ganze für unwahrscheinlich, aber in der Provinz war so etwas immer noch möglich; vielleicht sagte Mariko die Wahrheit.

Wenn Boon alle Einzelinformationen zusammenfügte, wurde ein Verdacht immer stärker, den er vom Anfang an gehabt hatte: insgeheim hatten Mariko und ihr Chef ein Verhältnis miteinander. Er ging einen Schritt weiter. Möglicherweise handelte es sich bei ihrem Chef und dem Mann mittleren Alters, den sie einmal die Woche traf, um ein und dieselbe Person. In der Phantasie begann Boon, die Vorstellung immer weiter auszuschmücken, die seine lange Zeit schlummernde Eifersucht und sexuelle Leidenschaft wachgerufen hatte. Er wurde von Zweifeln gequält. Mariko schob sie lachend beiseite. Schließlich beschloß er, ihr zu glauben, auch wenn er nicht wirklich überzeugt war. Er hatte Angst vor dem, was geschehen mußte, wenn er ihr nicht glaubte.

Aber wenn er sie traf, wenn sie tatsächlich vor ihm stand, verschwanden alle seine Zweifel mit einem Schlag. Ihre Anwesenheit war Verzauberung. Sie stiegen auf einem Dorfbahnhof um, warteten im Sonnenschein auf dem Bahnhof und sahen einem Mann zu, der auf einem Abstellgleis Waggons wusch. Der Sommer hatte fast begonnen. Mariko trug zum erstenmal ein Kleid. Der Wind atmete einen süßen Duft, einen klaren hellen Geruch, den er aus den Bergen mitgetragen hatte. Boon blickte müßig um sich. Er sah dem Mann zu, der die Waggons wusch, und dachte an Marikos nackte Arme. Ein einsames, leuchtendes Gleis lief vom Bahnsteig über die weite Ebene.

Eine alte Lokomotive schnaufte von einem Nebengleis heran und hielt am Bahnsteig. Die Waggons sahen aus, als seien sie zwischen den beiden Weltkriegen gebaut. Sie waren in Messing, Mahagoni und blauem Samt dekoriert. Das Abteil war leer. Boon jubelte laut auf. Mariko zog die Schuhe aus und sank tief in das abgesessene Kissen zurück. Ihr Rock schob sich über ihre Schenkel.

Am Bahnhof, an dem sie ausstiegen, kaufte Mariko in einem kleinen Laden Reisklößchen, Schokolade und eine Orange. Sie bat die Verkäuferin, einen Streifen von der

Orangenschale abzuschneiden, damit er sie leichter schälen konnte. Die Verkäuferin packte die Lebensmittel in eine Plastiktüte, nur die Orange steckte Boon in seine Tasche. Es war das erste Mal, daß Mariko derartiges für ihn getan hatte.

Sie hatten ein Picknick im Park auf dem Hügel geplant, aber als sie an den Eingang kamen und die Menschenmengen sahen, die sich über die Hänge wälzten, kehrten sie wieder um. Sie verließen das Dorf und folgten der Straße zum Fluß. Eine lange schmale Brücke überspannte den Fluß. Am anderen Ufer war hinter den Bäumen eben noch das Dach eines Schreins auszumachen. «Dahinten liegt das Meer», sagte Mariko und wies in die Richtung. Sie machten sich auf den Weg über die Brücke. Der Fluß weitete sich an dieser Stelle zur Mündung hin, aber er konnte nichts hinter den Schlammbänken erkennen, die etwa eine Meile weiter lagen. Das Licht prallte von der Wasseroberfläche ab und schuf einen gleißenden Nebel. Es herrschte Windstille. Die weiße Straße glänzte vor ihnen. Niemand anders war auf der Brücke. Es war, als sei die Brücke nur für sie beide errichtet worden.

Der Schrein lag in einem Park, gewaltige Bäume, Zedern und Kiefern, spendeten Schatten. Sie hörten Stimmen, aber sie sahen niemanden. Mariko schöpfte mit einer hölzernen Kelle Wasser aus einem Trog, benetzte ihre Hände und trank aus der Quelle. «Es ist heiliges Wasser», sagte sie, «das den Menschen reinigt», und bot ihm eine Trinkschale an. Er begleitete sie zum Schrein. Das Geräusch der Kiesel unter ihren Sandalen ließ jeden Schritt einzeln erklingen, machte ihm ihr Gehen bewußt. Unter den Dachbalken des Schreins, wo die Schatten noch dunkler waren, lehnte er sich an eine verriegelte Türe und sah ihr zu, wie sie in einem Sonnenstrahl betete. Sie warf eine Münze in den Opferstock, klatschte in die Hände und schloß die Augen. Das Ritual bedeutete ihr nichts. Sie glich einem Kind, das ein feierliches Spiel spielt.

Sie lächelte ihm zu und streckte die Hand aus. Er glaubte, sie einst in einem Traum so gesehen zu haben.

Sie verließen den Schrein und spazierten am Fluß entlang, vorbei an verwilderten Gärten und großen Häusern, die anscheinend verlassen waren. Mariko pflückte im Gebüsch am Wegesrand Blumen und entdeckte eine unkrautüberwucherte Treppe, die zum Ufer hinunter führte. Sie saß am Ufer und sonnte sich. Boon zog seine Kleider aus und schwamm durch das eiskalte Wasser zu einer Sandbank im Fluß. Er wärmte sich im Sonnenschein auf den Kieseln. Ein paar hundert Meter flußaufwärts warf ein Fischer seine Netze aus. Das Netz sprang aus seinen Händen in die Luft, wie ein Vogel, der die Flügel ausbreitet.

Er schwamm zum Ufer zurück, ließ sich in der Sonne trocknen und zog sich wieder an. Beim Mittagessen befragte er sie über die seltsame Steinsäule, die einsam auf einer Insel nahe am Ufer stand. Sie hatte die Form eines Phallus, hoch, glatt und teerfarben. Anscheinend handelte es sich bei diesen Steinen um Überreste eines alten Fruchtbarkeitskults; er hatte sie schon oft in der Nachbarschaft von Schreinen gesehen. Aber sie wußte nichts darüber. «Die Säule war eben einfach da», sagte sie, «und sie würden immer da sein.» Sie warf die Orangenschale in die Plastiktüte und wischte sich die Finger am Gras ab. Boon steckte eine Zigarette an. Er wartete, daß der Fischer vorbeiging.

Der Fischer machte sich langsam auf den Weg flußabwärts, und jetzt konnte ihn Boon am anderen Ufer deutlich sehen. Es war ein alter Mann. Anscheinend hatte er nichts gefangen, aber er arbeitete geduldig und ohne Eile. Er brauchte lange, um das Netz zu entwirren und zusammenzufalten; auswerfen konnte er es in Sekundenschnelle. Boon sah zu, wie es emporsprang und sich ausbreitete; mit seinen straffen Ecken und der lockeren Mitte glich es einem Sonnendach, das in der Luft schwebte. Es schien lange so zu schweben. Der Fischer würdigte das Netz kaum eines Blicks, wenn er es wieder einzog. Vielleicht war er weniger daran interessiert Fische zu fangen, als daran, seine Meisterschaft zu beweisen, sein Herz springen zu fühlen, wenn ihm einer seiner wunderbaren vogelgleichen Würfe gelang.

Eine Wolke legte sich vor die Sonne. Mariko spürte die plötzliche Kühle und öffnete die Augen. Boon lag mit unter dem Kopf verschränkten Armen auf dem Gras. Sie beugte sich über ihn, küßte ihn, knöpfte sein Hemd auf und erforschte seine Brust mit den Fingerspitzen. Er fühlte, wie ihre Hand an seinem Körper abwärts glitt. Ganz unerwartet öffnete sie seine Hosen und begann, ihn zu streicheln. Die Sonne kam wieder hinter der Wolke hervor. Er legte die Hand über die Augen und lag reglos da, lauschte dem flachen Plätschern des Flusses. Als sie den Kopf senkte, fühlte er das Kitzeln ihrer Haarspitzen auf seinem Bauch und plötzlich die warme Feuchtigkeit ihres Mundes. Die Art, in der sie ihn berührte, sprach von Zärtlichkeit und Neugier zugleich. Als sie ihre Hand zurückzog, blickte sie ihn an und flüsterte sanft: *«Gomen nasai.»* Er fragte sich, wofür sie um Entschuldigung bat.

Als er sich aufrichtete, wurde er sich der Tatsache bewußt, daß sich etwas in der Landschaft verändert hatte. Auf der Brücke, die sie am frühen Nachmittag überquert hatten, etwa sechzig Meter flußabwärts, war die Silhouette eines Mannes zu erkennen. Er lehnte am Geländer und sah ihnen zu. Anscheinend hatte er sie schon länger beobachtet.

Später am Abend begleitete ihn Mariko auf sein Hotelzimmer. Plötzlich klingelte das Telefon. Eine Stimme fragte, ob er Besuch auf dem Zimmer habe.

«Was geht Sie das an? Wer sind Sie überhaupt?»

«Gäste dürfen keine Besucher mit aufs Zimmer nehmen. Bitte fordern Sie die Dame auf, unverzüglich zu gehen.»

Boon sagte nichts und hängte auf.

Mariko kam aus dem Bad; sie trug seinen *yukata*. Sie zog die Vorhänge zu und legte sich neben ihn aufs Bett.

«Wer war das?»

«Irgendein Mann.»

«Was für ein Mann?»

«Wahrscheinlich jemand vom Empfang. Er hat gesagt, du dürftest nicht bei mir im Zimmer sein.»

Er öffnete den *yukata* und betrachtete ihren nackten Körper.

Ende Juli kam Boon wieder nach Toyama, um seine Stelle als Lehrer anzutreten. Mariko hatte nicht wirklich geglaubt, daß er kommen werde. Sie geriet in Panik. Die ersten paar Wochen weigerte sie sich, ihn auch nur zu treffen.

Durch die Vermittlung der Familie Sugama hatte er eine kleine Wohnung in einer Hintergasse gefunden. Zufällig war sie nur ein paar Minuten Fußweg von der Quelle der Sieben Wasser entfernt, wo Mariko wohnte. Er kam oft an ihrem Haus vorbei. Die Adresse auf dem Papier, an die er geschrieben hatte, war ganz anders als die Wirklichkeit, die er jetzt besuchte. Ein schäbiges zweistöckiges Gebäude mit einem Wellblechdach und einer eisernen Außentreppe, die zu den Zimmern im ersten Stock führte. Die Mieter im ersten Stock lüfteten ihr Bettzeug auf dem Korridorgeländer vor den Wohnungstüren. Wenn sie die Treppe hinauf- und hinuntergingen, gab es ein dumpfes metallisches Geräusch wie ein Gongschlag.

Boon wohnte in einem langen niedrigen Zimmer, das auf einer Seite auf einen Hinterhof ging. Es gab nur ein einziges, von *shōji* verstelltes und mit einem Moskitonetz vergittertes Fenster. Selbst wenn er die *shōji* ganz beiseite schob, blieb das Zimmer im Halbdunkel. Wenn er das Gesicht nicht gegen das

Moskitonetz preßte, konnte er nicht sehen, ob der Himmel grau oder blau war. Um elf Uhr morgens fiel ein Lichtstrahl durch das Netz, drang etwa einen Meter weit ins Zimmer vor und beleuchtete den Raum, bevor er sich zurückzog und weiterwanderte.

Das Zimmer war völlig leer. Er borgte sich Bettzeug von Sugama und schlief auf den *tatami* unter dem Fenster. In dem Schrank, in dem er tagsüber sein Bettzeug unterbrachte, fand er ein Holzbrett. Er baute sich einen Schreibtisch, indem er das Brett auf seinen Koffer und den Schreibmaschinendeckel stützte. Die Zimmerwand diente als Tischrücken. Er ordnete jeden Morgen seine Japanischbücher auf dem Brett und begann zu arbeiten. Er konnte die Trübsal des Zimmers und das traurige schwache Licht übersehen, aber die Feuchtigkeit blieb unerträglich. Das Zimmer hatte keinerlei Lüftung. Die Luft hing im Raum und bewegte sich tagelang nicht. Es fiel ihm schwer, sich zu konzentrieren, und er konnte kaum schlafen.

Durch die papierdünnen Wände und das Fenster zum Hof fielen von allen Seiten Stimmen in sein Ohr. Außer der Zimmervermieterin sah er die Menschen, die zu den Stimmen gehörten, nie, aber aus den Geräuschen konnte er sich ein Bild von den Familien machen, die rund um den Hof wohnten. Besonders mit einer Familie wurde er beinahe vertraut. Die Frau war jung, wohl etwa dreißig. Sie hatte drei Kinder, zwei Jungen und ein kleines Mädchen. Es mußte auch eine Großmutter geben, denn die Kinder riefen oft nach ihr. Den Mann hörte er nur ein paarmal, denn er kam meist um die Zeit nach Hause, wo Boon ausging. Er hatte eine harte Stimme, ein Mißklang in der gewohnten Harmonie des Tages. Der Tag war unverkennbar die Zeit der Frauen, erfüllt von weichen, ruhigen, friedlichen Stimmen.

Am Tag, an dem er einzog, brachte ihm seine Wirtin eine Melone, am nächsten Tag eine Schale kalten Tee. Als ihre

Neugier gestillt war, erlosch ihre Gastfreundschaft, und später sah er sie so gut wie nie wieder. Als er Tag für Tag ihr Gelächter auf der anderen Seite der Wand hörte, wurde ihm auch klar, daß sie ihm nicht besonders sympathisch war. Es war eine korpulente Frau mit einem unerwartet spröden, zerbrechlichen Lachen, das ihn seltsamerweise an geriebenen Käse erinnerte. Anscheinend lebte noch jemand in der Wohnung der Wirtin, vielleicht ein weiterer Untermieter. Der geheimnisvolle Fremde sprach nie, zumindest nicht so, daß man ihn hätte hören können, und Boon konnte seine Existenz nur aus dem beständigen Nörgeln der Wirtin erschließen. Über ihm wohnte jemand mit einem Klavier, das er behandelte, als sei das Instrument eine Schreibmaschine. Stimmen erklangen, Schiebetüren öffneten sich. All die Nachbarschaftsgeräusche strebten ihrem Höhepunkt um die Mittagszeit zu und erloschen dann mit dem Licht im Lauf des Nachmittags.

Zu Beginn seiner zweiten Woche in Toyama überredete er Mariko, sich mit ihm zum Mittagessen zu treffen. Sie beschrieb ihm den Weg zu einem etwa fünf Minuten entfernten Tempel und bat ihn, sie dort um ein Uhr zu treffen. Sie kam spät und war nervös. «Hier entlang», sagte sie und wandte sich schnell wieder in die Richtung, aus der sie gekommen war. Er folgte ihr in ein Labyrinth schmaler, aschebestreuter Gassen hinter den Häusern, so daß sie auf dem ganzen Weg nicht einmal die Straße überqueren mußten. Sie ging so schnell, daß deutlich wurde, welche Angst sie davor hatte, gesehen zu werden. Endlich öffnete sich die Gasse auf eine Straße, und sie beugte sich abrupt unter das Vordach eines Nudellokals an der Ecke. Einmal im Lokal angekommen, wirkte sie entspannter.

«Die Hitze ist unerträglich», sagte sie und zog die Sandalen aus. «Was nimmst du?»

«Ganz egal.»

Sie bestellte kalte gewürzte Nudeln.

«Du brauchtest nicht so schnell zu rennen.»

«Bin ich wirklich gerannt? Tut mir leid. Ich habe es gar nicht gemerkt.»

«Das geht so nicht weiter», sagte er. «Ich fühle mich wie ein Verbrecher. Wenn es immer so geheimnisvoll sein muß, würde ich dich lieber überhaupt nicht sehen.»

Sie schwieg eine Zeitlang. Dann berührte sie seine Hand.

«Bitte! Du weißt doch, wie schwierig es für mich ist. Sie bedrängen mich sehr. Hab Geduld, ich tue mein Bestes.»

Sie küßte ihn so hingebungsvoll, daß er ruhig wurde und versprach, nicht mehr über das Thema zu reden. Danach unterhielten sie sich glücklich wie alte Freunde.

Es schien wirklich alles besser zu werden. Den Rest der Woche besuchten sie jeden Morgen die öffentlichen Schwimmbäder und aßen dann kalte Nudeln in dem kleinen Lokal um die Ecke von Marikos Wohnung. Sie lud ihn nie in ihre Wohnung ein, und er bat sie nie darum. Aber der Anblick ihres weichen Körpers, wenn sie am Morgen am Beckenrand in der Sonne lagen, begann ihn zu berühren. Die Art, wie sie in der Sonne lag, mit den Händen über ihren Bauch strich und ihn anlächelte, war so mehrdeutig wie ihr ganzes Verhalten. Sie mochte ihren eigenen Körper und berührte sich selbst mit großer Natürlichkeit. Zugleich war ihr bewußt, daß sie Boon erregte. Auch sie begehrte ihn, aber was sie noch mehr wollte war, von ihm begehrt zu werden. Und als sie eines Tages auf dem Heimweg vom Schwimmbad an seinem Zimmer vorbeikamen und er sie bat, mitzukommen, sagte sie natürlich Nein. Das kam nicht in Frage; es würde sich sofort herumsprechen.

Am letzten Tag der Woche trennten sie sich nicht wie sonst nach dem Essen vor dem Nudellokal, sondern gingen aufs Geratewohl durch die Stadt und gerieten nach einem langen Spaziergang aufs freie Land hinter dem Stadtrand. Eine staubigrote Landstraße führte durch das Ödland hinter den Gebäuden und gab plötzlich den Blick auf Felder voll Blumen und die Berge in der Ferne frei. Instinktiv verließ er die Straße und folgte dem Sandweg.

«Wohin gehst du?»

Er sagte nichts, und sie folgte ihm. Während sie den Weg entlanggingen, tauchte allmählich ein Gebäude zwischen den Bäumen auf, das von der Hauptstraße nicht zu sehen war. Am Tor überwucherte dichtes Gestrüpp die Einfahrt und bildete einen natürlichen Tunnel. Sie gingen durch den Tunnel und fanden sich in einem sonnenhellen grasbewachsenen Hof. Auf einer Seite stand ein verfallenes Nebengebäude. Das Unkraut verdeckte die Haufen von Schutt, rostigen Eisen und Glasscherben fast. Türen waren aus den Angeln gehoben. Das Gebäude war unbewohnt.

Er wandte sich ihr mitten im Hof zu und knöpfte das Oberteil ihres Kleides auf. Sie spähte über die Schultern und flüsterte etwas Unverständliches. Er knöpfte das Kleid bis zur Taille auf. Die Sonne brannte heiß über dem Hof; Zikaden zirpten und summten. Er strich das Kleid über ihre Schultern, ihre Arme. Es fiel auf ihre Hüften. Sie schüttelte den Kopf und blickte ängstlich zum Gebüsch hinüber. Sie legte die Hände auf seine Schultern. Ihre Brüste hoben sich wiegend. Er rieb mit dem Daumen über ihre Brustwarzen und küßte ihren Hals. «Nein», sagte sie, aber sie bewegte sich nicht. Sie hielt den Blick auf das Gebüsch gerichtet. Er küßte ihre Brüste und schob die Hände unter ihr Gesäß. «Nein», sagte sie wieder, und diesmal zog sie sich zurück. Sie stand ein paar Meter von ihm entfernt und blickte auf die fernen Felder. Ein Traktor kam auf sie zu. Sie schlüpfte mit den Händen in die Ärmel ihres Kleides und zog es wieder über die Schultern.

Er nahm sie bei der Hand und führte sie ins Haus. Auf einer Seite fehlte eine Wand, und der Raum öffnete sich zum Hof. «Das geht hier nicht», sagte sie, «was ist, wenn jemand kommt?» «Es kommt niemand», sagte er. Er lehnte sich an einen Wandvorsprung und zog sie, die weder zustimmte noch widersprach, an sich. «Aber es könnte doch jemand kommen», murmelte sie, legte die Arme um seinen Hals und küßte ihn. Das Geräusch des Traktors auf dem Feld näherte sich und verklang in der Ferne. Er griff unter ihren Rock und zog ihr das Höschen über die Schenkel. «Das geht nicht», sagte sie, «nicht hier.» Er schob die Hände zwischen ihre Beine und drückte die Fingerspitzen gegen ihren Rücken. Er fühlte sie, feucht und behaart auf der Innenseite seines Arms. Sie glitt an seinem Arm auf und nieder, bäumte sich auf und fiel schwer in seine gewölbte Hand. Er öffnete seine Hosen, fiel über sie her, drang in sie ein. Stöhnend umschlang sie mit den Beinen seinen Körper, der sie hielt. Ihr Gesäß gab nach, ihre Schenkel preßten sich enger an seine Hüften, und sie schrie Nein, noch als er sich in sie ergoß.

Später wischte sie sich, reinlich wie eine Katze, mit seinem Taschentuch ab, zog sich an und begleitete ihn auf dem Heimweg, als sei nichts geschehen. Sie schien nicht überrascht, zeigte weder Ärger noch Freude. Als sie sich an der Ecke vor dem Block, in dem sie wohnte, trennten, sprach nichts in ihrem Verhalten davon, daß sich irgend etwas geändert hätte.

In den nächsten Wochen liebten sie sich zwei- oder dreimal in dem verlassenen Gebäude am Stadtrand. Er zeigte immer die gleiche brutale Begierde, sie immer das gleiche Zögern, die gleiche im Ansatz schon gescheiterte sexuelle Leidenschaft und nach dem Geschlechtsakt die gleiche nachlässige Ruhe. Er nahm sie wie ein Tier, an die Wand gelehnt, auf dem Boden oder draußen im Gras, weder mit noch gegen ihren Willen. Und jedesmal kauerte sie auf dem Boden, säuberte sich auf ihre schnelle katzenartige Weise und spähte aus den Augenwinkeln auf den dunklen Tunnel, der zur Straße führte. Der Abstand, den sie zu ihrem eigenen Körper und den Begierden ihres Körpers hatte, die Sinnlichkeit, die ihr Körper verlangte, und die nie ganz befriedigt wurde, die Seele der Frau, die ihm immer ebenso fern blieb, wie ihr Körper dem seinen nah war: Er konnte sie nie ganz besitzen, und es trieb ihn zum Wahnsinn. Die warme, feuchte Hitze des Hochsommers durchflutete sein Blut, machte seinen Geist stumpf und besiegte seine Sinne. Seine Begierde lag wie eine offene Wunde, von der leisesten Berührung gereizt und entflammt an der Oberfläche seiner Haut; und irgendwo wurde sie von der Unbedachtheit angesteckt, die in seinem Blut lag. Mittags trafen sie sich hinter dem Tempel im Schatten der weitausladenden Dachbalken, den Rücken gegen den Zaun gelehnt, halb nackt, suchend und schweigend erschauernd, während ein endloser Strom von Kindern auf dem Heimweg über den Pfad auf der anderen Seite vorbeiging. Sie trafen sich auch nachts dort, in schwarzer Finsternis und in hellem Mondlicht, wenn der Tempel verlassen war. Er schwitzte in seinem feuchten Zimmer und bekam keine Luft. Es war wie ein Sarg. Er stürzte hinaus, den Aschenpfad entlang und atmete die erstickende Sommernacht ein. Manchmal kam sie, manchmal nicht. Sie erschien geräuschlos, eine vage weiße Gestalt, sehr schwach zu erblicken, wie ein Nachklang des Tages, den die Dunkelheit ihm zuwarf. Sie saßen auf den Steinstufen und unterhielten sich flüsternd, während er ihre Brüste liebkoste und ihre Haare streichelte. Sie hätte genausogut in sein Zimmer kommen oder ihn in das ihre mitnehmen können. Es wäre dort weniger gefährlich gewesen, als ihn verstohlen im Freien zu treffen. Aber sie blieb eisern. Ihm den Zugang zu ihrem Zimmer zu verweigern, war keine Vorsichtsmaßnahme mehr, sondern die letzte Zuflucht, in die sie sich vor ihm zurückziehen konnte. Was blieb ihr anderes? Ihr Zimmer war ihre Zuflucht, ihr Heiligtum, ihr Ich; und dorthin würde sie ihn nie eindringen lassen, niemals.

Nach einer Woche gaben sie die morgendlichen Ausflüge ins Schwimmbad auf. Mariko bot keine Erklärung an. Sie sagte nur, sie könne nicht mehr mit ihm dorthin gehen. Boon hielt sich an sein Versprechen und drängte sie nicht. Er wußte auch ohne zu fragen, daß man sie zusammen gesehen hatte und daß Mariko erneut gewarnt worden war. Eines Abends spät erschien er betrunken in der Bar, in der sie arbeitete, fing Streit mit dem Besitzer an und benahm sich wie ein Idiot. Obgleich Marikos Name nicht fiel, wußten beide Männer, daß der Streit um sie ging. Ihre gegenseitige Abneigung war jetzt offen.

«Es wird etwas passieren», sagte er am nächsten Morgen in trüber Stimmung zu ihr. «Die Lunte brennt bereits.»

Sie bat ihn, die Bar nicht mehr zu besuchen.

Es handelte sich nicht mehr um zwei oder drei Menschen; es war keine private Fehde mehr. Boon wußte, daß er mit der unauslöschlichen Feindschaft einer Provinzstadt gegen den Fremden konfrontiert war und daß er nicht gewinnen konnte. Er fühlte sich immer schlechter. Einladungen, Bekanntschaften, wie man sie in Tokio so leicht auf der Straße oder in einer Bar machen konnte, wurden ihm hier verweigert, und er wußte, daß es zum Teil seine Schuld war. Es war nicht seine Schuld, daß er ein Weißer, ein Europäer war. In Tokio, wo der Anblick eines Europäers nichts Ungewöhnliches war, machte das nichts aus. Aber in einem Provinznest, wo es nur Japaner gab, war er immer auffällig, etwas Besonderes, etwas Abartiges. Das Gefühl, ein Fremder zu sein, begleitete ihn, wo immer er hinging, und es gab Tage, an denen er sich schämte, die Straße zu betreten.

Wenn er mit Mariko zusammen war, war es noch viel schlimmer. Ohne sie hätte man ihm das beunruhigende Wissen um seine Andersartigkeit nicht auf so demütigende Weise gezeigt. Gelegentlich, wenn sie sich zusammen in der Öffentlichkeit zeigten, war die Feindschaft gegen ihn ebenso unverkennbar wie die Verachtung für sie. Japanische Frauen, die sich mit Ausländern einließen, wurden offen verachtet, aber ihre Begleiter verfügten nur selten über die Sprachkenntnisse, um die hingeworfenen Beschimpfungen zu verstehen, die

Passanten fallenließen, und die Frauen sagten ihnen nichts davon, weil sie sich schämten oder resigniert hatten.

Für Boon begann in diesen Sommermonaten die Faszination des japanischen Lebens zu schwinden. Der Takt und die Rücksichtnahme der Japaner, Eigenschaften, die er in ihrem Umgang miteinander bewunderte und die er als Staatsgast und ausländischer Student genossen hatte, wurden allmählich von den Erfahrungen überschattet, die er im Privatleben machte. In den angesehenen Firmen, wo er jeden Abend Englischunterricht gab, wurden ihm die Höflichkeit und der Respekt erwiesen, die jedem *sensei*, selbst einem so bescheidenen wie Boon, zustanden. Hier, in seiner offiziellen Eigenschaft, wurde er mit offizieller Freundlichkeit behandelt: Einladungen zum Abendessen, schmeichelnde Reden, gesellige Abende und feierliche Beteuerungen. Aber er konnte dem keine Freude mehr abgewinnen. Er fühlte, daß der Respekt hohl war, eine Maskerade. Manche seiner Gefährten, die es sich leisten konnten, großherzig mit Beteuerungen umzugehen, die sie nichts kosteten und in der Praxis zu nichts verpflichteten, konnten unter anderen Umständen genausogut auf der Straße hinterhältige Beschimpfungen durch die Zähne zischen; und sie taten es ohne irgendein Gefühl der Heuchelei.

Unter seinen Schülern gab es einen Mann etwa seines eigenen Alters, mit dem er freundliche und entspannte Beziehungen unterhalten konnte. Das Gemeinsame, das ihn mit ihm verband, war, daß sie beide Außenseiter waren. Im Gegensatz zu seinen Kollegen stammte Tani-*san* nicht aus Toyama; er war für drei Jahre aus dem Hauptbüro in Tokio hierher versetzt worden. Als Boon ihn kennenlernte, hatte er seit etwa sechs Monaten in der neuen Umgebung gelebt.

Er war ein großer, langsamer, freundlicher Mensch. Er hatte, wenn auch auf andere Art als Boon, ebenfalls Schwierigkeiten mit der japanischen Sprache. Häufig verlief er sich in labyrinthisch verschlungenen Satzkonstruktionen, aus denen er keinen Ausweg mehr fand. Seine Unterhaltung war voll von Pausen, Lücken und Füllworten. *Yōsuruni*, also kurz gesagt, also... er konnte das zehnmal im gleichen Satz wiederholen. Boon lehnte sich aufmerksam vornüber. Es fiel Tani nicht leicht, klarzumachen, was er wollte. Er war Brillenträger. Er war Junggeselle.

Tani hatte sich in die Geschäftsführerin eines Restaurants mit Barbetrieb verliebt, in das er etwa ein Drittel seines Einkommens investierte. Er aß jeden Tag dort zu Abend und lehnte höflich alle Einladungen woandershin ab.

«Ich glaube, ich habe hier Aussichten», vertraute er Boon an und nahm ihn mit, damit er sich auch eine Meinung von ihr machen konnte.

Es war kein besonderes Lokal, und die Geschäftsführerin schien keine besondere Frau zu sein. Aus dem, was Tani ihm vorher erzählt hatte, gewann Boon den Eindruck, sein Werben um die Frau sei nunmehr in ein besonders delikates und kompliziertes Stadium eingetreten; wie sich herausstellte, so delikat, daß die Geschäftsführerin selbst noch nichts davon bemerkt hatte. Sie schenkte ihm genausoviel Aufmerksamkeit wie jedem anderen Kunden, und Tani bemühte sich auf keine Weise um mehr. Er saß mit dem Rücken zu ihr, aß Nüsse und war so überzeugt davon, daß seine Werbung erfolgreich sein müsse, wie es Boon klar war, daß der Geschäftsführerin überhaupt kein Werben aufgefallen war. Er hatte die gleichen Schwierigkeiten wie in seinen Satzkonstruktionen. Tani kam einfach nicht zur Sache.

Er wurde von seinen eigenen Gefühlen, seiner Phantasie und seinem uneingeschränkten Vertrauen zum Narren gehalten, außerdem zweifellos von seiner Einsamkeit. Die absurdesten Kleinigkeiten gewannen in den privaten Träumen seines Herzens entscheidende Bedeutung. Boon sah eine vulgäre ungepflegte Frau, die ihre Stirnlocken rot färbte. Tani beschrieb dieselbe Farbe als einen Hauch von Ahornblättern. Sie brachte ihm ein Kotelett, vergaß die Serviette und ging zurück, um sie zu holen. Er war hingerissen. Hinter seinem Rücken konnte Boon sie über die Witze und ordinären Bemerkungen der Kunden an der Bar lachen hören, die sie mit der Vertraulichkeit behandelten, die sie gewöhnt war. Tani hatte keine Ahnung davon. Es war nur ein zusätzlicher Beleg dafür, wie begehrenswert sie war, und ein Beweis für die Sicherheit seines eigenen Geschmacks. Der Anblick eines Mannes, der so offensichtlich verliebt war und so vollkommen den Kontakt zur Realität des geliebten Objekts verloren hatte, ließ in Boon eine beunruhigende Ahnung davon aufkommen, was sie sonst noch gemeinsam haben könnten. Auch Mariko stand Abend für Abend hinter einer Bar und unterhielt sich mit jedem, der kam. Auch sie färbte ihr Haar, wenn auch unauffälliger. Er hatte es lange Zeit nicht bemerkt.

Ende August kam Sugama für ein paar Tage nach Toyama. Er tauchte eines Morgens in Bermudashorts und einer Baseballmütze auf dem Fahrrad vor Boons Wohnung auf. Er stieg nur zögernd vom Fahrrad, als könne das seine Ferien unterbrechen, und kam für einige Minuten herein. Er konnte sehen, daß Boon deprimiert war.

«Morgen ist Sonntag. Komm doch über Nacht zu uns. Es täte dir gut, ein bißchen aus diesem Loch herauszukommen.»
«Yūzō hat es hier mehrere Jahre ausgehalten.»
«Armer Yūzō!»
Boon freute sich, Sugama zu sehen. Er hatte ihm gefehlt. Zum erstenmal merkte er, daß er sich darauf freute, wieder nach Tokio zu gehen. Er war überrascht, sich das selbst eingestehen zu müssen. Sugama bemerkte die Bücher auf dem Brett in der Zimmerecke.
«Du lebst hier anscheinend wie ein Mönch.»
«In mancher Hinsicht, ja.»

«Wie kommst du mit den Übersetzungen voran?»
«Langsam. Die Hitze ist so schlimm, wie du es vorausgesagt hast. Hier drinnen vielleicht noch schlimmer.»
«Ja, die Hitze. Und Mariko?»
«Es ist alles etwas anders, als ich gedacht hatte...»

Er hätte gern mehr gesagt, aber er schämte sich. Noch während er davon sprach, merkte er, daß seine Beziehung zu Mariko bereits gescheitert war. Sugama und sie waren alte Freunde. Sugama hatte ihnen beiden geholfen, einander besser zu verstehen, und jetzt hatte Boon das Gefühl, ihn im Stich gelassen zu haben.

Der Sonntagabend war schwül, und nachts donnerte es. Niemand konnte schlafen. Boon, Sugama und sein Vater saßen fast bis zum Morgengrauen im *kyakuma* und warteten auf den Regen. Etwa eine Stunde vor der Morgendämmerung wurde es etwas kühler, aber noch immer fiel kein Regen. Sugamas Vater ging nach oben ins Bett, und Sugama schlief auf den *tatami* ein. Die Sonne ging auf, die kühle Luft verwehte. Boon saß übermüdet, erschöpft und schweißbedeckt auf der Treppe vor dem Haus, bis ihn die Moskitos vertrieben. Auf der anderen Seite des *kyakuma* lag Großvater unter dem Moskitonetz, das den Raum wie ein riesiges Zelt überspannte, atmete schwer und wälzte sich unruhig im Schlaf. Der alte Mann hustete und wachte auf. Er kroch unter dem Netz hervor, trocknete sich Brust und Arme mit einem Handtuch ab und richtete sich auf. Für einen Mann von mehr als achtzig war er erstaunlich beweglich. Er trug nur ein Lendentuch. Sein Körper war schlank und gerade. Im Halblicht sah er aus wie der Körper eines jungen Mannes.

Aber er blieb den ganzen Tag reglos in seinem Zelt liegen. Die Hitze belastete sein Herz. Seine Enkelin kniete neben dem Kopfkissen und unterhielt sich durch das schattige Gazenetz mit ihm; ihre Bluse war offen, sie säugte ihr Baby. Nachmittags wurde das Kind zum Mittagsschlaf unter das Zelt geschoben und schlief in den Armen des alten Mannes ein. Boon kehrte am Nachmittag in sein Zimmer in der Stadt zurück. Sugama fuhr am nächsten Tag wieder nach Tokio.

Der Regen, auf den alle warteten, kam nicht. Es regte sich kein Lüftchen. Boon räumte sein Bettzeug nicht mehr in den Schrank. Die Türen und die Holzverkleidung hatten angefangen, zu schwitzen, und auf der Jacke, die seit einem Monat darin hing, bildete sich schon Schimmel. Alles was er anfaßte, war feucht. Die Bücher sogen die Feuchtigkeit auf wie Schwämme. Die Seiten klebten aneinander, die Einbände glänzten. Seine Kissen, seine Sandalen, die Wäsche, die im Hof gehangen hatte, das Toilettenpapier, die Papierservietten in den Restaurants, selbst Kreide und Münzen, alles war feucht und klebte an den Händen. Die Feuchtigkeit verwandelte die natürliche Chemie der Gegenstände, ließ alles porös werden, schien Wasser selbst aus einem Stein ziehen zu können. Es war wie ein Fluch.

In den toten Tagen, bevor die Septemberstürme vom Meer über das Land zogen, schien die Welt stillzustehen. Der Sommer roch faul und verwest wie eine Leiche. Boon war nicht überrascht, als er erfuhr, daß sich bei diesem Wetter Gewalttaten, besonders Sexualverbrechen häuften. In der Lokalzeitung las er innerhalb einer Woche Berichte über mehrere Vergewaltigungen. Mariko und er hatten zu dieser Zeit ein seltsames Erlebnis.

An einem Sonntag, eine Woche bevor er wieder nach Tokio fuhr, machten sie einen Ausflug in die Berge. Sie ahnten beide, daß es ihre letzte gemeinsame Reise sein könnte, und sie fuhren weiter als je zuvor. Sie machten sich im Morgengrauen auf und kamen spät abends zurück.

Sie stiegen an einem abgelegenen Bahnhof im Vorgebirge aus dem Zug und machten sich zu Fuß auf den Weg. «Da oben», sagte Boon und zeigte auf die glatte Höhe eines fernen Hügels, «laß uns da hinauf gehen.» Er hatte plötzlich das Bedürfnis, hoch empor zu steigen und die ganze Landschaft überblicken zu können. Er ließ sie vorangehen, und sie wanderte ein paar Schritte vor ihm.

Die Straße wand sich wie eine Schlange eng und steil den Hügel hinan. Als sie aus dem Tal aufstiegen, nahm seine gute Stimmung zu. Mit jedem Schritt wurde die salzige Luft im Tal leichter und frischer. Die Straße wurde zu einem Fußpfad aus rötlich-rostbrauner Erde. Mariko zog ihre Schuhe aus und trug sie in der Hand. Sie trug ein weißes Kleid mit einer großen Schleife im Rücken. Ihr Rücken war bis zur Taille nackt. Von Zeit zu Zeit blieb sie stehen, schnappte nach Luft und wanderte weiter. Ihre Haut begann zu glänzen.

Auf den letzten hundert Metern vor dem Gipfel verengte sich der Pfad zu einer schmalen Spur. Der Gipfel war so rund und glatt wie eine Kuppel, von schmiegsamem breitblättrigem Gras bedeckt, das sich spurlos hinter ihren Schritten schloß. Auf der anderen Seite des Gipfels neigte sich der Boden wieder nach unten und fiel steil in eine bewaldete Schlucht ab. Boon hockte sich ins Gras und machte ein Fenster zum Durchblick ins Tal frei.

«Wo bist du?»

«Hier. Komm her und setz dich.»

Er hörte Mariko kichern.

«Kannst du nicht einen Moment aufstehen. Ich kann dich nicht mehr finden.»

Sie war nur wenige Meter entfernt, aber sie konnte ihn immer noch nicht sehen.

«Sieh dir nur meine Sandalen an», sagte sie bekümmert.

«Das ist die rote Tonerde. Warum hast du sie wieder angezogen? Macht nichts, ich werde sie abwaschen.»

«Hier kann ich mich schlecht hinsetzen. Ich schmiere mir ja das Zeug über mein ganzes Kleid.»

«Dann zieh es aus.»

Mariko zog die Schleife in ihrem Rücken auf und zog das

Kleid über den Kopf. Sie sah sich um, wo sie es hinlegen konnte.

«Der Boden ist dreckig.»

«Das ist nur Staub.»

«Du hast es gut; du sitzt in deinen schmutzigen Jeans da. Stell dir vor, es wäre dein weißes Kleid.»

«Warum breitest du es nicht im Gras aus?»

Aber das funktionierte auch nicht.

Boon sagte: «Paß auf, was wir tun werden. Ich ziehe meine Kleider aus, und du kannst deine darauflegen.»

Er zog das Hemd und die Hosen aus und breitete sie auf dem Boden aus. Mariko faltete ihr Kleid sorgfältig zusammen und legte es darüber. Sie wollte sich hinsetzen, überlegte es sich dann anders.

«Was ist mit...?»

«Ja, die könntest du auch ausziehen, wenn du schon dabei bist.»

«Biest!»

So blieben Marikos Kleider bewahrt. Sie saßen nackt auf dem Hügel und bewunderten die Aussicht. Unten im Tal wurde ein Motor heulend angelassen. Boon legte die Hand über die Augen. Er konnte einen Motorradfahrer auf den Feldern erkennen.

Mariko lag, den Kopf in die Hand geschmiegt, mit angezogenen Beinen ihm gegenüber. Er kitzelte ihren Nabel leicht mit einem Grashalm, zog ihn durch ihr Schamhaar und streichelte die Innenseite ihrer Schenkel. Er kämpfte mit einer Ameise, die über ihre Hüfte wanderte, verlor sie aus dem Blick und lehnte sich über sie. Die Ameise war verschwunden. Die Erde hatte einen staubig roten Schleier auf ihrem Gesäß hinterlassen. Er strich mit dem Finger über die weiche Haut und wischte den Staub ab. Ein schmerzliches Gefühl der Zärtlichkeit durchfuhr seine Eingeweide wie ein Degenstich und begann, sein Herz offenzulegen wie Tageslicht, das durch einen zugezogenen Vorhang fällt. Sie drehte sich um und preßte ihren Körper an den seinen.

Das Knattern des Motorrads, das im Tal erklungen und dann wieder abgeschwollen war, wurde plötzlich deutlicher und viel näher hörbar. Es konnte kein Irrtum bestehen, der Motorradfahrer war auf dem Weg den Hügel hinauf zu ihnen. Das Geräusch schwoll, den Kurven der Straße folgend, gleichmäßig an und wurde wieder schwächer. Aber die Straße führt nicht ganz bis nach oben, dachte Boon.

Er lag auf Mariko und bewegte sich mühelos im Rhythmus ihres Körpers. Sie streckte die Arme über dem Kopf aus und bog den Rücken durch. Ihre Bewegungen trugen ihn mit sich, vermittelten ihm ein Gefühl der Schwerelosigkeit, als schwimme er auf ihrem Körper. Das schrille Knattern des Motorrades war jetzt ganz nah. Die Straße muß hinter ihm liegen, er ist jetzt auf dem Fußweg, dachte Boon, wer zum Teufel ist dieser Kerl? Wer wird zuerst ankommen, fragte er sich einen Augenblick, gerade als er die süße Feuchtigkeit in sich aufsteigen fühlte und Mariko ihn mit Armen und Beinen umklammerte und sich mit einem Aufschrei der Angst und der Lust an seine Schulter schmiegte.

Der Motorradfahrer durchfurchte das Gras und blieb plötzlich mit aussetzendem Motor höchstens ein Dutzend Meter von ihnen entfernt stehen. Er war nah genug, daß sie das Geräusch seines Feuerzeugs und seinen Atem hören konnten. Mariko hielt den Atem an und umklammerte Boon fest. Ein paar Minuten herrschte absolute Stille.

Dann begann der Mann laut zu brüllen.

«*Bakayarō!*»

Das Echo fing sich zwischen Berg und Tal und schallte gebrochen wider. *Bakaya akaka yarō kayarō yarō rō rō*! Das Echo sprang und rollte durch das Tal, als wolle es nie wieder enden.

Als das Echo endlich verstummte, breitete sich eine unheimliche Stille aus, die lange anhielt. Gelegentlich hörte man den Mann ausatmen und ein scharfes Klicken, als trommle er mit den Fingernägeln gegen die Zähne. Boon und Mariko lagen bewegungslos im Gras, so still wie die Erde, auf der sie lagen, ihre Körper eng umschlungen. Sie lagen da wie gejagte Tiere in einem Versteck.

Er weiß, daß wir hier sind, dachte Boon, er muß es wissen. Und einen Augenblick empfand er Furcht, nicht vor dem Mann, sondern davor, daß er wie ein Jäger ihre Witterung aufnehmen werde. Dann dachte er: Aber er kann uns nicht sehen. Er bewegte sich vorsichtig, um sein Gewicht von Marikos Körper zu nehmen. Sie blickten einander fragend an. Ihre Lippen formten Worte.

Wer war dieser Mann? War er verrückt? Warum fuhr er einen Hügel hoch und brüllte «Idiot!»? Und wer war der Idiot? Wen wollte er einen Idioten nennen? Vielleicht war es gar nicht der Mann, den Boon auf den Feldern im Tal gesehen hatte. Vielleicht war es jemand anders, der ihnen den Hügel hinauf gefolgt war. Aber wer war der Idiot?

Der Mann zündete sich noch eine Zigarette an, dann noch eine. Außer dem Zischen des Feuerzeugs und dem Klang seines Atems gab er kein Geräusch von sich. Er bewegte sich nicht. Er wartete. Er wartete fast eine Stunde.

Schließlich ließ er sein Motorrad wieder an und fuhr weg. Sie hörten das Geräusch des Motors, das auf der anderen Seite des Hügels abnahm und verschwand. Mariko seufzte, und Boon setzte sich auf. Sie waren beide schweißgebadet.

Den Rest des Tages dachten sie über den seltsamen Zwischenfall nach. Mariko glaubte, der Mann habe sie nicht gesehen und sei nur zufällig gleichzeitig mit ihnen dort oben gewesen. Sie meinte, der Mann sei über irgend etwas, vielleicht seinen Beruf, wütend gewesen und habe eine einsame Stelle gesucht, wo er seiner Verzweiflung Ausdruck geben konnte. Der *bakayarō* war natürlich sein Chef. Sie konnte sich gut vorstellen, daß jemand so etwas täte, denn sie lauschte jeden

Abend in der Bar den Geständnissen unzufriedener Männer. Es war eine einleuchtende Erklärung, auch wenn sie Boon nie eingefallen wäre. Aber er konnte nicht an einen Zufall glauben.

Anfang September begann es zu regnen. Es war Boons letzter Sonntag, wenige Tage vor seiner Abreise. Er erwachte am Morgen von einem enormen Donnerschlag, der das ganze Haus erschütterte. Der Donner grollte mehrere Stunden lang pausenlos.

Gegen zehn Uhr erhob sich der Wind. Er saß am Fenster, wo die Luft kühler war, und hörte die Blätter des Baums im Hof flüstern. Der große Windstoß kam aus dem Nichts. Eine Türe knallte zu, die Zweige schüttelten sich, die Blätter wurden von den Stengeln gerissen, wirbelten in wilden Schwärmen über den Hof und klebten flach am Moskitonetz vor dem Fenster. Die *fusuma* knarrte, lose Papiere flogen durch das Zimmer. Er schloß das Fenster und ging hinaus auf die Straße. Er konnte den Wind beinahe sehen. Er brach wie eine Sturzflut in einer Bergschlucht durch den engen Spalt zwischen den Gebäuden und riß alles mit sich. Die Kaufleute hatten die Markisen schon hereingeholt und die Ladentüren geschlossen. Die Straße war verlassen.

Im Laufe des Nachmittags ließ der Wind nach. Es fing an zu regnen.

Um sechs Uhr ging er zur Straßenbahnhaltestelle um Mariko abzuholen, die ihren Bruder außerhalb der Stadt besucht hatte. Sie hatte Boon gebeten, mitzukommen, aber er hatte abgelehnt. Sie hatte den Besuch Wochen vorher geplant, als sie bereits wußte, daß er zwei Tage später nach Tokio zurückkehren würde.

Er stand, bis auf die Knochen durchnäßt, in einem Hauseingang. Es war ein angenehmes Gefühl. Die Luft war frisch und der Regen warm. Am Gleisende beschrieben die Schienen eine Schleife, in der die Straßenbahn wendete und zehn Minuten wartete, bevor sie in die Stadt zurückfuhr. Mariko mußte am Bahnhof in die Straßenbahn steigen und bis zur Endstation fahren. Von da aus hatte sie nur noch ein paar Minuten bis nach Hause.

Sie war nicht unter den Fahrgästen der ersten Bahn. Er wartete die nächste ab. Sie kam auch damit nicht.

Sie kam zu Fuß aus einer anderen Richtung. Er sah sie in hundert Metern Entfernung im Licht eines Kiosks, an dem sie etwas gekauft hatte. Das gelbe Licht wurde durch den Dampf gefiltert, der vom nassen Pflaster aufstieg. Als sie aus dem Lichtkegel trat und weiterging, verlor er sie für ein paar Minuten im Dunkel aus dem Blick. Es war, als habe sie sich in Luft aufgelöst.

Sie überquerte die Straße, und er ging ihr entgegen. Ihr Haar war naß. Ihr Gesicht war weiß.

«Ist etwas geschehen?»

«Nein. Ich bin früher nach Hause gekommen, als ich dachte, und habe mich erst noch umgezogen.»

Mariko wirkte nervös und gespannt.

«Bitte, komm mit mir nach Hause.»

Boon war so überrascht, daß es ihm die Sprache verschlug.

«Das wolltest du doch, oder? Du wolltest immer mit mir nach Hause kommen, oder etwa nicht? Also gut, heute wirst du es tun.»

Sie drehte sich auf dem Absatz um und begann sehr schnell zu gehen. Er holte sie ein.

«Aber willst du denn, daß ich komme?»

«Ich kann es ja wohl nicht ändern. Du willst doch kommen, oder nicht? Zu mir nach Hause. Das ist es doch, was du immer gewollt hast?»

Sie wiederholte immer wieder die gleichen Worte; ihre Erregung wuchs. Sie kamen in die Straße, in der sie wohnte. Der Regen wurde immer stärker. Mariko fing an zu rennen.

Sie war nahezu hysterisch. Sie rannte die ganze Straße entlang, und der Regen spritzte unter ihren Füßen hoch. Boon ging langsam hinter ihr her und fragte sich, ob er umkehren solle. Mariko stand vor dem Haus und rief ihm etwas zu. Ein Mann kam aus dem Haus. Sie ging mit leichten Schritten die Eisentreppe hoch. Ihre Schritte tönten wie gedämpfte Gongschläge über die Straße. Boon hörte den Klang aus vierzig Metern Entfernung. Er sah, wie sie die erste Tür auf dem dunklen Korridor öffnete und drinnen verschwand. Ihr Zimmer wurde mit der Plötzlichkeit einer Explosion hell. Das Licht strömte hinter dem Türrahmen hervor, als habe es ein Loch in die Türe gerissen.

Der Mann, der aus dem Haus gekommen war, stieg in ein Auto und schaltete die Scheinwerfer ein. Boons Herz schlug schneller. Der Mann ließ den Wagen an. Er öffnete die Tür zur Straßenseite. Eine Frau stürzte aus dem Haus und stieg ein. Sie stieß beinah mit Boon zusammen. Er ging einen Schritt zurück, um sie vorbeizulassen, und stieg die Treppe hoch.

Mariko war nirgends zu sehen.

«Soll ich die Tür schließen?»

«Wie du willst.»

Ihre Stimme kam ausdruckslos irgendwo aus dem Inneren.

«Es sieht aus, als gäbst du dir Mühe, jedermann wissen zu lassen, daß ich hier bin.»

«Kommt es darauf an?»

Er schloß die Tür und sah sich um. Er stand in der Küche. Ein Perlenvorhang hing im Türrahmen. Er öffnete den Vorhang und ging ins nächste Zimmer.

Auf einer Seite stand ein Schaukelstuhl vor einem Spiegel, auf der anderen ein Schrank, Regale, ein Tisch und ein paar Stühle. Die *fusuma* auf der anderen Seite standen offen. Mariko kniete dazwischen und trocknete ihre Haare.

«Wo schläfst du?»

«Hier, wo ich bin. Auf dem Tisch liegt ein Handtuch für dich. Vielleicht willst du den Bademantel anziehen, bis deine Kleider trocken sind. Er ist wohl etwas zu klein. Er gehört meinem Bruder.»

Er ließ seine nassen Kleider im Badezimmer. Er zog den Bademantel an und streckte sich auf den *tatami* aus. Mariko saß vor einer Kommode und bürstete ihr Haar. Er beobachtete ihr Gesicht im Spiegel. Rund um den Spiegel waren Bilder junger Mädchen mit Stecknadeln an die Wand geheftet; ätherische, jungfräuliche Mädchen, nicht älter als vierzehn oder fünfzehn, mit schmalen Hüften, kleinen Brüsten und traurigen Gesichtern. Er steckte eine Zigarette an. Der Regen trommelte gleichmäßig auf das Dach.

«Sie sind schön, nicht wahr?» sagte sie.

«Die Photographien der Mädchen?»

«Sie sind rein. Sehen sie nicht rein aus?»

Im anderen Zimmer setzte er sich ihr gegenüber an den Tisch. Sie saß im Schaukelstuhl.

«Da bist du also», sagte sie, «in meinem Zimmer, bei mir.»

Er fragte sich, was sie sagen wollte.

«Du bist der einzige Mann, der in den letzten sieben Jahren dieses Zimmer betreten hat, verstehst du?»

«Der einzige?»

«Der einzige außer meinem Bruder.»

Sie begann zu erzählen und wiegte sich langsam im Schaukelstuhl. Manchmal schlug der Wind den Regen gegen die Dachtraufe, und eine scharfe Brise klopfte ans Fenster. Sie saß im Schaukelstuhl, blickte starr geradeaus und sah und hörte nichts, während sie sich traumverloren, die Hände im Schoß gefaltet, in Trance redete. Sie sprach seinen Namen aus, ohne ihn anzusehen. Aufgeschreckt sah er, daß sie mit ihrem Abbild im Spiegel sprach. Anscheinend erweckte der Spiegel Bilder ihrer Vergangenheit zum Leben. Sie sprach zu der, die sie einmal gewesen war. Sieben Jahre waren nie vorübergegangen. Er rief sie leise beim Namen, als wolle er sie aus dem Schlaf wecken.

Sie ging in die Küche und bereitete das Essen vor. Er konnte hören, wie sie vor sich hin summte. Sie schien glücklich.

Kurz nach dem Abendessen klingelte es an der Türe. Mariko stand auf und sagte nervös: «Das ist wahrscheinlich mein Chef.»

«Der Chef?»

Er war erschreckt. Sie ging in die Küche. Er hörte, wie sie die Türe öffnete und mit heller Stimme «Guten Abend!» sagte. Es war der Tonfall, in dem sie in der Bar sprach. Boon steckte eine Zigarette an und bereitete sich auf eine Szene vor.

Aber es geschah nichts dergleichen. Das Gespräch unter der Türe, dem er folgen konnte, entwickelte sich ganz anders, als er es erwartet hatte.

«Er ist jetzt da», hörte er sie sagen. Wenn sie von ihm sprach, benützte sie das Wort *honnin*: der Betreffende. Es klang distanziert, formell, und unter den Umständen war es ein merkwürdiger Ausdruck. Es konnte nur bedeuten, daß der Chef vorher gewußt hatte, daß Boon da sein würde.

Er stand auf und stellte sich hinter den Vorhang. Er konnte den Chef nicht sehen und nicht sehr gut verstehen, weil er draußen auf dem Korridor blieb und sich eine Türe zwischen ihnen befand. Aber er erkannte die Stimme.

Der Chef sagte leise irgend etwas, und Mariko lachte. Boon konnte ihre Hand im Türrahmen und manchmal, wenn sie lachte, ihr Gesicht im Profil sehen. Sie machte einen entspannten Eindruck.

Sie plauderten über das Wetter. Sie erzählte, daß sie ihren Bruder besucht hatte. Nein, sie war alleine hingefahren. Vielleicht war das auch besser so, sagte der Chef mit seiner glatten, tiefen Stimme. Und wann würde er abfahren? Morgen? Ach so, übermorgen. Mariko sagte, sie wolle jetzt nicht davon sprechen. Eine Pause trat ein. Ein plötzlicher Regenschauer trommelte über den Korridor und verschluckte ihre Worte. Sie fingen an, von anderen Angelegenheiten zu reden, vom Geschäft, von Vorräten, die sie für die Bar kaufen sollte, von Vorbereitungen für die nächste Woche. Sie gingen vertraut miteinander um, ihre Stimmen klangen vertraut, manchmal intim. Offenbar waren sie enge Freunde, vielleicht mehr als Freunde. Sie teilten ein gemeinsames Leben. Sie sprach mit ihm, wie sie nie mit Boon gesprochen hatte. Er stand ein paar Meter von ihnen entfernt hinter dem Vorhang und hätte doch in einer anderen Welt sein können. Er war fassungslos.

Sie standen eine Viertelstunde vor der Tür und unterhielten sich. Er brauchte nicht mehr zuzuhören. Er ging zurück ins Zimmer und legte sich hin. Er fühlte nichts. Sein Kopf war leer.

Er hörte, wie Mariko die Türe schloß und anfing, den Tisch im Nebenzimmer abzuräumen. Sie trug das Geschirr in die Küche und wusch ab. Dann setzte sie sich in den Schaukelstuhl. Er hörte sie lange Zeit hin- und herschaukeln.

Er lauschte dem Wind und dem Regen und dem Geräusch des Schaukelstuhls und stellte sich vor, er treibe in einem Boot auf offener See. Sie hatte ihn geliebt, sie hatte andere Männer geliebt, sie hatte ihn ebenso betrogen wie die anderen, aber was immer sie auch gesagt oder getan hatte, sie war immer ihrem gespaltenen Ich und ihrem komplexen Wesen treu geblieben. Sie hatte ihn nicht in die Irre geführt, denn sie kannte keine Richtung. Sie war einfach undurchschaubar. Er hatte sie überhaupt nicht verstanden.

Sie saß stundenlang reglos im Stuhl.

«Gehst du wirklich?»

Sie lag in der Dunkelheit neben ihm und weinte.

«Bist du jemals wirklich gekommen?»

Sie streckte die Hand aus und berührte ihn. Sie lagen wach nebeneinander, bis es hell wurde, und schliefen bis zum Mittag. Sie stand auf, ging zur Arbeit, kam wieder, legte sich hin. Er blieb einen Tag, eine Nacht und noch einen Tag in dem Zimmer. Der Regen fiel ohne Unterbrechung.

Am Abend nahm er den Zug nach Tokio. Er traf Mariko nur noch einmal wieder, im übernächsten Jahr, als er zur Beerdigung von Sugamas Großvater nach Toyama kam.

Ethik und Bambusbesen

DER SOMMER IN TOYAMA wurde zur Wasserscheide auf Boons Weg von Westen nach Osten. Sein Selbstvertrauen nahm ab, sein Charakter begann sich zu verändern. Der Wandel ging unbewußt und allmählich vor sich, zeigte sich in kleinen Veränderungen seiner Redeweise und seines Verhaltens und griff erst später auf sein Selbstverständnis über.

Er hatte sich darum bemüht, von den Japanern zu ihren eigenen Bedingungen akzeptiert zu werden. Er hatte ihre Eigenheiten, ihren Sprachstil und ihre Gestik nachgeahmt, ohne zu bemerken, wie er stillschweigend begann, die Einstellungen zu teilen, die all dem zugrundelagen. Im Kielwasser der oberflächlichen Veränderungen, deren er sich bewußt war, im Tonfall, in dem er sprach, oder der Art, wie er sich bewegte, schwammen Veränderungen weitaus subtilerer Art, deren er sich nicht bewußt wurde. Allenfalls überfiel ihn von Zeit zu Zeit ein beunruhigendes Gefühl. Er verwendete Ausdrücke, die nicht die seinen waren, deren Bedeutung er manchmal nicht einmal verstand, besonders Ausdrücke der Selbstverleugnung, der Vorsicht, der nicht verlangten Zustimmung, der Teilnahme und der Unterwürfigkeit, deren Inhalt er nicht empfand und die seiner Muttersprache fremd waren. Er übte sein Japanisch unabhängig von dem, was er im Augenblick empfand, und das, was er empfand, blieb häufig unausgesprochen, anfangs, weil er es nicht ausdrücken konnte, später, weil er es nicht mehr ausdrücken wollte. Mit der Zeit aber wurde die Gewohnheit zum Zwang, und Formulierungen, die keine inhaltliche, sondern nur rhetorische Bedeutung hatten, wurden ihm zur zweiten Natur.

Boon schien es, als errege er in seinem Prozeß allmählicher Wandlung weniger Aufmerksamkeit, er kam sich in der Öffentlichkeit weniger auffällig vor. Wahrscheinlich entsprang dieser Eindruck eher seiner eigenen wachsenden Vertrautheit mit seiner Umgebung. Aber ob die Wirkungen seines neuen Verhaltens nun echt oder eingebildet waren, der Vorgang verriet ein Bemühen, das er sich ungern eingestand: den aktiven Versuch, so eng wie nur möglich mit seiner Umgebung zu verschmelzen. Das war in sich ein Beleg dafür, wie tief er von Japan beeinflußt wurde, denn der Wille zur Konformität war für die Japaner ebenso selbstverständlich wie er Boon fremd sein mußte. Zu Hause, in seiner gewohnten Umgebung, pflegte Boon ein gewisses Ausmaß an Distanzierung, um seine Individualität zu bewahren. In Japan erwies sich dies als unmöglich.

Boon war für diesen Wandel in seiner Lebensform vielleicht deshalb besonders sensibel, weil das Leben, das er in Japan auf sich genommen hatte, ihn unwiderruflich festlegte. Er hatte sich in emotionelle Abhängigkeit von den Japanern begeben. Er hatte von Anfang an den Kontakt mit anderen Ausländern vermieden, weil er nicht von der unmittelbaren Erfahrung des neuen Landes abgelenkt werden wollte. Er hatte geglaubt, daß seine Fähigkeit, die neue Kultur aufzunehmen, von seiner Bereitschaft abhing, sich grundsätzlich von seiner eigenen zu lösen oder zumindest den Kontakt vorläufig zu unterbrechen.

Die Beziehung zu Mariko ließ Boon deutlich werden, daß er dieses Opfer nicht bringen wollte. Ihre Differenzen waren nicht nur persönlicher Art gewesen. In ihrem Hintergrund, ihrem Gemüt, ihren Überzeugungen und ihren Erwartungen erkannte er den Einfluß einer Einstellung zum Leben, die von ganz anderen kulturellen Voraussetzungen ausging als die seine. Das Scheitern ihrer Beziehung wurde zum zweifachen Schock. Vieles von dem, was er über den japanischen Charakter und Lebensstil gelernt und aufgenommen zu haben glaubte, war nur ein dünnes Furnier, eine angenommene Oberfläche, an der sein Herz keinen Anteil nahm.

Als habe diese Erkenntnis ihn in seinen eigenen Augen disqualifiziert, kam sich Boon unter seinen japanischen Freunden fast wie ein Hochstapler vor. Was war es, an dem er nicht teilnehmen konnte? Bekümmert mußte er zugeben, daß er es nicht wußte. Seine Behauptung, mit der japanischen Kultur vertraut zu sein, war unwahr. In den folgenden Monaten machte er sich geduldig daran, das umfangreichere Wissen zu erwerben, das ihm fehlte und ohne das kein tieferes Verstehen möglich war.

1953 hatte der Psychologe Minami Hiroshi in seinem Buch über *Die Mentalität der Japaner* darauf aufmerksam gemacht, daß wohl in keinem anderen hochzivilisierten Land der Erde die Ereignisse des Alltagslebens und die Reaktionen der Menschen auf sie so häufig wie in Japan als Wille der Vorsehung oder des Schicksals bezeichnet werden. Dreißig Jahre später fand Boon diese Bemerkung noch immer zutreffend. Der Glaube an die Willkür und der Wille, sich ihr zu unterwerfen, schienen einen alle Lebensbereiche durchdringenden Einfluß auf den japanischen Charakter auszuüben.

Die am meisten gebrauchten Ausdrücke waren *ummei* und *shukumei*. Beide Worte bedeuteten «Schicksal». Unter dem Aspekt des *ummei* betrachtet, erschien der Lauf der menschlichen Dinge im wesentlichen zufällig. Der Aspekt des *shukumei*, der aus buddhistischen Vorstellungen abgeleitet war, drückte eine stärker deterministische Weltanschauung aus und interpretierte das Leben des einzelnen von früheren und in der Zukunft liegenden Reinkarnationen her. Im normalen Gebrauch gab es keine klare Unterscheidung zwischen den beiden Wörtern.

In den veralteten Ausdrücken *temmei*, ‹der Wille des Himmels›, und *tendō*, ‹der Weg des Himmels›, kamen beide Aspekte zum Ausdruck. Beide Formulierungen waren bis zum Ende des Zweiten Weltkriegs allgemein in Gebrauch. Wohl als Reaktion auf ihren Mißbrauch im Kaiserkult waren sie in Mißkredit geraten und aus der Umgangssprache verschwunden, hatten ein ähnliches Schicksal erlitten wie das Wort ‹Vorsehung› im Deutschen. Es war ein lehrreiches Beispiel dafür, wie sich die absolute Gewalt absoluter Begriffe bediente, sich hörigen Gehorsams versicherte, indem sie das Schicksal politischen Zwecken dienstbar machte.

Man konnte erwarten, daß Schicksalstheorien einander von ihrem Wesen her ähnlich waren, egal wo sie herkamen, und jede Theorie dieser Art ist von der Vorstellung eines dem einzelnen zugeteilten Schicksals, einer persönlichen Bestimmung abhängig, die dem Willen des einzelnen entzogen ist. Im Japanischen entsprachen dem Begriffe wie *bun*, ‹das was von Natur so sein soll›, und *mibun*, der Stand eines Menschen, ‹so wie er von Natur sein sollte›.

Die Folge der Schicksalsgläubigkeit war die geduldige Hinnahme dessen, was die Vorsehung bestimmte, die Forderung nach Stoizismus und Disziplin, die japanische Moralisten in den Begriff des *akirame*, der Resignation ohne Verzweiflung, kleideten. Im Geiste des *akirame* konnte man alle Ereignisse widerstandslos und ohne Besorgnis hinnehmen, weil man sie als das erkannte, was die Vorsehung zuteilte.

Die Anerkennung einer noch so vage definierten Vorbestimmung durch das Schicksal, das sich in den anscheinend sinnlosen Ereignissen manifestiert, trug zur Ausbildung eines Geistes des Gehorsams bei, der manchmal nicht mehr von Selbstaufopferung zu unterscheiden war. Natürlicherweise wurde er von den Feudalherrschern des Mittelalters ausgebeutet, um das System zu stabilisieren, von dem sie lebten, und im zwanzigsten Jahrhundert kam er der japanischen

Militärclique im Krieg gelegen. Viele Offiziere hatten einen Krieg, von dem sie wußten, daß er strategisch bereits verloren war, auf der Grundlage des Glaubens weitergeführt, daß das Schicksal zugunsten Japans eingreifen werde; und als die Niederlage nicht mehr abzuwenden war, wurde auch sie als *ummei*, als eine Naturkatastrophe und nicht als Eingeständnis militärischer Unterlegenheit interpretiert.

Wenn das Weiterleben traditioneller japanischer Vorstellungen in der modernen japanischen Sprache ein Indiz für die Einstellungen war, die ihnen zugrundelagen, dann konnte ein Außenseiter wie Boon zu Recht annehmen, daß die japanische Anfälligkeit für fatalistische Lebenseinstellungen ungebrochen weiter wirksam war. Hinweisen auf das ‹Schicksal›, *un*, und resignierenden Formulierungen wie *shikata ga nai*, ‹da kann man nichts machen›, auf der einen Seite entsprachen auf der anderen Beschwörungen, durchzuhalten, *gambaru*, und die Geduld nicht zu verlieren, *gaman suru*.

Es gab eine japanische Universität, die ihren Kandidaten jedes Frühjahr die Resultate der Aufnahmeprüfungen, wohl des wichtigsten Ereignisses in ihrem Leben, in kryptischen Formulierungen mitteilte wie ‹der Kirschbaum steht in Blüte› oder ‹die Blüte ist gefallen›. Selbstmord war keine seltene Reaktion derer, für die die Blüte gefallen war. Die Besucher von Shintō-Schreinen zeigten den vorfabrizierten Horoskopen gegenüber eine nahezu kindliche Gläubigkeit; den Wahrsagern am Straßenrand in den eleganteren Stadtteilen von Tokio, wo eine derartige Anfälligkeit für Aberglauben am wenigsten zu erwarten war, wurde ernsthafte Aufmerksamkeit geschenkt. Das waren alles normale Bestandteile des japanischen Lebens. Die Orakel erfreuten sich unverminderter Nachfrage.

Die passiv fatalistische Einstellung und die unbekümmerte Reaktion, mit der man dem entgegentrat, was den Menschen im Leben erwartete, waren nur auf der Grundlage der Erwartung denkbar, daß das, was einem bevorstand, eher unheilverheißend als vielversprechend sein konnte. Wenn die Japaner aus Erfahrung gelernt hatten, immer das jeweils Schlimmste zu erwarten, so wurde dieser Pessimismus durch eine Morallehre verstärkt, in der menschliches Unglück zu einer Art geistiger Disziplin, zu etwas in sich wünschenswertem, ja zu etwas Schönem verklärt wurde. Die Ableitung des Schönen aus dem Unglück, die Interpretation von Selbstvorwürfen als einem angenehmen Teil der Seelenordnung wertete Minami Hiroshi als Indizien für masochistische Züge des japanischen Nationalcharakters.

Die reiche Palette des japanischen Vokabulars für fein nuancierte Gefühle des Unglücks stand in auffälligem Gegensatz zu der Armut an Ausdrücken des Glücks. Wahrscheinlich spiegelte sich hier die Tatsache wider, daß sich die traditionelle Morallehre nicht mit Glück befaßte. Vom Köder eines tief eingefleischten Pessimismus gebannt, beschränkte sich das Interesse der Moralisten ausschließlich auf die seelische Erbauung, die aus der Hinnahme des Unglücks gewonnen werden konnte. Das Phänomen des Glücks wurde nie einer vergleichbaren Analyse unterzogen, denn bis vor kurzem hatte es nicht als menschenwürdiges Daseinsziel gegolten.

Das Streben nach Unglück als moralischem Wert spiegelte sich düster in der klassischen Ästhetik wider, besonders in der ‹Ästhetik des Mangels›, *fusoki-shugi*, wie sie von dem Dichter und Essayisten Yoshida Kenkō (1283–1350) entwickelt wurde, einem Autor, dessen Werke noch nach sechshundert Jahren zum Lehrplan japanischer Schulen gehörten.

Fusoki-shugi war eine Theorie des Ungenügens und der Unvollkommenheit, nach der die tiefste ästhetische Erfahrung gerade in dem gesucht werden mußte, das unausgesprochen und ungesagt blieb. Die Fähigkeit des Abwesenden im Anwesenden nachzuschwingen, Konzentration zum Zweck der Ausdehnung, Zurückhaltung um der impliziten Andeutung willen, für Boon war es gerade dieses Prinzip, das noch immer den Kernpunkt japanischer Kultur im Leben wie in der Kunst ausmachte.

Das Ideal des *fusoku-shugi*, die Forderung nach Zügelung des Gefühls in der Kunst, galt auch für Gefühlsäußerungen im Leben. Die Liebe, die ohne Hoffnung auf Erfüllung oder auch nur Geständnis ertragen wird, gleichgültig wie intensiv sie empfunden wird, war eines der klassischen Themen japanischer Literatur. Liebe wurde als bedingungslose Hingabe, als Selbstopfer idealisiert. Die Treue eines Kriegers galt dann als vorbildlich, wenn der Lehnsherr, dem sie galt, nie von ihr erfuhr.

Dieser Altruismus forderte einen hohen Preis: den Einfluß und die Macht, die er dem Wohltäter über den verlieh, dem die Wohltat erwiesen wurde. Demgemäß war auch die Stellung der Frau weitaus mächtiger, als man ihrer traditionellen Unterordnung in der japanischen Gesellschaft gemäß hätte erwarten sollen. Als Ehefrau und Mutter widmete sie den größten Teil ihres Lebens einem paradoxen Kreislauf von Selbstunterdrückung und Machtstreben. Autoritätspersonen übten, wenn auch aus anderen Gründen, die gleiche Art von Macht aus. Ihre Macht entsprang nicht den Opfern, die sie für andere brachten, sondern der Patronage, durch die sie sich Abhängige verpflichteten.

Unter den zahlreichen formalisierten Gefühlsäußerungen, die Boon im japanischen Alltagsleben hörte, waren Ausdrücke der Dankbarkeit und der Entschuldigung die häufigsten. Mit Interesse stellte er fest, daß Formulierungen der Dankbarkeit denen der Entschuldigung glichen. Kaum ein Bereich der modernen japanischen Sprache war komplizierter strukturiert und wurde sorgfältiger beachtet als derjenige des Bedauerns über zugefügte Unbequemlichkeit und des Danks für erwiesene Wohltaten. Aber nur in sehr wenigen Fällen war wirklich irgend etwas geschehen, das zum Anlaß für Ausdrücke des Dankes oder des Bedauerns hätte werden können.

Eine Bitte um einen Gefallen wurde mit ebensoviel Zögern vorgetragen, wie eine unwillentlich eingegangene Verpflichtung mit Unbehagen anerkannt wurde; und die gleichen feststehenden Phrasen – *sumimasen, mōshiwakenai* – dienten in beiden Fällen als Vorwort wie als Epilog. Boon schien es, als verrate die reine Häufigkeit derartiger von keinem Anlaß hervorgerufener Äußerungen die Sensibilität der Japaner dafür, daß alle zwischenmenschlichen Beziehungen dem Modell erwiesener und empfangener Wohltat entsprachen.

Eine einmal eingegangene Verpflichtung mußte sorgfältig beachtet werden. Hinter der ständig spürbaren Zurückhaltung der Japaner, wenn es darum ging, etwas von anderen zu verlangen, die oft als Beispiel feinsinniger Empfindsamkeit angeführt wurde, stand in Wirklichkeit ein wachsames Gespür für die Verpflichtung, die man sich selbst auferlegte, wenn man von anderen etwas annahm. Umgekehrt wurden Handlungen, die Großzügigkeit oder Hilfsbereitschaft ausgedrückt hätten, oft absichtlich unterlassen, weil man davon ausging, daß die Unbequemlichkeit und Peinlichkeit für den Empfänger die Vorteile überwogen, die er hätte genießen können. Das war der Inhalt des viel beschworenen japanischen Taktgefühls.

Das übliche Wort für einen Gefallen, den man anderen erwies, war *on*, der Gegengefallen hieß *ongaeshi* und bildete einen Teil des weiteren Sinnes für Pflichten und Anerkennung von Pflichten, der sich im Begriff des *giri* ausdrückte. Boon mußte einmal ein Fernsehspiel übersetzen, dessen ganze Handlung um die Konsequenzen kreiste, die sich aus diesem Prinzip der wechselseitigen Verpflichtung ergaben.

Ein Rentnerehepaar zog als Logiergäste in eine Wohnung, die sie sich mit dem Wohnungseigentümer teilten. Die Wohnung gehörte einem jungen Paar, das sich finanziell übernommen hatte und auf das zusätzliche Einkommen angewiesen war, um einen Berg von Schulden abzutragen. Indem sie aber nur eine bescheidene Miete verlangten und die Senioren aufforderten, die Wohnung als ihre eigene zu betrachten, versetzten die jungen Vermieter, ohne es zu wollen, ihre Gäste in große Unruhe. «Man sollte die Freundlichkeit Fremder nicht ausnützen», erklärt der alte Mann seiner Frau, «wir haben nichts, das wir ihnen dafür geben könnten.»

Zwei Details in diesem Stück schienen Boon von allgemeiner Bedeutung. Das eine war der Gegensatz der Lebensauffassungen zwischen der älteren und der jüngeren Generation. Für das ältere Paar, die durch ihre «altmodische» Erziehung darauf geprägt waren, Wohltaten um jeden Preis zu erwidern, war es eine echte Belastung, einen Gefallen annehmen zu sollen, während das jüngere Paar dieses Problem kaum wahrzunehmen schien. Das zweite Detail war die bedeutsame Einschränkung des alten Mannes, der von der «Freundlichkeit *Fremder*» sprach. Hier wurde noch einmal die unsichtbare Grenze zwischen Dazugehörigen und Außenseitern überschritten, auf die man im diskriminierenden Bewußtsein der Japaner immer wieder traf.

Warum war es so beunruhigend, die Freundlichkeit eines Fremden zu akzeptieren? Vielleicht, so meinte Boon, wurde dadurch die Geschlossenheit der Innengruppe durchbrochen und ihr gemeinsames Einheitsgefühl, das *ittaikan*, bedroht. Die Entgegennahme eines Gefallens löste einen Austausch von Gefühlen aus – auch wenn es sich eher um Gefühle der Verpflichtung als von menschlicher Solidarität handelte –, der eigentlich für Mitglieder des *uchi*, nicht für Außenstehende reserviert war. Von einem Außenstehenden einen Gefallen anzunehmen, sich ihm also zu verpflichten, bedeutete eine Verringerung des Vorrats an gemeinsamen Gefühlen, in denen das Wesen des *uchi* lag.

Für ein tieferes Verständnis traditioneller japanischer Ethik war eine Analyse der komplementären Begriffe *giri* und *ninjō* unerläßlich, die häufig in der Kombination *giri-ninjō* auftraten. Kenkyushas Standard Japanisch-Englisches Wörterbuch bot als Übersetzung von *giri* Ausdrücke wie «Gerechtigkeit; Pflicht(gefühl); Verpflichtung; Dankesschuld; Ehr(gefühl)» an; *ninjō* wurde definiert durch «menschliches Gefühl; menschliches Wesen; Menschlichkeit; Humanität; Sympathie; das Herz». Oft trat das Wort als austauschbares Synonym für *nasake*, «Einfühlung», auf.

Schon ein oberflächlicher Blick auf diese Formulierungen wies auf etwas Wichtiges hin. Alle Interpretationen gingen von der unbefragten Annahme aus, daß es nicht nur selbstverständliche Widersprüche zwischen privatem und öffentlichem Verhalten gab, sondern daß auch die gesamte Struktur der japanischen Ethik von der Gültigkeit radikal verschiedener Prinzipien im Umgang mit Mitgliedern des *uchi* und anderen Menschen ausging.

Deshalb war die Übersetzung von *ninjō* mit «menschliches Gefühl» irreführend. Natürlich waren die Gefühle, um die es ging, von ihrem Wesen her menschlich, aber zumindest in der Auffassung der klassischen Morallehre waren es Gefühle, die *nur unter bestimmten Bedingungen* auftraten. Weder die Menschheit als Ganzes noch einzelne Menschen konnten erwarten, daß ihnen Personen außerhalb ihres eigenen *uchi* so etwas wie *ninjō* entgegenbrachten. Dies hieß nicht, daß die Beziehungen zwischen Personen verschiedener *uchi* niemals von derartigen Gefühlen bestimmt sein konnten, aber moralisch waren solche Beziehungen *prinzipiell* nicht vorgesehen.

Die Unterscheidung zwischen *giri* und *ninjō* als Termini einer nach innen gerichteten und einer nach außen gerichteten

Moral war allgemeingültig, aber unzureichend. Wo hörte das «Innen» auf? Wo fing das «Außen» an? Bei einer Befragung unmittelbar nach dem Zweiten Weltkrieg gab einer der Befragten an, die Außenwelt bestehe für ihn aus «seinen beiden Nachbarn und den drei Familien auf der anderen Straßenseite». Dagegen meinte ein Politiker, sie bestände aus der japanischen Gesellschaft als Ganzem. Wahrscheinlich hätte sich die Mehrheit der jüngeren Generation den zweiten Standpunkt zu eigen gemacht, und ein zeitgenössischer Politiker hätte wohl die gesamte internationale Gemeinschaft als Außenwelt empfunden. Der Bezugsrahmen spielte eine wichtige Rolle, denn die inhaltliche Bestimmung dessen, was als Verpflichtung galt, konnte den ganzen Bedeutungsspielraum von «den Nachbarn nicht zur Last fallen» bis zu «für seinen guten Ruf bei allen Menschen sorgen» einnehmen.

In seinem 1969 erschienenen Buch über *Giri und Ninjō* hat der Literaturwissenschaftler Minamoto Ryōen behauptet, *giri* stelle den Moralkodex dar, der in der Öffentlichkeit gilt, *ninjō* sein Äquivalent im Privatleben. Deshalb spreche man, wo es um persönliche Zuneigung, also um eine Beziehung zwischen Angehörigen des gleichen Innenbereichs, ging, von *giri-ninjō*, weil hier das Pflichtgefühl durch Gefühle der Empathie verstärkt werde. Wo es kein persönliches Engagement gebe, also zwischen Außenseitern, sei der Begriff des *giri* auch ohne Empathie tragfähig. Er bezeichne die «reine» Pflichterfüllung.

Minami Hiroshi betrachtete *giri* und *ninjō* als Gegensätze. «Die häufigste Form des Widerstandes gegen *giri* wird durch das Wort *ninjō* ausgedrückt; *ninjō* stellt das Bedürfnis nach Menschlichkeit und Gemeinschaftsgefühl dar. Lange Zeit wurden beide Begriffe in der Kombination *giri-ninjō* gebraucht, als sei das eine ohne das andere denkbar, aber obgleich sich dieser Sprachgebrauch eingebürgert hat, bleibt die Tatsache, daß *giri* eine Verpflichtung darstellt, der Empfindungen des *ninjō* untergeordnet werden müssen. Deshalb ist es korrekter, hier von einem Gegensatz zu sprechen, von einem Dilemma, das dunkle Schatten über die japanische Mentalität wirft... Die Unlösbarkeit von Situationen, die durch den Konflikt zwischen *giri* und *ninjō* gekennzeichnet sind, ist das Grundelement der japanischen Tragödie.»

Wenn das Dilemma den heutigen Japanern weiterhin bewußt war, hatten sich doch seine Schatten merklich aufzuhellen begonnen. Sugama etwa stand vor diesem Dilemma, war zwischen den widerstreitenden Ansprüchen des *giri* gegenüber seinen Eltern und *ninjō* gegenüber seiner zukünftigen Frau gefangen. Aber es war nur noch ein Dilemma, nicht das Thema einer möglichen Tragödie.

Es gab subtile Akzentverschiebungen und abweichende Interpretationen, aber die Grundrichtung des Arguments war klar. Menschliche Beziehungen im Innenbereich wurden durch ein Pflichtgefühl strukturiert, das durch Liebe (oder Empathie) untermauert war, Beziehungen nach außen durch die reinen Forderungen gegenseitiger Verpflichtung. Unverständlich blieb Boon der eigentliche Inhalt einer Verpflichtung gegenüber Außenseitern, in der ein Gefühl der Gemeinsamkeit, die gemeinsamem Menschsein entspringt, von vorneherein keine Rolle spielen durfte.

Dem christlichen Gebot «Du sollst deinen Nächsten lieben wie dich selbst» schien nichts in der traditionellen Ethik Japans zu entsprechen. In der japanischen Version der Bibel wurde das Wort «Nächster» durch den Ausdruck *rinjin* übersetzt, ein seltenes Wort, das nicht mehr als «Nachbar» hieß. Es war kaum verwunderlich, daß die japanische Version des Bibelworts – *jibun o aisuru yō ni, anata no rinjin o aiseyo* – wenig Überzeugungskraft besaß; sie klang zuerst nach einer Übersetzung aus einer fremden Sprache. Das, was mit dem Nächsten gemeint war, hätte ins Japanische allenfalls als *tanin*, «Fremder», übersetzt werden können. Eine Formulierung wie «Du sollst den Außenseiter lieben wie den, der zu deiner eigenen Gruppe gehört» hätte in der Tat eine Revolution in der japanischen Ethik dargestellt.

Die exakten Bedeutungen des *giri* als unmittelbarer Einsicht in eigene Pflichten, wie sie einst in den Wertvorstellungen eines feudalistischen Moralkodex festgelegt waren, hatten im modernen japanischen Leben ihren Sinn verloren. Aber es war auch nie der Versuch unternommen worden, einem Begriff wie *giri* einen neuen Inhalt zu verleihen, den engen Anwendungsraum von *ninjō* so zu erweitern, daß er Anwendung auf Außenseiter hätte finden können. Im wirklichen Leben hatte ein derartiger Prozeß bereits eingesetzt; aber das ließ die Widersprüchlichkeit des offiziellen Moralkodex nur offensichtlicher, seine Beschwörung um so anachronistischer erscheinen. *Giri-ninjō* war eine Institution; und sie lief Gefahr, museal zu werden.

Die Inhaltslosigkeit eines Begriffs wie *giri*, die Boon so deutlich war, wenn vom Verhalten gegenüber Fremden die Rede war, wurde verständlich, wenn man zunächst einmal von der üblichen Übersetzung durch «Pflicht» absah, sie durch das Wort «Ehre» ersetzte. Minami Hiroshi bestimmte das Ziel des *giri* als «den Erwerb eines schlechten Rufes vermeiden»; Minamoto Ryōen sprach von der «Bewahrung von Integrität und Ehre». Mein persönliches *giri* stellt eine Aussage über mich selbst und, was wichtiger ist, über die Gruppe dar, zu der ich gehöre. Die japanische Auffassung von *giri* war von der Tendenz bestimmt, den Verlust an Ehre und seine Folgen mehr unter dem Aspekt ihrer Auswirkungen für den Handelnden als für den Betroffenen zu sehen. Drastisch ausgedrückt war das Bewußtsein, falsch gehandelt zu haben, weniger von schlechtem Gewissen dem Geschädigten gegenüber bestimmt als vom Bewußtsein der Schande, die darin lag, den guten Ruf der Gruppe geschädigt zu haben, der der Täter angehörte.

Für einen Japaner waren die Formulierungen von selbst einsichtig, in denen der Psychoanalytiker Doi Takeo das Gefühl der Scham analysierte. Boon waren sie fremd. «Denen gegenüber, die zur unmittelbaren Familie gehören», las er in Dois Studie über *amae*, «treten Gefühle der Schuld und der Scham nur selten auf. Auch da, wo es um vollkommen Fremde (*tanin*) geht, sind sie selten. Am häufigsten erfährt man Schuld und Scham vor der weiteren Gruppe, der man angehört, der Dorfgemeinschaft, der Schulklasse, der Firma.»

Japaner empfanden offensichtlich Situationen als peinlich, in denen Europäer nicht peinlich berührt waren oder es zumindest nicht zugaben. Boon machte die Erfahrung, daß Peinlichkeit weniger da entstand, wo der Betroffene einen Fehler gemacht oder sich töricht verhalten hatte, als da, wo er ganz einfach für einen Augenblick *auffällig* geworden war.

Das Gefühl peinlichen Berührtseins trat nur außerhalb des schützenden Kreises der Gruppenangehörigen zutage. Japaner erkannten das Fortbestehen kindlicher Strukturen im Seelenleben von Erwachsenen als normal an und hatten deshalb Verständnis für die Psychologie des Peinlichen. Ein Ausdruck wie *hitomishiri*, der wörtlich nichts anderes heißt als «Leute erkennen», beschreibt die ängstlichen Reaktionen eines Säuglings beim Anblick einer fremden Person. Wird er auf Erwachsene angewendet, die sich in Gegenwart Fremder unsicher fühlen, übersetzen ihn die Wörterbücher meist mit «Schüchternheit» oder «Verschämtheit». Die Einsicht, daß es sich hier um das gleiche Gefühl handelte, war keine Erkenntnis akademisch geschulter Psychologen. So sprachen und dachten einfache Menschen.

Was der Psychologe Okonogi Keigo in seinen Untersuchungen über Scham, Schüchternheit und peinliche Gefühle zu sagen hatte, gab Gedanken wieder, die jeder Japaner kannte: «(Die Furcht des Kindes vor Fremden), das eigentliche *hitomishiri*, ist zunächst die bewußte Anerkennung der Tatsache, daß es eine Grenze zwischen dem engeren Kreis gibt, in dem es nichts ausmacht ‹bekannt zu sein›, und Außenseitern, die an dieser Intimität nicht teilhaben können. Peinlichkeit entsteht, wenn etwas sonst Verborgenes enthüllt wird; und es gehört zum japanischen Familiengefühl, daß man nichts dagegen hat, bei Insidern bekannt zu sein, daß man aber ähnliches Wissen über einen selbst vor Außenseitern verbergen will.»

Eine Aussage wie «Peinlichkeit entsteht, wenn etwas sonst Verborgenes enthüllt wird» bezieht sich nicht auf die Offenbarung dunkler Geheimnisse der Familie, sondern allein auf die Enthüllung von Familienangelegenheit *als solchen* vor Fremden. Die Enthüllung selbst läßt Peinlichkeit entstehen. In einem Brief, den Sugama an Boon schrieb, etwa ein Jahr, nachdem dieser das Land verlassen hatte, beendete er einen vollkommen harmlosen Bericht über sich und seine Familie mit einem beachtlichen Eingeständnis. «Japanische Männer», schreibt er, «betrachten es in der Tat als peinlich, als *haji* (Schande), Außenstehenden etwas über ihre Familie zu erzählen. Mir geht es ebenso, und wenn ich überhaupt davon spreche, dann nur, weil ich bei Dir eine Ausnahme mache. Selbst vor einem engen Freund wie Yoshida würde ich es nie fertigbringen, von der Liebe zu sprechen, die ich für meine kleine Tochter empfinde. Ich könnte nie sagen: ‹Und wenn ich sie mir ins Auge steckte, täte es nicht weh.›»

Boon war dankbar für diese bevorzugte Behandlung. Auch als Gruppenmitglied auf Zeit genoß er all die Vorteile, die aus der Zugehörigkeit zum *uchi* entsprangen und in deren Genuß Ausländer nur selten kamen. Mit dem Vertrauen, das man ihm entgegenbrachte, schenkten ihm die anderen auch ihre Offenheit, ihre Großzügigkeit, ihre Loyalität und ihre Zuneigung. Unglücklicherweise zeigte sich diese Seite des japanischen Wesens selbst zu Hause nur selten, außerhalb der Intimität des *uchi* und im Ausland nie.

Boons Studien über die Moralbegriffe des traditionellen Japan führten ihn immer wieder auf die zentrale Bedeutung der Trennung zwischen Innen und Außen zurück. Die unter Ausländern weitverbreitete Interpretation Japans als einer primär hierarchisch strukturierten Gesellschaft schien ihm revisionsbedürftig. Gewiß gab es die berühmte *tateshakai*, die vertikale Gesellschaftsstruktur, und sie war viel ausgeprägter als in der amerikanischen oder in westeuropäischen Gesellschaften. Aber wenige Beobachter schienen sich der Tatsache bewußt, daß auch die horizontale Achse von innen nach außen eine Grenzlinie für das japanische Bewußtsein bildete und daß ihre Konsequenzen ebenso bestimmend für die Struktur der japanischen Gesellschaft waren wie diejenigen der vertikalen Trennung.

In seiner bekannten Unterscheidung zwischen Typen der Sozialstruktur, die dem Prinzip des «Tintenfischtopfs» und demjenigen des «Bambusbesens» entsprechen, hatte der Philosoph und Politikwissenschaftler Maruyama Masao die japanische Öffentlichkeit auf die Zersplitterung aufmerksam gemacht, die aus der selbstgenügsamen *uchi*-Mentalität ihrer eigenen Gesellschaft, einer «Tintenfischtopf-Gesellschaft», resultierte. Als Gegenbeispiel führte er Gesellschaften an, die sich eben wegen ihrer gemeinsamen Grundlage Pluralismus leisten konnten: «Bambusbesengesellschaften». Die einzelnen Stränge des Besens sind aus einem einzigen Stück Bambus geschnitten, mit dem sie verbunden bleiben. Das Christentum stellte ein einfaches Beispiel einer derartigen gemeinsamen Grundlage dar. Die demokratischen Traditionen, deren Basis der Respekt vor der ungeschriebenen Verfassung Englands oder die diffusere, aber dennoch sinnvolle Berufung der mitteleuropäischen Staaten auf abendländisches Kulturgut war, konnten als weitere Beispiele angeführt werden.

Für diejenigen, die die eng verschränkten Ränge der japanischen Gesellschaft nur aus der Ferne betrachteten, mochte es überraschend sein, wenn Maruyama behauptete, gerade diese gemeinsame Basis des Bambusbesens sei das, was seinem eigenen Lande fehle. Weder religiöse noch soziale, erzieherische oder politische Traditionen hatten das geschaffen, was Samuel Johnson «eine Gemeinschaft des Geistes» nannte.

Boon stimmte der Stoßrichtung von Maruyamas Kritik in vollem Umfang zu, auch wenn er sich nicht ganz sicher war, was er daraus folgern sollte. Die These hätte überzeugender gewirkt, hätte Boon sich umblicken und eine ernsthaft gestörte japanische Gesellschaft entdecken können. Aber im Gegenteil: Sie schien recht gut zu funktionieren. Wenn er Maruyamas Essays las, hatte Boon gelegentlich den Eindruck, da prügle ein Mann auf einen störrischen Esel ein, lange nachdem das Tier ihm den Gefallen getan hatte, aufzustehen und weiterzugehen.

Noch engerer Zusammenhalt? Eine noch gründlichere Organisation? Ein erschreckender Gedanke. Paradoxerweise stellte vielleicht gerade die Vorstellung vom *uchi* die Basis eines sehr brauchbaren Bambusbesens dar.

Im Wassergewerbe

«WAS ALSO», FRAGT OKONOGI KEIGO, «bedeutet Sich-Selbst-Ausdrücken für die Japaner? Es geht um etwas, das nicht in öffentlicher Diskussion verwirklicht werden kann, sondern nur in der Art von Kommunikation, die am Feierabend stattfindet... am Abend, in einem alkoholgestützten Gefühl der Kameradschaft, geben sich die Japaner offen, sprechen von ihren Frustrationen und zeigen ihre wahren Gefühle». In anderen Worten: in der Welt des Wassergewerbes.

Wegen der Vorstellungen von lockeren Sitten und Unterwelt, die mit ihm verknüpft waren, genoß das Wort *mizu-shō-bai* keinen guten Ruf, aber ohne das, was das Wassergewerbe zu bieten hatte, konnte man sich die japanische Zivilisation der Vergangenheit wie der Gegenwart kaum vorstellen. Zehntausende von Bars, Kneipen und Cabarets erfüllten Abend für Abend die Träume Hunderttausender von vergnügungssüchtigen Kunden. Sie konnten kaum fünf oder sechs Gäste aufnehmen, wie das *Zeichen des Kranichs*, unter dem Boon seinen Einstand gegeben hatte, oder boten Hunderten von Kunden Raum wie die Vergnügungspaläste an der Ginza oder in Nihombashi.

Das Wassergewerbe wirkte als Ventil. Hier wurde der Streß der japanischen Gesellschaft aufgefangen; fast alles fand hier sein Spiegelbild und sein Echo. Für den Forscher auf dem Weg zur japanischen Gesellschaft war das Studium des Wassergewerbes ebenso lohnend wie angenehm. Auch Wissen, das auf konventionellere Art erworben wurde, war wichtig, aber ohne das im Wassergewerbe geschulte Ohr blieb die Stimme einer ganzen Bibliothek voll japanischer Bücher stumm. Der Übergang vom gesprochenen zum geschriebenen Japanisch hatte nicht nur eine verminderte Unmittelbarkeit zur Folge; er brachte auch einen Stimmungswandel mit sich. Die Abneigung gegen die schriftlich fixierte Notiz, die Vorliebe für die physische Anwesenheit des Gesprächspartners, wo immer sie möglich war, sprach von einer Abhängigkeit vom gesprochenen Wort, für die kaum eine andere komplexe moderne Gesellschaft außerhalb Japans Parallelen bot.

Was sich im Wassergewerbe spiegelte, war weder die «wahre» noch vielleicht auch nur eine andere Seite der Japaner. Die Bedeutung dessen, was sie in der schützenden Zuflucht des Wassergewerbes taten und erzählten, war nur vor dem Hintergrund ihres Verhaltens außerhalb dieses Refugiums verständlich und umgekehrt. Jede der zwei Kulturen hing von der Existenz der anderen ab, keine hätte ohne die andere die Form annehmen können, die sie aufwies. *Bashogara*, den Umständen angemessenes Verhalten, gab es – so paradox das scheinen mochte – im Wassergewerbe ebenso wie im wirklichen Leben. Frivolität, Offenheit, Promiskuität und Trunkenheit waren der Welt des Wassergewerbes ebenso angemessen wie ihr Gegenteil dem Alltag. Gewiß gab es keine Verpflichtung zu Ausschweifungen, auf Lüsternheit und Trunksucht war kein Preis ausgeschrieben wie außerhalb dieser Welt auf Anstand und Mäßigkeit, aber man blickte auch nicht auf sie herab; ein Benehmen, das in ähnlichen Lokalen in Europa oder Amerika – nicht in Hafenkneipen, sondern in ganz normalen Lokalen – unmöglich gewesen wäre, galt in Japan als verzeihlich. Ein Kunde, der nicht sparsam im Umgang mit Alkohol war und die Sau rausließ, zeigte gesellige Kameradschaft; und das war, wenigstens unter gewissen Bedingungen, verpflichtend. Die Regeln konnten für Menschen außer Kraft gesetzt werden, die aus medizinischen Gründen nur begrenzter Alkoholaufnahme fähig waren, aber der japanische Abstinenzler war ein unglücklicher Mann, der sich im voraus bei seinen Zechkumpanen entschuldigte. Die Unfähigkeit, Alkohol zu vertragen, war keine geringfügige Unbequemlichkeit, sondern ein beachtliches soziales Handicap.

Im Wassergewerbe trat Boon das Bild der japanischen Vergangenheit lebendiger vor Augen als irgendwo anders, die historischen Stätten bei Nara und Kyoto eingeschlossen. Im farbenfrohen Getriebe der Vergnügungsviertel von Tokio konnte man für kurze Zeit noch die Illusion erleben, auf einer Straße im Edo des 17. Jahrhundert zu stehen. In vielen Bars war die Atmosphäre imstande, diese Illusion zu verstärken. Die Besitzerin, *mama-san*, meist eine Frau in den mittleren Jahren, und die *kamban-musume*, der Lockvogel, der die Kunden anzog, ein junges Mädchen, dessen Anwesenheit unerläßlich war, trugen meist *kimono*. Eine gute *mama* brauchte eine dezente, aber eiserne Hand im Umgang mit den Kunden, ein fröhliches Temperament, kräftige Lungen, beträchtliche Lebensweisheit und eine unzerstörbare Leber. Ein Instrument spielen zu können, war ein zusätzlicher Vorteil, ein breites Repertoire an Volksliedern unerläßlich, denn der sehnlichste Wunsch ihrer Kunden war der Gesang. Sie wollten ihre eigenen Lieder singen, die Lieder ihrer Heimat. Das Wassergewerbe lebte vom Gesang und ernährte die, die singen konnten. Sogenannte *nagashi*, wandernde Volkssänger und Musikanten, die sich auf den Wassern des Gewerbes treiben ließen, zogen von einer Bar zur anderen und spielten und sangen, was die Kunden verlangten. Herzensbekenntnisse, Prahlerei, Sprichwörter, Kalauer, zweideutige Witze und elegantes Geplauder an der Bar, die edle Kunst des *double entendre*, eine Tradition des Scharfsinns und der Sprachspielerei, die im japanischen Leben untergegangen schien, tauchte lebendig aus den munteren Strömen des Wassergewerbes auf.

Das Überleben des Wassergeschäfts mit seinen ungeregelten Arbeitsstunden und seiner moralischen Freizügigkeit, seinen chronischen Pleiten und plötzlichen Konkursen war oft unerklärlich; das abrupte Auftauchen und Verschwinden derer, die davon lebten, blieb häufig geheimnisvoll. Aber solange es da war, waren seine Kunden willkommen. So manifestierte sich Beständigkeit im Wandel, Dauer jenseits der Schicksalsschläge des Lebens. Sein Element war die Mehrdeutigkeit, eine helle Oberfläche über einem dunklen Hintergrund. Die Kunden entflohen ihrem bürgerlich ordentlichen Leben, um einen flüchtigen Blick auf eine schwebende Welt zu werfen, die den wahren Geist Japans in Erinnerung rief.

Im edlen Dienst des Strebens nach Erkenntnis widmete sich Boon einem Leben bemühter Ausschweifungen. Er begann seine neue Karriere mit dem Kauf von zwei Paar Schuhen ohne Schnürsenkel, um den schnellen Auftritt und den noch schnelleren Abgang zu erleichtern, mit dem er rechnen mußte. Außerdem erstand er ein Dutzend Packungen *Nishin Instant Nudelsuppe*, um seine Kräfte in den grauen, hungrigen Morgenstunden zu regenerieren. Seine spärlichen Mittel reichten für Getränke, aber nicht für Speisen; er entwickelte sich zum eingefleischten Konsumenten der eingelegten Rettiche und grünen Erbsen, die es in allen Lokalen gratis zu den Getränken gab, in einigen ohne Mengenbegrenzung. Boon war nicht bereit, die Nacht mit leerem Magen zu überstehen, und entwickelte eine ausgeprägte Loyalität für Lokale, in denen man freizügig mit Bierhäppchen umging. Sein Leben wurde einem Textbuch der *Commedia dell'arte* immer ähnlicher, das unwahrscheinlicherweise vor japanischen Kulissen aufgeführt wurde. Von einem Gewühl von Gesichtern, Orten und Ereignissen, von einer Welt von Verwechslungen, verschwundenen Brieftaschen, verlorenen Hausschlüsseln und verschämter Heimkehr über den Balkon der Nachbarn überflutet, verlor Boon für lange Zeit den Sinn für die Wirklichkeit. Er schwebte im leeren Raum zwischen Schuhen ohne Schnürsenkel und grünen Erbsen.

Die Schuhe kaufte er in Kita-senjū, einem der besten Märkte für Sonderangebote in Tokio. Der Markt war nur fünf Minuten von der Schule entfernt, an der er samstagnachmittags Englischunterricht gab. Auf dem Heimweg von der Schule zum Bahnhof durchquerte er eine jener belebten Gegenden voller Restaurants, Bars und schäbigen Cabarets, wie sie für die Altstadt von Tokio typisch sind. Es dauerte nicht lange, bis er ein Lokal fand, in dem er Stammkunde wurde. Je mehr Bekannte er machte und je weiter er auf der Suche nach Gelegenheitsarbeit umherschweifte, desto größer wurde der Streuraum der Kneipen, zu deren informeller Stammbelegschaft er gehörte und in denen man ihm die gastfreundliche Vertraulichkeit entgegenbrachte, die zur Atmosphäre der *akachōchin*, der Bars mit den roten Lampions, gehörte. Im Laufe eines Jahres wurde Boon zum Stammkunden von über einem Dutzend Kneipen in Ōji, Ikebukuro, Ueno, Kōenji, Takadanobaba, Toranomon, Shimbashi, Nihombashi, Akihabara, Shibuya und Shinjuku, wo man ihn ein- bis zweimal im Monat mit Essiggemüse fütterte. Aber seine Grundausbildung empfing er in einer Bar in Kita-senjū, für die er immer ein warmes Gefühl behielt.

Es war wohl eine der schäbigsten Bars der Stadt. Die Glastüren wurden nie geputzt, die Photographien an den Wänden hatten sich einen Staubrahmen zugelegt, wenn die Theke abgewischt wurde, dann nur, um neue Schlieren über die alten zu legen, die Decke schwitzte und roch übel, der Boden war ungefegt, und die Barhocker wie die alternde Besitzerin fielen langsam auseinander.

Mama verriet ihr Alter nicht, aber sie mußte auf die Siebzig zugehen. Bei seinen ersten Besuchen traf Boon eine zerbrechliche alte Dame, die mit einem gewissen altmodischen Charme zwischen unbeschreiblich schmutzigen Töpfen und

Pfannen hantierte, eine Frau aus einer vergangenen Zeit, eine Witwe, die bessere Zeiten gesehen hatte; sie erweckte sein Mitgefühl. Der erste Eindruck war gerechtfertigt, denn *mama* rührte vor neun Uhr abends keinen Alkohol an. Nach neun Uhr konnte die reizende alte Dame, wie er entdeckte, sprechen wie eine Puffmutter und saufen wie ein Pferd.

Je besser er sie kennenlernte, desto mehr verblaßte der günstige erste Eindruck. An seine Stelle trat das weniger schmeichelhafte Bild einer schlauen, zänkischen, geizigen alten Frau. Sie hatte ein weiches Herz für Boon, weil er sie an einen früheren Liebhaber erinnerte, einen Amerikaner, den sie während der Besatzungszeit gekannt hatte. Sie redete ständig von diesem Mann und fragte Boon mehrmals, ob er nicht vielleicht doch Amerikaner sei. Aber zu ihrem Kummer blieb er ein bloßer Engländer. An schlechten Abenden, wenn sie einen Kater vom Tag vorher hatte und in besonders bösartiger Stimmung war, beschimpfte sie ihn wegen seiner unzulänglichen Staatsangehörigkeit. Von ihren persönlichen Gründen einmal abgesehen, gehörte *mama* zu einer Generation, für die alle Ausländer Amerikaner waren. Boon ließ sie in ihrem Glauben. Nach neun Uhr verblaßte die Gegenwart, ihre Reise in die Vergangenheit begann, und gegen Ende des Abends war Boon unweigerlich zum Amerikaner geworden.

Er mochte *mama* trotzdem, und das nicht nur, weil sie ihm bloß zweihundert Yen für eine Flasche *sake* abknöpfte. Ihr mädchenhaft schelmisches Temperament hatte sich anscheinend im Lauf eines halben Jahrhunderts nicht gewandelt, und körperlich war sie so zäh wie ein alter Stiefel. Der allnächtlichen Flut von Tabak und Schnaps war sie mühelos gewachsen, aber wie sich ihr Laden eigentlich ohne Kundschaft hielt, blieb geheimnisvoll.

An manchen Abenden saß sie die halbe Nacht lang auf ihrem Schiedsrichterstuhl hinter der Bar und sah nur drei oder vier Gäste. Die Bar besaß wenig auffällige Reize. Auch *mama* selbst hatte wenig zu bieten; sie konnte nicht einmal singen. Aber wenn sich einmal Kunden in das Lokal verirrt hatten, zogen sie meist weitere an. Anscheinend kamen Männer herein, weil sie glaubten, da müsse es mehr geben, als unmittelbar sichtbar war, vielleicht hielt *mama* irgendeine scharfe Nummer hinter dem Vorhang verborgen. Derartige Hoffnungen waren oft berechtigt, aber in diesem Fall waren sie unbegründet: Es gab keine Überraschungsnummern. Aber das machte nichts; wenn sich überhaupt einmal Kunden eingefunden hatten, war der Abend gelaufen. Nur eine leere Bar schreckte selbst Optimisten ab: Um sie machte der erfahrene Nachtschwärmer einen weiten Bogen.

Ein paar Monate lang war in *mamas* Bar eine attraktive Gehilfin namens Fumiko angestellt. Fumiko war gut fürs Geschäft, aber leider tat das Geschäft Fumiko nicht gut. Auch wenn sie fünfzig Jahre jünger war als *mama*, besaß Fumiko nicht ihre eiserne Konstitution und war in kurzer Zeit zu einem Schatten ihrer selbst zusammengeschrumpft. Sie wurde ernsthaft krank. Nach langer Abwesenheit tauchte sie wieder für ein paar Wochen auf und versuchte sich noch einmal im Wassergewerbe. Aber sie stellte fest, daß sie es nicht vertrug, und mußte sich ihren Lebensunterhalt anderweitig suchen. Boon vermißte Fumikos jugendliche Ausstrahlung, ihren ungekünstelten Charakter und ihr schönes langes Haar, aber um ihretwillen war er froh, als sie ging. Das Wassergewerbe hätte sie ruinieren können.

In den entscheidenden Monaten, in denen Fumiko krank war, und später, nachdem sie ihren endgültigen Abschied genommen hatte, scharten sich *mamas* Kolleginnen aus den Lokalen an der nächsten Straße um sie und hielten ihr angeschlagenes Geschäft über Wasser. Die Bar sah bald aus wie ein Aufenthaltsraum, in der sich die Bardamen der Gegend ausruhen, schminken und den neuesten Klatsch austauschen konnten, bevor sie in die schwülen Kneipen zurückkehrten, in denen sie arbeiteten. Vier oder fünf von ihnen tauchten regelmäßig auf, und sie alle hatten eine Vorliebe für *kimono* in gedeckten Farben – dunkelgrün, tiefblau und schwarz. Es waren beeindruckend kräftig gebaute Frauen. Sie saßen in *mamas* Lokal und verbreiteten die Stimmung eines Beerdigungsinstituts: Krähen, die auf frisches Aas warteten.

Sie wechselten sich hinter der Bar, und noch wichtiger, davor ab. Da saßen sie in der unerschütterlichen Würde, die ihre gewaltigen Fleischmassen ihnen verliehen, ließen sich feiern, schmeicheln, anfassen und von Kunden, die halb so groß waren wie sie selbst, in den Hintern kneifen. Körperlich und seelisch glichen sie wohlgerüsteten, schwer bewaffneten Festungen, die auch der längsten Belagerung standhalten konnten. Sie überwältigten die Gäste durch die Überlegenheit reiner Masse und hielten sie sich vom Leib, indem sie tranken, bis die Freier kampfunfähig waren, und das nicht gelegentlich, sondern bei zwei oder drei Kunden pro Abend, zwischen einem und zwei Dutzend die Woche, mehr als fünfhundert im Lauf eines Jahres.

Unbeschäftigte Hostessen, die man früher *ocha-hiki* nannte, weil Geishas ohne Kunden nichts zu tun hatten, außer Tee aufzubrühen, saßen in unerschütterlicher Ruhe auf den *tatami* im Hintergrund von *mamas* Kneipe und schienen nichts zu sehen und nichts zu hören, obgleich sie ein scharfes Auge auf die Straße draußen warfen. Da strichen Männer umher wie verlorene Hunde, kamen vorbei, kamen zurück, warfen einen Blick hinein, gingen weiter. Die Frauen hatten einen scharfen Blick für unentschlossene Kunden und wußten, wie man sie anlockte. Sie standen auf, watschelten zur Tür, manchmal auch vor die Tür, und riefen *shacho!*, *shachō-san!* Herr Direktor! oder verliehen den Passanten den Ehrentitel eines *sensei*. Wer der Schmeichelei widerstand, unterlag meist der schieren Gewalt. Ein Ärmel, ein Arm, der wohlberechnete Druck von Busen und Bauch, und die Beute war gefangen.

Die *akachōchin*, die Bars mit den roten Lampions, in den billigen Gegenden der Altstadt wie Kita-senjū, stellten das unterste Ende des Wassergewerbes dar und zogen, den Gesetzen sozialer Schwerkraft folgend, den Bodensatz der Kundschaft an. Echte Direktoren gehörten nicht zu ihren Gästen. Die amüsierten sich in anderen Gegenden, den weiteren, eleganteren Tummelplätzen, von Ginza und Nihombashi, wo sie nicht so leicht an ihre gesellschaftliche Stellung erinnert wurden; denn sie kamen, um ihren Status zu vergessen. Es war eine der Regeln des Wassergewerbes, die Zeugnis von seinem demokratischen Geist ablegten, daß sie zu eben der Zeit auf ihren Rang verzichteten, zu der ihre bescheideneren Kollegen in bescheideneren Bars zu Direktoren und Professoren befördert wurden. Die Gäste konnten der Wirklichkeit am leichtesten entfliehen, wenn sie in eine neue Wirklichkeit eintreten konnten; und wenn diese Wirklichkeit begehrenswert erscheinen sollte, mußte sie identifizierbar sein, mußte sie echt wirken. Das Echteste in der Welt der Pseudodirektoren in *mamas* Bar waren die kleinen Rechnungszettel, die gegen Ende des Abends unauffällig über die Theke geschoben wurden.

Es war ein kluger Schachzug, und Boon erschien es fair. Im Wassergewerbe gab es keine Festpreise, und traditionell wurden Rechnungen auf Gesamtsummen ausgestellt, die nicht spezifiziert und nur über den Daumen gerechnet kalkulierbar waren. Verschiedene *mamas* hatten verschiedene Daumen. Was war einmal Anfassen wert, eine Hand im Schoß, ein Griff an die Brust? Wie exquisit waren die Brüste, die betastet wurden? Wie waren sie betastet worden? War der Taster ein angenehmer Gast, den man wiedersehen wollte? Jede *mama*, die etwas vom Geschäft verstand, brauchte einen scharfen Blick dafür. Sie beobachtete den Kampf wie ein Ringrichter, verteilte Pluspunkte für sauberen Schulterschluß und Strafpunkte für Vorstöße unterhalb der Gürtellinie. Natürlich mußte sie auch die Miete einkalkulieren, die sie zahlte, ihre

Gewinnspanne und die Marktlage. Aber vor allem zählte ihre persönliche Einschätzung des Kunden. Kein Wunder, daß die kleinen Papierfetzen, die einen Bericht über die Lage der Nation abgaben und Meisterwerke der Charakteranalyse darstellten, mit der Autorität eines Gerichtsurteils überreicht wurden. Wenige Kunden gingen in die Berufung, keiner weigerte sich, zu zahlen.

Die Eitelkeit des Gastes galt als ein ebenso marktbestimmendes Bedürfnis wie sein Durst und sein Drang, Frauenkörper zu betasten; und die Befriedigung der Eitelkeit durch entsprechende Schmeichelei war ebenso preisbestimmend wie ein Glas Whisky und weibliche Gesellschaft. Die Waren, die geliefert wurden, konnte man auch in Rechnung stellen. Man konnte davon ausgehen, daß der Gast, der sich gerne zum Direktor befördern ließ, auch Vergnügen daran fand, einen überdurchschnittlichen Preis zu zahlen; denn jede extravagante Handlung war eine Schaustellung persönlicher Macht. Der eigentliche Gewinn war die Wiederherstellung eines angeschlagenen Selbstwertgefühls. Solange Boon in *mamas* Bar saß, konnte er sich eine philosophisch abgeklärte Einstellung leisten.

Seine Trinkgewohnheiten waren unregelmäßig. Er streifte durch die Gegend, folgte seinen Impulsen, und wenigstens in den ersten Monaten ging er gewöhnlich allein aus. Die meisten Japaner blieben klugerweise in den Bars, in denen man sie schon kannte, und entdeckten neue Lokale nur in der Gesellschaft von Freunden, die dort schon Stammkunden waren. Das war die beste Garantie dagegen, übervorteilt zu werden, «in der ersten Runde zu Boden zu gehen», wie es im Jargon des Wassergewerbes treffend hieß. Außerdem war ein gemütlicher Abend in der Gesellschaft von Freunden erfreulicher. Bei seinen Vorstößen auf neues Gebiet ging Boon ständig das Risiko ein, betrogen zu werden; und gelegentlich wurde er betrogen.

In einer ganz gewöhnlichen, aber teuren Bar in Shimbashi beispielsweise wurde ihm, nachdem er ein Glas Bier und ein paar Scheiben Salami verzehrt hatte und nicht einmal in den Genuß einer einzigen Umarmung gekommen war, eine Rechnung präsentiert, die seinen Streifzügen für einen ganzen Monat ein Ende setzte. Einmal geriet er in einer sehr miesen Kneipe am Ueno-Bahnhof in die Gesellschaft einer Bande von Amateur-Gangstern, die ihm eine Frau besorgen wollten, und als ihnen das nicht gelang, wenigstens eine Flasche Whisky auf seine Kosten tranken und ihm, wie er auf dem Heimweg merkte, die Uhr stahlen. Das waren Kleinigkeiten, die nichts an Boons Überzeugung änderten, daß die Leute im Wassergewerbe im großen und ganzen erstaunlich ehrlich waren und daß Tokio zu Recht als eine der sichersten Großstädte der Welt galt.

All diese Zehntausende von unauffälligen Bars schafften es erstaunlicherweise, ihre eigene unverwechselbare Atmosphäre zu bewahren. Bedauerlicherweise konnte Boon nicht für sie alle sprechen, aber im Lauf des Jahres besuchte er mehr als hundert und stellte fest, daß jede anders war als die nächste. Bars waren Menschen, eine Projektion der Persönlichkeit ihrer Besitzerin. In einem typischen *akachōchin*, in dem sich nicht mehr als ein Dutzend Gäste gleichzeitig aufhielt, konnte *mamasan* ihre Persönlichkeit zum Tragen kommen lassen, und die Kunden kamen ihretwegen. In wesentlich größeren Lokalen verflüchtigte sich die Wirkung auch der stärksten Persönlichkeit, das Etablissement verlor an Charakter und wurde anonym. In den oberen Rängen des Wassergewerbes waren, wie Boon später entdeckte, die Bars oft eleganter, die Mädchen jünger und hübscher, die Rechnungen zeugten von großzügigerer Spenderlaune, aber indem sie die Vulgarität der gemeinen *akachōchin* ausschlossen, verloren sie auch ihre vertraut familiäre Atmosphäre. Sie wirkten anonym und klinisch steril wie die Wartezimmer von Modeärzten.

Boons Vorlieben wechselten mit seiner Stimmung. In Ōji

etwa, wo seine Abende unweigerlich endeten, kamen drei Bars in Frage. In einem Lokal mit dem unwahrscheinlichen Namen *Weidenallee*, gleich neben der Papierfabrik, verbrachte er viele Abende an einer rustikalen Theke, auf der die Gläser klirrten, wenn die Züge vorbeifuhren, in emsigem Gefecht mit einer schlanken, gepflegten Sängerin, deren Alter ebenso im Ungewissen blieb wie ihre wirkliche Haarfarbe. Sie war nicht die *mama*, sondern ihre Gehilfin; *mama* selbst war eine Hexe und hielt sich normalerweise im Hintergrund auf, um die Kunden nicht zu vergraulen. Irgend etwas an der Gehilfin, vielleicht auch mehrere Dinge, ihre fleckenlose Schürze, ihr subtiler Witz, ihre unaufdringlich katzenartige Sinnlichkeit, ihr herausfordernd schüchternes Lächeln, war für Boon unwiderstehlich.

Kimiko stammte aus Sendai. Sie war zurückhaltend wie die meisten Frauen aus Nordjapan. Gewitzt, fähig, selbstbewußt verriet sie nichts über sich selbst. Boon erfuhr nie etwas über ihr Privatleben, und Kimiko interessierte sich nur für das Hier und Jetzt. Sie bildete sich ihre Meinung über Boon ausschließlich nach dem, was sie hörte und sah; und die Theke war immer zwischen ihnen, denn Kimiko wagte sich nie nach vorne. Sie war nicht die Art von Frau. Sie überschritt Grenzen auf andere Art.

Sie zog Anspielungen, Nuancen, verschleierte Andeutungen vor, und ihr Redestil spiegelte ihren Charakter wieder. Die Neigungen ihres Temperaments gingen in eine Richtung, ihre Vernunft, gewiß aus Erfahrung, in die andere. Wie viele Frauen, die nicht offensichtlich reizvoll sind, hatte die Natur sie mit einer Art von Anziehungskraft ausgestattet, die Männer um so aufregender fanden, je weniger sie sie identifizieren konnten. Boon hätte kaum sagen können, was es war, das Kimiko erotisch attraktiv machte. Er war entzückt von ihren rundlichen weißen Fingern, ihrem sanft alternden Hals, der Art, wie ihre Ärmel hochglitten, wenn sie ein Glas aus dem

Schrank nahm und *sake* auf die Theke stellte. In einem Augenblick war sie rundlich und kuschelig und schien verfügbar, im nächsten zurückhaltend und streng, vielleicht kuschelig, aber mit Sicherheit nicht verfügbar. Boon war frustriert und entwaffnet zugleich.

Nach einigen Monaten lud er sie zum Abendessen ein. Sie nahm die Einladung an. Auch wenn das ein größeres Zugeständnis war, brachte es keinen merklichen Wandel mit sich. Er hatte seine Angelschnur weiter ausgeworfen, aber sie ließ sich trotzdem nicht ködern. Das Abendessen war ein Erfolg. Kimiko trug die trennende Theke mit sich, auch wenn sie unsichtbar blieb. Dennoch gestattete sie Boon die Annahme, daß sie sich einen vernünftigen Vorschlag seinerseits wohlwollend überlegen werde. Er machte mehrere Vorschläge, sie überlegte entsprechend. Schließlich beschlossen sie, ein paar Tage in einem Thermalbad zu verbringen. Aber in diesem vielversprechenden Stadium ihrer Beziehung gingen Boon das Geld und die Zeit aus. Wenig später verließ er das Land und kam erst nach drei Jahren wieder in die *Weidenallee*. Kimiko war spurlos verschwunden.

Ein paar Schritte von der *Weidenallee* entfernt, lag eine Bar mit dem vertrauenseinflößenden Namen *Yoshimi*, ‹Zur Freundschaft›. Sie wurde von dem im Wassergewerbe klassischen Gespann von Mutter und Tochter betrieben; und beide waren ebenso gesprächig, wie Kimiko zurückhaltend war. Das mußte etwas mit dem Klima zu tun haben, denn beide Frauen stammten im Gegensatz zu Kimiko aus dem wärmeren, überschwänglicheren Süden. Boon traf zu häufig auf diesen Temperamentsunterschied zwischen Norden und Süden, daß es sich um Zufall hätte handeln können. Die Entfernung zwischen Sapporo und Kagoshima entsprach in etwa dem Weg von Kopenhagen nach Madrid, und der Unterschied der Temperamente spiegelte den Abstand zwischen den Breitengraden wider.

Die «Tochter» hieß Yoshie; Boon erkundigte sich nie nach dem Namen der «Mutter», weil das überflüssig war. Sie war die archetypische namenlose *mama-san*, eine Frau, deren Aufgabe es war, jeden Abend gegen geringes Entgelt Fisch zu braten und *sake* zu wärmen, deren wahre uneingestandene und unbezahlbare Funktion aber die eines Stützpfeilers der japanischen Gesellschaft war.

Mama war eine große Frau von etwa Fünfzig mit offenem, ehrlichem Gesicht, eine Witwe mit drei erwachsenen Kindern. Sie konnte ebensogut mit dem Akkordeon umgehen wie mit der Bratpfanne und kannte Lieder aus fast jeder Gegend Japans. Ihre Ratschläge waren weise, ihr Trost beruhigend, und beides war sehr gefragt. Im warmen Glühen der ersten paar Flaschen *sake* wollten die Kunden singen, später am Abend, wenn sie in wehleidige Stimmung kamen, verspürten viele von ihnen das Bedürfnis zu beichten.

Mama hatte Verständnis dafür. Sie war selbst eine sentimentale Frau. Wenn sie das Akkordeon beiseite legte und ihr Herz öffnete, war das eine so weit wie das andere und konnte viele Melodien aufnehmen. «In Wirklichkeit seid ihr alle Kinder», sagte sie zu Boon, und ihr Arm umfing nicht nur die Männer, die auf den Barhockern vor ihr saßen, sondern alle, die einmal da gewesen waren und die noch kommen würden. Gelegentlich flossen im *Yoshimi* Tränen, Entschlüsse wurden fast jeden Abend gefaßt. Ehemänner auf Abwegen kehrten zwar nicht als neue Menschen heim, aber sie verließen die Bar mit den besten Absichten; und die Absichten hielten mindestens bis zum nächsten Bahnhof vor.

Yoshie war in ihrer Art eine ebenso typische Tochter des Wassergewerbes, wie *mama* seine Mutter war. Achtundzwanzig Jahre alt, geschieden, ein Kind. Zu den pikanten Zügen des Wassergewerbes gehörte, daß viele der Mädchen, die ihre Abende im Dienst männlicher Kunden verbrachten, Männer nicht mochten. Einige von ihnen hegten einen Groll gegen

Ehemänner und Liebhaber, den sie auf alle Männer übertrugen; andere waren auf weniger bestimmte Weise gegen Männer voreingenommen, weil sie sich in ihrer Arbeit auf eine Weise verhalten mußten, die ihrem wahren Wesen zuwiderlief. Ein Zug von Masochismus, eine als Buße getragene Selbsterniedrigung war in Yoshies Charakter unübersehbar.

Sie flirtete und erstarrte abwechselnd, bot sich an und hielt sich zurück, war entgegenkommend und abweisend kühl. Wie viele Mädchen ihres Gewerbes hatte sie eine Vorliebe für ältere Männer, und in ihrer Gesellschaft schien ihre Persönlichkeit am ausgeglichensten. Sie war vom Temperament wie von der Erscheinung her ein attraktives Mädchen. Sie behandelte Boon mit der Vorsicht, mit der sie mit allen jüngeren umging, aber sie hätten gute Freunde werden können, wäre ihre Sexualität nicht so überwältigend gewesen, und hätte Boon nicht die unvermeidlichen Avancen gemacht. Es war ein schwerer Fehler, und er wurde schlimmer, weil sie angefangen hatte, Boon zu vertrauen. Boon fühlte sich gezwungen, die Bar fast zwei Monate nicht zu besuchen. Bei seiner Rückkehr zog *mama* keine Erkundigungen über die Abwesenheit ihres treuesten Kunden ein; sie kannte den Grund und wußte sein Taktgefühl zu schätzen. Danach war es *mama*, die er im *Yoshimi* besuchte, nicht Yoshie.

Den Instruktionen Ichimonjis folgend entdeckte Boon später eine übel beleumundete Spelunke unter der Eisenbahnbrücke, seine dritte und letzte Zuflucht, wenn er auf Sauftour in Ōji war: die letzte in der Qualität und auch in dem Sinne die letzte, daß sie meist erst um zwei Uhr früh aufmachte. Es war in jeder Hinsicht ein Abstieg. Die zwei oder drei schäbigen Hütten hatten sich wie verkrusteter Schlamm der Abwasserleitungen unter der Brücke von Ōji angesammelt, Ablagerungen des zähen braunen Stroms, der sich aus den Eingeweiden der Stadt ergoß. Die Hütten waren von der Brücke aus nicht zu sehen. Man mußte hinabsteigen, um sie zu finden.

Dort sammelte sich eine gemischte Gesellschaft. Da gab es umherziehende Bauarbeiter vom Lande mit staubigen Mokkassins und um die Stirn geknüpften Schweißtüchern. Lärmend, betrunken, geborgen in der Wärme fanden es diese Männer billiger oder angenehmer, bis zum Morgen durchzuzechen als ein Nachtlager zu suchen. Andere, in ungebügelten Anzügen und Krawatten, saßen schweigsam in den Ecken. Vielleicht hatten sie ebenso wie Boon den Hausschlüssel verloren und sich selbst ausgesperrt, oder sie brüteten schwermütig ob der Tiefe, in die sie gesunken waren. Der Ort war geeignet für jede Form der Selbstbestrafung und wirkte so gemütlich wie ein Kerker.

Einer der einsamen Männer zog Boon ins Vertrauen. Er war aufgeschlossen, wenn auch etwas unzusammenhängend, und schien zwei Sorgen zu haben: kein Geld und eine schwangere Frau. Er zog ein Stück Papier hervor und stellte, weniger zu Boons Erbauung als zu seiner eigenen, schwindelerregende Berechnungen an, die sich auf die Lebenshaltungskosten für einen Sohn, beziehungsweise eine Tochter über einen Zeitraum von zwanzig Jahren bezogen. Die Tochter stellte sich als etwas billiger heraus, aber in jedem Fall war es eine unerschwingliche Summe. «Wie Sie sehen», sagte er im nüchternen Ton eines Buchhalters, «verschärft das zweite Problem das erste.»

Boon spendete sein Mitleid. Er konnte nicht viel mehr tun, als seinem Gefährten einen Drink auszugeben und ihn mit Erzählungen von fremden Ländern zu unterhalten. Ob der Mann sich deswegen irgendwie verpflichtet fühlte oder ob er ein spontanes Zeichen der Freundschaft geben wollte, blieb unklar, aber plötzlich lud er Boon ein, ihn nach Hause zu begleiten. Boon lehnte ab. Der Mann bestand darauf. Boon wies darauf hin, daß es drei Uhr war, etwas spät, um eine schwangere Ehefrau zu belästigen. Aber der Mann ließ keine Ausrede gelten und schleppte ihn mit Gewalt nach draußen.

Es war bitter kalt, und nirgends war ein Taxi zu sehen. Sie gingen zwanzig Minuten durch die Straßen, und der Mann erzählte detailliert von seinem Beruf. Schließlich erreichten sie ein schäbiges, barackenähnliches, dreistöckiges Gebäude, das Boon sofort als die Art von Unterkunft erkannte, die viele Firmen ihren Angestellten als Ausgleich für ein niedriges Gehalt zur Verfügung stellten. Er hatte unterwegs darüber nachgedacht, ob der Abend noch unerwarteterweise mit wilden Exkursionen enden würde, aber in dem dunklen Treppenhaus ließ er alle Hoffnung fahren. Der Mann zog einen Schlüssel aus der Tasche und öffnete eine Tür.

«Das ist meine Wohnung», verkündete er ohne jeden Stolz, «das typische *uchi* eines Angestellten. Bitte, treten Sie ein.»

Boon schlüpfte aus den Mokasins und folgte seinem Gastgeber in das gut möblierte Wohnzimmer eines typischen Angestellten. Die Ehefrau mußte vor dem Fernseher eingeschlafen sein; sie lag auf dem Sofa im Schatten eines üppig grünnenden Gummibaums. Als sie eintraten, wachte sie auf, öffnete die Augen und blickte Boon ohne Überraschung an.

Der Mann stellte sein zweitgrößtes Problem vor, und sie murmelte ein paar Begrüßungsworte. Aus der beiläufigen Art, in der sie das tat, schloß Boon, daß sie mitternächtliche Besucher gewohnt sein mußte. Ihr Mann verlangte etwas zu essen und zu trinken. Schweigend stand sie auf und gehorchte, eine graue Frau mit fahlem Gesicht, die ihren Bauch unheilschwanger vor sich her trug und in die Küche verschwand.

Der Mann blieb, vom vorwurfsvollen Schweigen seiner Frau angesteckt, stumm. Den sichtbaren Beweisen einer Bürde ausgesetzt, die er zumindest auf dem Papier hatte bewältigen wollen, schien ihm seine Buchhalterkunst nicht mehr zu helfen, und er beugte sich unter ihrer Last. Offenbar handelte es sich um das erste Kind des Paares. Boon kam sich wie ein Komiker vor, der für eine Hochzeitsfeier angeheuert worden ist und sich auf einer Beerdigung wiederfindet. Man hatte keinen Sinn für Scherze, die Unterhaltung beschränkte sich auf ein Minimum. Die Frau verteilte die Früchte ihrer Gastfreundschaft und zog sich zurück. Um halb fünf nahm Boon ihren Platz auf dem Sofa ein und flüchtete in kurzen Schlaf.

Boon war sicher, daß er sich nichts hatte zuschulden kommen lassen, aber beim Frühstück am nächsten Morgen hatte sich das ganze Benehmen seines Gastgebers verändert. In nüchternem Zustand, in die Welt der Wirklichkeit zurückgekehrt, schämte er sich. Er hatte seine Intimsphäre offengelegt, hatte sich von einem jener plötzlichen Impulse der Freundschaft verführen lassen, die dem Wassergewerbe eigen waren und die ebenso schnell verloschen, wie sie auflodern. Sie frühstückten in Eile, und Boon begleitete ihn zum Bahnhof, wo sie sich als Fremde trennten. Boon sah ihn kurz auf dem gegenüberliegenden Bahnsteig, in seinem dunkelblauen Anzug mit gestreifter Krawatte kaum von der endlosen Menge zu unterscheiden, mit der er in Kürze davonfuhr. Boon blieb ein Bild, das bald alle Umrisse der Individualität verlor. Er hatte nicht einmal erfahren, wie sein Trinkgefährte hieß. Er hatte Herrn Jedermann getroffen.

Den größten Umsatz an Nachtschwärmern in Tokio hatte Shinjuku. Der Stadtteil war eine Welt für sich, aber obwohl Boon ihn zu Beginn seiner Laufbahn vorsichtig umschifft hatte, geriet er unglücklicherweise in zwei Lokale, in denen die Einheimischen sehr unfreundlich zu Fremden waren, und der feindselige Empfang, den man ihm bereitet hatte, hielt ihn davon ab, die Landung noch einmal zu versuchen. Später kehrte er in der Gesellschaft von Freunden zurück, die für freundlichere Aufnahme sorgten. Irgendwo in Shinjuku konnte wohl jeder das finden, was er suchte, wenn nicht unter den hellen Neonlichtern, dann unter den Attraktionen der ruhigeren Seitengassen. Shinjuku war ein Tokio im kleinen, eine Enzyklopädie der käuflichen Freuden.

In der Gesellschaft eines homosexuellen Freundes durchstreifte er die fiebrig pochenden Jagdgründe der Schwulenwelt – eine Welt der scharfen, witzigen Konversation und Besuchern von so wundersamer Schönheit, wie Boon sie draußen auf den Straßen nie erblickt hatte. Es waren heißgeliebte Kreaturen, deren Eigentümer eifersüchtig über sie wachten. Die Homosexuellen waren diskreter als die Transvestiten, die auf manchen Straßen in prächtiger Kleidung auf Kundenfang gingen. Einige darunter konnten sich diese Kühnheit leisten, weil sie selbst aus nächster Nähe nicht von Frauen zu unterscheiden waren. Boon erlag der Täuschung. Er ließ sich in eine zwielichtige Transvestitenbar abschleppen und genoß eine Stunde vertraulichen Gesprächs, komplett mit Küßchen und Umarmung, bevor ihm das wahre Geschlecht seiner Gefährtin aufging.

Japanische Transvestiten genossen unbestreitbar größere Chancen, ihre Weiblichkeit zur Schau zu stellen, als ihre europäischen Kollegen. Die weichen Vokale, die sanfte Intonation der Frauensprache gehörte zu den Möglichkeiten, die sie voll ausschöpften. Natürlich wurde die Tradition der weiblichen Rollendarstellung an anderem Ort, im Theater, als eine der großen Errungenschaften männlicher Schauspielkunst kultiviert. Boons eindrucksvollste Erfahrung dieser Kunst fand allerdings nicht im Kabuki-za statt, sondern bei einer Darstellung der Lady Macbeth durch einen berühmten *onnagata*. In einer sonst mittelmäßigen Aufführung war allein ihre Präsenz auf der Bühne bezaubernd.

Manche Bars beherbergten beachtliche Talente, die außerhalb des Stadtbezirks Shinjuku gänzlich unbekannt waren. Im vierten Stock eines schäbigen Gebäudes lauschte Boon oft den anzüglichen Gesängen einer kleinwüchsigen gepflegten *mama-san* mit unerwartet kräftiger und volltönender Stimme. Immer im *kimono*, das üppig glänzende Haar zur traditionellen Frisur hochgesteckt, die ihren Kopf zu groß für ihren Körper erscheinen ließ, dröhnte die respektable kleine Dame Lieder genialer Obszönität durch den Raum. Sie schrieb ihre eigenen Lieder und begleitete sich selbst auf der Gitarre. Die Texte ihrer oft komischen, immer hervorragend dargebotenen Lieder vereinten die traditionellen sexuellen Symbole des japanischen Volkslieds – Muscheln, das Meer und anderes – mit einem unmittelbar zupackenden modernen Jargon. Die Lieder waren eine der Möglichkeiten jener Synthese, die Boon in der zeitgenössischen japanischen Kultur suchte und nur selten fand.

In Shinjuku lernte Boon zum erstenmal Bars vom Typ der *akachōchin* kennen, die gleichermaßen für Männer wie für Frauen bestimmt waren. Frauen ohne männliche Begleitung, die nicht professionell im Wassergewerbe tätig waren, besuchten keine *akachōchin*; selbst in Begleitung sah man sie nur selten. Es gab Clubs, die Hausfrauen mit der Art von Unterhaltung versorgten, die ihre Männer im Kabarett suchten, aber sonst wiesen sie keine Ähnlichkeit mit ihrem Vorbild auf. Unverheiratete junge Mädchen hielten sich meist in Kaffeehäusern auf. Es gab auch harmlose große Lokale, in denen sie allein oder im Schutz der Menge trinken oder ihre Freunde begleiten konnten. In den Diskotheken war es zur Zeit Mode, nicht mit seinem Partner, sondern mit dem eigenen Spiegelbild zu tanzen; problemlos für Mädchen ohne Begleitung. Aber Bars mit dem charakteristischen Flair der *akachōchin*, billig, locker und intim, in denen männliche und weibliche Kunden sich gleichermaßen entspannt unterhalten, singen oder sexuelle Kontakte anknüpfen konnten, schien es nur wenige zu geben.

Vermutlich gab es in Shinjuku mehr derartige Bars als

sonstwo in der Stadt. Oft wurden sie von Amateuren betrieben, meist Existenzen, denen es schwergefallen wäre, sich anderweitig einen Lebensunterhalt zu sichern – Aussteiger, Alternative, junge Menschen in der Grauzone der Legalität. Auch ihre Kundschaft war weniger konventionell als der Durchschnittsjapaner.

Der Besuch dieser Bars war einer Einladung in eine Privatwohnung nicht unähnlich, nur daß man beim Gehen die Getränke bezahlen mußte. Die einfache Kontaktaufnahme, die diese Bars Männern und Frauen möglich machten, die nichts gemeinsam hatten, außer daß sie Kunden waren, schuf eine beinahe europäische Atmosphäre. Im allgemeinen war die Kundschaft jung. Da Neuankömmlinge die Lokale kaum anders als im Schlepptau von Eingeweihten finden konnten, lief die Intimität der friedlichen Gemeinschaft wenig Gefahr, gestört zu werden. Aber selbst hier war die *mama-san* die unumstrittene Herrscherin, und die Sprache war die des Wassergewerbes.

Es war unausweichlich, daß die Kunden einer bestimmten Bar eine Clique bildeten; die unausrottbare Wurzel des *uchi* trieb an den seltsamsten Orten Blüten. Eine Bar, die kaum größer als ein Wandschrank war, klang wieder vom Skelettgeklapper gescheiterter politischer Außenseiter. Der Besitzer des Schranks nannte sich Butch; er hatte wegen einer Explosion, die eine Polizeiwache – und unglücklicherweise ihre Insassen – zerstört hatte, im Gefängnis gesessen.

Butch schwor bei allem, was er haßte, daß er unschuldig sei, daß die Polizei ihn aufs Kreuz gelegt habe. Vielleicht war er wirklich unschuldig. Boon mochte ihn und hielt ihn für aufrichtig. Immerhin hingen in der Bar ein paar seltsame Typen herum, und gelegentlich gab es unerfreuliche Szenen. Der Freund, der Boon in Butchs Wandschrank eingeschmuggelt hatte, wurde eines Abends von den Stammkunden verprügelt, weil sie Anstoß an seinem Anzug und seinem Schlips nahmen, dem bürgerlichen Stigma des Mannes, der zur anderen Seite übergelaufen war. Es gab keinen ernsthaften Schaden. Man verpaßte ihm nur die kräftige Abreibung, die einem Mitverschwörer gebührt, der sich nicht an die Parteilinie gehalten hat. Boon kannte die Details des Streits nicht, und er erkundigte sich nicht danach. Politische Streitigkeiten führten zu Gewalt, manchmal zu Totschlag. Er kannte einen Freund Sugamas, der an radikalen Aktionen an der Universität beteiligt gewesen war und seiner politischen Vergangenheit nie hatte entkommen können. Ob er unter Verfolgungswahn litt oder echten Grund hatte, um sein Leben zu bangen, war nicht feststellbar, aber er zog mehrmals im Monat um und verbrachte sein Leben auf der Flucht. Weiter ging Boons Neugierde nicht.

Das schönste Beispiel für das Durchschlagen der *uchi*-Mentalität ins Wassergewerbe boten die Bars, in denen sich alte Landsleute versammelten – nicht Mitmenschen oder Mitjapaner natürlich, sondern Leute, die aus der gleichen Provinz stammten. Er lernte diese Art von Lokal über Sugama kennen, der ihn in eine Bar in Shibuya mitnahm, wo sich die Gäste aus seiner Heimat Toyama versammelten. Auch die recht ansehnliche *mama-san* stammte aus der Provinz; sie war mit Sugama zur Schule gegangen. Natürlich stand die Bar allen Kunden offen, aber nachdem sich die Neuigkeiten einmal herumgesprochen hatten, entwickelte sich das Lokal bald zu einem informellen Club der Heimattreuen. Von alten Freunden wußte Sugama, der die Nachrichten an Boon weitergab, daß es in Tokio noch mindestens ein halbes Dutzend weiterer Toyama-Bars gab; und was für seine Heimat galt, war wohl auch für die übrigen Regionen Japans wahr. Natürlich verfügten auch alle größeren Firmen über ihre Stammlokale, in denen man in ausgedehnten Sitzungen nach Geschäftsschluß mehr oder weniger freiwillig Gemeinschaftsgeist tanken konnte. Ein Anatomieprofessor an der Universität Tokio berichtete Boon von einem schönen Beispiel dafür, wieviel der gute Geist des Hauses zum harmonischen Ausgleich von Fraktionskämpfen beitragen konnte. Der Hausgeist der Bar, in der er und seine Kollegen Stammkunden waren, verkörperte sich in einer reizenden *mama-san* von so faszinierender Gestalt und Wesensart, daß sich eine Gemeinschaft von Akademikern, die sich sonst eher auf interne Streitigkeiten konzentrierte, zum erstenmal zur interdisziplinären Zusammenarbeit entschloß.

Die Naturwissenschaftler, die Literaturwissenschaftler, die Sprachwissenschaftler und die Philosophen weit verstreuter Fakultäten strömten in Scharen herbei. Die Bar wurde zum Diskussionsforum. Gemeinsame Probleme wurden erörtert, Ergebnisse ausgetauscht, Resultate dialogisch überprüft, unerwartete Erkenntnisse wurden gewonnen. Auf die berauschenden Tage der hohen Gedankenflüge folgte eine Katastrophe: *Mama* gab ihre Verlobung mit dem hinterlistigen Lektor für Kernphysik bekannt. Sie gab ihre Funktion als Seele der Integration auf, und die Akademiker gingen wieder getrennte Wege.

In jeder Art von Bar, für jede Art von Kundschaft war die *mama* unersetzlich. Sie brauchte keine attraktive Frau zu sein, auch wenn sie es in den meisten Fällen war, denn ihr Herz war nicht weniger wichtig als ihre Figur oder ihr Gesicht. In den wenigen hartnäckigen Fällen, in denen ihre besten Absichten nichts mehr nützten, delegierte sie Charme und sinnlichen Reiz an eine jugendliche Gehilfin. Konnte sie sich dazu nicht entschließen, gab es bald keine Bar mehr, um die sie sich kümmern mußte.

Boon war ein von keinen Skrupeln geplagter Adept der Sinnlichkeit, der allen solchen Reizen aufgeschlossen war. Andere Männer besuchten Bars mit anderen Absichten, aber für ihn war der Anreiz immer präsent: ein spannendes Prikkeln in der Luft, Andeutungen eines schwindenden Raums zwischen ihm und den Frauen, die sich über die Theke beugten. Irgendwo war Sexualität immer spürbar, eine erregende Spannung zwischen den *mamas* oder ihren Töchtern und den Männern, die in ihre Hoffnungen verbissen mit gespitzten Ohren auf den Barhockern saßen. Nur wie, wann, wo sie sich erfüllten, das war eine andere Frage.

Einfacher unkomplizierter Sex war gegen bar und stundenweise jederzeit in den Türkischen Bädern zu haben. Boon war an einer so leicht käuflichen Ware nicht interessiert, außerdem hatte er zu wenig Geld. Die Gewißheit des Genusses schreckte ihn ab. Er wollte Freuden, die ihm unerwartet zuteil wurden.

Unmittelbar nach den Türkischen Bädern kamen die sogenannten Rosa Kabaretts, in denen prompte, wenn auch unvollkommene Lieferung Usus war. Diese Lokale ähnelten dem *Chambre Séparée* billiger europäischer Bars. Boon begleitete, kurz bevor er nach Europa zurückkehrte, eine Gruppe von Kollegen dorthin.

Die Rosa Kabaretts kultivierten die Traditionen des alten Vergnügungsviertels von Yoshiwara und waren nur in einigen Teilen der Stadt zu finden, wo sie nicht einzeln, sondern ganze Straßenzüge füllend auftraten. Die Japaner waren Enthusiasten, die nichts halbherzig betrieben, am wenigsten das Streben nach Lust. Die Anreißer, die sich vor den dunklen Hausfluren emsige Konkurrenz machten, beschrieben die Freuden, die drinnen warteten, so ausführlich und detailliert, daß zumindest für Boons Geschmack das Vergnügen vorbei war, bevor es noch richtig begonnen hatte. Er hätte die Entscheidung schwergefunden, welcher Empfehlung er folgen sollte, aber glücklicherweise wußten seine Gefährten genau, wohin sie wollten.

Vom schwachen Schein einer Taschenlampe geleitet, tasteten sie sich zu fünft im Gänsemarsch, einer die Hand auf die Schulter des anderen legend, vorsichtig durch einen langen Flur. Gefangenen ähnlicher als Gästen ließen sie sich gehorsam und etwas nervös hineintreiben, was es dem Kassierer gleich hinter der Türe leichter machte, jedem von ihnen ohne Widerstand eine beträchtliche Summe abzuknöpfen. Einzeln und in Paaren wurden sie an Tische verteilt, die der glattzüngige Platzanweiser hinter ihnen mit Nummern bezeichnete. Boon war Nummer Sechs, die Freunde, von denen man ihn getrennt hatte, Neun und Zehn. Wie Losungsworte wanderten die Zahlen von hinten ins Dunkel und trafen auf die flüsternde Antwort weiblicher Stimmen. Fünf Minuten verstrichen ereignislos, und Boon begann sich zu fragen, ob er statt zu bezahlen nicht eher dafür bezahlt werden sollte, daß er hier allein im Dunkeln saß. Endlich ein erneutes Flüstern, dann das leise Knistern von Stoff.

Jemand im *kimono* ließ sich neben ihm nieder.

«*Komban wa.*»

«Hallo, bist du Nummer Sechs?»

«Wie? Ach so, ja...»

Gelächter.

«Sechs ist mein Tisch. Ich heiße Michiko.»

Ein häufiger Name. Boon fragte sich, wie sie wohl wirklich hieß. Er dachte an die fünf Minuten, die man ihn hatte warten lassen, und fragte auf gut Glück:

«Du warst wohl auf der Toilette?»

Michiko staunte.

«Woher weißt du das?»

«Mein Name ist Sherlock Holmes», erwiderte Boon in tadellosem Japanisch.

Knisternde Verwirrung im Dunkel. Michiko machte sich an die Arbeit.

«Krieg ich keinen Kuß?»

«Wo bist du?»

«Hier.»

Boon neigte den Kopf. Das erste, das Michikos Gesicht berührte, war anscheinend sein Bart, der nach Jahren ungehinderten Wachstums biblische Ausmaße angenommen hatte.

Michiko quietschte überrascht.

«Was machst du da?»

«Ich wollte dich küssen», sagte Boon verschämt.

«Aber was ist das?»

«Mein Bart.»

«Bart? Ist der echt?»

«Natürlich ist der echt.»

Aber jetzt war Michikos Mißtrauen erwacht. Im rötlichen Schein einer Taschenlampe, die sie im Ärmel trug, betrachtete sie kurz Boons Gesicht.

«Aber du bist ja kein Japaner!»

«Das habe ich auch nicht behauptet.»

«Bist du Halbjapaner?»

«Gewiß nicht. Ich bin ganz und gar Engländer.»

Der kurze Lichtschein an Tisch Nummer Sechs löste fröhlich-obszöne Bemerkungen an den Tischen Neun und Zehn aus. Stürme von Gelächter. Boon protestierte energisch gegen unlautere Anspielungen. Michiko ergriff seine Hand und führte sie ermutigend zwischen ihre Brüste. Er liebkoste sie, und sie stieß einen hörbaren Seufzer der Erleichterung darüber aus, daß ihr Kunde wenn schon kein Japaner, so doch normal war, und begann geschickt, seinen Hosenschlitz zu öffnen. Boon, dem das alles etwas unheimlich war, versuchte, ein privates Abkommen zu treffen, um der Sache nach Geschäftsschluß auf den Grund zu gehen, aber Michiko wies diese Zumutung als ungehörig zurück.

In diesem delikaten Augenblick erklang die körperlose Stimme des Platzanweisers aus der Finsternis und verlangte achttausend Yen. Boon lehnte ab. Die Aufforderung wurde an Tisch Nummer Neun und Zehn wiederholt, und die absolute Stille wurde kurzfristig vom Knistern von Zehntausend-Yen-Scheinen unterbrochen. «Tu, was du willst», ermutigten sie ihn munter, aber Boons Knie waren unter dem unmöglich niedrigen Tisch eingeklemmt, und selbst wenn er fleischliche Gelüste verspürt hätte, war er doch kein Akrobat.

Als sie sich nach einer Viertelstunde draußen auf der Straße wiedertrafen, wurden unter verschwörerischer Munterkeit mehrere Hosen hochgezogen. Seine Freunde waren völlig entspannt und selbstsicher. Ein Erlebnis, das in Europa schäbig gewesen wäre, war es in Japan nicht, wurde von einer Natürlichkeit aufgehoben, die Boon nicht teilen konnte, auch wenn er ihr nahekam. Er hatte andere Gedanken im Kopf, als er weiterging: Fleischumsatz per Kilo pro Nacht, Körperkontakt, Ausbeutung des weiblichen Körpers – wie schafften das die Mädchen? Viele unter ihnen begrüßten vielleicht die Möglichkeit, ihr Leben in einem Rosa Kabarett zu fristen, wo sie namenlos, unsichtbar und dennoch, wenn auch unpersönlich, begehrt waren. Michiko hatte Boons Gesicht gesehen, aber er hatte auch das ihre gesehen: Sie war ein äußerst häßliches Mädchen.

In den normalen Kabaretts hätte man sie nicht angestellt. Dort machte es nichts aus, wenn die Mädchen dumm waren, das konnte sogar ein Vorteil sein; aber sie mußten minimalen Kriterien der Attraktivität genügen. Natürlich verdienten die hübschesten Mädchen das meiste Geld, und sie gingen von der Schule ebenso selbstverständlich in die Lokale auf der Ginza über, wie die besten Studenten von der Universität Tokio aufgenommen wurden. Die zweite Garnitur verteilte sich mehr oder weniger gleichmäßig über den Rest von Tokio.

Wäre Boon seinen natürlichen Neigungen gefolgt, hätte er einen weiten Bogen um die Kabaretts geschlagen. Normalerweise waren es seelenlose Nepplokale. Aber im Interesse der Vollständigkeit war Vertrautheit mit den Kabaretts für seine

Studien unabdinglich, und er besuchte eine ganze Menge davon. Ermüdenderweise ergaben sich um so mehr Gelegenheiten, je weniger Lust er hatte, sie zu ergreifen. Seine zögernd eingeschlagene Laufbahn fand ihre paradoxe Krönung im Auftrag einer Rundfunkstation, über die Kabaretts von Tokio zu berichten. Er wurde dafür bezahlt, ein aufgezwungenes Vergnügen zu ertragen. Wären ihm die Dinge, die er wollte, in Japan ebenso mühelos zugeflogen, wie die, die er nicht wollte, wäre Boon ein glücklicher Mann gewesen.

Zum erstenmal besuchte er ein Kabarett in der Gesellschaft Sugamas und seiner Freunde vom Lande. In seiner frühen Naivität hatte die Einladung zum Kabarettbesuch bei Boon Vorstellungen von einer laut tönenden Liza Minelli, üppig gebauten Mädchen und scharfer politischer Satire erweckt. Er wurde schnell aufgeklärt. Zwischen den Brüsten der Hostessen und ihrer Kunden lag keine Bühnenrampe, ja überhaupt kein Abstand. Im Kabarett wurde die Kunst des Clinchs mit reglosen Füßen in engen Kämmerchen oder mit schleifendem Schritt auf dem Tanzboden praktiziert.

Im gedämpften, aber alles enthüllenden Schein von rosa Lampen durften Hände in Schößen ruhen, wenn sie reglos blieben; wenn sie sich bewegten, wurden sie zurückgewiesen. Die bemühteren Kunden konnten eine Hand auf zehn Zentimeter Strumpf und Fleisch zwischen Rocksaum und Knie legen und nach Akkorden tasten, aber ihre Bemühungen waren aussichtslos. Im Kabarett spielte nicht das Knie oder der Schenkel die erste Geige, sondern die Brust.

Der eifrige, wenn auch noch immer schüchterne Beobachter Boon sah erstaunt zu, wie sich Sugamas Freunde zu den Hostessen setzten, die man ihnen zugeteilt hatte, und beinahe sofort so nonchalant nach Brüsten griffen, wie sie sich vom Obst auf den Tischen bedienten. Sugama selbst war kein großer Obstesser; so war er bereit, sich statt dessen mit Boons Fragen zu befassen. Boon gab ein zögerndes Erstaunen zu:

Handelte es sich bei diesen vegetarischen Exerzitien um die Riten einer ihm bisher unbekannten Religion? Religion im üblichen Sinne, erwiderte Sugama, nein; ein archaisches Gefühl der Anbetung, ja. Man beachte einmal seinen Freund Kato, der links neben Boon saß. Verheiratet, mit drei Kindern, hatte er, der selbst der mütterlichen Nahrung am bedürftigsten war, den säugenden Busen schon lang verlassen. Boon sah nach links. Die Hände des hageren Kato waren zum Opferkelch gebogen. In gieriger Ehrfurcht grapschte, drückte und preßte er die Brüste seiner Gefährtin, suchte nach einer Ersatzbefriedigung, die, wenn schon unecht, so doch nicht fruchtlos war.

Dennoch fuhr Boon Sugama wieder zugewandt fort, hatte ihn die Direktheit, mit der sich seine Freunde an die Brüste fremder Frauen klammerten, erschreckt. Sugama forderte ihn auf, näher hinzusehen. Verrieten Katos Bemühungen sexuelle Absichten? War sein Grapschen lüstern? Ging es nicht eher um die verzweifelte Suche eines erschöpften Tiers nach Zuflucht und Sicherheit? Boon gab zu, daß dies anscheinend der Fall war. Eben, sagte Sugama, und deshalb erregten sie keinen Anstoß, wie forsch, wie aufdringlich ihr Verhalten auch aussehen mochte. Die Frauen mochten Fremde sein, aber ihre Brüste – ach ihre Brüste! – waren vertraut! Denn die Brust war die heilige, wenn auch nicht anerkannte Quelle all der nährenden Zärtlichkeit, die das japanische Leben durchströmte.

Sugama, der allmählich in Fahrt kam, forderte ihn auf, das Wort *chichi* zu beachten. Boon und er lehnten sich über den Tisch und zogen dabei, ohne es zu wollen, ihre beiden Gefährtinnen, die sich eng an sie schmiegten, mit ins Gespräch. «Es bedeutet Vater», sagte Boon. Sugama tadelte ihn für seine Einfältigkeit, und die beiden Mädchen lachten und zeigten auf ihre unbesetzten Brüste. Es ist ein bisexuelles Wort, wagte sich Boon vor. Nein, sagte Sugama, es ist ein Homonym. *Chi-*

chi konnte entweder Brust oder Vater bedeuten, und wenn es Brust hieß, wurde es mit einem chinesischen Zeichen geschrieben, das Milch bedeutete. Die Brust war Milch und Milchgefäß, sie war primär weder sinnlich noch ästhetisch, sondern nützlich. Das Verhalten seines Freundes Kato lieferte das beste Beispiel dafür. Heutzutage ging es nicht nur um Größe, sondern um den bloßen Vorrat; es waren nicht genug Brüste vorhanden. Um die Nachfrage auf dem Binnenmarkt zu befriedigen, mußte Nachschub aus dem Ausland importiert werden. Boons Mädchen war Taiwanesin, Sugamas Koreanerin. Die Mädchen wurden bei dieser Wendung des Gesprächs unruhig, denn ihre Brüste waren zwar als Touristenattraktionen willkommen, aber ihre mißbräuchliche Verwendung zu professionellen Zwecken war von der Einwanderungsbehörde nicht genehmigt worden. Das Ergebnis der von Sugama entwickelten Theorie der Brust, schloß Boon spöttisch, lief darauf hinaus, daß der Ausdruck *mizu-shōbai* eine offensichtliche Fehlbenennung war. Und sie tranken auf das Wassergewerbe, das nach allgemeinem Beschluß in Zukunft Milchgewerbe heißen sollte.

Boon wandte sich jetzt seiner Taiwanesin zu, und die Ereignisse entwickelten sich positiv. Er überlegte gerade, wie ein Abend, der ohne Vorspiel begonnen hatte, ein angemessenes Ende finden könne, als Sugama und seine Freunde wie auf Kommando aufstanden und der Türe zueilten. Sie werden etwas für später organisiert haben, hoffte er dankbar, nahm seinen Mantel und folgte ihnen. Aber nein, plötzlich schien der Abend zu Ende zu sein. Eilig verabschiedeten sie sich voneinander, stiegen in verschiedene Taxis und fuhren direkt nach Hause zu ihren wartenden Ehefrauen. Das verstand Boon überhaupt nicht.

Es war aber die Regel. Die Früchte, die man im Kabarett kostete, waren nur *hors d'œuvre*, im großen Ganzen stellte das Wassergewerbe nur die Vorspeise, nicht das ganze Menü zur

Verfügung. Die Mahlzeiten, die von professionellen Köchen angewärmt wurden, verzehrte man üblicherweise in der Traulichkeit des Heims. So verhielt sich nicht nur der eingefleischte Lebemann, sondern Millionen normaler Ehemänner. Nach umfrangreichen Feldstudien fand Boon unwiderlegliche Beweise dafür. Schließlich wurde es Zeit, seine Forschungsergebnisse aufzuschreiben und erste Schlußfolgerungen zu ziehen.

Seine erste Schlußfolgerung war, daß die Freizügigkeit des Wassergewerbes und die Stabilität des Ehelebens nicht beziehungslos nebeneinander standen. Es standen ihm keine Statistiken zur Verfügung, aber im Vergleich der Ehen einiger Dutzend japanischer Freunde machte sich ein unverkennbarer Trend deutlich. In europäischen Ehen verließen Ehefrauen und Ehemänner ihre Partner mit einer Leichtigkeit, die in Japan unvorstellbar war. Auch Männer, die eingestandene Egoisten und offene Sensualisten waren, äußerten, wenn sie sich aus der Umarmung einer anderen Frau lösten, Gefühle über ihre Frauen und ihre Ehen, die in Europa als reine Heuchelei abgetan worden wären. Aus japanischem Munde waren derartige Loyalitätsbeteuerungen ganz ehrlich. Die Integrität der Ehe, die Ehe als Form, wenn nicht als Inhalt waren unerschütterlich. Männer, die ihre Frauen nicht mehr liebten, suchten ihr Vergnügen außerhalb der Ehe, erfüllten aber all ihre Verpflichtungen weiter. Natürlich gab es Männer, die ihre Frauen, Frauen, die ihre Männer verließen, aber Boon kannte keine aus eigener Anschauung. Wo es um Scheidungen, nicht einfaches Verlassen, ging, kannte Boon nur Trennungen, die stattfanden, nachdem die Kinder groß waren. Eine Ausnahme bildete das Wassergewerbe, in dem man viele junge Frauen traf, die von ihren Männern geschieden oder getrennt lebten. Das war der Grund, aus dem sie den Beruf angenommen hatten. Das Wassergewerbe bot Außenseitern jeder Art Zuflucht.

Die Stabilität hatte ihren Preis. Europäische und japanische Einstellungen unterschieden sich deutlich, wo es um Fragen der Form im Gegensatz zum Inhalt einer Ehe ging. Vielleicht wurde hier nur ein allgemeinerer, fundamentaler Unterschied sichtbar. Sozialkodex wie bestimmende Moral des japanischen Lebens betonten durchgehend, wie wichtig es war, die Formen zu wahren. Eine schlechte Ehe war immer noch besser als gar keine. Frau und Kinder stellten ein unersetzliches *uchi* dar, und dieses *uchi* konnte nicht getrennt von dem beruflichen *uchi* gesehen werden, in dem die häusliche Stabilität fest verankert war. Ein Mann, der eines von beiden freiwillig verließ, stürzte in die Grauzone des Nichts, in den haltlos freien Fall. Das eine verlassen oder sich aus dem anderen zurückziehen, konnte Katastrophen, nicht nur Wandel nach sich ziehen. Wenn man sich an die Regeln hielt, war das Haus eine feste Burg, wenn man versuchte, sie zu ändern, stürzte die Welt wie ein Kartenhaus zusammen.

Dagegen konnten Männer und Frauen in Europa persönlichen Beziehungen den Vorrang vor der Ehe geben, in der sie symbolischen Ausdruck fanden, weil sie in einer Gesellschaft lebten, die mehr Alternativen bot. Für sie war eine schlechte Ehe nicht besser als gar keine. Sie sahen sich mit Selbstverständlichkeit nach neuen Partnern um. Es gab keine vergleichbaren Auswirkungen. Der Beruf eines Mannes hatte nichts mit seinem Privatleben zu tun, und er konnte den Arbeitsplatz so einfach wechseln wie sein Hemd. Seine Entscheidung war normalerweise nicht von moralischen Zwängen abhängig, sondern von Angebot und Nachfrage auf dem Arbeitsmarkt. Für den Durchschnittseuropäer war der Beruf eine Einkommensquelle, für den Durchschnittsjapaner eine Heimat.

Der Durchschnittseuropäer war auch nicht Mitglied im Playboy-Club. Wenn verheiratete Männer und Frauen außerehelichen Beziehungen suchten, geschah das üblicherweise auf Parties oder bei privaten, nicht unbedingt geheimen Verabredungen mit einem engen Vertrauten; und wenn sie Interesse für die Vorspeisen zeigten, wollten sie normalerweise das volle Menü haben. Das Abendessen wurde von der Person verzehrt, die es auch gekocht hatte.

Frauen in Europa konnten dasselbe Spiel spielen wie ihre Männer, weil sie weniger von ihnen abhängig waren als japanische Ehefrauen. Dagegen waren Frauen in Japan bereit, zuhause zu bleiben, während sich ihre Männer von professionellen Alternativlösungen verwöhnen ließen, weil sie nicht ihre Rivalen waren und ihre Sicherheit nicht bedroht war. Sie wußten, daß das Wassergewerbe in den meisten Fällen nicht mehr bot als einen harmlosen Reiz. Aus Boons Sicht kam das allerdings letzten Endes drauf hinaus, daß die Ehefrauen, wenn ihre Männer schließlich nach Hause kamen, in den zweifelhaften Genuß eines Appetits kamen, der an anderen Frauen gewetzt worden war. Das war, meinte er, eine unerfreuliche Folgerung, aber er hielt sie für richtig.

Boon selbst hätte das als erniedrigend empfunden, aber als unparteiischer Beobachter fällte er kein Urteil. Was dachten japanische Frauen? Die Rechtfertigung, die sie für ihre bemerkenswerte Fügsamkeit bieten konnten, war bereits klar. Ohne das Ventil, das das Wassergewerbe bot, hätten es ihre Männer auf die Dauer wahrscheinlich schwer gefunden, die Unverletzlichkeit der Ehe zu gewährleisten, und die Frauen nahmen ihre Eskapaden als Preis der häuslichen Sicherheit in Kauf. Frauen ohne Alternativen hatten in der Tat kaum eine Wahl.

Aber wenn Sicherheit auch beruhigend war, sie konnte doch recht langweilig werden. Die Mütter der jungen Frauen, die Boon gut genug kannte, um sie zu befragen, waren bereit, Nacht für Nacht Lieder zu singen, Socken zu stopfen, Babys in den Schlaf zu wiegen und dabei einigermaßen zufrieden zu sein. Aber bei ihren verheirateten Töchtern konnte man sich nicht mehr auf einen derartigen Gleichmut verlassen. Es gab

Anzeichen dafür, daß sie begannen, die langen Abende zuhause ein bißchen langweilig zu finden. Sie wurden unruhig und wollten ausbrechen.

Japanische Männer, auch die weniger konservativen unter ihnen, waren sehr empfindlich, wenn man sie darauf ansprach. Sie wußten, daß es ihnen gutging, und sie wollten nichts riskieren. Sie wußten besser Bescheid als ihre Frauen und machten sich mit großer Selbstverständlichkeit zu ihren Fürsprechern. Es kam fast nie zu einer wirklichen Diskussion; das Gespräch blieb in vagen Phrasen stecken. Und die beschützende Einstellung, die Ehemänner gelegentlich ihren Frauen gegenüber einnahmen, schützte nichts besser als männliche Interessen.

Aber Boons Studien über das Wassergewerbe endeten nicht an diesem Punkt. Es gab andere, anders strukturierte und für ihn interessantere Schlußfolgerungen, die gezogen werden konnten.

Was als Mißverständnis des bisexuellen Worts *chichi* begonnen hatte, in Wirklichkeit eines Homonyms, das Brust oder Vater bedeuten konnte, aber nicht beides zugleich, eröffnete Boons sprunghafter Phantasie einen Zugang zum Wassergewerbe, der so ergiebig war wie die Zapfstellen hunderter von *mama-sans*, die seinen ruhelosen Durst stillten. Hier, mitten unter den nüchternen pragmatischen Wertvorstellungen einer Welt aus Glas und Stahl, lebte ein altes Muster der matriarchalischen Gesellschaft intakt weiter.

Das Wassergewerbe war *mamas* Hoheitsgebiet. Ihre Herrschaft war absolut und unerschütterlich. Sie hatte Gehilfinnen, ihre nominellen Töchter, die Männer vor dem strengen Gerichtshof der Bar als *o-nee-san*, ältere Schwester, anreden mußten: Schwestern als Gehilfinnen, aber keine Söhne; ganz gelegentlich einmal ein männlicher Assistent in untergeordneter Stellung. Aber Papa war nicht da. Man hatte ihn nicht vergessen; im Wassergewerbe existierte er einfach nicht. Entweder Brust oder Vater, aber nicht beides zugleich. Bei den Festen draußen auf der Straße wurde der Phallus im Triumphzug mitgetragen, aber wenn man einen Schritt hinter die Vorhänge trat, die die Grenze des Wassergewerbes markierten, wurde das Vorrecht männlicher Erbfolge plötzlich beschnitten. Hier wurden keine Symbole errichtet, hier wurde man sofort von der leibhaftigen Anwesenheit der Quelle umschlossen. Sie war nicht streitbar, sondern nachgiebig, sie wurde von nichts erschüttert als vom Auf und Ab der eigenen beständigen, beruhigenden Masse; die sichere, runde, warme, weiche, von Fettgewebe getragene Brust.

Allerdings waren nicht alle Kunden so ausgehungert wie Sugamas Freund Kato; nicht alle suchten im Wassergewerbe den Trost einer Amme. Für sie war der springende Punkt etwas anderes. In der Hose verborgen, ließ er sich hineinschmuggeln und unter der Theke verstecken. Derlei Interesse konnte man vor *mamas* und älteren Schwestern nicht offen eingestehen, aber gewohnheitsmäßig wurde es stillschweigend anerkannt und blieb, auch wenn es stumm war, eine starke Quelle der Spekulation. Ungesehen, ungehört stimmte es dennoch eine Melodie an, durch die unweigerlich die Schritte eines rituellen Tanzes in Bewegung gesetzt wurden. Boon war von diesem Tanz ebenso fasziniert wie von den Umständen, unter denen er stattfand. Denn auch wenn die Partner verschiedenen Clans angehörten, wurden sie in der Terminologie des Wassergewerbes alle zu Mitgliedern derselben Familie. *Mamas* Kneipe entsprach einem *uchi*, das sie regierte wie ihren eigenen Haushalt.

Mit halbgeschlossenen Augen und wachem Instinkt ließ sich Boon unter der Kuppel seiner Phantasie tief ins urtümliche Zwielicht des Wassergewerbes fallen. Hier an der Grenze zwischen Traum und Wirklichkeit wurde ein Mythos zelebriert, der so alt war wie die Menschheit. Real und unzensiert hielt die Begierde nach Müttern und Schwestern unter dem Mantel des Symbols dem Tabu stand. Die Gegenstände des Begehrens waren nur dem Namen nach Mütter und Schwestern. Das Ganze war nur ein Spiel. In dieser feuchten mythologischen Landschaft gab es keinen Laios und deshalb keinen Ödipus. Weise Mütter bewahrten ihre Söhne davor, sich die Augen auszustechen, indem sie die Väter außer Sichtweite hielten. Die Nymphen brieten Fisch, und die Meerjungfrauen spielten *shamisen*. Es war ein sanfteres Drama, und Boon zog es dem griechischen vor.

Die Familie des Kaktusessers

Im Mai seines zweiten Jahres in Japan, etwa achtzehn Monate nach seiner Ankunft, zog Boon in ein Dorf in der Nähe von Hiratsuka; er wohnte als zahlender Gast bei einem Fahrradhändler.

Weder der Fahrradhändler selbst noch sein Wohnort waren für Boon besonders reizvoll, aber es war die einzige Familie, die sich bereiterklärt hatte, ihn aufzunehmen. Er hatte eine Anzeige in einem Wochenblatt aufgegeben, das in allen Neubausiedlungen in der Umgegend verteilt wurde und eine Leserschaft von mehreren Hunderttausend haben mußte, aber nur eine Familie antwortete. Für einen Fremden war es immer schwierig, in die Privatsphäre eines japanischen Heims einzudringen, und für einen Ausländer war es noch schwerer. Aber wahrscheinlich war der Hauptgrund für die geringe Resonanz die Tatsache, daß Familien in Neubausiedlungen keinen Raum übrig hatten.

Der Fahrradhändler konnte Boon aufnehmen, weil er im eigenen Haus wohnte. Dennoch hätte der alte Mann nie davon geträumt, irgend jemanden aufzufordern, bei ihm zu wohnen. Die Verhandlungen führte insgeheim seine Schwiegertochter, deren Mutter in einer Siedlung lebte, wo Boons Anzeige zirkulierte; sie gab sie aus Gründen, die Boon erst später klar wurden, an ihre Tochter weiter. Offiziell wurde er eingeladen, der Familie Englischunterricht zu erteilen, aber das war nur eine List, um ihn gegen den Willen der älteren Mitbewohner in das Haus zu schmuggeln. Wenn er einmal da war, würde sich schon herausstellen, wozu er zu brauchen war.

In Boons Auftrag führte Sugama lange telefonische Verhandlungen mit der Schwiegertochter, bürgte für seinen Charakter, skizzierte seine akademische Karriere und erläuterte seinen Stammbaum über die letzten drei Generationen. Boon fragte sich, ob all diese Informationen von irgendwelchem Interesse für einen Fahrradhändler in Hiratsuka sein konnten. Sugama versicherte ihm, dem sei so.

«Bis zu einem gewissen Grade wirst du ja selbst zum Mitglied der Familie, verstehst du? Natürlich will sie alles über dich wissen.»

«Und sie?» fragte Boon.

«Ja. Sie hat eine sehr nette Stimme – eine wirklich sehr nette Stimme.»

«Ich meine nicht ihre Stimme. Was ist mit ihrer Familie?»

«Die spielt keine Rolle. Jetzt, wo sie verheiratet und in die Wohnung ihres Mannes gezogen ist, kommt es auf die Familie des Fahrradhändlers an. Du wirst sie sowieso am Sonntag treffen. Anscheinend gibt es eine ganze Menge davon: vier Generationen.»

Am nächsten Wochenende fuhren sie also in das Dorf, wo der Fahrradhändler lebte, und trafen bei einem feierlichen Mittagessen im weiten *kyakuma* des Hauses die Vertreter von vier Generationen einer fruchtbaren Familie im Alter zwischen ein und achtundsechzig Jahren, die alle unter einem Dach lebten. Boon erwies sich als akzeptabel, und man lud ihn ein, für eine Probezeit von sechs Monaten einzuziehen.

Wie es der Zufall wollte, bot der Haushalt, dessen Gast Boon wurde, eher ein Beispiel für vergangene Formen japanischen Familienlebens als für heute noch übliche. Zumindest in den Städten war das gemeinsame Leben mehrerer Generationen unter einem Dach dem modernen Muster der Kernfamilie gewichen. Kinder wohnten, wenn sie einmal erwachsen wurden, nicht bei ihren Eltern und fühlten sich nicht verpflichtet, sie zu ernähren. Sie lebten in der eigenen Familie.

Im Ōhashi-Clan galten andere Gesetze. Nach außen wenigstens hielten sie sich an die traditionellen Muster des Lebens in der Großfamilie; Regeln, zu denen sich noch immer viele Japaner bekannten, auch wenn sie insgeheim froh waren, ihre Eltern losgeworden zu sein. Als Boon das Leben im Haushalt der Ōhashis von innen kennenlernte, wurde ihm klar, warum die Großfamilie im modernen Japan nicht mehr lebensfähig war. Platzknappheit bot eine willkommene Ausrede, aber die wahren Schwierigkeiten waren psychologischer Art.

In der unteren Etage des geräumigen zweistöckigen Hauses (das erst kürzlich errichtet worden war, um der dritten Generation der Ōhashi-Familie Raum zu bieten) wohnten die Urgroßmutter, ihr ältester Sohn und ihre Schwiegertochter. Urgroßmutter schlief in einem mit *tatami* ausgelegten Mehrzweckraum neben dem *kyakuma*, wo sie tagsüber saß und nähte, das jüngste Kind wiegte, Tee servierte und mit den Kunden plauderte, wenn sie ihre Besorgungen im Laden erledigt hatten. Sie war in der Meiji-Zeit (1868–1912) geboren, eine Altersgefährtin von Sugamas Großvater. Ihr Mann war vor etwa zehn Jahren gestorben. Boon besuchte sie oft und hörte sich ihre Lebensgeschichte an. Als junges Mädchen in den Zwanziger Jahren hatte sie im Haus des Außenministers gearbeitet; später heiratete sie, zog aufs Land und arbeitete jahrzehntelang in den Reisfeldern. Wie die meisten Menschen, die lange mit dieser Arbeit verbracht hatten, litt Urgroßmutter unter schwerem Rheumatismus. Sie konnte nur mühsam, gebeugt, gehen. Aber sie besaß ein ruhiges, ausgeglichenes Gemüt und beklagte sich nie.

Ihr Enkel und seine Frau wohnten mit den beiden Kleinkindern für sich im oberen Stockwerk. Das Badezimmer im Erdgeschoß teilten sie mit der älteren Generation, aber in jeder anderen Hinsicht führten sie ein unabhängiges Leben – zumindest theoretisch.

Boon wurde in einem Allzweckraum untergebracht, in dem

der Mann seine Bücher und seine Frau die Wäsche lagerten; früher einmal war es ihr Wohnzimmer gewesen. Dem Mann, der Frau und den beiden Kindern von ein und drei Jahren blieben zwei kleine Zimmer zum Leben, Essen und Schlafen. Obgleich er eine großzügige Miete bezahlte, war es Boon peinlich, ihnen soviel Platz wegzunehmen. Man versicherte ihm, das sei kein Opfer; die Familie bekam nur selten Besuch und schlief ohnehin lieber in einem Zimmer.

Anfangs war er von seinem neuen Zuhause begeistert. Anscheinend akzeptierte ihn die Familie sofort. Wenn er genug von der Arbeit hatte, schlenderte er nach unten und plauderte mit den Alten. Urgroßmutter beherrschte die Kunst, auf einem Raum so groß wie ein Taschentuch Gastfreundschaft zu verbreiten, Tee, süßen Kuchen und Reisplätzchen aus dem Nichts hervorzuzaubern, noch ehe Boon sich gesetzt hatte. Aus ihren Händen erschienen die einfachsten Gaben üppig. Boon begleitete die jüngere Schwiegertochter beim Spaziergang mit den Kindern durch die Reisfelder hinter dem Haus, saß müßig in der Ecke das Ladens und lauschte den Gesprächen der Kunden, spielte mit der Familie und sah mit ihr fern. Er konnte kommen und gehen, wie er wollte, und wurde in alle Familiengespräche einbezogen. Zum erstenmal seit seiner Ankunft in Japan erwachte Boon morgens mit fröhlichem Herzen. Vom Balkon aus sah er den Fuji sich aus der engen Ebene erheben; wolkenumkränzt, weiß behütet schwebte der Gipfel vor dem klaren Himmel.

Auf der anderen Seite lag das Meer. Er fuhr oft mit dem Fahrrad den Flußweg entlang und badete am Strand von Ōezu, wo sich übelriechende Wellen am aschgrauen vulkanischen Sandstrand brachen. Von Ekel erfüllt, aber diszipliniert schwamm Boon im trüben Wasser, tauchte von einem Felsvorsprung, ließ seine Muskeln schwellen und sich mit Mädchen am Kai fotografieren. Nach dem Bad besuchte er meist einen Verwandten der Ōhashis, einen Fischer aus dem Dorf.

Die Familie des Fischers faszinierte ihn. Sie lebten in einem kargen altmodischen Haus hundert Meter vor der Küste. Alles war sauber und reinlich. Boon duschte unter der Pumpe im Hof, wenn er kam, um keinen Vulkanstaub ins Haus zu tragen. Den Fischer belustigten seine Verrenkungen unter der Pumpe sehr. Er saß, die Arme um die Knie geschlungen, auf der Veranda und grinste von einem Ohr zum anderen. Seine Frau hängte Boons Badehose zum Trocknen auf eine hochgespannte Wäscheleine, die sie nur mit einem langen Bambusstab erreichen konnte.

Im Schneidersitz hockte Boon auf der Veranda und unterhielt sich mit seinem Gastgeber. Die weiße Weste des Fischers leuchtete über sonnengebräunter Haut wie ein Licht im Dunkeln.

Der freundliche, aber scheue Fischer, der sich seines Leuchtens glücklich nicht bewußt war, stotterte leider. Er verließ sich auf die Stichworte seiner Zuhörer, aber dazu langte Boons Japanisch nicht immer. Durch den Mund seiner Frau teilte der Fischer mit, daß er das Meer nicht besonders mochte und nicht schwimmen konnte. Boon dachte flüchtig darüber nach, ob das Stottern des Fischers vorübergehen würde, wenn er Arbeit an Land fände.

Seine Frau brachte eine Flasche Bier und Makrelenscheiben und verjagte energisch die Katze von seinem Schoß. Schüchtern grüßend eilte eine Tochter in Schuluniform mit einer riesigen schwarzen Tasche über den Hof und verschwand im Haus. Sie wirkte in der ländlichen Umgebung irgendwie fremd. Die Frau des Fischers erklärte, das Mädchen sei ziemlich scheu. Vielleicht war ihr auch der Vater in seiner weißen Weste peinlich. Er bemerkte ihre blasse Haut und die modisch gelockten Haare. Sie schenkte ihre Aufmerksamkeit einer anderen Welt.

Die Frau packte ein Bündel Fische zusammen, die Boon mit nach Hause nehmen sollte. Frische Makrelen, der Fang dieses

Morgens, hingen in einem Korb von der Dachtraufe. Der Korb war für die Katze im Sprung leicht zu erreichen, und Boon fragte, wieso der Fisch unberührt war. Der Fischer grinste und zeigte auf die Kaktusstauden unter dem Korb. Autsch! Alle lachten.

Kaktuspflanzen und nervöse Beschwerden waren Interessengebiete, die der Fischer mit seinem Vater dem Fahrradhändler teilte. Es bestand eine direkte Verbindung, denn er verwendete die einen, um die anderen zu heilen. Im Hause der Ōhashis im Inland gaben Kaktuspflanzen keinen Anlaß zur Heiterkeit, im Gegenteil. Sie wurden fast wie ein Totem verehrt. Der Fahrradhändler aß sie mit Stumpf, Stiel und Stachel.

Er war selbst ein stachliger Typ, wenn nicht von Natur, dann durch Metamorphose im Laufe vieler Jahre des Kaktusessens. Manchmal wurde er aus Versehen umgänglich, dann korrigierte er sich sofort, als sei ihm ein Irrtum unterlaufen, straffte die Schultern wieder und fletschte die Zähne. Boon hörte von seiner Frau alles über den Tyrannen, den er zum Vater gehabt hatte, und seine schrecklichen Erlebnisse im Krieg. Die militärische Haltung blieb als unauslöschliche Narbe. Er ähnelte dem Soldaten Onoda, den man nach dreißig Jahren in seinem Versteck im Dschungel der Philippinen gefunden hatte. Auch Ōhashi hatte dort gedient.

Er litt unter chronischen Magenbeschwerden. Niemand wußte genau, was es war. Außerdem litt er an übersteigerter Nervosität, *shinkeishitsu*, wie man das auf Japanisch nannte. Anscheinend litten erstaunlich viele Japaner unter diesem Gebrechen. Ōhashis Frau formulierte die Frage und legte sie Boon vor: War ihr Mann wegen seiner Magenbeschwerden nervös oder kam sein Magenleiden von den Nerven?

Ōhashi selbst hatte keine Zeit, sich um solche Feinheiten zu kümmern. Seit seiner überwältigenden Entdeckung vor einigen Jahren war er zum eingeschworenen Apostel der Kaktuskur gegen alles geworden: Nerven, Magen, was es auch sei; sein Wundermittel wirkte immer. Es war ein außergewöhnliches Medikament.

Boon gegenüber blieb er lange Zeit zurückhaltend, zog ihn nicht ins Vertrauen. Dann erzählte Boon eines Tages von der Wunderkur eines österreichischen Kräuterdoktors, die ihn vom Katarrh geheilt hatte. Dies Eingeständnis stellte für Ōhashi die Eintrittskarte zum Club der Gläubigen dar, machte Boon zum Mitverschworenen; er legte die Hand auf seine Schulter und zog ihn in die Küche.

Auf dem Fußboden hockend, breitete er seine Werkzeuge vor sich aus, erzählte keuchend und stöhnend, gab wirre Anweisungen. Eine reife Kaktuspflanze wurde mitsamt allen Stacheln feingerieben wie eine Karotte. Kaktus. Das ging am besten, wenn man dabei Handschuhe trug. Handschuhe. Ōhashi zog einen Handschuh an und zerkleinerte den Kaktus. Dann brauchte man Mörser und Stößel. Der zerkleinerte Kaktus mußte zu Brei zerrieben und in einen Behälter geschüttet werden. Irgendeinen geeigneten Behälter, Ōhashi verwendete ein Marmeladenglas. Er reichte Boon ein Marmeladenglas als Anschauungsmaterial. Man füge Knoblauch und Honig hinzu, verrühre das Ganze mit dem Kaktusbrei – gründlich verrühren! – und verdünne mit heißem Wasser nach Geschmack. Das war alles: Ōhashis Wundermedizin gegen Magengeschwüre. Urrgh!

Zwei Fragen zu Ōhashis Patentmedizin beschäftigten Boon. Wie war er je auf die Idee gekommen, dies seltsame Gebräu herzustellen? Und wenn sein Magenleiden genausoschlimm wie immer war – und das schien bei dem, was er seinem Magen zumutete, nicht unwahrscheinlich –, warum machte er sich die Mühe, sie immer noch zu trinken? Den ersten Punkt hielt Ōhashi geheim. Und was die zweite Frage anging: Nun, er war ganz sicher, daß er schon vor Jahren gestorben wäre, wenn er das Zeug nicht täglich getrunken hätte.

Er trank es wirklich täglich und ständig. Eine Flasche stand auf der Werkbank, ein Krug neben seinem Kopfkissen. Boon kostete den Wundertrank einmal, aber die regelmäßige Einnahme verweigerte er. Schließlich war sein Magen ganz in Ordnung.

Daß Boon nichts mit der Kaktuskur zu tun haben wollte, konnte Ōhashi verstehen, aber es ging ihm nicht in den Kopf, warum sein Sohn sie verweigerte. Naoharu hatte den nervösen Magen seines Vaters geerbt, und dennoch lehnte er den Zaubertrank beharrlich ab. Er trat sein eigenes Glück mit Füßen, zermalmte es unter den Fersen! Reine Torheit! Aber so waren die jungen Leute von heute.

Naoharu war Computer-Ingenieur. Seine Haut war so weich, wie seine Umgangsformen sanft. An Körper und Seele war er der reinste Mensch, dem Boon je begegnet war, durchsichtig wie Glas und ebenso zerbrechlich.

Der störrische Vater und der schüchterne Sohn, zwei älteste Söhne hatten ein Erbe angetreten, dem sie nicht gewachsen waren. Gesunde Nerven und funktionierende Verdauung waren offenbar das Vorrecht ihrer jüngeren Brüder und Schwestern. Naoharu und Naohiru, deren Namen sich nur durch einen Vokal unterschieden, wurden durch Tradition getrennt. Naohiru wohnte in einem Gartenhäuschen unter dem Fenster seines älteren Bruders, beanspruchte keine Rechte und übernahm keine Verantwortung. Robust, sorglos und arm verschwendete er die beneidenswerte Vitalität, die das Erbteil seiner Mutter war.

Der Computer-Ingenieur ging früh aus dem Haus und kehrte spät zurück. Die kleine Firma, für die er arbeitete, war derzeit in Schwierigkeiten. Er machte abends und am Samstag unbezahlte Überstunden. Er war der Brotverdiener, der Mann, auf den alle setzten, seine Firma wie seine Familie. Manchmal arbeitete er auch sonntags. Er strengte sich verzweifelt an, als könne er die Woche durch reine Willenskraft verlängern und nichtexistente Tage gewinnen. Seine Frau wusch und bügelte seinen weißen Mantel, packte ihm das Mittagessen ein und stand jeden Morgen verschlafen im gefütterten Morgenrock an der Haustür.

Den ganzen langen Tag gehörte das Haus den Frauen, den Kindern und Boon. Er hatte mehr von Chieko als ihr Mann.

Der Machtkampf zwischen Mutter und Schwiegertochter um den Sohn trat gerade an die Oberfläche, als Boon einzog. Die Einquartierung Boons im oberen Wohnzimmer war in sich ein Teil der Feindseligkeiten, eine Kriegserklärung, ein meisterhafter Erstschlag im häuslichen Kampf. Chieko war eine geborene Strategin, sie spann noch im Schlaf Intrigen. Sie brauchte einen Verbündeten im Haus und Zeit; Zeit, den schwankenden Naoharu der Mutterbrust zu entwöhnen. Isoliert unter Fremden schien ihre Lage aussichtslos.

Die Familie im Erdgeschoß war ratlos. Sie hatten die Treppe bereits erobert, der Etagenflur war schon fast in ihrer Hand, da erschien Boon, zwang sie zum Rückzug und machte weitere Vorstöße unmöglich.

Eine kurze Zeit nach ihrer Hochzeit hatten Naoharu und Chieko allein in einem eigenen Zimmer gelebt. Damals hatten die Ōhashis zuwenig Platz. Aber die Überzeugung, daß der älteste Sohn bei seinen Eltern wohnen sollte, mußte sehr stark gewesen sein, stark genug, um unter großen Kosten ein ganzes Haus zu bauen, in dem die Bedingungen erfüllbar waren, die Chieko für ihren Einzug stellte – eine abgeschlossene Wohnung für Naoharu, sich selbst und jetzt, drei Jahre später, die Kinder.

Boon war ein Fremder, und dennoch erweckte der Streit so intensive Gefühle, daß beide Frauen sich nicht zurückhalten konnten und sich insgeheim an ihn wandten, um ihre Klagen vorzubringen. Chieko haßte das Haus, mit dem ihr ihre Zustimmung zum Einzug abgerungen worden war; ihre Schwiegermutter empfand die Trennung der Familien, der es diente, als beständig schwelende Schande.

Boon hatte noch selten eine so zornige Frau gesehen. Hier war das geteilte Haus, das Denkmal ihrer Niederlage, und hier mußte sie leben. Sie kochte. Schon lange bevor ihre Sprache deutlich wurde, zeigten ihre Gesten klare Verachtung an. Die Hände fest in die Hüften gestemmt, zog sie die Mundwinkel nieder, senkte die Augenlider und warf den Kopf verächtlich zurück. *Tschk!* Wie eine Schlange zischte und wand sie sich. Haß machte sie sinnlich. Boon glaubte nicht, daß sie im Recht sei, aber er mochte sie gern und bewunderte sie.

Sie hatte einen vernichtenden Ausdruck für ihre Schwiegertochter gefunden. Sie nannte sie «Die-da-oben».

«Meinen Sie nicht, daß Die-da-oben ein bißchen seltsam ist? Finden Sie nicht, daß Die-da-oben sich unnatürlich benimmt?»

Am unnatürlichsten empfand sie es, daß die Familien ihre Mahlzeiten getrennt einnahmen. Sie besaß einen archaischen, nahezu religiösen Glauben an gemeinsame Mahlzeiten als Garantie der Familienbande. Außerdem glaubte sie einfach nicht an die hausfraulichen Fähigkeiten ihrer Schwiegertochter. Ihr Sohn war so mager! Und Boon, der ja immerhin eine Menge Geld bezahlte, gab Die-da-oben ihm denn genug zu essen? Jedesmal, wenn er sich in ihren Teil des Hauses verirrte, fütterte sie ihn heimlich in der Küche.

Chieko besaß ein weniger dramatisches Temperament als ihre Schwiegermutter, war aber ebensowenig bereit, den Namen des Feindes in den Mund zu nehmen; sie sprach einfach von «ihr». Die Art, wie die beiden Frauen voneinander sprachen, warf ein Licht auf den Charakterunterschied. Jeder Lauscher hätte sofort verstanden, wer mit «Die-da-oben» gemeint war, aber das unbestimmte Pronomen «sie» ließ in der besten Tradition des *aimai*, der vagen Ausdrucksweise der Japaner, Raum für mancherlei mögliche Interpretationen. Schwiegermutter stand zu ihren Überzeugungen, und es war ihr egal, wer es hörte; die Bosheit der Intrigantin Chieko war indirekt und gewunden.

Zögernd stellte sich Boon auf ihre Seite – zögernd, weil er den Feind mochte und Chieko ihm nicht sympathisch war. Dennoch waren ihre Kinder, ihr Mann, ihre Mahlzeiten im oberen Stockwerk und überhaupt ihr Haushalt ihre eigene Angelegenheit und gingen Schwiegermutter nichts an. Chiekos Charakter verschärfte das Problem. Trotz ihrer extrem gegensätzlichen Ansichten hätten sich die beiden Frauen miteinander versöhnen können, hätte sich Chieko nicht durch ihre Eitelkeit und ihren überzogenen gesellschaftlichen Ehrgeiz daran hindern lassen.

Ihre eigene Familie, die Familie, die nicht zählte, war die langweiligste, die Boon je getroffen hatte. Ihr Vater, ein harmloser Beamter, war vorzeitig in den Ruhestand getreten; das lag, wie bösartige Lästermäuler verbreiteten, weniger in seinem Interesse als in dem der Behörde. Immerhin hatte er irgendeine offizielle Stellung bekleidet. Chiekos Schwiegervater war ein Fahrradhändler; die Familie war schon immer eine Kaufmannsfamilie gewesen. Im großen ganzen war in Japan Klassenhochmut wenig sichtbar, aber in Chiekos Kampf um die Anerkennung ihrer Rechte trat er in den Vordergrund.

Chiekos hochnäsige Mutter war die eigentliche Schurkin des Stücks. Nichts war gut genug für ihre Töchter, das heißt, für sie selbst. Anscheinend war das Leben mit einem verkrusteten Beamten als Mann eher schäbig als vornehm gewesen. Verbittert und neiderfüllt lebte sie aus zweiter Hand durch ihre Töchter, denen sie den Geist der Rachsucht einimpfte. Die Ältere genoß ihren Triumph. Ihr Mann besaß eine Fabrik, verkehrte mit Politikern, fuhr große Autos. Und was hatte Chieko von ihrer Ehe? Einen Schwiegervater, der sich die Hände mit Öl beschmutzte, wenn er sich durch die Haare strich.

Also zog die junge Braut mit ihrer Aussteuer und den Vorurteilen ihrer Mutter in das Haus des Fahrradhändlers. Sie war nicht frei von Originalität. Den Fehlern, die sie von ihrer Mutter geerbt hatte, fügte sie ihre eigene enorme Eitelkeit hinzu. Boon, der junge Ausländer, der im Wohnzimmer saß, wenn ihr Gatte unterwegs war, war in einem gewissen Sinne ein Luxusgegenstand, der ihrer Eitelkeit schmeichelte, wie ein Aquarium mit tropischen Fischen oder ein exotischer Hund.

Naoharu war zu vertrauensselig, vielleicht zu phantasielos, um auf die Anspielungen einzugehen, deren Chieko zweifellos fähig gewesen wäre. Boon, der sonst nicht wählerisch war, gab, solange er unter Naoharus Dach verweilte, weder in Taten noch Gedanken den geringsten Anlaß zur Eifersucht. Infolgedessen amüsierte es ihn, als er später aus zuverlässiger, wenn auch entfernter Quelle vernahm, daß Chieko während dieser Monate behauptet hatte, ständige Angst vor seinen Avancen verspürt zu haben.

Wurden auf diese Art Wünsche im nachhinein formuliert? Es kam nicht darauf an, aber hinterher wurden der plötzliche Auszug der Familie aus dem oberen Stockwerk und Boons Vertreibung aus dem Haus eher verständlich. Der Auszug wirkte wie ein reinigendes Gewitter und bereitete die Rückkehr der Familie und einen entschlossenen Neuanfang im neuen Jahr vor.

Im August nahm Naoharu seine Sommerferien: fünf Tage. Länger konnte die Firma nicht auf ihn verzichten. Sie hatten beschlossen, die Ferien bei Chiekos Schwester, ein paar Autostunden nordwestlich von Tokio zu verbringen. Naoharu war so aufgeregt, als begebe er sich auf eine Weltreise. Ein paar Tage vor der Abreise verschlimmerten sich die Magenbeschwerden seines Vaters, und in einer Atmosphäre vorausahnender Sentimentalität verbesserten sich die Beziehungen zwischen Chieko und ihrer Schwiegermutter kurzfristig. Zu seiner Überraschung stellte Boon fest, daß er auch zu dem Ausflug eingeladen war.

Nach einer anstrengenden Fahrt über verstopfte Straßen (japanische Straßen sind immer verstopft) entzückte ihn das Haus, das sie spät am Samstagnachmittag erreichten. Ihm gefiel das weitausladende Dach mit seinen knorrigen, verschnörkelten Ziegeln, die hölzerne Veranda, die das Haus umgab, die langen Korridore, die nach frischgebohnertem Kiefernholz rochen, die geräumigen, luftigen Zimmer. Sie waren zurückhaltend möbliert, enthielten hier oder dort ein Schmuckstück, einen niedrigen Tisch, gerade genug, um dem Auge einen Halt zu bieten und der Phantasie Raum zu lassen. Der Eigentümer von soviel Platz in einem Land, in dem es so wenig davon gab, mußte offensichtlich wohlhabend sein.

Chiekos Schwager war nicht zu Hause, als sie ankamen. Die ärmlichen Verwandten aus Hiratsuka saßen im Haus herum und warteten mehr als eine Stunde auf ihn.

Fujiwara Jusaburō war die Mühe des Wartens wert. In einem wohlinszenierten Auftritt erschien er, durch Glastüren sichtbar, am Ende des kieferngetäfelten Korridors wie ein Mann, der von weit herkommt. Er war ein großer, kräftiger Mann, der die traditionelle japanische Kleidung lässig, mit einem Hauch von Prunk trug. Der Hiratsuka-Clan erhob sich eifrig wie eine Gruppe von Bittstellern. Mit einem Grunzen und einer knappen Handbewegung hieß er sie willkommen. Das Kinn schüttelte sich, die Augen zogen sich in den Falten eines weichen, korpulenten Lächelns zusammen. Pünktlichkeit gehörte offenbar nicht zu seinem Lebensstil. Er war niemandem Rechenschaft über sein Geld, seine Platz- oder Zeitbedürfnisse schuldig; er brauchte Freiraum, um sich bewegen zu können.

So wie Boon seine Eindrücke von Jusaburō sammelte, studierte auch Jusaburō Boon. Er war es offenbar gewohnt, Menschen schnell zu beurteilen. Er musterte Boon flüchtig und schien dann unerwartet ins Stocken zu geraten, als ob er sich seines Instinkts nicht mehr sicher sei.

Irgend etwas in Jusaburōs Wesen erweckte Boons Mißtrauen. Vielleicht war es seine Macht, und vielleicht ermutigte Jusaburō das Vertrauen in seine eigene Macht, klare Verhältnisse zu schaffen, einfache Unterscheidungen zwischen Freund und Feind, zwischen dem Stärkeren und dem Schwächeren zu verlangen. Aber Boon war sein Gast, und darüber hinaus wollte er sich nicht aus einer Neutralität locken lassen, die seinem Temperament entgegenkam. Das Verhältnis der beiden Männer zueinander blieb ungeklärt.

Naoharu hatte großen Respekt vor Jusaburō. Er redete ihn mit *o-nii-san*, ‹älterer Bruder› an, als sei es eine Beleidigung, seinen Namen zu verwenden, als könne er durch die nominelle Beziehung zum Fujiwara-Clan an dessen Gesundheit und Wohlstand teilhaben.

Die drei Männer saßen im *kyakuma*, aßen *sushi* und tranken Bier. Jusaburō zog einen Fächer aus dem Gürtel, ließ ihn aufspringen und wehte seiner Brust und seinem Hals Luft zu.

«*O-nii-san* ist nur ein paar Jahre älter als wir», sagte Naoharu, «aber was für ein Unterschied! Wissen Sie, er ist hierzulande eine wichtige Persönlichkeit. Er spielt Golf mit den ganzen Parteiführern, kümmert sich um den Wahlkampf und ist außerdem noch ein erstklassiger Geschäftsmann. Wußten Sie, daß ihm eine eigene Fabrik gehört? Und dann das Haus – so ein Haus! Und das mit dreißig! Und das Auto! Sie müssen sein Auto sehen!»

Naoharu schwätzte weiter. Jusaburō fächelte sich Luft zu und lächelte nachsichtig, als höre er einem Kind zu.

Auf Naoharus Aufforderung standen sie alle auf und gingen nach draußen, um das Auto zu besichtigen. Ein hellgelber Cadillac war im Hof hinter dem Haus geparkt. Jusaburō hatte ihn erst letzte Woche gekauft.

Naoharu pfiff durch die Zähne.

«Das muß einen Haufen gekostet haben.»

Er und Boon inspizierten den Wagen.

«Mein Gott, das hat dich eine Menge gekostet, *o-nii-san*.»

Und schließlich, nach einer Pause:

«Ich möchte ja wissen, was so etwas kostet...»

Jusaburō sagte, er wisse den Preis nicht genau, er habe noch keine Rechnung bekommen.

«Er weiß nicht genau, was es kostet», plapperte Naoharu bewundernd nach und stieß Boon in die Seite. «Was für ein Mann! Was da im Hof steht, ist mehr wert, als ich im Jahr verdiene. Jede Wette!»

Jusaburō lud sie ein, die Fabrik zu besichtigen, die fünfzig Meter hinter dem Haus stand. Nichts Großartiges, erklärte er Boon, aber er war immerhin der größte Lieferant in der Gegend. Ja, Ziegelsteine. Ein bescheidener, aber verläßlicher Umsatz. Er zeigte und erklärte. Boon hörte zu, und seine Augen folgten den Bewegungen eines kleinen, unauffälligen Mannes, der in einer Gebäudeecke Ziegelsteine auf eine Palette stapelte. Jusaburō hielt seine Aufmerksamkeit für Interesse, aber Boon war in Wirklichkeit viel weniger an dem interessiert, was er sagte, als an seinem Tonfall. Er hatte eine rauhe knarrende Stimme, ein Mittelding zwischen Bellen und Flüstern, eine Stimme, wie man sie bei korpulenten Politikern und bei Ringkämpfern findet: Tanaka etwa oder Ōhira. Boon nahm an, das sei die Wirkung der Fettleibigkeit auf die Stimmbänder.

Die nächsten zwei Tage sah er seinen Gastgeber überhaupt nicht, aber auch in seiner Abwesenheit erfuhr Boon täglich Neues über Jusaburō. Er war ein großer Mann und warf einen breiten Schatten.

Jusaburō und seine Frau hatten getrennte Schlafzimmer, und morgens früh besuchte Chieko ihre ältere Schwester in der Abgeschiedenheit ihrer Gemächer. Das Schlafzimmer war auf der anderen Seite des Flurs, wo Boon im *kyakuma* untergebracht war. Wenn er die *fusuma* hinter seinem Kopf beiseiteschob, konnte er den vertraulichen Gesprächen der Schwestern so leicht folgen, als säße er im gleichen Raum. Als ernsthafter Japanforscher hatte Boon keine Skrupel, zu lauschen; das war geradezu ein japanischer Nationalsport.

Er hörte endlose Klagen. Jusaburō war letzte Nacht schon wieder spät nach Hause gekommen. Schon wieder? Chieko sprach zunächst leise, bis sie sich an ihrem Thema erhitzt hatte. Natürlich, stöhnte die ältere Schwester. Das ging schon seit Monaten so. Er war jeden Abend mit seinen Zechkumpanen unterwegs, nicht hier, sondern in der Nachbarstadt. Die ganze Zeit nichts als sein Vergnügen. Alkohol und Weiber. Weiber? Chiekos Naivität machte ihre Schwester ungeduldig. Mit einem Mann wie Naoharu verheiratet zu sein, mußte die reine Entspannung sein. Wenigstens trieb er sich nicht herum und ließ seine Frau allein im Bett. Eine Pause, während Chieko über diesen neuen Aspekt ihrer Ehe nachdachte. Aber dafür, meinte sie, führte ihre ältere Schwester wenigstens ein standesgemäßes Leben. Das Haus. Das Geld. Das wunderbare Auto. Freie Zeit, in der sie tun konnte, was sie wollte? Ruhe? Wußte Chieko nicht, was es bedeutete, mit einem Fabrikbesitzer verheiratet zu sein, der in die Politik gehen wollte? Die ständigen Gäste, die unermüdlichen Anforderungen an ihre Gastfreundschaft, die ganze mühsame Organisation. So einem Haushalt vorzustehen, war harte Arbeit. Aber Chieko war nicht bereit, ihre Träume aufzugeben, und die zwei Schwestern breiteten weiter ihr Elend voreinander aus, beklagten die Ungerechtigkeit des Schicksals und übertrafen einander in ihren Bitten um Trost.

Jusaburōs jüngere Schwester Haruko erzählte Boon eine andere Geschichte. Weil sie vor zwanzig Jahren am ersten Mai geboren wurde, hatte man sie Frühlingskind getauft; und der Name paßte, denn sie war so frisch wie der Frühling. In einem

Zimmer im oberen Stockwerk, wo er ihr bei den Englischaufgaben half, stand er über ihre Schulter geneigt und freute sich an den glatten weißen Knospen, die unter ihrem Sommerkleid zu sprießen begonnen hatten. Haruko studierte in Tokio und war über die Sommerferien nach Hause gekommen. In langen Abschweifungen, die nichts mit dem anstehenden Thema zu tun hatten, sprach sie über die Angelegenheiten ihrer Familie.

Haruko mochte ihre Schwägerin als Mensch, aber sie hatte eine geringe Meinung von ihren Fähigkeiten als Hausfrau. Nein, in Wirklichkeit führte sie den Haushalt nicht, dazu war sie zu faul. Die Säule des Haushalts und sein Opfer war zweifellos ihre Mutter. Boon entging hier gerade noch einer peinlichen Situation, denn bisher hatte er Harukos Mutter für ein Dienstmädchen gehalten. Als sie ankamen, war sie nicht zu Hause, und zu den zwei oder drei Gelegenheiten, bei denen er sie seitdem gesehen hatte, war sie – immer mit einer weißen Schürze – entweder in der Küche oder mit dem Hausputz beschäftigt gewesen. Das Mißverständnis war ein schlagendes Argument für Harukos Behauptung.

Die warme Sympathie, die Haruko für ihre Mutter empfand, wurde von Mitleid genährt und durch Entfremdung von ihrem Vater verstärkt. Sie tat ihn gelassen als einen Taugenichts ab, der seit Jahren die Verantwortung für seine Familie vernachlässigt hatte. Schon zu ihrer Kinderzeit war er häufig für Tage aus dem Haus verschwunden und hatte sich ebensowenig um Weib und Kinder gekümmert wie um seine Pflichten in der ererbten Fabrik. Er ging angeln und vergnügte sich mit der Freundin, die er schamlos auf Kosten der Familie aushielt. Natürlich war Harukos Mutter verbittert.

Boon kannte damals die Einzelheiten noch nicht. Harukos Vater tauchte während seines Aufenthalts nur einmal auf. Boon traf ihn eines Morgens beim Sonnenbad auf der Terrasse, wo er kalten Tee durch einen Strohhalm schlürfte. Er schien ein freundlicher, gebildeter Mensch zu sein. Etwa eine

Stunde lang hatten sie sich gemütlich über den Angelsport unterhalten.

Im Vergleich zu ihrem Vater, dessen Lebenswandel ihn zum schwarzen Schaf der Familie gemacht hatte, stand Haruko den Zerstreuungen ihres Bruders sehr tolerant gegenüber. Der Unterschied war, daß sich Jusaburō um seine Verpflichtungen kümmerte. Die Verwandlung einer heruntergekommenen Fabrik in einen blühenden Betrieb war sein Werk. Er ernährte die ganze Familie und zahlte sogar seinem Vater unter der Bedingung einen Unterhaltszuschuß, daß er die Finger vom Geschäft ließ. Und was den Rest anging, na ja, Haruko zuckte die Schultern. Sie hatte volles Verständnis für den Zusammenhang zwischen den allnächtlichen Parties und dem geschäftlichen Erfolg ihres Bruders. Außerdem, sagte sie mit geschürzten Lippen und warf Boon einen koketten Blick zu, könnte sich ihre Schwester ja auch ein bißchen mehr Mühe geben, attraktiv zu wirken, oder etwa nicht? Harukos Argumente waren unwiderstehlich.

Vielleicht ahnte Jusaburō etwas von den Vorgängen im Obergeschoß. Er war nicht dumm, und aus dem Zimmer, in das sich seine Schwester mit Boon zu Studienzwecken zurückzog, war gelegentlich ein fröhliches Lachen zu vernehmen, das nicht viel mit englischer Grammatik zu tun hatte.

Am dritten Ferientag unternahmen die beiden Familien einen Ausflug zu den heißen Quellen in den Bergen. Es war eine größere Exkursion geplant, und sie wollten über Nacht bleiben. Boon und der Hiratsuka-Clan fuhren im Mitsubishi, Jusaburō und seine Familie in dem gelben Cadillac. Nur Haruko kam nicht mit. Sie blieb zu Hause, um ihrer Mutter Gesellschaft zu leisten.

Es war eine schöne Fahrt; viele Kurven und hohe Steigungen boten Boon eine reizvolle Aussicht und Naoharu Beweise für die Überlegenheit des Cadillac.

«Ich komm nicht an ihn ran. Schau, ich habe das Gas voll durchgetreten. Zweiter Gang, und ich wette, er ist immer noch im dritten. Sieh nur, wie er davonzieht. Nein, bergauf kommt keiner an ihn heran. Auf ebener Strecke natürlich oder bergab... aber das ist etwas anderes.»

Die Straße wand sich den Berg hoch und endete zwischen malerischen Häusern und großen Hotels. Jusaburō hielt auf dem leeren Parkplatz des anscheinend größten Hotels, stieg aus, knöpfte seine karierten Golfhosen zu und zog, an die Wagentür gelehnt, seine perforierten Handschuhe aus.

Am Empfang wurde er mit lächelndem Zeremoniell begrüßt. Ah, Fujiwara-*san*! Man kannte ihn hier. Keine Formalitäten, aber wieso denn? Sicher waren er und seine ehrenwerte Gäste müde. Man führte sie sofort auf ihre Zimmer.

Man hatte ihnen zwei gegenüberliegende Zimmer zugeteilt, eines für die Frauen und Kinder, eines für die Männer. Die Zimmer waren in einer gelungenen Mischung japanischen und westlichen Stils eingerichtet: *tatami* auf der einen Seite, wo die *futon* ausgebreitet waren, auf der anderen ein einfacher Holzboden, Stühle, ein Tisch, ein Kühlschrank, die normale Ausstattung. Vier Gäste pro Zimmer schien die Regel zu sein, also gab es im Zimmer der Männer ein zusätzliches *futon*. Anscheinend war Jusaburō ein großer Schnarcher. Boon und er sollten in entgegengesetzten Ecken schlafen, so daß das übrige *futon* und der unglückliche Naoharu eine trennende Nichtschnarcherzone bildeten.

So jedenfalls beschrieb es Boon, und Jusaburō mußte darüber lachen. Nach ein paar Gläschen Whisky, einigen Anekdötchen und ein paar schmutzigen Witzen tauten sie allmählich auf. Sie planten die Vergnügungen des Abends. Jusaburō klopfte auf seine schwere Armbanduhr. Das Abendessen, sagte er, wird um sieben in einem privaten Speisesaal serviert werden. Jetzt war es fünf. Also konnten sie sich für zwei Stunden in die Thermalbäder begeben.

Die Thermalbäder, ach die Thermalbäder! Sie stellten ein geheiligtes Ritual dar. Schwitzend würden sie gemeinsam die Heilkraft des Wassers genießen, in egalitärer Nacktheit würden ihre Seelen sich öffnen. Aber zuerst und hauptsächlich hieß das, daß Jusaburō seine unmöglich eng geschnittenen Golfhosen ablegen mußte. Das war keine einfache Aufgabe.

Schließlich waren sie bereit. In vorschriftsmäßigen blau-weißen *yukata*, mit klatschenden Pantoffeln wanderten sie durch leere Gänge und stiegen ins Erdgeschoß und weiter zu den Eingeweiden des Hotels hinab, die tief in den Felsen eingegraben waren. Hier wurde die Luft wärmer, feuchter und – wie es Boon schien – schwefelschwanger. Ein Eingang auf einer Seite trug die Inschrift ‹Männer›, auf der anderen ‹Frauen›. *Konyoku*, die alte Sitte des Gemeinschaftsbades, an der man in manchen Kurorten noch festhielt, war hier bedauerlicherweise außer Übung gekommen.

Die Einheits-*yukata* hatten alle die gleiche Größe, sie waren für einen Mann zugeschnitten, den es nie gegeben hatte. Für den breitgebauten Jusaburō und den Europäer Boon, die ihre *yukata* nur mühsam vorn geschlossen halten konnten, war die Wanderung von ihrem Zimmer zu den Baderäumen gefahrenschwanger, für Naoharu, um dessen Taille sich so viel übriger Stoff bauschte, daß es aussah, als schleppe er ein Wäschebündel mit sich, war sie einfach lächerlich. Große Heiterkeit, vielstimmiges Gelächter und Rückenklopfen im Vorzimmer, in dem sie sich schließlich auszogen und einen alten verschrumpelten Badegast störten, der über seinen hundertjährigen Waschungen eingeschlafen war.

Aus einem großen runden Bassin stieg Dampf gemächlich zur Dachkuppel auf. Auf beiden Seiten waren kleinere Bassins in den Felsen eingelassen, in denen das Wasser ruhig wie Glas stand. Wasserfälle, die sich aus vier oder fünf Meter hohen Rohren an der Wand ergossen, wurden vom Boden mit Schaumkronen und widerhallendem Echo zurückgeworfen.

Zwei Männer standen reglos unter den Wasserhähnen und beugten den Kopf in Büßerhaltung. Andere kauerten in nackten Reihen vor der Wand, seiften sich ein, spülten sich ab und schlugen ihre Körper mit zusammengerollten Handtüchern. Badegäste weichten sich ein, trieben auf dem Wasser, schwammen geruhsam umher, warteten, daß ihre Poren sich öffneten, und lagen hitzegedämpft und schweißüberströmt auf den Steinbänken neben dem Bassin. Manchmal hüllte der Dampf den Boden in einen dichten wolkigen Teppich, legte sich wieder und verschwand wie durch Zauber. Figuren huschten vorbei, entfernten sich, verschwanden stumm, von Wolkentüchern eingehüllt. Das feuchtwarme Paradies erinnerte Boon eher an eine Kathedrale als an ein Badehaus, ein Heiligtum des nassen Gottesdienstes.

Sie stiegen ins Bad. Der poröse Jusaburō sog Wasser auf und gab es von sich wie ein Schwamm. Der korkartige Naoharu tanzte mit Schweißtropfen auf der Nase im Wasser auf und nieder. Nach einer Viertelstunde fühlten sich Boons Augen schlammverkrustet an, und er machte sich an die asketischen Übungen unter dem Wasserhahn, wo die beiden unermüdlichen Büßer bereits deutliche Zeichen von Erosion aufwiesen. Der heiße Wasserstrom über seinem Kopf und seinen Schultern hatte hypnotische Wirkung, löste die Knoten im Nacken und im Rücken und schließlich, weniger angenehm, im Gehirn. Boon reihte sich unter die Seifenbenutzer.

Danach fühlte er sich, wie nicht anders zu erwarten, gestärkt und neugeboren, als habe er eine Hautschicht abgestreift. Mit schweißglänzenden Gesichtern machten sie sich auf den Weg in den zweiten Stock.

Auf Jusaburō war Verlaß. Pünktlich um sieben erschienen zwei Frauen auf geräuschlosen Füßen, knieten nieder, servierten, verbeugten sich und verschwanden wieder. Leider hatten die heißen Wasser Boons Appetit ausgelaugt, und er konnte von dem Festmahl nur nippen. Rosa Hummer, Stapel von fleischigen Sardinen und silberglänzenden Fischen mit bläulichen Augen schwammen auf Eisplatten; Garnelen lagen Schwanz an Fühler gereiht nebeneinander, sauber tranchierte Tintenfische, Hähnchenschenkel, fettriefende Fleischspießchen, dampfendes Gemüse, eingelegte Früchte, Suppenschalen und Bambuskörbchen mit Reis füllten den Tisch im Überfluß. Und Bier, ja, das eiskalte Bier! Sie tranken einen ganzen Kasten.

Jusaburōs glattes, breites Gesicht war von seligem Lächeln überzogen; in langen Zügen, die seinen Hals kaum bewegten, stürzte er Glas um Glas hinunter. Anscheinend brauchte er nicht zu schlucken. Als das Bier ausgetrunken war, bestellte er *sake*, erst kleine Karaffen, dann größere. Er forderte Boon zum Wetttrinken auf, und Boon nahm die Herausforderung an. Die beiden Kellnerinnen wurden von den Winden ihres gebieterischen Durstes umhergeweht. Jusaburōs Augen begannen zu glänzen, und sein Gesicht rötete sich, aber er konnte das Tempo stundenlang durchhalten und verfügte noch immer über Reserven. Boon war sich da nicht so sicher. Der Flüssigkeitsspiegel in seinem Magen stieg rapide.

Inzwischen wurden Ehefrau und Schwägerin ungeduldig. *O-nii-san* hatte versprochen, sie in «eines dieser Lokale» mitzunehmen, die Ehemänner anscheinend so reizvoll fanden und die Frauen nie besuchen durften. Jawohl, sie bestanden darauf, sie wollten es mit eigenen Augen sehen. Natürlich, warum denn nicht? Jusaburō war in seiner gelockerten Stimmung völlig bereit, ihre Wünsche zu erfüllen. Er wußte auch genau das richtige Lokal, gerade am anderen Ende der Straße. Ach wirklich, meinte seine Frau kokett, woher kannte er sich so gut aus? Weil er oft dagewesen war, antwortete Jusaburō trocken.

Am Eingang legten sie die hoteleigenen Pantoffel ab, zogen hoteleigene Holzsandalen an und klapperten in ihrer blauweiß karierten Hoteluniform auf die Straße. Die Sommernacht in den Bergen war milde, es waren viele Menschen unterwegs, und zu Boons Überraschung waren sie alle gleich gekleidet. Sie hatten alle gebadet, hatten alle zu Abend gegessen und waren alle aus Hotels in der ganzen Stadt an die frische Luft geströmt: alle im gleichen *yukata*, alle im gleichen Glanz.

Draußen auf der Straße war der Eindruck zwillingshafter Gleichheit noch diffus, im Publikum eines Striptease-Clubs konzentriert, wurde er überwältigend. Boon war noch nie Teil eines so homogenen Publikums gewesen. Meter und Kilometer des allzu bekannten blau-weißen Stoffs waren die Basis, in Ozeanfluten von Thermalquellen hatten sie gebadet, Berge von Seife hatten ihnen ihren gleichmäßig hygienischen Duft verliehen. Im Glanz der Neonbeleuchtung, die das Weiß betonte und das Blau verschluckte, erhoben sich die glänzenden Gesichter in einer strahlenden Apotheose vom Parkett des Theaters bis zu den obersten Rängen.

Der Striptease war billig und obszön, die Tänzerinnen gelangweilt. Wie konnten sie dieses Publikum beeindrucken? Es war kein normales Publikum. Es bestand zur Hälfte aus Frauen, die alle auf dieselbe Idee gekommen waren wie Jusaburōs Frau: sie sahen den Tänzerinnen zu, aber ihre Aufmerksamkeit galt ihren Männern. Die Ehemänner hielten sich natürlich in vorbildlicher Weise zurück: kein Vorwärtsbeugen im Sessel, kein spontaner Beifall. Es war ein enttäuschender Abend für alle Beteiligten. Die Mädchen waren frustriert, die Ehemänner unbefriedigt und die Frauen verwirrt.

Jusaburô schlug einen Schlummertrunk vor. Seine Frau war müde, Chieko meinte, es sei Zeit, nach Hause zu gehen, Naoharu hatte seinen letzten Drink noch nicht verdaut, und außerdem hatte ihn Chieko am *yukata* gepackt. Sie klapperten auf ihren Holzsandalen hügelaufwärts; Boon und Jusaburō klapperten den Hügel hinab. Natürlich kannte Jusaburō das richtige Lokal, gerade am anderen Ende der Straße.

Im zweiten Stock einer heruntergekommenen Kneipe in der Altstadt tranken sie ein paar Stunden stetig vor sich hin. Boons Blickfeld wurde immer enger, die unscharfen Ränder seiner Welt schrumpften auf einen Quadratmeter grellen Lichts zusammen, in dem alles überdeutlich erschien. Eine Menge Menschen konnten diesen Lichtkreis bevölkern, ohne daß er je überfüllt erschien: Jusaburō, drei kreischende Frauen in verwirrten Kleidern, ein paar Hände auf dem Tisch, ein Stück von ihm entfernt, aber vermutlich seine eigenen. Er beobachtete, wie seine Hände sich Übergriffe gestatteten. Unermüdlich füllten sie Gläser, griffen, grapschten, suchten, kniffen. Auf einmal war er ganz benommen. Er konnte nichts mehr hören. Jusaburōs Gesicht auf der anderen Tischseite verschwamm zu einer glühenden, kupferfarbenen Sonne.

«Und was ist aus ihr geworden?»

«Was ist aus wem geworden?»

«Aus dem Mädchen, das du die Treppe heruntergejagt hast.»

Sie standen auf der Straße.

«Ich habe ein Mädchen die Treppe heruntergejagt?»

Jusaburō kicherte.

«Schuft! Du hast sie richtig erschreckt, als du sie über den Kopf gehoben hast.»

«Ich habe jemanden über den Kopf gehoben?»

«Komm, gehen wir nach Hause. Heute abend triffst du sie sowieso nicht mehr.»

Sie schritten gemächlich den Hügel hoch. Boon fühlte sich munter, aber ganz nüchtern. Er konnte sich nicht erinnern, ein Mädchen über den Kopf gehoben zu haben. Offenbar ein Filmriß. Was für ein seltsames Benehmen!

Sie erreichten das Hotel nach Mitternacht. Boon fühlte sich nach dem Spaziergang erfrischt.

«Gehen wir noch einmal baden.»

«Geh du nur. Ich glaube, ich gehe ins Bett.»

Boon verirrte sich auf dem Weg zu den Bädern. Er wanderte durch ein Gewirr von Korridoren und landete in einer Küche. Er ging zurück zum Empfang und machte sich noch einmal auf den Weg. Diesmal fand er sein Ziel. Alles kam ihm viel kleiner, viel gemütlicher vor. Er hörte das gedämpfte Echo fallenden Wassers. Alles für ihn allein: drei Bassins, ein Dutzend Wasserspeier. Es war wie ein Traum. Er warf einen Blick in das Frauenbad. Es war im Vergleich eher ärmlich: ein halb so großes Bassin, weniger Komfort, keine Wasserspeier. Wahrscheinlich die alten Vorstellungen von menstrueller Unreinheit; Männer sind von Natur das reinlichere Lebenwesen; wozu Platz schaffen, in dem sich doch nur Ansteckung ausbreiten würde. Ichimonji hatte ihm so etwas erzählt.

Er ließ seinen *yukata* mitten auf den Boden fallen und marschierte auf das Bassin zu. Drei Frauen, eine, die stehend ihr Haar aufsteckte, zwei, die sich in der Hocke mit dem Schwamm abrieben, blickten in stummem Erstaunen auf. Kein Zweifel; er sah sie deutlich mit klarem Blick. Er konnte sich doch nicht geirrt haben? Boon traute seiner eigenen Urteilskraft nicht mehr und ging hinaus, um die Inschrift an der Tür zu überprüfen. Automatisch zeichnete sein Finger das Schriftzeichen in der Luft nach: oben Feld, unten Kraft, der starke Arm, der die Reisfelder durchwühlt: *otoko*, ‹Männer›. Ja, er war am richtigen Ort. Er ging zurück.

Diesmal lachten sie und winkten ihm zu. Jetzt waren alle drei sicher im Wasser verschanzt, bis zum Hals bedeckt schwammen und murmelten sie am anderen Ende des Beckens. Boon ließ sich in das klare Wasser gleiten.

Aus sicherer Entfernung sprach er die drei Nixen höflich an. Er war angenehm überrascht, sagte er, was das Baden anging, war er ein Traditionalist und glaubte daran, daß die altehrwürdige Sitte des *konyoku* dem Weg der Heißen Wasser sehr zugute kam. Es war nur Fug und Recht, daß die Damen der charmanten traditionellen Überzeugung, dem Prinzip zu seinem Recht verhülfen, auch wenn sie sich damit gegen die Betriebsleitung auflehnten, denn wenn er sich nicht irrte, stellte dieses mitternächtliche Bad einen Bruch der Regeln des Hauses dar. Eine der Schuldigen war so überrascht von dem Redestrom aus Boons Mund, daß sie, ohne es zu merken, aus dem Wasser aufstieg und helle Brüste und zarte rosa Brustwarzen zeigte, was ihre Verwirrung nur noch erhöhte. Auf schwerelos tanzenden Füßen näherte sich Boon dem Gelächter der Seejungfrauen.

Er brauchte sich nicht anzuschleichen; die Seejungfrauen waren von dem glattzüngigen Fremden mit den haarigen Beinen fasziniert. Letzte Spuren der Scham, kleine weiße Handtücher, die wie schwimmende Lätzchen unter dem Kinn steckten, machten sich allmählich los und trieben müßig über den Wassern davon. Sie waren die Seejungfrauen des Hauses, sagten sie, Köchin, Zimmermädchen, Putzfrau, und sie badeten jede Nacht heimlich hier, wenn die ehrenwerten Gäste schliefen und sie ungestört männliche Privilegien genießen konnten. Aber ihm, dem Schlaflosen, konnten sie ihm ihr Geheimnis anvertrauen? Genießt das männliche Privileg, sagte Boon, es ist *in persona* hier erschienen und steht euch zur Verfügung. Sie hoben die Schultern aus dem Wasser und lachten; alle drei standen sie lachend da. Brüste entfalteten sich blütengleich über dem Wasser, und das Wasser stürzte in Kaskaden von ihren Bäuchen. Komm, sagten sie, du kriegst ein Bad, das du nie vergessen wirst, und sie zogen ihn sanft die Stufen hinauf. Hitze entströmte seinen Fußsohlen, die Haut sprühte Wasser wie flüssige Seide. Sie schlossen den Kreis, zogen und schoben ihn, nahmen ihn gefangen im Netz ihres weißen Fleisches, hielten seine Beine zwischen Brüsten und Schenkeln gefangen, ließen emsige Hände über ihn gleiten, seiften ihn Glied für Glied, Haar für Haar ein, schrubbten, spülten, trockneten und kneteten seinen Körper und ließen ihn schließlich frei. Die Gesichter verschwammen im Ungewissen, der

Widerhall ihres Gelächters schwand in immer schwächerem Echo und schließlich in völliger Stille.

Boon schlich wie ein verdunstender Geist durch leere Korridore, hob sich in die Luft und schwebte mühelos über lange Treppenfluchten. Leicht schwankend landete er vor seiner Zimmertür auf den Füßen. Er schob die Türe auf und kroch auf Zehenspitzen ins Zimmer.

Unnötige Vorsicht. Die Schläfer dröhnten wie Orgelpfeifen, atmeten schwer aus, gaben Pfeiftöne, Quieken, erderschütternd tiefes Schnarchen von sich. Boon suchte in der Schublade, über der glücklicherweise die Lampe brannte, nach Wattebäuschchen für seine Ohren und Salbe für seine Füße. Die Schublade war leer. Vielleicht hatte er sie neben das Kopfkissen gelegt. Dabei wurde seine Aufmerksamkeit auf ein gravierendes Problem gelenkt: jemand schlief in seinem Bett.

Boon versuchte erfolglos, des Problems Herr zu werden. Er registrierte es und setzte sich hin, um darüber nachzudenken. Allmählich stieg ein ungläubiges Gefühl in ihm auf: etwas war nicht in Ordnung. Aber weiter kamen seine Gedanken nicht, und nach einem hoffnungsvollen Ansatz gab er auf. Rationaler Zweifel gab törichter Empörung Raum. Die Unverschämtheit! Was machte der Kerl in seinem Bett? Er legte die Hände über die Augen und inspizierte die Reihe der Schläfer. Kein Zweifel, alle Betten waren belegt.

Er goß ein Glas Bier ein, zündete eine Zigarette an und ließ sich, den Schnarchern den Rücken zugewandt, in einem Sessel nieder. Betäubt, aber schlaflos, alle Gedanken unter einer bleiernen Decke erstickt, blieben seine Augen an einem rosa Koffer hängen. Eine halbe Stunde verging. Irgendwo im Hinterkopf begannen ihn Zahlen zu irritieren: er, Naoharu, Jusaburō, Jusaburōs Bruder. Das waren vier, es blieb ein Bett. Und unabhängig von dem Zahlenrätsel – alle Betten voll und eines zu wenig – hefteten sich quälendere Zweifel an den rosa

Koffer. Die Zweifel verdichteten sich zum Verdacht, der Verdacht kristallisierte sich zu plötzlicher Gewißheit. Erschreckt fuhr er auf. Niemand im Zimmer besaß ein derartiges Gepäckstück! Er wurde sich außerordentlicher logischer Fähigkeiten bewußt. Alles war klar und einfach: Er war im falschen Zimmer!

Er blieb noch ein paar Minuten sitzen und genoß die neue Frische seiner Gedanken, die Wiederkehr segensreicher Klarheit. Die vier Fremden schliefen weiter. Sorgfältig umschiffte er die vorstehenden Füße und schlich zur Tür, die er vorsichtig öffnete. Im Nachbarzimmer, in dem die gleiche Lampe auf dem gleichen Tisch brannte, fand er Wattebäuschchen und Salbe in der Schublade, zwei sanft schnarchende Schläfer, zwei freie *futon*. Boon streckte sich aus und schlief sofort ein.

Erst als er die Ereignisse der Nacht am nächsten Morgen beim Frühstück erzählte, war er sich ihrer Wahrheit nicht mehr sicher. Jedenfalls war es eine gute Geschichte. Boons Traum von den heißen Quellen in den Bergen wurde zur Legende, die in die Annalen des Wassergewerbes einging.

Zurück zur Erde

AM ENDE DES JAHRES HEIRATETE YOSHIDA, der einst Boon und Sugama einander vorgestellt hatte. Der Hochzeitsempfang fand in einem professionellen Institut statt, das durch einen gepflegten Park vom Trubel der Stadt abgeschirmt war. In nebeneinanderliegenden Räumen fanden sechs Empfänge gleichzeitig statt. Wie vertraglich festgelegt, begannen die Festlichkeiten um zwei Uhr und endeten um vier, so daß der Direktion eine Stunde Zeit blieb, um für eine auf fünf Uhr angesetzte Veranstaltung die Blumensträuße zu wechseln und die Tische neu zu decken. Gelegentlich kam es zu Überschneidungen, aber normalerweise lief alles glatt, und die Veranstalter übernahmen die ausdrückliche Garantie dafür, daß jeder Empfang seine eigene persönliche Note hatte. Boon entdeckte die persönliche Note wenigstens eine Viertelstunde lang nicht, bis ihn der Einzug des Brautpaares davon überzeugte, daß er leider auf der falschen Hochzeit war.

Yoshidas Hochzeit war die erste in einer Reihe ähnlicher Veranstaltungen, zu denen Boon in den nächsten Monaten eingeladen wurde. Es war eine überfüllte, freudlose Feier. Boon führte den Mangel an Enthusiasmus auf die Tatsache zurück, daß die Gäste den Blick auf die Uhr gerichtet hatten und wußten, daß sie sich unter Zeitdruck amüsieren mußten. Aber Zeitmangel war nicht das eigentliche Problem. Er nahm an anderen Empfängen ohne zeitliche Begrenzung teil und wünschte aufrichtig, die Zeit wäre begrenzt gewesen: Sie waren genauso freudlos.

Die Etikette schrieb vor, daß Männer auf Hochzeiten dunkle Anzüge trugen. Boon, der keinen schwarzen Anzug besaß, war immer die Ausnahme. Die Anzüge waren dunkel, die Reden grau, die Atmosphäre konnte nur trübe sein. Nicht das, was sich Boon unter einer Hochzeitsfeier vorstellte. Er konnte der Sitte nur zustimmen, den Hochzeitsgästen Geschenke zu überreichen. Braut und Bräutigam verteilten Frühstücksgeschirr an die Gäste: scheinbar als Andenken, in Wirklichkeit als Trostpreis für die Mühe, der sie sich unterzogen hatten.

So fanden zwei komplette Frühstücksservice ihren Weg in Boons und Sugamas Junggesellenwohnung. Monatelang standen sie unausgepackt und unbenützt, ein stummer Vorwurf, im Küchenregal. Aber eines Morgens fand Boon, als er aufstand, den Frühstückstisch mit Souvenir-Geschirr gedeckt: Tassen, Schalen und Teller, mit Blättern und Blüten geziert, aber im übrigen leer. Sugama war gerade dabei, die letzte schmückende Hand an das Festmahl aus Porzellan zu legen.

«Es ist doch schade darum, es nicht zu benützen.»

«Es für was zu benützen?» schnüffelte Boon. «Der Mensch lebt nicht von Porzellan allein.»

«Im Kühlschrank ist noch eine Dose Thunfisch. Ich werde Tee machen.»

Pfeifend setzte er das Teewasser auf. Boon beobachtete ihn mißtrauisch. Und wirklich: Später am Tag gab Sugama seine Verlobung bekannt.

Sugama war die letzten sechs Monate, seit ihm Yoshida seine Verlobte vorgestellt hatte, unruhig geworden. Yoshida hatte im reifen Alter von fünfunddreißig Jahren durch seine verbissenen Rückzugsgefechte zur Verteidigung des Junggesellenlebens die zögernde Bewunderung seiner Familie und seiner Freunde errungen. Auch wenn man dem Ziel skeptisch gegenüberstand, die Ausdauer, mit der er es verfolgte, erweckte Respekt. Unverheiratet wie Yoshida, aber mit seinen lächerlichen dreißig Jahren noch ein Jüngling, hatte Sugama zu seinem *sempai* Yoshida als Vorbild des Edlen Junggesellen aufgeblickt, als zuverlässigem Verbündeten und nachahmenswertem Beispiel, mit dessen Unterstützung er sich gegen das Drängen seiner eigenen Familie verteidigen konnte. Die Nachricht von Yoshidas bevorstehender Hochzeit traf Sugama aus heiterem Himmel. Ein Monument war gestürzt, eine Epoche ging zu Ende.

Nach Yoshidas Zeitrechnung hätte Sugama noch weitere fünf Jahre der Freiheit beanspruchen können, aber nach dem Rückfall des Edlen Junggesellen verlor Sugama den Mut; er wußte, daß es soweit war. Es war später geschehen, als es hätte geschehen können, aber Yoshida hatte aufgegeben; also war auch für ihn die Zeit gekommen. Sugamas überzeugendstes Beispiel konnte nun gegen ihn selbst ins Feld geführt werden. Unbekümmerte Freiheit war nicht mehr die Parole des Tages.

Abgesehen von der Yoshida-Affäre, abgesehen vom zunehmenden Zeitdruck und der Tatsache, daß Sugama nunmehr bereit war, sich auch gegen den Willen seiner Eltern auf eine Heirat einzulassen, sobald seine Freundin sich dazu entschließen würde –, abgesehen von alledem hatten die letzten zwei Jahre dazu beigetragen, ihm den Abschied vom Junggesellenleben leichter zu machen. Das Problem lag nicht in Boons Person; die beiden hatten sich in der gemeinsamen Wohnung gut verstanden. Es lag in Boons Kochkünsten.

Boon hatte kurz nach seinem Einzug die Haushaltsführung übernommen. Er tat es zögernd, und nicht weil er es besonders gut konnte, sondern weil Sugama noch weitaus ungeübter war. Sugama kochte nicht: Er machte Konserven auf. Zu feierlichen Anlässen kippte er den Doseninhalt auf Teller. Er bereitete eigentlich keine Mahlzeiten, sondern er schuf die Illusion von Mahlzeiten. Er füllte den Tisch mit Eßstäbchen, Saucen, Salz, Pfeffer, einem oder zwei Aschenbechern und eventuell noch der Abendzeitung und erweckte so listig Boons Hoffnung, in dieser Ansammlung auch etwas zu essen zu finden.

Boon hatte nur eine Alternative: Er mußte das Kochen selbst übernehmen. Anfangs machte es Spaß. Er zog eine Schürze an, hantierte eifrig mit Töpfen und Pfannen, würzte, rührte um und produzierte eine reiche Auswahl von enormen Mahlzeiten, die alle mit der gleichen erschreckenden Geschwindigkeit in Sugamas Magen verschwanden. Es ging nicht darum, ob Sugama Appetit hatte oder nicht. Essen war eine Aufgabe, der er sich stellte. Sugama verzehrte Boons Mahlzeiten nicht, er vernichtete sie. Er war ein Mahlzeiten-Mörder.

Boon kapitulierte. Der Reiz des Kochens war mit der Zeit ohnehin geschwunden. Mehr als ein Jahr lang servierte er nur noch einen Brei aus Bohnen und Kartoffeln.

Jeden Abend saß Sugama am *kotatsu*, las die Zeitung und aß Brei. Nach ein paar Monaten merkte man selbst ihm die Belastung an. Er ließ sich von der reinen Monotonie des Breis aufreiben. Da stand er in einem großen Topf auf dem Gasherd und erwartete ihn wie eine wohlverdiente Strafe. Boon kochte für eine Woche im voraus. Nachdem sich Sugama durch ein Jahr Bohnenbrei hindurchgegessen hatte, war er des Junggesellenlebens aufrichtig müde.

Boon und die Eltern des Mädchens als die unmittelbar Beteiligten erfuhren als erste von der Verlobung. Das Mädchen wohnte noch bei ihren Eltern. Die offizielle Verlobung ihrer Tochter mit Sugama machte es ihm möglich, dort zu übernachten. In seiner Doppelrolle als anerkannter Ehekandidat und Breiflüchtling machte Sugama reichlichen Gebrauch von diesem Vorrecht. Auch bei den selteneren Gelegenheiten, zu denen er sie mit in die eigene Wohnung brachte, war Boons Kooperation wesentlich. Sugamas Eltern wurden zunächst nicht informiert. Da er einsah, daß ein offizielles Einverständnis mit seiner Heirat *de jure* in Verhandlungen nicht zu erreichen war, folgte Sugama einer schlaueren Strategie: Er besetzte und pflügte zuerst das Ackerland, um ein Gewohnheitsrecht zu schaffen und das Einverständnis der Eltern *de facto* zu erzwingen.

Boons Kooperation bestand darin, daß er für die fragliche Nacht das Feld räumte. Sugama konnte seinen Freund nur zögernd um einen derartigen Gefallen bitten, aber Boon hatte volles Verständnis für seine zarten Gefühle. Außerdem hatte er andere Gründe, der Bitte nachzukommen. In Tokio gelang es ihm, die Bekanntschaft mit Haruko zu erneuern, die in den Sommerferien begonnen hatte.

Zu Semesterbeginn rief Haruko an und erinnerte ihn an sein Versprechen, ihr Englischunterricht zu geben. Sie hatte nächste Woche eine Prüfung. Die Verwendung des Konjunktivs in höflicher Rede. Glaubte er, ihr helfen zu können? Boon glaubte das. Wirklich? Würde er wirklich so freundlich sein, und machte es ihm wirklich nichts aus? Ja, das würde er, und Nein, das tat es nicht, was letzten Endes auf das gleiche herauskam. Wie konnten Ja und Nein auf das gleiche herauskommen? Das würde er ihr am Samstag erklären. Trotz dieses etwas verwirrenden Gesprächs tauchte Haruko zur verabredeten Zeit mit einer Gruppe von Freundinnen in Boons Seminar in Ōji auf. Sie verbrachten einen sittsamen Englischnachmittag bei Boon und klärten neben den Fragen des Konjunktivs auch einige andere Dinge endgültig.

Boons Mädchen bestanden die Prüfung mit Auszeichnung. Man feierte in einem *yakitori-ya* in Akasaka. Die Mädchen luden ihre Freunde ein, Haruko lud Boon ein.

Für die verbleibenden Monate seines Japanaufenthalts lud sie ihn ein, ihr Leben zu teilen. Ihr Leben war so hell, wie Marikos dunkel gewesen war. Er liebte Haruko nicht, aber er hatte sie gern und fühlte sich ihr in einer Weise nahe, wie es ihm mit Mariko nie möglich gewesen war. Haruko war keine Träumerin. Sie erwartete nichts von Boon und er nichts von ihr. Sie wollte nichts, als sich in seiner Gesellschaft amüsieren. Irgendwo in der Zukunft gab es den Mann, den sie heiraten würde, und sie kannte ihn bereits. Inzwischen bot ihr Tokio in den paar Jahren zwischen Schulabschluß und Heirat oder Beruf die Zeit für die Flitterwochen, die sie nie wieder finden würde.

Haruko und ihre Freundinnen strichen durch die Stadt wie über einen Jahrmarkt. Sie schwänzten Vorlesungen und verbrachten Vormittage mit Schaufensterbummel auf der Ginza, ließen sich mit tiefen Verbeugungen in die Fahrstühle von Warenhäusern geleiten, kauften Nippes in schicken Boutiques in Harajuku, aßen Joghurt zu Mittag, tranken nachmittags Kakao in den Disko-Cafés von Akasaka oder Shinjuku und tanzten abends in Roppongi. Es gab wenig Parties, private Feiern waren selten. Statt dessen trugen sie ihr Gesellschaftsleben in die Stadt, wo Restaurants, Bars und Diskotheken ihren ständig wechselnden Cliquen eine Heimat boten. Kaffeehäuser wurden zu Empfangssalons und boten den angemessenen Rahmen für jede Stimmung. Sie besaßen eine neutrale Intimität, die viele der jungen Leute, die noch bei ihren Eltern oder in Miniwohnungen lebten, den eigenen vier Wänden vorzogen.

Chie beispielsweise, Harukos engste Vertraute, wohnte in Shibuya in einem winzigen rechteckigen Kasten von Wohnung, für den ihr Vater einhunderttausend Dollar gezahlt hatte: ein schmales Zimmer, ein Bett, ein Tisch, eine handtuchgroße Küche und eine Duschkabine aus Plastik. Boon und Haruko holten sie eines Abends dort ab und unterhielten sich ein paar Minuten unter der Wohnungstür. Er fragte, ob sie irgendwelche Bewohner des Gebäudes kenne. Nein, sagte Chie, und sie habe auch keine Lust dazu. Wenn sie andere Leute im Haus kennenlernte, würde man einander gelegentlich in den eigenen vier Wänden besuchen. Das fand sie deprimierend; ein Zimmer war nicht vom anderen zu unterscheiden. Chie lachte.

«Dann könnte ich das Gefühl bekommen, daß sich auch mein Leben in nichts von anderen unterscheidet.»

Sie sagte manchmal Dinge, die ihre Freunde beunruhigten. Sie war ein melancholisches Mädchen. Boon vergaß den Eindruck nicht, den Chies Bemerkung auf ihn gemacht hatte. Auf eben dieser Ebene kämpften viele Menschen in Tokio um die Bewahrung ihrer Individualität.

Boon wurde selbst zum Stadtnomaden. Als sein Stipendium vom Erziehungsministerium auslief und er anfangen mußte, seinen Lebensunterhalt selbst zu verdienen, verbrachte er nicht mehr viel Zeit zu Hause. Er nahm neue Stellen als Lehrer an, gab Wochenendseminare, arbeitete als Journalist und schrieb Werbetexte, übersetzte Fernsehdrehbücher und hielt um sieben Uhr früh verschlafen Rundfunkvorträge. Boons Meinungen über Rugby, über *tanka* (einunddreißigsilbige Kurzgedichte), über Kabaretts, über den Herbst in Nikko... er hatte sich zum Meister des *amai*, des vagen Gebrauchs der japanischen Sprache, entwickelt.

Die Entfernungen in Tokio waren so groß, daß es sich oft nicht lohnte, zwischen einem Vormittagstermin und einem am Abend nach Hause zu fahren. Die Macht der Verhältnisse veränderte seine Lebensgewohnheiten: Er wurde zum Kaffeehausbewohner. Kaffeehäuser in Toranomon wurden zur Geburtsstätte tiefschürfender Gedanken über Tabaktrockenanlagen und elektrische Rasenmäher, in Edobashi erblickten seine drei Thesen über Zitronengelee das Licht der Welt, und Kanda erlebte eine einmalige Erläuterung der altjapanischen Kunst des Papierpuppentheaters, des *kamishibai*. Die Lokale der Gegend waren seine temporären Geschäftsräume, die nicht mehr Miete kosteten als ein paar Tassen Kaffee.

Inzwischen war sein Japanisch ausgezeichnet. Seine Auftraggeber akzeptierten ihn zu japanischen Bedingungen; mehr zu ihrem eigenen Erstaunen als zu dem seinen behandelten sie ihn wie ihresgleichen. Ohne bewußte Anstrengung konnte er sprechen und sich verhalten, wie es der Gelegenheit entsprach. Er gewöhnte sich daran, von älteren Männern herablassend behandelt zu werden, und lernte, sich nicht beleidigt zu fühlen. Seine beruflichen Beziehungen waren von einer Art von Kollegialität gekennzeichnet, die er selbst dann noch genießen konnte, wenn er seinen Geschäftspartner nicht besonders sympathisch fand. Der Hauch von Opportunismus, der sich hier bemerkbar machte, entsprang vielleicht weniger Boons eigenem Wesen als der Sprache, in der er lebte.

Von ein paar engen Freunden abgesehen blieben seine Beziehungen zu Japanern, selbst zu den wenigen, die behaupteten, ihn zu akzeptieren, in einer heiklen Balance. Die meisten gaben irgendwann der Neigung nach, einen abweichenden Standpunkt oder einen unerwarteten Gedanken der Tatsache zuzuschreiben, daß Boon kein Japaner war. Ihre Reaktion war nicht «Das ist Boons Meinung», sondern «Diese Ansicht ist unjapanisch». Harmlose Unterhaltungen, die vollkommen ruhig zu verlaufen schienen, nahmen plötzlich eine unvorhergesehene Wendung, wenn das labile Selbstbewußtsein der Japaner angegriffen wurde. Jedes längere Beharren auf einem Argument, alle persönlichen Vorlieben und Abneigungen, alle alltäglichen Lebensgewohnheiten waren für diesen tödlichen Bazillus anfällig. Auf die Bemerkung des starken Rauchers Boon, Rauchen auf leeren Magen sei schädlich, erhielt er die Antwort, vor dem Frühstück zu rauchen sei eine japanische Sitte. Punktum. Besser konnte man ihn gar nicht in seine Schranken weisen.

Boons Freunde hatten entweder nie so gedacht, oder sie hatten aufgrund ihrer Bekanntschaft mit Boon aufgehört, so zu denken. Sie übernahmen einige seiner Einstellungen und teilten sie ebenso wie er die ihren. Sugama etwa hatte sich in einer Weise geändert, die zweifellos von Boons Einfluß sprach, aber möglicherweise hatte Boon ja nur etwas an die Oberfläche geholt, das schon lange in der Tiefe schlummerte.

Schließlich hatte ihn Sugama ursprünglich aufgefordert, mit ihm in die Wohnung in Ōji zu ziehen, weil er neugierig darauf war, mit einem Ausländer zusammenzuleben. Nicht viele Japaner hätten sich einen solchen Schritt überlegt oder sich gar dazu entschlossen.

Eine Attitüde, die Sugama von Boon übernommen hatte, war Ironie. Als Boon in Japan ankam, verstand Sugama keine Ironie. Er nahm wie ein geduldiges Maultier alles wörtlich, und Boon fand das frustrierend. Bis zu Boons Abreise hatte sich Sugama zu einem Wortkünstler entwickelt, der für seine hinterlistige Zunge bekannt wurde. Man konnte behaupten, Boon habe ihm damit keinen guten Dienst erwiesen. Wenn sie unter sich waren und über Großvater und Bohnenbrei sprachen, konnten sie Ironie als Kunstform würdigen, aber wenn sie über die Köpfe Uneingeweihter hinweg ging, war ein Bumerangeffekt vorauszusehen. Sugamas erster öffentlicher Versuch war eine Rede auf Yoshidas Hochzeitsempfang. Er beugte sich der Gewohnheit, indem er ungerührt die Formel benützte «Laß keinen Tag müßig verstreichen, bis das Gesicht eines Enkels...», eine Aufforderung an Braut und Bräutigam, fruchtbar zu sein und sich zu mehren, aber er versteckte einen ironischen Stachel hinter der altehrwürdigen Phrase. Sein Publikum schluckte den Stachel ohne Reaktion.

Obgleich Boon und Sugama allmählich alles teilten, hatten sie aus irgendeinem Grund nie die gleichen Freunde. Das war wahrscheinlich eine weise Voraussicht, denn hätten sie außerhalb der Wohnung soviel Geduld voneinander verlangt wie in ihr, hätte ihre Freundschaft sich nicht als so strapazierfähig erwiesen. Früher oder später wurde Boon den meisten Freunden Sugamas vorgestellt, aber in der Regel überschnitten sich ihre Kreise nicht. Selbst im jeweils eigenen Bekanntenkreis trennten sie ihre Freundschaften statt sie zu vermischen. Boon fiel auf, daß das für die meisten Menschen galt, die er kannte.

In Japan gab es keine institutionalisierte Gelegenheit, bei

der gemeinsame Freunde einander kennengelernt hätten. Es gab keine Parties, die diesem Zweck hätten dienen können. Die einzigen Parties, zu denen man Boon einlud, wurden von Ausländern gegeben.

Viele seiner Bekannten gehörten für Boon zu einem bestimmten Stadtteil, oft sogar zu einer bestimmten Bar. Er trank nur in Toranomon auf Tabaktrockenanlagen, diskutierte die Absatzchancen von Zitronengelee nur innerhalb der Bezirksgrenzen von Edobashi, sprach nur in Kanda von *kamishibai*, und so weiter. Geschäftsfreunde tranken lieber da, wo sie sich auskannten. Das war schneller, billiger, bequemer. In geringerem Ausmaß hatten auch private Freundschaften ihre geographischen Grenzen. Ichimonji folgte seiner Nase instinktiv zu den Wasserlöchern in Ikebukuro, wo er zu Hause war. Haruko und ihre Freundinnen sammelten sich ebenso instinktiv in den Lokalen von Shinjuku und Roppongi, den Stadtteilen der jungen Generation. Wenn Boon sich mit jemandem treffen wollte, nahm er Rücksicht auf diese territorialen Vorlieben.

Irgendwie erschien Boon der Gedanke, Ichimonji über die Grenzen von Edobashi ins Gebiet des Zitronengelees zu schmuggeln, lächerlich. Auf einer Party hätte man die beiden Seiten zusammenbringen können, und sie hätten sich ohne Verpflichtungen miteinander unterhalten können oder auch nicht. Ein- oder zweimal experimentierte er mit Zusammenstellungen von Personen, die theoretisch verträglich schienen, aber in der Praxis klappte nichts. Die bemühte Absicht erstickte jede Spontaneität. Jemanden vorzustellen, um ein festgelegtes Ziel zu erreichen, hatte einen gemeinsamen Bezugsrahmen, aber wenn das nicht der Fall war, hegten nur allzuoft beide Seiten von Anfang an die gleiche fatale unausgesprochene Frage: Warum hat man uns zusammengebracht? Vielleicht waren diese gescheiterten Experimente auf Boons Fehleinschätzungen zurückzuführen, und vielleicht war seine Art,

Freunde getrennt zu halten, nur das Spiegelbild seiner persönlichen Vorlieben, nicht der gesellschaftlichen Wirklichkeit. Aber für ihn war es etwas anderes: eine weitere Facette einer Mentalität, die zwischen Innen und Außen trennte.

Sein Verhältnis mit Haruko war nur in der Anonymität der Großstadt Tokio möglich. Er kannte die Feindschaft, die die Affäre eines Ausländers mit einer Japanerin hervorrufen konnte, selbst wenn sie nur ein Mädchen aus dem Wassergewerbe war, aus einer Provinzstadt wie Toyama, wo er in doppelter Hinsicht ein Außenseiter gewesen war, weder Einheimischer noch Japaner. Haruko hielt die Liaison mit Boon vor ihrer Familie geheim, aber wenigstens in Tokio waren sie frei. Diese Freiheit war es, die viele junge Leute in die Stadt zog, wo sie ein Leben führten, von dem ihre Familien oft keine Ahnung hatten.

Selbst in den Straßen von Tokio erlebte Boon, wie Haruko von Männern mittleren Alters, ein- oder zweimal auch von jüngeren Männern, offen beschimpft wurde. Sie nannten sie *pansuke*, ein Slangausdruck für Hure, der während der amerikanischen Besatzungszeit üblich war. Daß ältere Männer, denen beim Anblick eines japanischen Mädchens in Begleitung eines Ausländers vielleicht unangenehme Erinnerungen kamen, so einen Ausdruck verwendeten, überraschte Boon nicht allzu sehr, aber aus dem Munde eines Angehörigen seiner eigenen Generation erschien es ihm fast wie Verrat.

Beispiele derart offen zur Schau getragener Vorurteile waren selten, und in den eleganteren, weltoffeneren Stadtteilen traten sie gar nicht auf. Die Art von Vorurteil, die sich in einem Wort wie *pansuke* äußerte, lebte eher in den heruntergekommenen Vororten von Ōji fort, wo der Anblick eines Ausländers noch relativ selten war. Einer von Boons europäischen Bekannten, der eines Abends in Begleitung einer Japanerin vor seiner Wohnungstür in Ōji auftauchte und Boon nicht antraf, fuhr am nächsten Morgen mit dem ersten Zug zurück nach Kyoto, nachdem alle billigen Hotels der Gegend sich geweigert hatten, sie aufzunehmen.

Eine der englischsprachigen Tageszeitungen brachte einen Bericht über zunehmende Ausländerfeindlichkeit in den Restaurants und Bars von Yokohama und in der Umgegend des amerikanischen Stützpunkts Yokosuka, wo Ausländer anders als in Ōji ein vertrauter Anblick waren. Hinweisschilder, die Ausländern und japanischen Mädchen in ausländischer Begleitung den Zutritt verboten, wurden an den Türen und Fenstern einiger Lokale angebracht. Ein Kneipenbesitzer aus Yokohama klärte Boon später über die wirklichen Hintergründe der angeblichen Vorurteile auf. Der Sold der amerikanischen Soldaten in der Umgebung von Tokio war nicht so schnell gestiegen wie die ortsüblichen Preise. Die Soldaten waren über den Statusverlust verärgert, den die sinkende Kaufkraft des Dollar mit sich brachte; die Tage des billigen Vergnügens, des preiswerten Alkohols und der offenherzigen Mädchen waren vorbei, und deshalb rächten sie sich an der Lokaleinrichtung, indem sie jeden Samstag Bars demolierten. Das, so erklärte Boons Informant vorsichtig, war teuer und schreckte die Gäste ab, und nur deshalb hatten er und seine Kollegen sich zu Gegenmaßnahmen gezwungen gefühlt.

Haruko und Boon trafen sich während seiner letzten Monate in Tokio häufig. In einer Zwischenzeit ohne gemeinsame Vergangenheit und gemeinsame Zukunft schwebend, lebten sie nur für die Freuden des Augenblicks. Es war bezeichnend, daß sie ihre Tage und einen großen Teil ihrer Nächte in einer Höhe von zehn bis hundert Metern über dem Erdboden verbrachten. Die *akachōchin* und schäbigen Bars, die Boon in seinen ersten zwei Jahren besucht hatte, lagen im Erdgeschoß, aber dahin konnte er Haruko nicht mitnehmen, wenn er sie nicht zu einem zweifelhaften Aushängeschild machen wollte. Die Bars und Restaurants für junge Leute lagen in den eleganteren Stadtteilen, die von der Jugend bevorzugt wurden, und waren nur über Fahrstühle zu erreichen. Die Bodenpreise in Gegenden wie Roppongi waren viel zu hoch für etwas anderes als Hochhäuser.

In die Lokale in den oberen Stockwerken verirrten sich Kunden nicht durch Zufall wie in die ebenerdigen *akachōchin*, die für Passanten, für Gelegenheitstrinker, für Gäste bestimmt waren, die aus einem spontanen Impuls heraus kamen. Die Örtlichkeiten lagen höher und die Preise im allgemeinen auch. In den belebteren Stadtteilen gruppierten die Fahrstuhlführer die Kunden je nach ihrem Bestimmungsort in getrennte Warteschlangen. Zwei oder drei Plexiglas-Aufzüge schleppten ihre menschliche Last an den Gebäudewänden hinauf und hinab wie durchsichtige Käfige. So waren die verschiedenen Vergnügungspaläste in den oberen Stockwerken, wo sich die Käfige für ihre menschliche Fracht öffneten, im buchstäblichen wie im symbolischen Sinne von der Welt der Straße getrennt. Die Disco-Fans, die ihre Tanzschritte in sorgfältig gestalteter künstlicher Umgebung zehn oder zwanzig Stockwerke über den Straßen übten, erlebten eine vollkommene Entfremdung von der realen Welt.

Haruko nahm Boon oft zum Essen in eine der Arkaden auf dem Dach eines Wolkenkratzers in Shinjuku mit. Das Stockwerk bildete in sich eine Welt im kleinen. Ausländische Küche und eine breite Palette japanischer Spezialitäten wurden jedem Wunsch gerecht. Besonders die japanischen Geschäfte, dekorative Nachahmungen der Originale zu ebener Erde, komplett mit *noren*, *chōchin* und *tatami* ausgestattet, ließen an Reiz nach, wenn sie in eine Höhe gehoben wurden, wo ihr authentischer Geruch und Geschmack verlorengegangen waren. Es waren geisterhaft unwirkliche Reproduktionen. Boon hatte das Gefühl, diese Art von seelischer Aushöhlung habe die gesamte japanische Kultur unterwandert.

Für ihn war japanische Architektur, die Kultur Japans

schlechthin, im wesentlichen ebenerdig, ein- oder zweistökkige Häuser, im Höchstfall drei Stockwerke, keine Säulen, keine Kathedralen, keine prunkvollen Paläste. Die Gebäude paßten sich dem Gesetz der Schwerkraft an und hielten sich eng am Boden. Traditionell brauchte man sich nicht zu einem Tisch zu erheben, um zu essen, in ein Bett zu steigen, um zu schlafen. Musikinstrumente wuchsen aus dem Erdboden wie die *shakuhachi*-Bambusflöte oder wurden auf dem Boden gespielt wie die *koto*. Im Japanischen sagte man von einem Phlegmatiker, daß seine Leber ruhig lag, und von einem Choleriker, daß sein Magen aufrecht stand. Die höchste Ehrung war die tiefste Verbeugung. Das Wachstum von Bäumen so zu behindern, daß sie nach Jahrhunderten nur noch einen Fuß hoch waren, galt als höchste Vollendung der Gartenbaukunst. Heimliche Liebhaber, die in anderen Kulturen vertikal zu ihrer Geliebten gelangten, indem sie durch das Fenster einstiegen, hießen auf Japanisch Nacht-Kriecher, weil sie auf dem Boden blieben und geräuschlose Knie brauchten. Sprichwörter und Redensarten zeugten von einem traditionellen Mißtrauen gegen alles, was lang, groß oder hoch war. Die *tatami*, auf denen die meisten Japaner einen großen Teil ihres Lebens verbrachten, war dem jahrtausendealten natürlichen Grasboden noch immer erstaunlich verwandt.

Auch das Wassergewerbe konnte die Höhenlagen moderner Großstädte nicht überleben. «Liebes-Hotels» lagen wie Nachtlokale geborgen und leicht zugänglich auf Straßenhöhe. Ein purpurfarbenes Licht, ein diskret hinweisender Name boten dem eiligen Kunden genug Orientierung. Die Bedienung war zurückhaltend: eine Frau mittleren Alters, die oft eine Schürze trug, immer mit verschlossenem Gesicht und leisen Schritten. Manchmal ließ sie den Füntausend-Yen-Schein einen Augenblick lang mit einer Geste in der offenen Handfläche liegen, die eine zarte Andeutung davon vermittelte, daß sie das Geld als Geschenk, nicht als Bezahlung annahm. Ihre züchtige Bescheidenheit, ihr vorbildliches Taktgefühl beruhigten auch den zögerndsten Kunden. Sie wurde zur Mitverschworenen seiner Gefühle. Das waren traditionelle Dienstleistungen, die oberhalb des dritten Stocks nicht verfügbar waren. Wenn sie am Abend ausgingen, kehrten Boon und Haruko immer zur Erde zurück, bevor sie zu Bett gingen.

Haruko nahm Kurse im traditionellen japanischen Tanz. Einmal führte sie Boon ihre Künste in vollem Kostüm vor, aber er war weitaus mehr daran gewöhnt, sie graziös und nackt am Ende des Bettes in den Liebes-Hotels zwischen Kōenji und Nakano tanzen zu sehen. Ihr Körper im Tanz, die Atmosphäre, in der sie sich bewegte, blieben, auch wenn sie nackt war, keusch und verhüllt, zurückgehalten, wie der Klang einer gedämpften Saite; und so war sie auch in der Liebe. Sie verbrachten ganze Wochenenden hinter geschlossenen Vorhängen, nur von gelegentlichem diskreten Klopfen und kurzen Gesprächen an der Tür unterbrochen. Harukos Tanzlehrerin bemerkte, ihre Schülerin habe begonnen, wie eine reife Frau zu tanzen, eine Sinnlichkeit zu zeigen, die früher nicht dagewesen war.

Es gab keinen Grund, daß diese Lebensweise nicht ewig hätte so weiter gehen sollen. Andere Ausländer hatten Japan zu ihrer Dauerheimat gemacht, und auch Boon war der Idee nicht abgeneigt. Manche traditionsgebundenen japanischen Einstellungen waren ihm noch immer fremd, irritierten ihn und würden es wohl auch immer tun, aber es gab ebenso viele, die ihm vertraut und sympathisch waren. Die Ambivalenz der Gefühle löste sich nie. Sein Herz blieb geteilt.

Boon verließ sich auf seinen Instinkt und fuhr nach Hause. Er entschloß sich nicht bewußt dazu, er überlegte seinen Entschluß nicht. Die Entscheidung beruhte auf einem ebenso spontanen Impuls wie dem, der ihn ursprünglich nach Japan geführt hatte.

Zu Neujahr erhielt er einen Anruf von einer der Agenturen, für die er arbeitete. Am Ende des Gesprächs wünschte er dem Anrufer ein gutes neues Jahr und verbeugte sich dabei automatisch, bevor er den Hörer wieder einhängte. Viele Japaner verbeugten sich nicht nur, wenn sie in der Gegenwart eines anderen waren, sondern auch, wenn sie auf Entfernung mit ihm sprachen, aber es war das erste Mal, daß Boon bewußt wurde, daß auch er es tat. Warum hatte er sich verbeugt? Automatisch, nur weil er gelernt hatte, sich zu verbeugen. So bemerkte Boon, daß er allmählich den Kontakt zu sich selbst verlor.

Nur eines blieb zu tun, bevor er Japan verließ. Ende Januar starb Sugamas Großvater, und im Februar 1976 fuhr Boon zum letztenmal nach Toyama, um an seiner Bestattung teilzunehmen.

Großvaters letzte Reise

DER SARG MIT GROSSVATERS LEICHE hatte die letzten zwei Tage im *kyakuma* des Sugama-Hauses gestanden. Er war auf einem Podest in einer Ecke des Raums aufgestellt, in dem Großvater selbst seine Gebete gesprochen hatte, und bildete eine Art von Gedächtnisaltar mit einer Fotografie des Verstorbenen in der Mitte und rohen Reisklößen, Früchten und Weihrauchstäbchen auf beiden Seiten. Nur die Blüten der Jahreszeit fehlten. Boon erinnerte sich, daß der alte Mann einmal gesagt hatte, er würde am liebsten im Herbst zur Chrysanthemenzeit sterben, weil sein Sarg dann von den Blüten geschmückt werde, die das Wappen der kaiserlichen Familie bildeten. Durch ein Loch in dem weißen Tuch über dem Sarg konnten die Leidtragenden wie durch ein kleines Fenster Großvaters Gesicht sehen. Boon erblickte nur eine undeutliche weiße Fläche zwischen Schatten.

Als er früh am Abend ankam, waren die Freunde und Nachbarn der Sugamas schon wieder gegangen. Nur die unmittelbaren Familienangehörigen hielten Totenwache. Auf der Reise von Tokio hatte er nach den richtigen Worten gesucht, um sein Beileid auszudrücken, aber als er da war, sagte er nichts. Sugamas Mutter empfing ihn mit lächelndem Gesicht. Ihr Schwiegervater, sagte sie und legte die Hand leicht auf Boons Handgelenk, war im Alter von fünfundachtzig Jahren schnell und schmerzlos gestorben; er hinterließ keine Angehörigen. Der Tod war etwas Natürliches, und er hätte keinen schöneren Tod finden können. Boon erwiderte ihr Lächeln und freute sich, ihr von ganzem Herzen zustimmen zu können. Die Atmosphäre im Haus erschien ihm an diesem

Abend leichter und entspannter als je zuvor. Das war ihr Werk. Mit entschlossenem Willen hatte sie sich die Freude zur Aufgabe gemacht.

Sie aßen in respektvollem Abstand vom Sarg zu Abend. Boon schmeckte das Essen nicht. Buddhistischem Brauch folgend, gab es weder Fleisch noch Fisch, bis die Leiche beerdigt oder verbrannt war. Speisen, die Tiere das Leben gekostet hatten, waren verboten, bis der Tote seinen Weg ins buddhistische Paradies gefunden hatte. Also lebten sie die nächsten vierundzwanzig Stunden von vegetarischer Kost: Yamwurzeln, Auberginen und etwas, das wie Riedgras aussah. Auch die Form der Teller, von denen man essen durfte, unterlag strengen Vorschriften. Die viereckigen Teller, von denen sie normalerweise aßen, wurden durch runde ersetzt. Boon hätte gerne mehr über die Ursprünge dieser Bräuche erfahren, aber seine Neugier wurde von seinem Taktgefühl gebremst.

Er saß im *kyakuma* und döste. Es war zu kalt zum Schlafen. Die ganze Nacht hindurch kamen und gingen Menschen auf leisen Sohlen.

Am nächsten Morgen brachen sie früh auf. Man lieh ihm einen schwarzen Anzug, aber er paßte nicht. Also trug er seinen eigenen, den guten Anzug, den er sonst nur bei Hochzeiten trug, mit einem schwarzen Armband. Der Altar wurde abgebaut, der Sarg weggetragen. In der Nacht war Neuschnee gefallen. Ein Dutzend Leidtragende in Schwarz standen am Tor, zitterten vor Kälte, stampften mit den Füßen und warteten auf die Autos des Bestattungsinstituts.

Im Tempel, in dem die buddhistische Zeremonie stattfand, kniete die Familie auf dem Boden und nahm die offiziellen Beileidsbezeugungen ihrer Gäste entgegen. Am Eingang waren eine Reihe von Kissen auf dem polierten Holzboden ausgebreitet. Sie knieten zu beiden Seiten des Altars vor dem großen *tatami*-gedeckten Raum, in dem sich die Trauergemeinde versammelte. Boon hielt sich im Hintergrund und wärmte sich im Licht eines Sonnenstrahls, der auf die leuchtend gelb-goldenen Fische in einem Aquarium neben ihm fiel. Er dachte an einen Film über einen heiligen Ratten geweihten Tempel in Indien, den er einmal gesehen hatte, und überlegte, ob die Fische neben ihm wohl religiöse Bedeutung hätten.

Inzwischen kamen die Trauergäste. Am Eingang warfen sie sich vor der trauernden Familie zu Boden, streckten die Handflächen aus und berührten mit der Stirn den Boden. Es fiel kein Wort, jedenfalls war keines zu hören. Boon sah nur, wie sich die Lippen der Gäste bewegten, wenn sie sich verbeugten. Im Lauf einer halben Stunde kamen mehr als hundert Gäste. Sie ließen sich von vorne nach hinten in Reihen nieder, bis die große Halle beinahe voll war. Sie knieten mit aufrechtem Rücken, das Gewicht auf den Fersen balanciert, die Männer in dunklen Anzügen, die Frauen im schwarzen *kimono*. Das verblichene Gold der *tatami* wurde von schwarzem Tuch verdeckt; alles war schwarz bis auf die weißen *tabi* der Frauen. Einige Männer zogen Taschenaschenbecher hervor und rauchten, während sie auf den Beginn der Feierlichkeiten warteten.

Endlich zogen drei Priester in dekorativen starkfarbigen Gewändern in den Raum und knieten in steifer Pose vor der Versammlung nieder. Einer von ihnen schlug ein Metallinstrument, das von Boons Platz aus wie ein Kochtopf aussah. Er schlug es in Abständen die ganze Zeremonie hindurch, vielleicht als Signal dafür, daß ein bestimmtes Ritual zu Ende war oder seinen Anfang nahm. Die drei Priester verfielen in die nasal psalmodierende Rezitation einer buddhistischen Liturgie, weder Sprache noch Gesang, ohne Variation der Tonhöhe oder des Tempos. Boon kam das Ganze sehr schnell vor. Die monosyllabischen Texte verliefen zu einem ununterbrochenen monotonen Summen. Zuerst nahmen alle drei Priester den Gesang gleichzeitig auf, aber dann schienen sie einander abzulösen. Wenn einer von ihnen eine Atempause einlegte, übernahmen die beiden anderen im endlosen Zyklus.

Während des Trauergesangs wurden die Namen der Anwesenden verlesen. Jeder stand auf, wenn sein Name fiel, verbeugte sich noch einmal vor der trauernden Familie, trat an den Altar, sprach ein Gebet und führte ein kurzes Abschiedsritual aus. Boon fiel auf, daß selbst bei einer Trauerfeier Personen erst durch Angabe der Firma, für die sie arbeiteten, dann durch Namensnennung vorgestellt wurden. Beim anschließenden Empfang hielt es einer der Söhne Großvaters für passend, sich mit dem Satz vorzustellen: «Ich arbeite bei der Bezirksbank als Anlageberater und bin der zweitälteste Sohn des Verstorbenen.» Boon wurde unter Hinweis auf die Universität, an der er studierte, vorgestellt.

Sein Name war fast der letzte auf der Liste. Er hatte seine Vorgänger sorgfältig beobachtet und wußte, wohin er gehen und was er tun mußte. Über die Frage, wie er sich angemessen verbeugen sollte, hatten vorher Beratungen im Familienkreis stattgefunden. Er hatte nichts dagegen, sich vor Sugama und seinen Verwandten zu Boden zu werfen; soweit es um seine eigenen Gefühle ging, hatte er sich seit langem als Mitglied der Familie betrachtet und war auch so behandelt worden. Man konnte davon ausgehen, daß es für ein Familienmitglied nicht angebracht war, sich vor den anderen voll auf dem Boden auszustrecken. Sugamas Eltern stimmten dieser Auffassung zu, und demgemäß verbeugte sich Boon im Stehen, obgleich er sich dabei nicht sehr wohl fühlte.

Nachdem alle Gäste ihre Plätze wieder eingenommen hatten, nahm der Gesang der Priester ein plötzliches Ende. Sugamas Vater, der als *chōnan* den moralischen Anspruch darauf hatte, für die übrige Familie zu sprechen, stand auf und hielt eine kurze Ansprache. Er beschrieb die Umstände von Großvaters Tod und lobte dabei die tüchtige Krankenschwester, die ihm in seinen letzten Stunden beigestanden hatte. Vielleicht waren die Dankesbezeugungen aus Gründen der Etikette notwendig, aber die ausführliche Schilderung der Begebenheiten am Krankenbett und die eingehende sentimentale Darstellung einer hingebungsvollen Pflichterfüllung und eines ruhigen Todes kamen Boon wie leere Pietät vor, wie ein Requiem für Großvater, in dem Großvater selbst nicht mehr anwesend war.

Draußen vor dem Tempel entspannten sich die Gäste und plauderten ein paar Minuten in der Sonne. Ein Konvoi von Limousinen stand bereit, um sie ins Krematorium zu bringen.

Das Krematorium war ein kaltes, funktionales, fabrikähnliches Gebäude. Am Eingang überreichte ihnen ein uniformierter Angestellter Weihrauchstäbchen. Der Grund dafür wurde offensichtlich, sobald sie die Trauerhalle betraten: das ganze Gebäude war vom strengen Geruch verkohlten menschlichen Fleisches durchzogen; so jedenfalls erklärte es sich Boon. Aber bald stellte sich heraus, daß die Weihrauchstäbchen als Abschiedsgeschenk der Leidtragenden an den Verstorbenen gedacht waren. Der Weihrauch wurde auf den Sarg gelegt und begleitete ihn in die Flammen. Einer nach dem anderen traten sie vor, warfen durch das kleine Fenster einen letzten Blick auf Großvater und legten ein glimmendes Weihrauchstäbchen auf den Sarg. Das Gesicht, das Boon durch das Fenster erblickte, war sehr rot. Ein postumer Blutsturz durch die Nase hatte die Oberlippe verschmiert, Kinn und Backen waren von Bartstoppeln übersät. Eine groteske, alte, häßliche Leiche.

Boon war von der Annahme ausgegangen, es solle eine weitere Zeremonie in einem der oberen Stockwerke folgen; denn sie standen nun in einer Halle vor einer Reihe von Fahrstühlen. Aber es waren keine Fahrstühle: Es waren Öfen. Ein kleiner Mann in einem schmutzigen Overall drückte auf einen Knopf, eine Ofentür öffnete sich, und der Mann verkündete mit der ausdruckslosen Stimme des Arbeiters, der seit Jahren die gleiche Tätigkeit ausübt: «Dies ist der Augenblick, endgültig Abschied zu nehmen.» An diesem Punkt begannen einige Frauen zum erstenmal zu weinen. Der Sarg rollte vor, die Flammen loderten auf, die Türe schloß sich. Boon war verblüfft und überwältigt.

Während der Sarg verbrannte und die Asche geordnet wurde, ließ sich die Trauergemeinde in einem düsteren Saal zu einem einfachen Mahl nieder. Der Krematoriumsdirektor wies die Trauergemeinde darauf hin, daß die nächste Feier in einer dreiviertel Stunde stattfinden würde und daß sie nicht viel Zeit hätten. Boon rechnete sich aus, daß eine dreiviertel Stunde gerade genug Zeit für die vollständige Verbrennung des Sarges und der Leiche sowie das Abkühlen der Asche ließ, wenn man sie aus dem Ofen geholt hatte.

Zu seiner Überraschung fand er sich neben Großvaters jüngerem Bruder und seiner Frau wieder, dem alten Paar, das in der Wohnung ihres Großneffen in Ōji Zuflucht vor dem Erdbeben gesucht hatte, als Boon noch neu im Lande war. Der alte Mann beglückwünschte Boon zu seinen beachtlichen Fortschritten im Sprachstudium, und Boon seinerseits erklärte seine Freude darüber, daß er so gesund und munter aussah. Unter den vorherrschenden Umständen war diese Versicherung für den Großonkel besonders befriedigend, und als er erfuhr, daß Boon das Land verlassen würde, brachte er in schneller Folge drei verschiedene Trinksprüche auf ihn aus. Er sah wirklich rosiger und gerundeter aus als je zuvor; sein Glanz war ungebrochen.

Gemeinsam schlenderten sie zur Haupthalle des Krematoriums zurück und wurden in einen kahlen Raum geleitet, wo Großvaters Überreste auf einem Tablett lagen. Der Aschehaufen hätte gerade einen Eimer gefüllt; er war rostfarben und enthielt größere Fragmente, Knochenstücke, die das Feuer überstanden hatten und klar als Gelenke zu erkennen waren. Boon bemerkte einen ganz unerwarteten Ausdruck in Großonkels Gesicht, als er die verkohlten Überreste seines Bruders betrachtete: einen Ausdruck wachen kritischen Interesses.

Boon verspürte Abscheu beim Anblick der unverkennbar menschlichen Knochenstücke, aber es sollte noch schlimmer kommen. Neben dem Tablett standen eine große Urne und ein Paar übergroße Eßstäbchen. Einer nach dem anderen traten die Gäste vor und legten mit den Stäbchen ein Stück von Großvater vom Tablett in die Urne. Boon wählte unklugerweise einen zerbrechlichen Knochensplitter, der zerkrümelte und aus den Stäbchen glitt, als er ihn aufheben wollte. Die anderen Gäste warteten, er konnte keinen Rückzieher machen. Also wählte er ein größeres Stück, das er vom Tablett in die Urne befördern konnte, ohne es auf den Boden fallen zu lassen. Als er den Knochen in die Urne legte und die Stäbchen zurück auf den Tisch, merkte er, daß er ein Stück von Großvaters Schädel gehalten hatte. Großvaters Asche war noch warm.

Mit Besitzerblick beobachtete Großonkel aus dem Hintergrund den Beitrag der Gäste zur Urne seines Bruders. Nachdem die Urne gefüllt und versiegelt war, blieb noch ein beachtlicher Haufen Asche auf dem Tablett. Großonkel vergewisserte sich, daß dies Detail Boons Aufmerksamkeit nicht entging. «Sehen Sie nur her», sagte er stolz, «das kriegen sie nie alles rein. Kräftige Knochen, was? Mein Bruder war immer ein kräftig gebauter Kerl...»

In diesem Augenblick bemerkten sie einen Krematoriumsangestellten, der mit einem zweiten Tablett hinter ihnen stand und anscheinend auf den Beginn der nächsten Feier wartete. Auf dem Tablett lagen drei kärgliche Häufchen weißen Pulvers. Großonkel betrachtete sie erstaunt, warf einen Blick über die Schulter auf die Urne seines Bruders, verglich die Aschehaufen unwillkürlich miteinander und fragte den Angestellten: «Was ist denn da passiert? Fehlt da nicht etwas?»

«Oh, nein, mein Herr», antwortete der Mann höflich, «es ist alles ganz in Ordnung. Es fehlt nichts. Sehen Sie, das hier war ein Kind, nur ein Säugling von drei Monaten.»

«Ach so.»

Großonkel wandte sich ab. Die Zeremonie war beendet. Die anderen Gäste drängelten sich bereits am Ausgang und hatten das kleine Zwischenspiel nicht bemerkt.

Boon verabschiedete sich vor dem Krematoriumseingang von der Trauergemeinde und ging zu Fuß in die Stadt. Es gab keinen Grund, noch einmal zu Sugama zu fahren. Er hatte kein Gepäck und machte sich allein auf den Weg zum Bahnhof, um den Sechs-Uhr-Zug nach Tokio zu nehmen.

Er blieb eine halbe Stunde in der «Quelle der Sieben Wasser» und verabschiedete sich von Mariko. Sie saß im Morgenrock am Tisch und trank Tee, während er von Großvaters Bestattung erzählte. Er hinterließ seine Adresse auf dem Küchentisch, und sie küßte ihn unter der Türe.

Als er ihre Wohnung verließ und die Hauptstraße entlangging, konnte er die Berge noch klar in der Ferne sehen. Aber auf dem Weg zum Bahnhof fing es an zu schneien, und bis er ankam, war es dunkel.

Glossar

aimai	zweideutige, vage Ausdrucksweise, in der der Redner es vermeidet, sich eindeutig festzulegen
akachōchin	«rote Laterne», eine billige Gassenkneipe
akirame	Verzicht, die Fähigkeit zu resignieren, ohne Verzweiflung zu empfinden
amae	Verwöhnung, als psychologischer Begriff, die Angewohnheit, infantile Abhängigkeit als Recht zu beanspruchen und zu genießen
bakayarō	wörtlich: «Bauerntölpel», das beliebteste japanische Schimpfwort
basho-gara	wörtlich: «dem Ort angemessen», der jeweiligen Situation angemessenes, den Umständen angepaßtes Verhalten
chichi	mit einem chinesischen Schriftzeichen geschrieben bedeutet das Wort «Vater», mit einem anderen «Milch»
chōchin	Laterne, Lampion
chōnan	der älteste Sohn
fusoku-shugi	«Prinzip des Mangels», in der Ästhetik die Wahrnehmung der Schönheit in dem, was fehlt, statt im Anwesenden und Sichtbaren
fusuma	Schiebetüre oder Stellwand aus lichtundurchlässigem Papier auf einem leichten Holzrahmen
futon	eine leichte Steppdecke, die als Bett dient

giri	Pflicht, Pflichtgefühl; der Verhaltenskodex, der im Umgang mit Menschen außerhalb des eigenen *uchi* gilt
hanami	Kirschblütenschau
hitomishiri	wörtlich: «Leute erkennen», die automatische Furchtreaktion eines Kindes in Gegenwart Fremder, Schüchternheit
irori	Feuerstelle, in bäuerlichen Wohnungen eine versenkte Grube in der Zimmermitte, um die sich die Familie bei gemeinsamen Tätigkeiten versammelt
ittaikan	«Ein-Körper-Gefühl», das Gemeinsamkeitsgefühl der Zusammengehörigkeit im *uchi*
juku	eine Privatschule, eine «Presse»
kakizome	die ersten Schriftzeichen, die man im neuen Jahr schreibt, Neujahrsvorsätze, ursprünglich ein Gedicht, mit dem man das neue Jahr begrüßte
kamban-musume	wörtlich: «Ladenschild-Mädchen», ein Mädchen, das vor einem Geschäft steht, um Kunden anzuziehen, ein Lockvogel
kamishibai	eine um die Jahrhundertwende entstandene Form des Straßentheaters für Kinder, bei der Papierfiguren an Bambusstäbchen vor einem bemalten Hintergrund bewegt werden
kotatsu	ein Fußwärmer, der zugleich als Tisch dient; er besteht aus einem etwa 35 Zentimeter hohen Holzgestell, in dem ein Kohlebecken oder ein elektrischer Heizkörper angebracht ist. Darüber liegen eine Steppdecke und eine lose Tischplatte. Im Sommer werden der Heizkörper und die Decke

	entfernt, so daß man das *kotatsu* als normalen Tisch verwenden kann.
konyoku	Gemeinschaftsbad für Männer und Frauen in den Badeorten und Thermalquellen
koto	die dreizehnsaitige japanische Wölbbrettzither. Das Korpus besteht aus Paulownienholz, die Saiten, die mit einem Plektrum aus Elfenbein oder Schildpatt angeschlagen werden, bestehen aus mit Reiskleister verarbeiteten Seidenfäden.
kyakuma	das Empfangszimmer, die gute Stube, der Raum, in dem Gäste empfangen werden
messhi-hōkō	hingabevoller Patriotismus, sich für den Staat aufopfern
mizu-shōbai	wörtlich «Wassergewerbe», umgangssprachlicher Ausdruck für alle unsicheren Berufe, in denen das Einkommen vollständig vom Wohlwollen der Kunden abhängig ist, beispielsweise Teehäuser, Bordelle, Gaststätten etc.
nagashi	wörtlich: «fließen», im Wassergeschäft jemand, der sein Gewerbe im Umherziehen ausübt, fahrendes Volk, Sänger, Musikanten
nengajō	Neujahrskarten
noren	Tuchstreifen, die als Sonnenschutz an die Dachtraufe gehängt werden; seit der Edo-Zeit (1603–1867) als Ladenvorhang beliebt, der den Namen des Inhabers oder die Geschäftsbezeichnung trägt
ocha	Tee; *ocha-hiki* ist die Bezeichnung für eine unbeschäftigte Geisha, die, während sie auf Kunden wartet, nichts zu tun hat, außer Tee aufzubrühen

o-kaa-san	*kaa* heißt Mutter und wird, insbesondere wenn von der Mutter eines anderen die Rede ist, zwischen die ehrenden Vor- und Nachsilben *o* und *san* gestellt
o-kyaku-san	der «ehrenwerte Gast»
ombu	die japanische Art, Kleinkinder auf dem Rücken zu tragen; im übertragenen Sinne Abhängigkeit von anderen, insbesondere auf Kosten anderer leben
o-miyage	Reiseandenken, Souvenir; das Sammeln von *o-miyage* ist ein japanischer Nationalsport
o-nee-san	die ältere Schwester
o-nii-san	der ältere Bruder
onnagata	Darsteller von Frauenrollen im japanischen Theater
sempai	jemand, der älter ist als ich und damit eine Autoritätsrolle spielt, etwa ein älterer Mitschüler oder ein Arbeitskollege
sensei	Lehrer, Professor, Höflichkeitsanrede für fast jedermann in einer Autoritätsposition
seppuku	Selbstmord durch kreuzweises Aufschlitzen des Leibes mit einem Kurzschwert und Durchschneiden der Kehle; im Westen meist unter der im Japanischen weniger üblichen Bezeichnung *harakiri* bekannt
shakuhachi	die schnabellose japanische Bambusflöte mit fünf Grifflöchern
shamisen	eine dreisaitige Gitarre mit sehr langem Hals, das Griffbrett besteht aus Eiche oder Rotsandelholz, das viereckige Korpus mit leicht konvexen Seiten aus Ulmen- oder Quittenholz und ist mit Katzen- oder Hundehaut bespannt; die aus Seidenfäden ge-

	drehten Saiten werden mit einem Plektrum aus Büffelhorn, Elfenbein, Eichen- oder Buchsbaumholz angeschlagen
shodō	der «Weg der Schrift», Kalligraphie
shōji	eine Stellwand oder Schiebetür aus einem papierbespannten Holzrahmen; im Gegensatz zum *fusuma* ist das *shōji* lichtdurchlässig
shunga	«Frühlingsbilder», Gemälde oder Graphiken, die meist erotische Szenen darstellen
soroban	Rechenbrett, der japanische Abakus
tabi	weiße, manchmal auch blaue Socken, die mit Sandalen getragen werden
tanin, yoso no hito	ein Fremder; jemand, mit dem man nicht blutsverwandt ist; jeder, der nicht zum eigenen *uchi* gehört; ein Außenseiter
tateshakai	die durch hierarchische Bindungen bestimmte vertikale Struktur der japanischen Gesellschaft
tokonoma	eine Wandnische, in der die kostbarsten Schätze des Hauses, meist Gemälde oder Schriftrollen, ausgestellt sind; der Platz vor dem *tokonoma* gilt als Ehrenplatz
uchi	wörtlich «innen» im Gegensatz zu *soto* «draußen»; *uchi* bezeichnet die eigene Familie oder das Haus, aber auch die Firma, die Umgebung, in der man sich zu Hause fühlt; weitere auffällige Bedeutungen von *uchi* sind: der Kaiserpalast; im Buddhismus alles, was zum eigenen religiösen Bereich im Gegensatz zum Konfuzianismus gehört; der nicht-öffentliche Bereich; ich; wir; meine Frau (oder mein Mann)
ukiyo	die unstete, treibende Welt; die Idee des

	ukiyo entstammt der buddhistischen Vorstellung einer traurigen und zugleich fließenden vergänglichen Welt, bezeichnet aber zugleich das Leben der großstädtischen Vergnügungsviertel
ukiyoe	ein im 17. Jahrhundert entstandenes *genre* der Holzschnittkunst, das sich hauptsächlich Themen der modischen Vergnügungen, insbesondere Darstellungen von Kurtisanen, Schauspielerporträts, Ringkämpfern und öffentlichen Festlichkeiten zuwandte
wabi	Gefühl der Einsamkeit, der Hoffnungslosigkeit, der Verlorenheit; in der Kunsttheorie die Ausrichtung der Seele auf das Einfach-Schlichte, die Stille, die Selbstgenügsamkeit
yakitori-ya	ein Restaurant oder ein Imbißstand, der auf gegrillte Hühner- und Fleischspießchen spezialisiert ist
yukata	ein ungefütterter Baumwollkimono mit weiten Ärmeln, der nach dem Bad, als Schlafrock, im Sommer auch als Hauskleidung getragen wird

PIPER

John David Morley
Nach dem Monsun

Eine Kindheit in den britischen Kolonien. Aus dem Englischen von Bernd Rullkötter. 286 Seiten.
Serie Piper

David wird in Singapur geboren, in einer Krankenstation dritter Klasse, in der Vögel durch das Zimmer fliegen und der süße, modrige Duft der Tropen hängt. Doch die Welt von Kindermädchen und Chauffeuren gehört bereits einer vergangenen Epoche an. Das Empire ist im Verfall begriffen, die Kolonialbeamten werden nach Hause geschickt, und so muß David die unter den Kolbenbäumen plaudernden Malaienfamilien, die Häuser auf Stelzen und den warmen Tropenregen gegen die strenge Disziplin eines Internats im Süden Englands tauschen. Der Schuldirektor, dessen Holzbein hart auf dem Boden aufschlägt, wird den in der Fremde verwilderten Kolonialkindern den nötigen britischen Geist einhauchen.

»Mit seiner Erzählung macht sich John David Morley auf die Suche nach dem verlorenen Glück in einer verlorenen Zeit. Ein seltener Lektüregenuß, unter dem beim Leser die Erinnerung an die eigene Kindheit wieder lebendig wird.«
Johannes Willms

SERIE PIPER

Lieve Joris

Die Sängerin von Sansibar
Reiseberichte aus einer magischen Welt. Aus dem Niederländischen von Maurus Pacher, 217 Seiten. Serie Piper

Lieve Joris öffnet Fenster in andere Welten: In ihren unkonventionellen Reiseberichten erzählt sie von magischen Orten wie Sansibar, Senegal oder Ägypten. Sie begegnet der Sängerin Aziza, die von ihren Freundinnen über den Tod ihres notorisch untreuen Mannes getröstet wird, reist mit dem Schriftsteller V. S. Naipaul durch Trinidad und erlebt Weihnachten im afrikanischen Busch. – Ihre sensiblen Porträts bieten faszinierende und genau beobachtete Innenansichten von Gesellschaften, die Europäern meist verborgen bleiben.

Mali Blues
Ein afrikanisches Tagebuch. Aus dem Niederländischen von Ira Wilhelm und Jaap Grave. 313 Seiten. Serie Piper

Was macht Lieve Joris' Erzählungen über fremde Länder so besonders berührend? Sie *lebt* mit den Menschen an den Orten, bevor sie über sie schreibt. Die Afrikaner, die sie auf ihren Reisen trifft, sind Überlebenskünstler, die Zauberei, Tradition und Moderne zu vereinbaren wissen. Der politischen Unfähigkeit ihrer Regierungen bewußt, nehmen sie mit Mut und viel Humor ihr Leben selbst in die Hand. Lieve Joris schildert die Hoffnung und die Poesie dieses Kontinents.

Die Tore von Damaskus
Eine arabische Reise. Aus dem Niederländischen von Barbara Heller. 301 Seiten. Serie Piper

Wie ein Roman liest sich die Geschichte der jungen syrischen Soziologin Hala, die mit ihrer Tochter Asma allein in Damaskus lebt. Zwölf Jahre zuvor hatte die Geheimpolizei bei einer Razzia Halas Wohnung gestürmt und ihren Mann Ahmed verhaftet. Lieve Joris begleitet sie auf ihren Fahrten kreuz und quer durchs Land, wo sich karge Wüstenlandschaften und üppige Oasen abwechseln. Hinter dieser farbenprächtigen Welt verbirgt sich jedoch Halas Lebenstragödie, denn längst hat sie aufgehört, ihren Mann zu lieben. Nun aber steht eine Amnestie bevor und damit auch die Rückkehr von Ahmed.